여성과 **법률**

여성과 법률

박 동 명 지음

KSI 한국학술정보㈜

<일러두기>

1. 「민법」, 「여성발전기본법」, 「저출산·고령사회기본법」, 「한부모가족지원법」,
   「건강가정기본법」, 「영유아보육법」, 「가족친화 사회환경의 조성 촉진에 관
   한 법률」, 「근로기준법」, 「남녀고용평등과 일·가정 양립 지원에 관한 법
   률」, 「생명윤리 및 안전에 관한 법률」, 「가정폭력 범죄의 처벌 등에 관한
   특례법」, 「가정폭력방지 및 피해자보호 등에 관한 법률」, 「청소년의 성보호
   에 관한 법률」, 「성매매알선 등 행위의 처벌에 관한 법률」 등 최근 제·개
   정된 법률을 반영함.

2. 정부조직개편과 관련하여 명칭이 변경된 경우, 자료 및 보고서 등은 출판
   연도에 따라 변경전의 명칭을 그대로 명기함.

머리말

 우리 사회에서 여성을 둘러싼 법률문제는 매우 복잡하고 다양하며, 가족, 복지, 일, 인적자원개발, 교육, 문화 등의 영역에서 남녀차별이 잔존하고 있다.

 최근 민주적이고 평등한 가족관계를 유지하기 위한 시책들은 물론 일과 가정생활을 조화롭게 병행할 수 있도록 하는 각종 장치들이 마련되고 있다. 특히 저소득 한부모 가족을 비롯하여, 미혼모, 장애인 여성, 가출여성 그 밖에 보호를 요하는 여성에 대한 지원 제도가 등장하고 있다.

 이러한 법과 제도가 형성되고 있음에도 불구하고, 정작 여성들은 자신이 가진 권리를 확보하고 실현하기 위한 내용이나 절차를 알지 못하여 어려움을 당하는 일이 빈번히 발생하고 있다.

 그리하여 저자는 2003년에 출간된 <여성과 법률>의 개정판을 마련하게 되었다. 이 책은 종전의 출간된 내용을 중심으로 제·개정된 법률을 추가하고 새롭게 도입된 각종 제도들을 소개하였다.

 또한 저자가 서울특별시의회에 근무하면서 실무적으로 접한 여성가족정책의 주요 시책을 반영하였으며, 통계수치와 자료들을 최근의 것으로 대치하였다.

 이 책을 기술함에 있어서 '여성이 행복한 사회가 되도록 하자'라는 시각과 사회법의 이념을 반영하려고 하였고, 여성이 가사노동에 대한 경제적 가치를 정당하게 평가받고, 맞벌이부부와 한부모 가족 등에 지원책을 강구하며, 여성근로자의 건강과 출산 기능에 적극적인 관심을 갖도록 하는데 역점을 두어 두었다. 그리고 교통·주택·문화 등 생활 전반에 걸쳐 여성의 시각과 경험이 각종 정책에 반영되면 좋겠다는 생각이다.

이런 간절한 생각에도 불구하고 개정판을 내면서 충분한 작업을 하지 못한 아쉬움을 떨치기 어렵다. 앞으로 부족한 부분에 보완을 약속드리며 독자들의 예리한 비판을 기대한다.

이 책이 나오기 까지 애써 주신 한국학술정보(주) 채종준 대표이사님을 비롯한 직원 여러분께 감사드린다. 끝으로 저자에게 어려움을 극복할 수 있는 능력과 용기를 주신 하나님을 찬양하며, 이 책을 접하는 독자 여러분께 사랑과 평안이 넘치시길 바란다.

2008. 10.

박동명

Contents

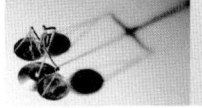

제1편 총 론

제2편 | 각 론

표목차

제 1 편

총 론

제1편

제1장
법의 일반이론과 현대여성

제1절 법의 일반이론

Ⅰ. 법과 현대여성

1. 여성과 현대사회

(1) 현대여성의 생애 주기

현대사회의 특징은 과학기술이 고도로 발달하고 정보화·국제화·고령화 방향으로 발전을 거듭해 나가는 것이다. 그중에서도 여성의 가능성을 제한하였던 사회문화적 환경과 교육의 기회가 확대되어 우리 사회에서 여성의 능력이 크게 확대될 전망이다. 남녀가 공동으로 참여하는 사회가 건설되고 여성에게 기회가 많아져 여성의 자기희생보다는 자신의 정체성을 확립해 나가게 될 것이다.

이러한 사회의 변동과 함께 현대여성의 생애 주기도 변화되고 있다. 종래 여성들은 일생을 사는 동안 보통 그 역할이 고정화되어 있었다. 즉 ① 출생 ② 학교 졸업 ③ 취업 ④ 혼인·출산 ⑤ 퇴직 ⑥ 가사·육아 ⑦ 재취직(시간제근로 포함) ⑧ 노후생활 등을 거치게 된다. 그렇지만 남성의 경우에는 출산과 이로 인한 중도퇴직, 가사·육아 등의 문제를 겪지 않는 것이 보통이다.

최근 현대여성의 생애 주기가 다양화되고 있다. 예를 들면 여성 중에는 자립하려는 의식이 높아져서 독신생활을 선택하는 경향이 나타나고 있다. 또 미혼모가 증가하고 있고 혼인 이후에 이혼을 선택하여 모자가정(母子家庭)이 되는 여성들도 있다.

(2) 현대여성문제의 발생

현대여성은 종래의 여성과는 달리 생애 주기의 변화와 함께 여러 가지 여성의 문제가 발생하고 있는데 그 주요한 여성문제를 정책일반 및 정치 분야, 가족, 복지, 노동, 인적자원 개발, 교육, 문화 분야 그리고 몸과 성(sexuality) 등의 영역에서 살펴보면 다음과 같다.

① 노동문제

여성들이 취업과 근로를 하면서 나타나는 것이 노동문제라고 할 수 있다. 모집·채용의 단계에서 여대생을 배제하여 고용의 문턱에서부터 여성차별이 행해지고 있다. 그리고 채용 후에도 임금, 승진, 교육 등에서 남녀차별이 빈번히 행해지고 있다. 또 직장 내에서 성 역할에 기반을 둔 여러 가지 차별이 있다. 여성은 보조업무를 하고 남성은 기간업무를 하기도 하고, IMF 경제위기 이후에는 퇴직이나 해고에 있어서의 남녀차별이 나타나고 있다. 이렇게 고용과 근로조건에서 나타나는 남녀차별로 많은 여성들이 어려움을 겪고 있어 여성의 노동문제는 현대여성의 중요한 과제로 등장하고 있다.

② 가정문제

여성은 보통 결혼과 동시에 가사를 돌보며 출산을 하게 된다. 결혼 전에 직장을 다닌 여성도 결혼과 동시에 다니던 회사를 퇴직하고 가사와 육아에 전념해 왔다. 그러나 최근 여성도 직장에서 장기 근로하려는 의식이 높아져서 육아를 위하여 퇴직하지 않는다. 육아문제가 직장에서 장기간 근로하려는 여성에게 장해가 되어 왔는데 이러한 의식이 바뀌고 있는 것이다. 더 이상 육아가 여성만의 문제가 아닌 가정적인 문제, 남녀 공동의 문제도 인식되고 있다.

가정에서의 가사분담은 여성의 가사노동가치를 높이 평가하게 하는 계기가 되었고, 가사의 남녀공동참여, 노친(老親)의 보호 등에 과거와는 다른 가치관을 요구하게 되었다. 그래서 일하는 여성이 증가하고 이혼도 급격하게 증가하였던 것이다.

최근 농촌총각의 어려운 혼인에 대응하기 위해 외국의 결혼이주 가족이 증가하게 되었고, 조손(祖孫)가족, 한부모가족 등 다양한 형태가 나타나고 있다. 결혼이민자의 경우 아직 한국생활에 익숙하지 않은 탓으로 우리 문화와 언어, 산후조리, 보육 등에 어려움을 겪고 있다.

이렇게 가사, 육아, 이혼 등의 가정문제가 국가와 사회가 고민해야 할 과제로 등장하고 있다.

③ 사회보장·복지문제

여성에 대한 사회보장은 가정과 사회 전반에 걸쳐 필요하다. 남편에게만 가정경제를 의존하는 시기에는 남편이 실업에 빠지게 되면, 여성과 자녀들은 생계에 커다란 위협을 받게 되어 남성중심으로 사회보장 정책이 뒤따랐다. 그렇지만 주부가 가정경제의 일부를 담당하는 현실에서 여성의 경제적인 역할이 중요하게 등장하였지만, 사회보장정책은 여전히 남성 위주의 정책이 답습되고 있다. 남편이 실직한 실직가장에 대한 보호만큼 여성의 실직에 따른 보호가 뒤따르지 못하고 있는 현실이다.

한편 이혼여성의 증가와 모자가정의 생활불안이 중요한 사회적인 문제가 되고 있다. 모자가정에 대한 국가 차원의 사회복지 서비스가 필요하고 가족의 해체를 미리 방지하려는 노력 역시 중요한 여성문제로 등장하고 있다. 그리하여 생활이 어려운 자에 대한 필요한 급여의 제공이 국가의 의무로 등장하여 이들에 대한 보호 정도는 '건강하고 문화적인 최저한도의 생활이 유지될 정도의 수준'의 보호가 필요하게 되었다.

④ 여성의 모성보호와 사회적 책임 문제

현대사회에서 여성을 둘러싼 법률문제는 매우 복잡하고 다양하다.

기존의 전통사상을 떨쳐 버리지 못하고 성 역할을 강요하는 남녀차별이 남아 있는 것이 사실이다.

우리 사회가 '적극적인 차별 시정조치'를 실시하여 남녀평등 의식을 고양시키고 정치·경제·사회·문화의 각 영역에서 여성차별을 개선하여 나가야 한다. 그리고 여성에 대한 매춘, 강간, 성희롱 등이 억제되며, 성적 자기결정권이 확보되도록 해야 할 것이다.

여성의 출산 기능 역시 여성 개인이나 가정의 사적인 관심 분야로서 한정시키는 사고에서 벗어나, 사회적 부담 차원에서 이해하고 논의되어야 하며 여성 근로자의 건강과 출산 기능에 좀 더 적극적인 관심을 기울여야 한다.

그래서 여성 고유의 '모성(母性)'이 존중되고 보호될 수 있는 법적·제도적 장치가 마련되고, 국가는 제도적 장치가 정책적으로 시행되도록 뒷받침하고 있다. 한편 여성들도 각 영역에서 모성보호의 제도적 장치가 실효를 거두도록 여성 스스로가 노력을 게을리 해서는 안 되고, '권리 위에 잠자는 자는 보호받지 못한다'는 법언처럼 자신들의 법적인 권리를 향유하고 천부적으로 주어진 권리를 적극적으로 주장하여야 할 것이다.

(3) 여성을 둘러싼 환경의 변화

① 사회가 요구하는 여성 역할의 변화

종전에는 남성은 '일터'에서 일을 하고, 여성은 '집안'을 하는 식으로 역할이 고정되어 있었다. 그러나 최근 남녀 모두가 결혼 유무와 상관없이 사회적으로 은퇴하기까지 경제활동을 해야만 하는 사회구조로 변화되었다. 여성이 이전과 같이 출산-양육만을 이유로 평생 전업가사노동을 하기 어려운 분위기가 조성되고 있는 점도 커다란 변화라고 볼 수 있다.[1]

가치관이 변화되면서 '남성=생계부양자'라는 생각이 시들해졌고, 여성뿐만 아니라 남성도 '일'과 '가족'을 모두 중요하게 생각하게 되고 있는 것이다. 특히 남성이 아이를 돌보는 데 적극적으로 참여하고 여성과 함께 자녀양육 책임을 나누고 있다. 즉 남녀 간의 성 역할이 유연화되고 있음을 알 수 있다.

---

1) 여성가족부, 제3차 여성정책기본계획(안), 2007.10. p.6 참조.

② 다양한 형태의 가족 등장

우리 민법이 호주제를 삭제(2008.1.1. 발효)하여, 그동안 호주가 가족구성원을 통솔하고 호주를 중심으로 하는 남성중심적인 가족문화가 크게 변화하고 있다.

모부자가족(한부모가족)[2], 조손가족, 모자가족, 미혼모가족 등 소수의 다양한 가족 유형들을 수용할 수 있는 사회의식으로 변화되는 계기를 가져왔으며 국제결혼, 취업이민 등 다양한 형태의 이주민이 늘어나면서 가족의 형태는 더욱 양태가 복잡다양하게 나타나고 있다.

③ 노동시장의 양극화

여성이 경제활동에 적극적으로 참여하면서 노동시장에 커다란 변화가 일어나고 있다. 채용, 임금, 승진, 교육 등에 있어 합리성을 존중하게 되었고, 양성평등의식이 자리 잡고 있다.

그렇지만 노동시장에서는 남녀 간의 근로조건의 양극화는 물론, 정규직과 비정규직, 고임금과 저임금, 전문직과 비전문직 등으로 나뉘어, 주로 근로조건의 차별이나 비정규, 저임금으로 여성이 불리한 노동시장이 형성되고 있고 양성 간의 격차는 더욱 커지고 있다. 또한 노동시장 양극화는 출산이나 육아로 인해 경력이 단절된 고학력 여성이 노동시장에 재진입하는 데 장애로 작용하고 있다.

2. 페미니즘의 이해와 법학의 역할

(1) 여성학의 의의

여성이 자기 스스로의 자각과 함께 여러 사회 현상을 여성의 시각으로 바라보며 여성의 불평등을 폭로하고 성(性) 해방의 실천운동을 전개한 것은 1960년대 후반

---

2) 여성부에 의하면, 모부자가구 비율은 7.8%(90년) → 7.9%(00년) → 8.6%(05년)로 계속 증가 추세에 있음.

이후에 일이다.

이때부터 여성들이 의식적으로 자신들의 권리를 찾고 여성이라는 이유로 차별받는 사회구조, 권력구조, 법률, 관습을 평등하게 개선해 나가는 실천운동이 본격화되었다고 할 수 있다.

여성학(女性學)은 '평등사상'에 바탕을 두고 사회의 여성문제에 관하여 과학적·학문적 접근방법을 모색하고 여성과 사회변혁에 관한 관심과 지지를 확대해 나아가며 정치적·사회적·문화적 영역에서 여성의 지위 개선을 도모하기 위한 학문이라할 수 있다.

다시 말하면 여성의 권리를 확대 강화하며, 인종·성·계급·언어·종교 간 구분없이 모든 개인의 평등한 삶을 지향하는 것이다. 결국 여성학은 남성을 중심으로틀 지어진 질서 속에서 여성이 처한 열등하고 예속적인 지위를 극복하고 평등하게자리매김하기 위한 의지이다.[3]

여성학의 한 분파로서 법여성학이 출현하고 있는데, 이것은 여성과 남성의 평등성을 증진시키고자 하는 정치적 측면을 가지며, 다른 한편으로는 '생물학적 의미의성(sex)'이 아닌 '사회적 의미의 성(gender)'에 분석의 초점을 맞추는 여성학적인 측면을 가지고 있다.[4]

(2) 페미니즘과 여성운동

페미니즘(Feminism)이라 불리는 여성해방론은 여권론, 여성주의 혹은 여성억압의철폐를 중심으로 하는 이론과 운동의 포괄적인 명칭인데, 이 페미니즘은 시대와 지역 그리고 여성운동 지도집단의 운동성향에 따라 여러 가지 이론과 방법들이 제시되고 있다.[5]

---

3) 김영경, 「여성과 예술」, 학문사, 2001, p.43.
4) 이은영, 「법여성학 강의」, 박영사, 2000, p.4.
5) 타고난 신분에 의한 인위적인 제한 철폐를 위하여 페미니즘이 규명하고자 하는 것은 주로 무엇 때문에 여성이 억압받고 차별받는가, 즉 억압의 성격과 근본 원인, 타개 방안과대안에 따라 자유주의, 마르크스주의, 급진주의, 사회주의 페미니즘 등 4가지로 분류된다.이와 함께 현재 포스트모던 계열의 논의가 진행되고 있는데 이를 프랑스 페미니즘이라고

우리나라 현대여성운동사는 외세의 침탈, 독재정치와 독점재벌의 횡포로 이어지는 모순 속에서 고통당하면서 동시에 성차별과 억압에 시달려 온 여성들의 저항의 역사라고 볼 수 있다.

우리나라 여성운동이 본격적으로 시작된 것은 1920년대에 이르러서야 가능하였지만, 역사적 조건의 제약으로 많은 좌절을 경험했고 이것은 소수 유한계층의 품위 유지를 위한 봉사활동, 심지어는 권력층을 비호하는 데 그쳤다. 그 후 여성운동은 1970년대 유신체제하의 민주화 운동과 민주노조운동의 전개과정 속에서 새롭게 전개되었고, 1980년대에 이르러서는 여성운동이 민족·민주운동의 한 부문으로 정립되기 시작하였다.

1980년대 이후로는 여성 대중의 조직화가 크게 확대되어서 생산직·사무직 여성노동자, 노동자 부인, 전업주부, 진보적 지식인이 여성운동의 주체로 등장하였다.

1990년대에 들어오면서 여성의 민주적·법적 권리 확보라는 측면에서 여성운동은 「여성발전기본법」과 「모자복지법」(현재 한부모가족지원법으로 제명이 변경됨) 등이 제정되는 성과를 거두었다. 그리하여 결혼퇴직, 고용 불안정, 임금 차별, 모성보호 등 일하는 여성의 문제와 매춘, 성폭력, 자녀양육의 문제, 가사 노동의 가치문제 등의 이슈는 사회적 관심사로 부각되고 있다.

2000년대부터는 성매매관련법의 제정과 여성의 정치참여 확대를 위한 제도 개선, 보육지원의 강화와 호주제 폐지에 여성계의 노력이 집중되었다. 2004년에 「성매매 알선 등 행위의 처벌에 관한 법률」과 「성매매방지 및 피해자보호 등에 관한 법률」이 각각 제정되면서 성매매 행위에 대한 사회적 인식이 크게 전환되었다. 특히 여성가족부가 설립되고(2005), 성매매방지종합대책(2002) 등이 세워지는 등 일련의 과정을 통해 여성인권이 향상되었다.

앞으로 여성운동을 통하여, 첫째 여성의 가사노동가치가 새롭게 인식되고 여성의 사회적 노동에 대한 차별과 착취구조가 개선될 것이다.

둘째, 사회 전반적으로 여성에 대한 비하가 당연시되고 성의 상품화, 폭력화 현상

한다. 프랑스 페미니즘은 정신분석학적, 실존주의, 포스트모던 페미니즘으로 세분화된다. 남인숙, 「왜 여성학인가」, 학문사, 1998, p.32 이하.

의 증가로 나타나는 남성에 대한 경제적·사회적·심리적 종속으로부터 벗어나게
해야 할 것이다.

셋째, 부문별로 장·단기적 전망을 세우고 다양하고 구체적인 투쟁 이슈를 개발
해 나가야 할 것이다.

Ⅱ. 법의 개념

법이란 '인간이 공동생활을 할 때 행위의 준칙으로서 국가에 의하여 강제되는 사
회규범'이라고 할 수 있다.

법은 인간이 자기의 의사에 기하여 행하는 행위의 준칙이 되며, 인간의 일상생활
에서 옳고 그름을 판단하는 잣대로서 모든 사람들이 공동생활을 영위할 수 있게 해
준다.

뿐만 아니라 법은 당위규범으로서 사람이 마땅히 지키고 행해야 할 것을 표현하
고 있어 사회질서를 유지해 주고 있다. 이러한 기능을 하는 것으로서, 사회구성원들
이 지켜야 할 규범으로는 종교, 도덕, 관습 등이 있다.

그런데 법률이 이런 사회규범과 근본적으로 구별되는 점은 강제성을 띠고 있다는
것이다. 그래서 법은 정치적인 권력에 의해 강제되고 뒷받침되는 강제규범이라고
할 수 있다. 예링(Jhering)은 "법은 어떤 국가 안에서 적용되고 있는 강제규범의 전
체"라고 규정하여, 국가에 의해 유지되고 적용되는 법률을 위반할 때는 일정한 제재
가 뒤따를 수 있음을 표현하고 있다. 그래서 우리나라 현행 형법에서는 제재수단인
형벌로서 그 종류를 사형·징역·금고·자격상실·자격정지·벌금·구류·과료 및
몰수 등으로 규정해 놓고 있다. 그러나 법에도 '강제성'이라는 요소 이외에 자율적
요소, 인격적 요소, 비강제적 요소 등이 존재하기도 한다.

관습이란, 일정한 행위가 상당기간 특정범위의 다수의 사람들에게 반복적으로 행

하여지면서 형성되는 행동양식을 말하는데, 법규범 중에서는 관습의 영향을 받은 영역이 존재하고 있다. 우리나라 가족법 영역에 존재하는 친족의 범위, 유언양자제도 등은 그 예라고 할 수 있다.

Ⅲ. 법의 이념

법에는 명시적이든 묵시적이든 법의 이념 또는 목적이 존재한다. 개별적인 법규의 입법목적 외에도 법질서로 형성된 통일되고 포괄적인 법 전체의 고유목적이 존재하게 되는데, 라드부르흐(Radburch)[6]는 세 개의 기본가치, 즉 정의, 합목적성, 법적 안정성 등을 제시하고 있다.

1. 정의

정의의 개념을 윤리학의 측면에서 최초로 이론화한 아리스토텔레스는 정의를 사람이 행하여야 할 최고의 덕이라고 하였다. 동시에 정의는 단순한 개인의 도덕이 아니고 각자가 타인과의 관계에서 실현해야 할 사회적 도덕이라고 하였다.

여기에서 동서양에서 철학자와 법학자가 제시한 정의의 개념을 살펴보기로 한다.

고대 그리스의 정의에 대한 관념은 그 역사적 흐름이 자연적인 것에서 인간의 주관적인 것으로 변화하여 왔다. 즉 그리스 자연철학에서는 정의를 삼라만상의 자연적인 것으로 보았기 때문에, 인간의 주관적 판단을 초월한 것으로 보았다. 프로타고라스(Protagoras)는 '인간을 만물의 척도'로 이해하면서 정의에 대한 객관적 가치척도를 부정하고 주관적 상대주의를 주장하게 되었다. 또다시 이러한 주관적 상대주

---

6) 독일의 법률가 · 법철학자(1878~1949).

의를 배척하고 인간의 본성에서 정의를 찾아야 한다고 주장한 사람이 소크라테스(Socrates)이다. 또한 플라톤(Platon)은 정의를 인간의 이성에서 찾고자 함으로써 정의의 본질을 '공동생활 속에서 자기의 분수(德)를 지키는 것'으로 보았다.

로마의 법학자 켈수스(Celsus)는 법을 '정의와 형평의 술'이라고 하였으며, 중세 교부철학의 대표자인 아우구스티누스(St. Augustinus)는 정의를 '사랑'과 같은 것으로 보고 유일한 신을 믿는 것이 곧 정의라고 생각하였다. 또한 스콜라 철학의 최대 이론자인 토마스 아퀴나스(St. Thomas Aquinas)는 아리스토텔레스의 정의 관념을 받아들인 일반적 정의와 특수적 정의로 나누었다. 여기서 일반적 정의란 지상의 모든 덕망을 포괄하는 것을 의미하고, 특수적 정의는 배분적 정의와 평균적 정의로 나뉘어 있다고 보았다.

한편 동양에서는 법과 정의가 잘 인식되지 못하여, 정의보다 의(義) 내지 의리라는 말이 즐겨 사용되었다. 이것은 법보다 도덕을 중요하게 생각했기 때문이고 이러한 도덕은 인의예지(仁義禮智)를 기본으로 하였다.

유교사상에서 법의 기본을 '예'와 '의'로 보았기 때문에 동양의 예를 서양의 정의와 같이 보려는 입장도 있으나, 예는 행위규범이고 정의는 행위규범의 정당성 기준이 된다는 점에서 차이가 있다.

일반적으로 정의에 관해서는 플라톤과 아리스토텔레스의 주장이 가장 많이 인용되고 있는데, 아리스토텔레스가 정의를 평균적 정의와 배분적 정의로 나누어 설명한 정의의 개념을 살펴보면 다음과 같다.

(1) 평균적 정의

아리스토텔레스가 말한 평균적(산술적, 교환적) 정의란, 인간이라면 누구나 동등한 대가로 평등하게 취급되어야 하는 것을 의미한다. 예컨대 일정한 손해 발생에 대하여 사람에 따라 그 손해배상액을 달리해서는 안 된다는 것을 의미한다. 현대사회는 선거권, 국민투표권, 피선거권의 평등 등 공법 분야와 토지수용에서의 정당한 보상과 손해배상액에서의 '등가원칙' 등에 주로 적용되고 있으며, 책임과 형벌 간에 있어서도 절대적 평등을 의미한다.

(2) 배분적 정의

배분적(상대적, 비례적) 정의란, 개인의 능력이나 성과, 업적 등에 따라서 재화, 명예, 이익 등을 공정하게 배분하는 것을 의미한다. 임금지급의 경우 성과급을 지급하는 경우, 각자의 공로에 따라 상금이나 훈장을 주는 경우가 이에 해당된다.

그러면 정의의 내용을 평등이라고 할 때, 무엇이 평등인가를 결정하는 것은 결코 쉬운 일이 아니다. 법의 이념으로서 정의·평등의 문제에 있어서는 합리적인 차별 문제가 가장 핵심적인 문제로 대두되고 있다.

2. 합목적성

법이 정의만을 지향한다고 해서 모든 것이 해결될 수는 없고 오히려 법의 실제 적용에 있어서 불합리한 결과를 낳을 위험성도 있다.

법의 구체적 정당성을 실현시키기 위하여 두 번째 이념 내지 가치인 합목적성이 필요한 것이다. 합목적성이란, 목적에 맞추어 방향을 결정하는 원리라는 뜻이다. 따라서 합목적성은 법이 어떠한 목적을 추구하는 데 합당한가 하는 것으로서, 국가와 사회가 처해 있는 상황과 그 상황 속에서 지향해야 할 문제이다.

그래서 다음과 같은 네 가지의 가치관에 따라 정의의 내용이 결정된다.

(1) 개인주의적 세계관

이는 국가로부터 '개인의 자유를 최대한 보장'하는 것을 법의 목적으로 보고 있으며, 이를 위하여 권력분립과 권력의 견제·균형을 가장 중시한다. 개인을 중시하므로 자유·생명·재산이 평등하게 존중되도록 평균적 정의가 강조된다.

(2) 단체주의적(국가주의적) 세계관

이것은 개인의 사적인 이익이 희생되더라도 '단체의 이익'이 실현되어야 하는 것으로서 단체의 가치를 실현하는 범위 안에서 개인이 인정되고 존중된다. 이를 위해서 국가의 안전보장, 질서유지를 법의 목적으로 보고 있으며, 개인에게 있어서는 비례적인 평등을 실현시키면서 배분적 정의에 중점을 두게 된다.

(3) 문화주의적 세계관

이는 개인도 단체도 아닌 인간이 만든 문화 혹은 작품을 최고의 가치로 여긴다. 따라서 개개인의 가치를 평가함에 있어서 중요한 것은 문화적인 창작물에 대한 공헌도가 되는 것이다. 인류 역사를 통한 많은 문화유산에 높은 가치를 두는 입장이기 때문에 예를 들어 수천만 노예의 목숨보다도 피라미드가 위대하다고 보는 입장이다.

(4) 민주주의적 세계관

이는 민의를 존중하고 국민이 국정에 참여하는 것을 중요하게 생각하는 세계관으로서 다수결의 원칙이 강조되고 있다.

이와 같이 세계관 내지 '법관(法觀)'에 따라 법의 목적이 다르게 인식되고 해석된다.

민주주의 국가에서 법은 개인의 자유와 권리를 보장하기 위한 것이지만, 상황에 따라서는 이러한 자유와 권리의 보장이 공동복리와도 합치되어야 하므로 개인의 인권 보장과 공공복리 증진을 조화롭게 구현해야 할 것이다.

3. 법적 안정성

법적 안정성이란, 인간이 법에 따라 안심하고 생활할 수 있는 상태를 말한다. 즉 법에 의하여 보호되는 사회생활의 질서와 안정을 말한다. 만일 법이 집권자의 의지에 따라 자의적으로 해석되고 적용된다면, 국민들은 법에 따라 안심하게 생활할 수 없게 된다. 따라서 법의 내용은 명확해야 하고, 입법자나 집권자의 자의에 따라 영향을 받아서는 안 될 것이다.

법적 안정성을 위하여 라드부르흐는 다음과 같은 요건을 제시한다. ① 법의 내용이 명확해야 한다. ② 법이 쉽게 변경되어서는 안 되며, 특히 입법자의 자의(恣意)에 의해 영향을 받아서는 안 된다. ③ 법이 실제로 실행 가능한 것이어야 하며 너무 높은 이상만 추구해서는 안 된다. ④ 법은 국민의 의식, 즉 법의식에 합치되는 것이어야 한다.

<표 1-1> 소멸시효

1년의 단기소멸시효
- 여관, 음식점, 대석(貸席), 오락장의 숙박료, 음식료, 대석료, 입장료, 소비물의 대가 및 체당금의 채권
- 의복, 침구 등 동산의 사용료의 채권
- 노역인, 연예인의 임금 및 그에 공급한 물건의 대금채권
- 학생 및 수업(修業)자의 교육, 의식 및 유숙(留宿)에 관한 교주(校主), 숙주, 교사의 채권

3년의 단기소멸시효
- 1년 이내의 기간으로 정한 금전 또는 물건의 지급을 목적으로 한 정기급부채권
- 의사, 조산사, 간호원 및 약사의 치료, 근로 및 조제에 관한 채권
- 도급받은 자, 가사 기타 공사의 설계 또는 감독에 종사하는 자의 공사에 관한 채권
- 변호사, 변리사, 공증인, 회계사 및 법무사에 대한 직무상 보관한 서류의 반환을 청구하는 채권
- 변호사, 변리사, 공증인, 회계사 및 법무사의 직무에 관한 채권
- 생산자 및 상인에게 판매한 생산물 및 상품의 대가
- 수공업자 및 제조자의 업무에 관한 채권 그 밖의 채권의 경우

상법의 적용을 받는 채권의 경우는 5년 일반채권의 경우는 10년 채권 및 소유권 이외의 재산권은 20년

이런 법적 안정성에 대한 현행법상의 예로는, 소멸시효·취득시효·공소시효와 함께 선의취득 등이 규정되어 있다.

여기서 시효라 함은 일정한 사실상태가 일정기간 동안 계속된 경우에 그것이 진실한 권리관계와 일치하는가의 여부를 묻지 아니하고 그 사실상태를 그대로 권리상태로 인정하는 것을 말한다. 취득시효는 장시간 동안 타인의 물건을 점유한 자에게 권리를 부여하는 제도이고, 소멸시효란 일정기간 행사되지 아니한 권리를 소멸시키는 제도이다. 그리고 공소시효는 확정판결 전에 시간의 경과에 의해 형벌권이 소멸되는 제도이다.

<표 1-2> 취득시효

부동산소유권, 질권의 취득 시효
- 20년간 소유 또는 채권담보의 의사로 평온, 공연하게 부동산을 점유 - 10년간 부동산의 소유자 또는 질권자로 등기한 자가 소유의 의사로 평온, 공연하게 선의이며 과실 없이 부동산을 점유
동산소유권, 질권의 취득시효
- 10년간 소유 또는 채권담보의 의사로 평온, 공연하게 동산을 점유 - 5년간 소유 또는 채권담보의 의사로 평온, 공연하게 동산을 점유하고, 점유할 때 시효취득자가 선의, 무과실이 없는 경우

여성 범죄를 중심으로 하여 형법조문, 죄명, 법정형, 공소시효 등을 정리하면 <표 1-3>과 같다.

<표 1-3> 공소시효(여성 관련 범죄 중심)

형법조문	죄 명	법 정 형 (↓: 이하, ↑: 이상)	공소 시효
241조	간통	징역 2년 ↓	3년
245조	공연음란	징역 1년 ↓, 벌금 500만 원 ↓, 구류, 과료	3년
269조 ①항	낙태	징역 1년 ↓, 벌금 200만 원 ↓	3년
269조 ②항	동의낙태	징역 1년 ↓, 벌금 200만 원 ↓	3년
272조	영아유기	징역 2년 ↓, 벌금 300만 원 ↓	3년
273조 ①항	학대	징역 2년 ↓, 벌금 500만 원 ↓	3년
288조 ②항	부녀매매	징역 1년 ↑	7년
297조	강간	징역 3년 ↑	7년
298조	강제추행	징역 10년 ↓, 벌금 1500만 원 ↓	7년
302조	미성년자 간음	징역 5년 ↓	5년
303조	업무상위력에 의한 간음	징역 5년 ↓, 벌금 1500만 원 ↓	5년
304조	혼인빙자 간음	징역 2년 ↓, 벌금 500만 원 ↓	3년

4. 정의·합목적성·법적 안정성의 상호관계

법의 이념인 정의·합목적성·법적 안정성은 서로 밀접한 관계를 가지면서 또 다른 면에서는 서로 모순되는 면이 있다. 정의는 일반성을 요구하는 데 대하여, 합목적성은 개별성을 강조한다. 정의와 합목적성은 이념적인 것인 반면에 법적 안정성은 실정성이라고 할 수 있다. 정의는 주로 법의 내용에 관한 법이념이지만, 법적 안정성은 주로 법의 기능(법질서의 정립)에 관한 법이념이다.

예를 들면 어떤 여성이 강간을 당했다고 가정할 때, 형법에서 규정한 공소시효기간 7년이 경과되면 아무리 강간범을 발견하여 처벌하기를 원한다 할지라도 강간범을 처벌하기 어렵게 된다. 이것은 강간범의 법적 평온의 상태를 보장한다는 측면에서 일견 법적 안정성의 목적을 달성할 수 있지만, 정의 관념에는 반하게 되는 것이다. 그렇다고 현행 형법의 규정을 무시하고 강간범을 처벌한다면 법적 안정성이 깨지게 되는 결과를 가져온다.

따라서 정의만을 강조하게 되면 법적 안정성이 깨지고, 법적 안정성만을 강조하면 정의를 실현할 수 없게 되는 모순의 결과를 가져오는 것이다.

개인의 자유와 권리를 최대한 보장하기 위한 민법과 공공의 이익을 강조하는 행정법 사이의 몇 가지 규정들이 모순되거나 충돌이 일어날 수 있다. 이에 대하여 우리 헌법은 "국민의 모든 자유와 권리는 국가안전 보장 질서유지 또는 공공복리를 위하여 필요한 경우에 한하여 법률로써 제한할 수 있으며, 이를 제한하는 경우에도 자유와 권리의 본질적인 내용을 침해할 수 없다(헌법 제37조 제2항)."라고 규정하고 있다. 이 규정은 법의 이념인 자유와 권리, 공공질서 유지, 국가안전 보장의 상관관계를 규정한 것이라고 볼 수 있다.

그러므로 정의·합목적성·법적 안정성이 충돌하는 경우에, 이의 조화로운 조정을 원칙으로 하면서, 정의의 원칙인 인간의 자유와 권리의 본질인 면은 우선적으로 강조되어야 할 것이다.

Ⅳ. 정의로서의 평등

정의를 향한 인류의 역사 속에서 평등은 늘 변함없는 테마였다. 모든 인간은 평등하다는 것이 그리스 시대부터 존재한 사상이었다.

앞에서 아리스토텔레스의 정의를 평균적 정의와 배분적 정의로 구분하여 살펴보았다시피, 인간이 평등하게 대접받아야 한다는 의식은 근대 민주주의를 통하여 발전되었다.

근대 시민사회는 형식적인 자유와 평등을 강조하고, 산업혁명으로 나타난 자유주의 시장경제질서는 '부익부 빈익빈'의 경제적인 불평등을 심화시켰다. 그리고 경제 산업의 발달로 가져온 부의 축척은 일반 대중의 빈곤화를 더욱 심화시키고, 경제적인 강자와 약자 간의 대립을 가져오게 하였다.

시민사회의 사회경제적인 구조의 변화는 법률사상에도 커다란 변화를 가져왔다. 즉 시민법의 기본원리인 소유권 절대원칙, 계약자유의 원칙, 과실책임의 원칙 등이 사회 계층 간의 실질적인 불평등을 가져왔고, 사회적 불공정의 요인이 되기도 하였다.

산업사회의 발달과 함께 노동현장에서 평등을 외쳐 온 자본가와 입법론자들은 여성과 연소근로자의 노동조건도 성인 남성 근로자와 동일한 근로조건으로 요구하기도 하였다.

여기에 남녀평등의 사상에 입각하여, 여성이 경험하는 고통과 그 고통의 구조적 법적 근원을 제거하려는 관심이 없었고, 고용부문에서 남녀를 집단적·획일적으로 취급하여 여성의 고유한 신체적·생리적 특성을 감안하지 않은 '형식적 평등'이 실현되고 있었다.

이러한 관점에서 남녀의 차이를 전제로 한 평등이론의 등장은 매우 의미 있다고 볼 수 있다. 이것을 구체적으로 살펴보기로 한다.

1. 남녀 차이를 전제로 한 평등

남녀는 서로 고유한 특성이나 역할을 하고 있다. 이러한 차이를 인정하고 서로 협력할 때 건전한 사회를 유지할 수 있다.

남녀는 우리 사회에서 함께 어울려 여러 가지 일을 분담하고 있고, 인간으로서 서로 동일한 가치를 지니고 있어 남녀는 평등하다. 여성은 여성 나름대로 모성, 출산 등 고유한 특성을 가지고 있다. 특히 출산의 기능을 비롯하여 남성과는 구별되는 신체적 특징 때문에, 여성은 사회적으로 일정한 역할이 부여되어 있다.

이러한 여성의 특성과 역할을 전제로 한 평등이론이 '기능평등론(機能平等論)'이다. 이것은 생물학적 차이 이외의 이유로 남녀를 다르게 취급하는 것을 용납하지 않고 남녀의 차이를 중시하며, 남녀의 육체적·기능적 차이를 고려하여 평등이라는 개념을 유기적이고 기능적으로 해석한다는 이론이다.

미국이나 독일·일본에서도 이러한 기능평등의 정신에 입각하여 여성의 가사노동이나 여성노동보호에 대한 입법운동이 있었고 여성의 역할과 특성에 따른 양성평등이 헌법에 규정되었다. 우리나라의 헌법도 명문으로 이 규정을 두고 있다.

따라서 근로기준법상 여성보호조항이나 법률상 존재하는 남녀 차이를 인정하는 것은, 여성의 특성이나 역할을 기초로 한 '합리적인 구별'로 이해하여야 할 것이다. 그리고 우리나라의 모성보호관련법의 개정을 통한 노동현장에서의 여성보호조항의 강화현상은 남녀평등의 정의 관념에서 파악되어야 할 것이다.[7]

2. 상대적 평등과 그 기준 설정

(1) 상대적 평등의 의미

평등의 의미는 다양하게 해석될 수 있다. 평등이란 '법 앞에 평등'을 의미하며, 모든 사람을 법 앞에서 차별하지 않고 동등하게 취급하는 것을 의미한다. 헌법에서 평등은 절대적 평등과 상대적 평등으로 구별하고 있다. 절대적 평등이란 모든 사람이 동등하게 대접받고 상호 구별되어서는 안 된다는 것이며, 상대적 평등이란 합리적인 범위 내에서의 차별을 인정하고 있다. 우리가 생활을 할 때 각자가 가지고 있는 사실상의 차이를 무시하고 모든 사람을 무차별 균등하게 취급하는 것은 사실상 불가능하다.

성별에 의한 차별의 금지는 상대적 평등을 의미한다고 할 것이다. 역사적으로 근대사회에서의 남녀평등을 보장하는 특별규정들은 정치적 영역에서 선거권, 피선거권, 공무담임권 등에서의 남녀평등이 거의 대부분이었으나, 현대의 남녀평등은 노동관계에서의 남녀평등, 가족생활에서의 남녀평등 등을 내용으로 하고 있다.

오늘날 법 앞의 평등은 모든 사람을 기계적으로 평등하게 대우하는 절대적 평등보다는 구체적 인간 사이의 차이를 전제로 하여 동일한 사정에 처해 있는 모든 사람을 평등하게 대우하는 '상대적 평등'을 주로 의미하고 있다. 일반적으로 정치적·

---

7) 金城淸子, 「法女性學」, 東京, 日本評論社, 1991. pp.7 – 18. 참조

신분적 영역에서는 절대적 평등을 강조하고 사회적·경제적 영역에서는 상대적 평등을 주장한다.

(2) 상대적 평등의 기준

상대적 평등을 구체적으로 보장하기 위한 기준은 쉽게 설정하기가 어렵지만, 그럼에도 불구하고 평등을 실현하기 위한 기준은 설정되어야 할 것이다. 이러한 추상적인 개념을 오로지 법원에서만 실무적으로 처리하도록 맡겨 놓는다면, 법관의 주관적 판단에만 의존하는 결과를 가져오므로 객관화된 판단기준의 설정이 필요하다.

그 기준은 법적 취급이 정의로운 관념에 입각하여 합리적인 판단을 할 수 있어야 한다.

이 문제의 해결을 위하여 학설과 판례에서 지적하고 있는 주요한 기준으로는 '합리적 차별', '엄격한 심사', '우선 처우' 등이 있다.[8]

(가) 합리적 차별 기준

이것은 일정한 차별이 입법, 제도 등의 정당한 목적과 합리적 관련성을 가지고 있는가의 여부를 심사하는 것이다. 이 기준이 상대적 평등의 구체적 보장기준으로 1960년대까지 지배적인 세계 여러 나라의 통설[9]이었다. 예를 들면, 미국은 합리적 (reasonable)인 차별은 무방하고 자의적(arbitrary)인 차별은 위헌이라 하며, 독일은 정의에 입각한 차별은 가능하고 자의적인 것은 위헌이라 한다.

그러나 구체적인 경우에 있어 정의, 자의, 합리성 등의 판정은 당해 제도 또는 법률의 목적에 비추어 보고 그 시대의 사회 일반의 보편적 생각 등에 따라 객관적으로 판단할 수밖에 없기 때문에 그러한 개념들은 고정되어 있지 않고 변천하고 있

---

8) 윤후정·신인령 공저, 「법여성학」, 이화여대 출판부, 1991, p.174 이하 참조.
9) 일본 판례는 명백성의 원칙을 제시하여 차별목적에 대한 차별기준이 미묘한 경우에는 헌법 부적합성이 명백함을 의미한다고 한다. 또 독일 판례는 인간의 가치가 모든 인간에 관하여 평등하게 인정되어야 한다는 대원칙을 합리적 차별 여부의 판단기준으로 삼아야 한다는 입장을 취한다.

다. 또한 합리성의 개념은 상당히 추상적이어서 판단자의 주관적 견해, 즉 자의적 판단이 마치 '합리적'인 것처럼 될 가능성도 크다. 이처럼 합리성 판단의 기준이 불명확하여 그 객관성이 결여되면 남용될 가능성이 있기 때문에 헌법 해석에 있어 매우 신중을 기해야 한다. 따라서 합리적 차별 기준도 오늘에 와서는 수정이 가해지고 있다.

(나) 엄격한 심사 기준

상대적 평등의 보장기준으로 '합리적 차별 기준'은 매우 관념적이고 추상적이기 때문에 이에 대한 수정이론으로 '엄격한 심사(strict scrutiny)'라는 기준이 미국 대법원의 판례를 통해 등장하게 되었다. 엄격한 심사란 기본적 이익과 차별의 수단 사이에 밀접한 관계가 있을 때에만 그 차별이 합리적 차별로 인정[10]되고 밀접한 관계가 없을 때는 자의적 차별로 위헌으로 보는 것이다. 이후부터는 대부분 남녀차별에 관한 소송에서는 '엄격한 심사' 기준이 적용되어 왔다.

(다) 우선처우 기준

이것은 과거의 차별에 대한 보상으로 차별대우를 받아 온 집단에 대하여 실질적인 평등을 실현하기 위하여 우선적인 처우를 정의로 인정하는 우선처우이론(優先處遇理論, preferential treatment theory)이 있다. 이것은 과거의 차별을 보상하기 위한 고려와 미래에 대한 우선적 정책으로서 정당한 차별에 의한 역차별(逆差別, reverse discrimination)을 인정하는 것이다. 특히 고용 분야에서는 우선고용과 역차별 문제가 최근 미국의 학계와 법조계에서 활발히 논의되고 있다.

여성은 남성에 비해 태어나면서부터 모든 영역에서 차별대우를 받았기 때문에 이에 대한 응분의 보상으로 우선적인 처우를 해 주어야 한다는 것이다.

---

10) 미국 대법원 판례 Frantiero V. Richardson 사건에서의 기혼인 여자 공군장교가 부양수당에 관한 미연방법률에 근거하여 남편을 자기의 부양가족으로 신청했다가 거부되자 소송을 제기하여 동 법률의 관계조항이 무효라고 주장하였다. 미연방 대법원에서는 동 법률은 위헌이라고 판결했다.

(라) 상대적 평등과 여성

우리나라의 판례에서도 여성 근로자의 특별보호와 모성보호, 연소근로자의 보호, 특수직업에 대한 특별한 자격이나 주의의무를 요구하여 남녀의 합리적 차별을 인정하고 있다.

<표 1-4> 기회의 평등의 위치

평등의 위치		근대와 현대에서의 차이
형식적 평등	조건의 평등	근대 시민국가에서 강조한 개념
	기회의 평등	
실질적 평등	결과의 평등	현대 복지국가에서 지향

자료: 金城淸子, 前揭書, p.15를 참조하여 저자가 수정 첨가함.

<표 1-4>와 같이 평등사상은 형식적 평등에서 실질적 평등으로 변해 왔다. 근대의 평등사상은 기회와 조건에서의 평등을 추구하는 형식적 평등이었다. 이 형식적 평등은 여성에게 재산권·투표권 등의 권리가 주어지면서, 외부에서 볼 때에는 형식적 평등이 이루어지는 것 같았지만, 실제 내부에서는 남성과 동등한 기회를 제공받고 싶어 하는 여성에게 여전히 출산과 육아의 책임을 맡기는 상황이 계속되어 여성에 대한 불평등은 제거될 수 없었다.

그리하여 조건의 평등만으로는 열악한 위치에 놓여 있는 여성의 지위가 향상될 수 없음을 깨닫고, 기회의 평등, 조건의 평등과 더불어 '결과의 평등'을 부르짖게 되었다.

'결과의 평등'은 여성에 대한 차별을 시정하고, 실질적 평등을 실현하기 위한 배려인 것이다.

3. 실질적 평등을 위한 법 원리의 변화

실질적 평등을 위한 법 원리의 변화는 정의 관념에 일치한다고 볼 수 있다. 즉 형식적 평등을 주장한 '시민법의 원리'는, 자본주의 사회의 경제적 불평등을 심화시켜 실질적 평등의 이념을 실현할 수 없었다. 그래서 현대사회에서는 '시민법 원리의 수정'을 가져오고 있다.

(1) 근대 시민법의 기본원리

근대 시민법의 기본원리는 자유·평등·개인주의·자본주의 사상을 기초로 생성되어, 소유권절대의 원칙, 계약자유의 원칙, 과실 책임의 원칙을 기본원리로 도입하였다.

① 소유권절대의 원칙

소유권절대의 원칙이란 소유자는 다른 사람으로부터 어떠한 제약이나 간섭을 받지 않고, 자유롭게 이익의 창출을 촉진시키기 위하여 그 권리를 행사할 수 있다는 원칙을 말한다. 이 원칙은 사람들이 자기의 재화를 지배하여 개인의 경제적 안정을 도모할 뿐만 아니라, 생산 활동을 자극하여 자본주의 발달을 가져오게 하였다.

② 계약자유의 원칙

계약자유의 원칙이란 개개인이 각자의 의사에 따라 자유로운 계약을 체결하여 사법상의 법률관계를 규율할 수 있다는 원칙을 말한다. 계약자유의 원칙은 계약 체결 여부의 자유, 계약 체결의 상대방 선택의 자유, 계약내용 결정의 자유, 계약방식의 자유 등을 그 내용으로 한다.

③ 과실책임의 원칙

과실책임의 원칙이란 자신이 고의 또는 과실로 발생한 손해에 대해서 배상할 책임이 있다는 원칙이다.

(2) 현대에 있어서 근대 시민법 원리의 수정

자본주의가 고도로 발달함에 따라 여러 가지 결함과 폐해가 나타나고, 경제적 불평등이 심화되어 다음과 같이 근대시민법의 원리가 수정되었다.

① 소유권 상대의 원칙(재산권 공공의 원칙)

소유권은 '절대적'인 것이 아니라 '상대적'이고, 사회 전체의 이익을 위해서 재산권 행사에 일정한 제한을 받을 수 있다는 원칙이다. 헌법 제23조 제2항의 "재산권의 행사는 공공복리에 적합하도록 하여야 한다."는 규정이나, 민법 제2조 제2항의 "권리는 남용하지 못한다."는 규정, 민법 제211조의 "소유자는 법률의 범위 내에서 그 소유물을 사용·수익·처분할 권리가 있다."고 하는 규정에서 그 원리를 구체화하고 있다. 그래서 토지소유권과 묘지의 면적 등을 제한하여 국토의 효율적인 이용과 보전을 위해 법률로 일정한 개발제한 등을 규정하고 있다.

② 계약에 있어서 국가간섭(계약공정의 원칙)

사회질서에 위반하거나 심히 공정성을 잃은 계약은 보호받지 못하고, 국가에서 간섭할 수 있다는 원칙을 말한다. 이것은 자본가가 근로자의 노동력을 부당하게 착취할 수 없도록 하는 데 그 의의가 있다.

오늘날에는 여러 가지 방법으로 계약의 자유에 대한 제한을 가하고 있으며, 노동관계법과 생존권적 기본권을 보장하고 있다. 그래서 민법 제104조는 불공정한 법률행위를 '무효'라고 하였으며, 제2조 제1항에서는 "권리의 행사와 의무 이행은 신의에 좇아 성실히 하여야 한다."라고 하였다.

③ 무과실책임의 원칙

오늘날 고도로 발달된 사회에서는 자신에게 아무런 '과실'이 없는 경우에도 남에게 손해를 끼칠 수가 있다. 예를 들면 기업을 운영하는 사용자처럼 비록 과실이 없어도 산업현장의 '업무상 재해'가 발생하는 경우에는 일정한 책임을 인정하자는 원칙이다.

산업재해보상보험법상 '업무상 재해'인 질병, 부상, 상해, 사망으로 인한 사용자나 국가의 책임을 인정한 경우가 그 대표적인 예라 할 수 있다.

(3) 양성평등을 위한 적극적 우대조치

양성평등은 자유, 인간의 존엄성, 행복추구권 등과 같이 우리나라 헌법의 기본원리 중의 하나라고 볼 수 있다.

그런데 양성평등을 위한 평등의 개념이 형식적 평등과 조건의 평등에서부터 점차적으로 실질적 평등과 결과의 평등으로까지 발전되어 왔다. 평등이라는 정의를 실현하는 방법에도 사람마다 얼굴의 모양새가 다르듯이, 각기 다른 능력과 경제적 기반을 가진 사람에게 국가가 따뜻한 가슴으로 다가가서 사회에 존재하는 '결과의 불평등'을 시정하는 것이다.

이러한 실질적 평등사상과 생존권적 기본권의 이념이 구체적으로 나타나기 시작한 것은 1919년의 바이마르헌법 이후라고 볼 수 있다. 그리하여 과거와 같이 남녀 간의 차별을 단순히 금지하는 데 그치지 않고, 혼인이나 가족생활·노동시장에서 나타난 각종 폐단을 시정하기 위한 노력인 '적극적 우대조치(affirmative action)'가 나타났다고 할 수 있다.[11]

적극적 우대조치는 국가의 공권력이 미치는 국가나 지방자치단체에서 시행될 수 있고, 기업체에서도 일정한 권고형식이나 각종 세제 혜택을 통해서 시행될 수 있을 것이다. 즉 현재 존재하는 차별을 시정하기 위하여 '잠정적'으로 특정 성(性)을 우대하는 법적·제도적 장치로서 각종 할당제가 도입되고 있는바, 국가는 실질적 평등의 실현과 정착을 위하여 '적극적 우대조치'를 시행할 의무를 가지고 있다.

---

11) 이은영, 전게서, pp.39-54 참조.

① 적극적 조치에 대한 법적 근거

우리나라에서는 적극적 조치에 대해 「여성발전기본법」, 「남녀고용평등과 일·가정
양립 지원에 관한 법률」 등에서 명문으로 규정하고 있다.

「여성발전기본법」 제6조에서 '적극적 조치'를 규정하고 있는데, 국가와 지방자치
단체는 여성의 참여가 현저히 부진한 분야에 대하여 합리적인 범위에서 여성의 참
여를 촉진하여 실질적인 남녀평등이 이루어질 수 있도록 관계 법령으로 정하는 바
에 따라 적극적 조치를 취할 수 있도록 하였다.

이는 여성의 참여를 촉진함으로써 실질적인 남녀평등이 이루어질 수 있도록 하기
위한 것이다.

또 「남녀고용평등과 일·가정 양립 지원에 관한 법률」에서는 '적극적 고용개선조
치'를 규정하고 있는데, 일정한 적극적 고용개선조치 시행계획을 수립하여 제출하게
할 수 있고(제17조의3), 국가 및 지방자치단체는 적극적 고용개선조치 우수기업에
대하여 행정적·재정적 지원을 할 수 있도록 하고 있다.

② 할당제

개별적인 할당제 조치에 관한 법률에는 「정당법」, 「공직선거 및 선거부정방지법」,
「정치자금에 관한 법률」, 공무원 임용령, 「교육공무원법」, 「과학기술기본법」, 「여성과
학기술인육성및지원에관한법」 등이 있다. 할당제에 해당되는 양성평등채용목표제, 국·
공립대 여교수채용목표제, 여성과학기술인력의 채용목표제 등을 살펴보면 다음 <표
1-5>와 같다.

<표 1-5> 할당제의 비교

	양성평등채용목표제	국·공립대 여교수채용목표제	여성과학기술인력의 채용목표제
목적	· 공직 내 양성평등 실현	· 고등교육기관의 남녀 교수 불균형 해소	· 고급여성과학기술인력의 활용 촉진, 여성과학인력 pool의 확충
내용	· 선발예정인원 5명 이상의 시험(일부 국가고시)에서 어느 한 성이 채용목표비율 30%에 미달하는 경우 해당 성을 추가합격처리	· 국공립대 여교수 비율을 2010년까지 20%로 확대	· 정부출연연구원 및 국·공립 이공계대학교수 신규채용 시 여성을 일정비율 이상 채용 권고: 2002년까지 10%, 2006년까지 15%, 2010년까지 20%
근거	· 공무원임용시행령 제11조의 3 · 지방공무원임용령 제51조의 2	· 교육공무원법 제5조 제2항 및 동법 제11조의 3	· 과학기술기본법 제24조 및 동법 시행령 제38조에 근거. · 여성과학기술인육성및지원에관한법률 제11조와 동법 시행령 제8조, 제13조
시기	· 2003년~2007년	· 2003년~2010년	· 2002년~2010년

그 외에도 중앙행정기관의 장 및 지방자치단체의 장－소속위원회에 여성위원 참여 확대를 위한 목표를 수립·시행하기 위한 '정부위원회여성위원목표제'를 비롯하여, 여성의 정치참여 기회를 확대하기 위한 '여성공천할당제',[12] 그리고 공공 부문의 여성고용을 촉진하기 위한 '공기업여성채용 인센티브제' 등이 있다.

---

12) 현재 우리나라 제17대 여성 국회의원은 전체 국회의원 299명 중 40명(전국구 30명, 지역구 10명)으로 13.3%이며, 여성 지방의원은 3.4%(광역의원 9.6%, 기초의회 2.2%)로 여성공천할당제 도입으로 상당한 효과를 거둠. 다만, 아직 유엔권고 수준 30%는 물론 세계 여성 의원비율 15%에도 미치지 못함.

제2절 법의 체계

Ⅰ. 법의 연원

법이 존재하고 있는 형식 내지 종류를 법의 연원(淵源, sources of law) 또는 법원(法源)이라고 하는데, 법원에는 문장의 형식으로 나타나는 성문법과 불문의 형식으로 나타나는 불문법이 있다. 성문법은 대륙법계 국가에서, 불문법은 영미법계 국가에서 주로 등장하고 있다.

1. 성문법

성문법(成文法, written law)은 문자로 표현되고 일정한 형식 및 절차에 따라서 제정되는 법이다. 입법 작용에 의하여 성문화되고 제정되었다는 점에서 '제정법'이라고도 한다. 이와 반대로 입법 작용 이외의 방법으로 성립되는 관습법이나 판례법은 불문법이다. 근대국가에 있어서는 성문법이 중요부분을 차지하고 있어서 독일·프랑스·일본·중국·우리나라 등이 성문법주의를 취하고 있다. 한편 영국·미국·캐나다·호주 등은 불문법주의의 국가이다.

성문법주의와 불문법주의의 장단점을 비교하면 다음과 같다.

성문법은 문서의 형식으로 표현되기 때문에 그 내용이 명백하고, 예측가능성과 법적 안정성을 보장해 준다는 장점이 있다. 하지만 법의 적용과 해석이 법전에 구속되므로 사회변천에 신속하게 적응하지 못하는 단점이 있다. 반면에 불문법은 법이 문자로 고정되지 아니하여 변천하는 사회현실에 적용하기 쉽다는 장점은 있으나, 국가의 법을 통일적으로 정비하기 어렵고 법질서의 안정성을 확보하기 곤란하며 법의 존재가 명확하지 못하다는 단점이 있다.

성문법에 속하는 법원으로서는 헌법·법률·조약·명령·자치법규·규칙 등이 있다.

(1) 헌 법

헌법(憲法)은 국가통치의 조직과 작용의 원리를 정하고 국민의 기본권을 보장하는 근본법이다. 헌법은 국가에 있어서 최고의 규범이며, 하위법인 법률·명령·규칙 등은 헌법에 저촉되어서는 아니 된다. 또한 국가기관의 행위가 헌법에 위반될 경우에는 무효가 된다. 우리나라 헌법은 1948년 7월 17일에 공포·시행되었는데 지금까지 9차에 걸친 개정이 있었다.

(2) 법 률

법률이란 넓은 의미로는 모든 법규명령을 포함하는 법 일반을 의미하나, 좁은 의미로는 국회의 의결을 거쳐 제정·공포된 법률만을 의미한다. 여기에서 법률이란 협의의 법률을 말하는데, 법률의 규정에 저촉되는 명령은 '무효'이다. 법률은 국회의 의결을 거쳐 대통령이 공포함으로써 성립한다(헌법 제53조).

법률안의 제출은 국회의원과 정부가 할 수 있으며, 국회에서 법률안이 의결되면 정부에 이송되어 15일 이내에 대통령이 공포한다. 법률안에 이의가 있을 때에는 대통령은 위의 기간 내에 이의서를 붙여 국회로 환부(還付)하고 그 재의를 요구할 수 있으며, 법률은 특별한 규정이 없는 한 공포한 날로부터 20일을 경과함으로써 효력을 발생한다.

(3) 명 령

명령(命令)은 국회의 의결을 거치지 않고 행정기관에 의해 제정되는 법규이다. 명령은 법률의 하위에 있는 것이나 대통령의 긴급명령은 예외적으로 법률적 효력을 가진다(헌법 제76조 참조). 그러나 대통령의 긴급명령도 국회의 승인을 얻도록 함으로써 최종적으로 국회의 관여를 필요로 한다.

명령은 제정권자를 표준으로 하면 대통령령, 총리령, 부령으로 나눌 수 있고, 수권의 근거를 표준으로 하여 위임명령과 집행명령으로 나누고, 법률에 대한 관계를 표준으로 하여 비상명령, 긴급명령, 위임명령으로 나눈다. 또 규정상의 내용을 표준으로 하여 집행명령과 독립명령으로 나눈다. 한편 집행명령이란 법률을 집행하기 위하여 필요한 사항에 관하여 행정기관이 발하는 명령이고, 위임명령이란 입법사항에 관하여 법률에서 구체적인 범위를 정하여 위임받은 사항에 관하여 행정기관이 발하는 명령이다.

(4) 규 칙

규칙(規則)이란 행정기관의 내부질서와 공법상 특별권력관계를 규율하기 위하여 제정되는 행정규칙을 말하며, 국회규칙, 대법원규칙, 중앙선거관리위원회규칙, 감사원규칙 등이 있다.

(5) 자치법규

자치법규(自治法規)는 지방자치단체가 법령의 범위 내에서 제정한 자치에 관한 규정이다. 지방자치단체는 헌법이 보장한 자치입법권에 의해 조례와 규칙을 제정할 수 있다. 조례는 지방자치단체가 법령의 범위 내에서 그 사무에 관하여 지방의회의 의결을 거쳐 제정하는 것이며, 규칙은 지방자치단체의 장이 법령 또는 조례가 위임한 범위 내에서 그 권한에 속하는 사무에 관하여 제정한 자치법규를 말한다.

예를 들면 지방자치단체가 여성정책을 추진하기 위해서는 기본적으로 「헌법」, 「여성발전기본법」에서 규정하고 있는 내용을 「여성발전기본조례」, 「여성발전기본조례시행규칙」 등에서 세부적으로 규정하는 것이 일반적이다.[13]

---

13) 지방자치단체의 양성불평등 조례개정사례: 전국 최초로 수영장 여성 할인을 시작하는 등 최고의 여성친화정책을 이끌고 있는 송파구가 이번에는 양성평등에 위배되는 불평등 조례 개정에 나섰다.

(6) 조 약

조약(條約, treaty)은 문서로 하는 국제법주체 간의 명시적 합의를 말한다. 조약의 당사자는 원칙적으로 국가이지만 국가 이외의 국제법의 주체인 각국의 국제기구도 조약의 당사자가 될 수 있다. 조약은 협약·협정·의정서·헌장·선언·결정서·각서·규약·규정·교환문서·잠정협정 등으로도 불린다.

대통령은 조약을 체결하고 비준한다(헌법 제73조). 그리고 국회는 중요한 조약의 체결 및 비준에 대한 동의권을 갖는다(동법 제60조 제1항). 이와 같이 체결·공포된 조약과 일반적으로 승인된 국제법규는 국내법과 같은 효력을 가진다(동법 제6조 제1항).

노동에 관한 ILO 조약은 한국의 경우, 지금까지 3개 조약(제73호, 제81호, 제122호)이 1992년에 비준되었고, 부분적으로 관련 조항을 포함하는 여성차별철폐조약이 1987년에, 국제인권규약이 1990년에, 유엔헌장과 국제노동기구헌장이 1991년에 비준되었다.

2. 불문법

불문법이란, 문자로 표현되지 않은 법을 말한다. 불문법에는 관습법·판례법·조리를 들 수 있다.

송파구 여성정책팀이 지적한 양성평등 불평등 규정은 총 4개 항목.「장기기증 등록 장려에 관한 조례」제52조 제2항 장기기증위원회 구성을 '천주교회 신부'에서 '천주교회 신부·수녀'로,「통·반 설치 조례」제8조 제1항 반상회 구성을 '가구주 또는 주부'에서 '가구 대표자'로,「구민상 규칙」제3조 '장한 어머니상'을 '장한 어버이상'으로,「반상회 운영 규정」제3조 반상회 의제를 '주부 관심사'에서 '주민 관심사'로 개정이 필요한 항목을 각각 담당 부서에 요청한 상태다. 또한 여성이 행복한 도시를 위한 자치법규 정비도 병행할 방침이다. 이에 따라 전 실과에 여성 친화적 관련 조례 및 규칙 제정을 독려하는 한편 지난 2월 폐지된「서울특별시공무원복제규정」의 '女공무원 치마 입기' 등 시대적 변화에 뒤떨어진 조항에 대한 전수조사를 일제히 실시, 오는 연말까지 모두 정비할 계획이다. 서울 송파구청 자료, 2007.8.24.

(1) 관습법

관습법(慣習法)이라 함은 사회생활 속에서 관습이 반복하여 행하여짐으로써 일반인의 법적 확신을 얻은 불문형식의 법을 말한다. 관습법은 사회생활 가운데 단순한 사회적 사실로서 존재하며 법적 확신의 단계에까지 이르지 못한 '사실인 관습'과 다르다.

관습이 관습법이 되기 위해서는 다음의 요건을 갖추어야 한다. ① 같은 행위가 다수인에 의하여 반복, 계속되는 사실적인 관습이 존재하여야 한다. 그러나 관습이 오랫동안 반복되어야 그 존재를 인정받는 것은 아니다. ② 관습이 법적 확신을 얻어야 한다. ③ 관습이 공공의 질서와 선량한 풍속인 공서양속(公序良俗)에 반(反)하지 않아야 한다. ④ 국가의 승인이 있어야 한다. 즉 관습이 법원에 의하여 판례로 승인이 되어야 한다.

관습법과 성문법과의 관계에 대해서 관습법은 성문법에 대하여 보충적 효력을 갖는 것이 원칙14)이나 예외적으로 법률을 개폐하는 법률 변경적 효력15)을 갖기도 한다.

(2) 판례법

판례법(判例法)이란 법원이 일정한 법률문제에 대해 동일한 처지의 판결을 내림으로써 형성되는 불문의 규범을 뜻한다. 불문법주의의 영미법계에서 판례는 재판의 단순한 판결이 아니라 그 자체가 곧 판례법으로서 법원이 된다.

그러나 대륙법계에서는 성문법주의를 채용하기 때문에 판례의 법 규범적 효력은 부정되고 있다. 우리나라에서도 판례를 법원으로 인정한다는 명문규정이 없다.

우리 법원조직법 제8조는 "상급법원의 재판에 있어서의 판단은 당해 사건에 관하여 하급심을 기속한다."고 하고 있으나 이것은 오직 '당해 사건'에 한하며, 일반적으

---

14) 관습법은 성문법에 대하여 보충적·제2차적 효력을 갖는다(민법 제1조). 그러나 형법에 있어서는 죄형법정주의의 원칙상 관습법의 효력이 인정되지 않는다.
15) 관습법이 보충적 효력의 범위를 넘어서 성문법에 대한 변경(개폐적) 효력까지도 인정되는 경우가 있다(상법 제1조).

로는 하급심을 구속하는 효력이 없다는 것을 의미한다.

(3) 조 리

조리(條理)라 함은 사물의 이치로서 사물의 본성·자연법·경험법칙·사회통념·사회적 타당성·공서양속·신의성실·정의·형평 등으로 표현되기도 한다.

우리 민법 제1조는 "민사에 관하여 법률에 규정이 없으면 관습법에 의하고 관습법이 없으면 조리에 의한다."라고 규정함으로써 조리의 법원성(法源性)을 명문으로 인정하고 있다. 조리를 인정하는 이유는 법의 흠결로 재판관이 구체적 사건에 재판할 수 없게 되는 상황을 막기 위한 것이다.

II. 일반적인 법체계

법률은 종합적이고 통일적인 성격을 가지고 있는데, 이것을 법체계라고 한다. 일반적으로 법체계는 학자에 따라 여러 가지로 분류할 수 있지만, 보통 국내법과 국제법으로 나누고, 다시 국내법을 공법·사법·사회법으로 나누고 있다.

1. 국내법과 국제법

국내법이란 한 국가의 주권이 미치는 범위 내에서 효력을 갖는 법으로서 국가의 제정 또는 승인에 의하여 성립된다. 국제법이란 다수의 국가에 의하여 구성되는 국제사회에서 국가 간의 합의에 의해 국가 상호간의 권리의무 관계를 규정한 법이다. 여성과 관련된 협약으로는 「유엔여성차별철폐협약(Convention on the Elimination of All Forms of Discrimination against Women)」[16]이 대표적이다.

2. 사법과 공법

사법(私法)은 사인으로서의 생활을 규율하는 관계를 사법관계라 하고, 대표적인 것으로서 민법, 상법 등이 있다. 공법(公法)은 국가구성원으로서 생활 관계를 규율하며 헌법, 형법, 행정법, 민사소송법, 형사소송법 등을 비롯하여, 정당법, 정치자금법, 공직선거법 등이 있다.

그리고 현대에는 공법도 아니고 사법도 아닌 그 중간 영역으로 사회법(社會法)이 등장하고 있다. 라드부르흐(Radbruch)는 사회법을 '제3의 법역'이라고 표현하기도 한다.

전통적으로 공법과 사법을 구별하는 데 있어서, 어떠한 것을 기준으로 할 것인가가 논의되어 왔다. 그런데 그 기준으로는 학자에 따라 견해가 다양하지만, ① 보호의 대상이 되는 이익이 공익 또는 사익에 관한 것인가에 따라 이익설, ② 법률관계의 주체가 공권력인가 사인인가에 따라 주체설, ③ 법률관계가 권력관계(불평등관계)인가 평등관계인가에 따라 성질설, ④ 국민으로서의 생활관계인가 인류로서의 생활관계인가에 따라 생활관계설 등이 주장되고 있으나, 오늘날 생활관계설이 통설적인 지위를 차지하고 있다.

한편 여성 관련 법률로는 여성발전기본법, 저출산·고령사회기본법, 한부모가족지원법, 건강가정기본법, 영유아보육법 등이 있다.

---

16) 여성차별철폐협약은 가장 구속력 있고 구체적이며 유엔문서로 알려져 있음. 주로 국가가 해야 할 조치와 남녀평등원리를 내용으로, 정치적·공적 생활(제7조), 국제활동(제8조), 국적(제9조), 교육(제10조), 고용(제11조), 보건(제12조), 경제적·사회적 생활(제13조), 농촌생활(제14조), 민사문제(제15조), 혼인과 가족생활(제16조) 등이 있음(현재 160여 개 나라가 비준).

<표 1-6> 여성 관련 주요 법률

관 계 법 률	정책목표 및 전략
여성발전기본법	양성평등 증진 통합적 여성정책
저출산·고령사회기본법	저출산과 고령화 사회의 진전으로 인한 사회적 문제를 적극적으로 대처
생명윤리및안전에관한법률	국민의 건강한 삶의 질 향상을 위하여 생명과학기술을 질병치료 및 예방 등을 위하여 개발·이용할 수 있는 제도적 장치를 마련
한부모가족지원법	한부모가족이 건강하고 문화적인 생활을 영위할 수 있도록 함, 한부모가족의 생활 안정과 복지 증진
건강가정기본법	가족 돌봄 기능 사회화, 가족친화적 사회환경 조성
가족친화 사회환경의 조성 촉진에 관한 법률	가족친화 사회환경 조성을 위한 국가와 사업주의 책무 명시, 기본계획의 수립, 조성사업
영유아보육법	여성일자리 확대, 육의 공공성강화 및 양질의 보육 서비스
일제하일본군위안부피해자에대한생활안정지원및기념사업등에 관한 법률	일제하 일본군 위안부피해자에 대한 생활안정
가정폭력방지 및 피해자보호 등에 관한 법률	가정폭력 방지 및 피해자보호, 여성인권 보호
성매매방지 및 피해자보호 등에 관한 법률	성매매 방지 및 피해자보호

3. 사회법

　사회법에는 노동법, 사회보장법, 경제법, 사회복지법 등이 있다.

　이것은 모든 사람에게 인간다운 생활의 보장을 기본이념으로 하고 있다. 특히 여성에게는 국가의 조력을 받을 수 있는 사회법의 영역이 강조되어야 한다. 노동현장에서는 여성의 보호를 위한 노동법, 가정에서는 가정폭력방지 및 피해자보호 등에 관한 법률, 한부모가족지원법 등으로 국가의 서비스를 받을 수 있다.

노동법은 다음과 같은 세 가지 부분으로 세분할 수 있다.

첫째 개별적 근로관계법으로 「근로기준법」·「남녀고용평등과 일·가정 양립 지원에 관한 법률」·「최저임금법」·「고용보험법」·「산업재해보상보험법」 등이 있다. 둘째 집단적 노사관계법으로 「노동조합 및 노동관계조정법」·「노동위원회법」 등이 있으며, 셋째 협동적 노사관계법으로 「근로자 참여 및 증진에 관한 법률」 등이 있다.

여성을 둘러싼 노동관계법률과 주요내용을 보면 다음 <표 1-7>과 같이 정리할 수 있다.

<표 1-7> 여성을 둘러싼 노동관계법률과 그 내용

노동관계법률	보호 내용	법률 내용
근로기준법	▷ 임금보호 ▷ 모성보호	― 남녀동일임금 ― 갱내근로 금지, 임신여성의 위해·위험작업금지, 출산휴가, 육아시간, 생리휴가 등
남녀고용평등과 일·가정 양립 지원에 관한 법률	▷ 남녀고용 기회균등 ▷ 분쟁해결	― 모집·채용, 배치·승진·교육훈련, 복리후생, 정년·퇴직·해고 등의 차별 금지 ― 고충처리기관, 적극적 고용개선위원회
영유아보육법	▷ 자녀의 양육 ▷ 고용의 지속	― 영유아보육시설 ― 영유아보육비용의 부담과 보조
파견근로자 보호 등에 관한 법률	▷ 근로자파견 사업의 적정한 운영	― 사업의 허가 ― 파견계약의 체결

한편 사회보장법은 사회보험법, 공공부조법, 사회복지 서비스법 및 관련 복지제도에 관한 법 규정으로 구분할 수 있다. 현행 여성 관련 사회보장법을 분류하면 <표 1-8>과 같다.

<표 1-8> 여성 관련 사회보장법의 분류

부 문	여성관련사회보장법
사회보험법	국민연금법(공무원, 군인, 사립학교교원연금법), 산업재해보상보험법, 고용보험법, 국민건강보험법, 기초노령연금법
공공부조법	국민기초생활보장법 의료보호법
사회복지 서비스법	아동복지법, 한부모가족지원법, 노인복지법, 장애인복지법, 영유아보육법, 가정폭력범죄의 처벌에 관한 특례법, 성폭력범죄의 처벌 및 피해자보호 등에 관한 법률, 가정폭력방지 및 피해자보호 등에 관한 법률, 장애인·노인·임산부 등의 편의증진보장에 관한 법률, 청소년 성 보호에 관한 법률, 재한외국인 처우 기본법(제정 2007.5.17)

또한 여성의 생애 주기를 기준으로 하여, 출생, 교육, 직업, 가족생활과 관련하여 좀 더 세분하여 보면 다음 <표 1-9>와 같다.

여성이 국민으로서 행복한 삶을 누리고 가사노동가치가 인정되며, 남녀고용평등과 양성평등에 기초한 사회복지 서비스를 받도록 하는 것이 중요하다. 특히 여성은 일생 동안 남성에 비해 여러 가지 '사회적 위기'를 겪는 경우가 많은데 국가는 지속적으로 이러한 위기에 관여하여 적절한 배려와 보호를 해 주고, 생애 주기마다 동일한 기회가 확보되도록 노력해야 하는 것이다.

<표 1-9> 여성의 생애 주기별 여성 관련 법률

생애 주기	여 성 관 련 법 률	보 호 법 익
생애 전반	여성발전기본법, 건강가정기본법	양성평등, 가족 친화적 환경
출생	모자보건법, 영유아보육법, 형법(낙태), 저출산·고령사회기본법	성별감별제한(생명보호), 모성의 생명과 건강 보호, 건전한 자녀의 출산과 양육
교육	성폭력범죄의 처벌 및 피해자보호 등에 관한 법률, 청소년보호법, 청소년의 성 보호에 관한 법률	성적 자유 보호
직업 경제	남녀고용평등과 일·가정 양립 지원에 관한 법률, 여성과학기술인 육성 및 지원에 관한 법률, 여성기업지원에 관한 법률, 가족친화 사회환경의 조성 촉진에 관한 법률	동등한 노동기회 보장(고용, 배치전환, 승진)
가정	한부모가족지원법, 의료보호법, 아동복지법, 가정폭력방지 및 피해자보호 등에 관한 법률	보건권 보장 빈곤 여성, 모성보호 가정폭력피해자보호
문제중심	- 생애 주기에 나타나는 위기 시 국가와 지방자치단체의 적극적 관여 필요 - 동일한 기회·평등한 보상책 마련, 성인지적 여성정책 실시	

Ⅲ. 여성정책 수요자별 주요 법률

여성정책의 수요자는 기본적으로 모든 국민을 대상으로 하되, 모든 여성, 취업여성, 취약계층여성, 보육아동 등으로 세분[17]할 수 있다.

먼저 여성정책은 모든 여성이 사회 각 분야에서 남녀 간 차이는 존중하되 성별에 따른 차별 없도록 하는 것이 중요하다. 그래서 자녀양육 및 가사노동에 대한 남녀

---

17) 여성가족부, 「여성에게 도약을, 가족에게 희망을」(2007 국민과 함께하는 업무보고), 2007.3.13. pp.57-60 참조.

간에 평등한 역할이 분담되도록 하고, 사회 각 분야에서 여성의 대표성이 확대되도록 하는 한편, 양성평등에 대한 정책이 추진될 수 있는 환경을 마련해야 한다.

둘째, 취업 여성이 정책수요자로서, 여성경제활동의 참여가 확대되도록 해야 하며, 일과 가정을 양립할 수 있는 사회여건이 조성될 수 있도록 해야 한다. 즉 일을 통해 여성의 경제적 자립이 보장되도록 하고, 직장생활과 가정생활을 조화시킬 수 있는 환경이 조성도록 하여야 한다.

셋째, 여성이민자, 한부모가족, 성폭력과 가정폭력에 노출된 여성 등 취약계층 여성이다. 폭력을 당한 여성에 대한 사회적 편견이 제거될 수 있도록 하며, 폭력 없는 행복한 사회가 이룩되도록 해야 한다. 특히 여성결혼이민자가 한국사회에 적응할 수 있는 각종 정책을 시행해야 하고, 한부모가족이 자립할 수 있도록 지원해야 한다.

넷째, 정책수요자로서 '보육아동'을 들 수 있다. 보육아동 정책을 통해 부모는 양육의 부담을 덜고, 아동은 가정과 지역에서 안전하고 행복하게 살아갈 수 있는 사회가 실현되도록 해야 한다.

여성정책 수요자에 따라 법률과 제도를 살펴보면 다음 <표 1-10>과 같다.

<표 1-10> 여성정책 수요자의 법률 내용

수요자	법·제도명	정책 효과
모든 여성	■ 양성평등채용목표제	■ 여성의 공직진출 확대
	■ 성별영향평가제도	■ 양성 평등한 정책 개발·집행
	■「정당법」개정 －국회의원 여성할당제	■ 여성의 정치참여 확대
	■「민법」개정 －호주제 폐지	■ 양성 평등한 가족문화 조성
	■「국가재정법」제정 －성인지예산제도	■ 예산 편성 및 집행상의 성차별적 요소 개선

취업 여성	■「고용정책기본법」
	－모집·채용 시 차별 금지
	  사유에 '병력(病歷)' 추가
		■ 'B형간염' 보균자 등
		  취업상 불이익 해소

	■「영유아보육법」개정
	－보육시설 의무사업장
	  확대(여성 300인 이상→
	  근로자 500인 이상)
		■ 일·가정 양립지원

	■「고용보험법」,「남녀고용평등법」개정－산 전·후 휴가기간 급여 90일분 전액 지원	■ 여성의 경제활동 참여 활성화
	■「근로기준법」개정 －유산·사산휴가제 도입	■ 여성고용 안정성 및 모성보호 강화

	■「남녀고용평등과 일·가정 양립 지원에
	  관한 법률」개정
	－적극적 고용개선조치 제도
	－육아휴직 자녀연령 확대
	  (1세 미만→3세 미만)
		■ 여성에 대한 고용 불평등 적극적 개선
		■ 일·가정 양립지원 강화

취약 계층 여성	■「성매매방지법」제정	■ 성매매 피해 여성의 인권보호

	■「가정폭력방지 및 피해자보호 등에 관한
	  법률」개정
		■ 피해자의 동반 아동 보호
		■ 피해자 치료비의 국가
		  선지급 의무화 조치

	■ 결혼이민자 사회통합 지원대책	■ 결혼이민자에 대한 사회적응, 한글교육, 자녀교육지원 등 통합지원

수요자	법·제도명	정책 효과
취약 계층 여성	■ 법무부훈령인 「인권보호 수사준칙」 전부 개정	■ 부당한 반복조사 금지 등 2차 피해 방지 ■ 전용조사실 활용, 신뢰관계에 있는 자 의 동석 허용 등
	■ 「성폭력범죄의 처벌 및 피해자보호 등에 관한 법률」 개정 -13세 미만자 유사강간 처벌 -장애인 보호시설의 장·종사자의 장애인 에 대한 성폭력행위 처벌	■ 날로 지능화, 흉포화되고 있는 성폭력 범죄에 효과적으로 대처
보육 아동	■ 어린이 안전원년 선포 및 어린이 안전종 합대책 수립	■ 아동이 안전한 환경에서 성장할 수 있 도록 지원
	■ 「영유아보육법」 전면 개정-보육정책조정 위원회 설치, 보육계획 수립 등	■ 체계적 보육정책 추진 및 보육의 책임 성·투명성 강화
	■ 보육시설 평가인증제	■ 보육시설의 질 향상
	■ 기본보조금제도	■ 부모의 보육료 부담 경감

Ⅳ. 소송법

1. 소송법의 의의

국가의 조직이 형성되기 이전에는 개인의 권리와 자유가 침해되었을 경우에 주로 '자력구제'에 의해 해결하였다. 그러나 자력구제는 현실적으로 강자만을 보호하는 수단으로 전락되고 말았다.

그래서 국가조직의 형성과 함께 당사자의 분쟁을 해결하기 위하여, 법원을 설치하고 당사자 간의 분쟁이나 이해관계의 충돌이 있을 때 국가기관인 법원이 법을 적용하여 분쟁을 해결하고 있다. 이와 같이 분쟁을 공정하게 처리하기 위하여 법원이 이해관계인을 관여시켜 그 주장을 듣고 사건의 해결을 위하여 법률을 적용·판단하는데, 이것을 소송이라고 한다. 소송법은 권리의무의 쟁송이 있는 경우에 구체적인 법을 적용하여 재판하는 절차를 의미하므로, 소송법을 절차법(節次法)이라고도 한다.

소송법은 소송의 종류에 따라서, 민사소송법, 형사소송법, 행정소송법 등으로 구별된다.

2. 민사소송

민사소송이라 함은 개인 상호간의 생활관계에서 발생하는 이해의 충돌과 분쟁을 국가의 재판권에 의하여 강제적으로 해결·조정하는 절차를 말한다.

그래서 만일 어떤 여성이 직장 내에서 성희롱을 당하여 육체적·정신적 고통과 함께 손해를 당했다면, 민사소송에 의해서 해결을 해야 한다.

이러한 민사소송은 피해를 당한 여성(원고)의 소송제기가 있어야 소송이 개시될 수 있다. 피해를 당한 여성이 아무런 조치를 취하지 않는다면 법원이 이러한 사실을 알았다 하더라도 소송절차를 진행하지 않는다. 따라서 법원은 당사자(원고와 피고)의 주장에 의해서 심리한다는 점에서 '당사자 처분권주의'를 채택하고 있다. 그래서 소송에 필요한 자료를 당사자가 직접 수집하고 당사자인 원고와 피고가 주장하지 아니한 사실을 법원이 자의적으로 재판의 기초로 삼을 수 없다는 점에서 '변론주의'를 채택하고 있다. 법관은 사실을 인정함에 있어서 그 기초가 되는 증거의 증거능력이나 증거력에 관하여 법률상 아무런 구속도 받지 아니하는 '자유심증주의'를 채택하고 있다.

민사소송절차는 크게 보통소송절차와 특별소송절차로 나눌 수 있으며, 보통소송절차는 다시 판결절차와 강제집행절차로 나눌 수 있고, 특별소송절차는 소액사건심판절차, 재심절차, 독촉절차, 파산절차, 화의절차, 회사정리절차 등으로 나눌 수 있다.

판결절차란 원고의 제소에 의하여 소송이 개시되고 변론을 거쳐 심리되어 종국판결에 의하여 종료되는 절차이다. 소송사건의 성질 여하를 막론하고 일반적으로 이 절차에 의하는 것이 원칙이다.

강제집행절차는 판결절차에 의하여 확정된 사법상의 의무가 임의로 이행되지 않는 경우에 채권자의 신청에 의하여 국가의 강제력으로 사법상의 의무이행의 실현을 강제하는 절차이다. 예컨대 이행판결에 의하여 확정된 대여금채권을 집행하기 위하여 채권자의 신청에 의하여 집달관이 채무자의 재산을 압류하여 경매하는 것과 같은 절차이다.

한편 민사조정절차는 조정담당판사 또는 법원에 설치된 조정위원회가 분쟁 당사자로부터 주장을 듣고 여러 사정을 참작하여 조정안을 제시하여, 서로 양보와 타협을 통하여 합의에 이르게 함으로써 분쟁을 신속하게 해결하는 제도이다.

이 민사조정절차는 소송과 같은 엄격한 절차를 거치지 않고 빠른 시일 내에 조정기일이 정해지며, 대부분 1회의 기일(출석)로 종료된다. 비용도 저렴하여 원활하게 분쟁을 해결할 수 있고 비공개로 진행되기 때문에 비밀이 보장된다는 것이 특징이다.

소액심판제도는 2,000만 원을 초과하지 아니하는 금전 지급을 목적으로 하는 청구(대여금, 물품대금, 손해배상청구)와 같이 비교적 단순한 사건에 대하여 보통 재판보다 훨씬 신속하고 간편하며 경제적으로 재판을 받을 수 있게 만든 제도라고 볼 수 있다.[18] 소액사건의 경우에는 소가 접수되면 즉시 변론기일로 심리를 마치고 즉시 선고할 수 있도록 하고 있다.

가압류는 금전채권이나 금전으로 환산할 수 있는 채권에 관하여 장래에 그 채권을 집행할 수 있도록 하기 위하여 미리 채무자의 재산을 압류하여 채무자가 처분하지 못하도록 하는 제도이다. 가압류는 단지 채무자가 재산을 처분하지 못하게 하는 역할만 하기 때문에 실제 채권의 존재 여부에 다툼이 있는 경우에는 별도의 소송을 하여야 한다.

---

18) 소액심판제도는 신속하고 간편한 소송 제기를 그 특징으로 한다. 법원 종합민원실 또는 민사과에 가면 누구나 인쇄된 소장서식 용지를 무료로 얻어서 해당 사항을 써 넣으면 소장이 되도록 마련되어 있다. 법무부, 「법과생활」, 2006.1. pp.175−177. 참조.

3. 형사소송

죄형법정주의는 범죄의 종류와 처벌이 반드시 법률에 의해야 한다는 것인데, 실제적으로 범죄가 성립되었는지의 여부와 처벌 방법은 법원의 재판을 거치지 않고는 불가능하게 된다. 그래서 국가가 법률로 범죄를 규정하여 강제로 형벌을 과하는데, 이것을 형사사건이라 한다. 그리고 이러한 형사사건의 절차에 관한 것을 다루는 법이 형사소송법이다.

형사소송법은 실체적 진실주의와 직권주의를 채택하고 있다.

'실체적 진실주의'라 함은, 법원이 당사자의 주장, 사실 여부, 제출된 증거에 구속되지 않고 실질적으로 사실을 규명하여 진실한 사실을 발견하는 것을 말한다. 또한 이러한 실체적 진실을 규명하기 위하여, 법원은 주도적인 지위에서 소송을 진행시키고 심판하게 되는데 이를 '직권주의'라고 한다.

4. 행정소송

행정소송은 행정법상의 법률관계에 관해 분쟁이 발생했을 경우에, 행정청과 개인의 권리의 조화로운 해결을 위하여 법원의 재판에 따라 그 분쟁을 해결하는 절차를 말한다. 이러한 행정소송절차를 규율하고 있는 법이 행정소송법이다.

V. 여성에 관한 법률

여성에 관한 법률은 여성가족 분야를 비롯하여, 노동, 보건, 복지 등 각 분야로 나뉘어 있다.

1. 모성보호관련법

모성보호법률이란 보통「근로기준법」,「남녀고용평등과 일·가정 양립 지원에 관한 법률」,「고용보험법」등을 말하는데, 모성권(母性權) 보장의 필요성에 의하여 제기되었다. 여성 근로자는 출산·육아 등 모성을 가지고 있기 때문에 건강유지를 위하여 업무배치·휴가·휴직 등에 있어서 특별한 배려를 받을 권리가 있다.

이는 여성의 신체상의 약점이나 결함 때문이 아니라, 여성이 어머니로서의 모성을 갖고 있기 때문에 당연히 요구할 수 있는 권리인 것이다. 왜냐하면 자녀의 출산에 관련된 사항은 국가구성원을 재생산하는 일로 국가의 미래를 형성하는 중요한 일이기 때문이다.

헌법에는 여성의 근로와 모성을 보호하는 내용을 두고 있고, 남녀고용평등법에서도 근로여성이 받는 보호를 차별로 보지 아니한다고 명시하고 있다.

2. 여성정책과 남녀차별개선 관련법

여성정책과 남녀차별개선 관련법을 개괄하면 다음과 같이 최근 개정내용을 정리할 수 있다.[19)]

(1) 저출산·고령사회기본법

「저출산·고령사회기본법」(2005.5.18. 제정)은 자녀의 출산 및 양육이 원활하게 이루어지고 노인이 중요한 사회적 행위자로서 건강하고 활력 있는 사회생활을 할 수 있도록, 저출산·고령사회정책의 기본방향과 그 수립 및 추진체계에 관한 사항 등을 규정하였다.

이 법에서는 국가 및 지방자치단체는 저출산 대책을 위하여 자녀의 출산과 보육,

---

19) 여성가족부,「국회 국정감사자료」, 참조.

모자보건의 증진, 경제적 부담의 경감 등을 위한 시책을 강구하도록 하였다. 그리고 고령사회정책을 위하여 고용과 소득보장, 건강증진과 의료제공, 생활환경과 안전보장, 여가·문화 및 사회활동의 장려, 평생교육과 정보화, 취약계층노인 등에 대한 특별한 배려, 가족관계와 세대 간 이해 증진, 경제와 산업, 고령 친화적 사업의 육성 등을 위한 시책을 강구하도록 하였다. 또한 저출산·고령사회정책에 관한 중요 사항을 심의하기 위하여 대통령 소속하에 저출산·고령사회위원회를 두도록 하였다.

(2) 여성발전기본법

1995년에 제정되어 1996년 7월 1일부터 시행되고 있는 「여성발전기본법」에서는 여성정책의 기본방향을 정하고 있는데, 이 법에서 여성정책이라 함은 남녀평등의 촉진, 여성의 사회참여 확대 및 복지 증진에 관한 대통령이 정하는 정책을 말한다 (제3조)고 규정하고 있다. 그래서 우리나라의 여성정책은 '남녀평등의 촉진', '고용 확대', '복지 증진'이라는 세 가지 축을 중심으로 추진되고 있다고 볼 수 있다.

여성발전기본법이 2005년에 개정된 주요 내용은 사업주의 직장 내 성희롱 방지 교육 등에 관한 내용 규정, 국가 및 지방자치단체가 전문 연구기관의 지원 및 자문을 받을 수 있는 근거 마련, 한국양성평등교육진흥원을 특수법인으로 전환, 여성인력 개발센터 설치 근거 법률에 명시 등이다.

(3) 영유아보육법

「영유아보육법」이 개정되고 시행[20]됨에 따라 보육시설의 장은 보육시설운영위원회를 설치·운영하도록 하였으며, 장애인 부모의 자녀에 대해서는 소득 수준과 관계없이 장애의 정도에 따라 보육시설의 우선 이용권을 부여하고 있다.

영유아보육법의 최근 개정된 주요 내용은, 보육시설의 장에게 자격증을 교부하고

[20) 「영유아보육법」은 2005.12.29. 공포, 시행 2006.3.30. 다만, 제21조제1항, 제22조제1항·제2항, 제22조의2, 제46조, 제48조 및 제54조제2항의 개정 규정은 공포 후 1년이 경과한 날부터 시행함.

자격증 대여를 금지하며 이를 위반할 경우 제재 조치, 영유아 및 보육시설 종사자에게 성폭력 예방교육을 정기적으로 실시, 우선적으로 보육시설을 이용할 수 있는 대상에 차상위 저소득층 장애인의 자녀 추가, 보육시설운영위원회 설치 및 운영 의무화 등이다

(4) 여성기업지원에 관한 법률

1999년 2월 5일에 제정, 공포되어 동년 6월 1일부터 시행되고 있는 「여성기업지원에 관한 법률」은 여성의 기업활동과 여성의 창업을 적극적으로 지원하기 위해 마련된 법률이다.

이 법률의 주요내용을 보면, 국가와 지방자치단체는 여성의 기업활동 촉진을 위한 종합적인 지원대책을 추진하여야 하며, 이를 위한 기본계획을 수립하고 중소기업청에 '여성기업활동촉진위원회'를 두도록 되어 있다. 그리고 중소기업청장은 공공기관이 여성기업에 불합리한 차별적 관행이나 제도를 시행할 경우 이의 시정을 요청할 수 있고 여성창업자 및 우수 여성 창업지원 관련 사업자를 우대 지원하며, 공공기관의 장은 여성기업이 생산한 물품의 우선구매를 촉진하도록 하고 있다.

또한 여성경제인의 공동이익 증진과 기업활동 촉진의무를 효율적으로 수행하게 하기 위하여 '한국여성경제인협회'를 설립하며, 협회는 각종 정보 및 교육, 훈련, 연수, 상담 등의 서비스를 제공할 수 있는 여성기업종합지원센터를 설립할 수 있으며, 정부는 협회의 사업을 위하여 자금지원 및 국·공유재산을 무상 대부할 수 있고 세제상 지원도 할 수 있도록 되어 있다.

3. 가정폭력 관련법

(1) 가정폭력범죄의 처벌 등에 관한 특례법

1998년 7월 1일부터 시행되고 있는 「가정폭력범죄의 처벌 등에 관한 특례법」에 교육기관의 비밀엄수 의무규정을 추가하는 개정안이 통과되어 1999년 2월 21일부터 시행되고 있다. 가정폭력 행위자가 자녀들이 다니는 학교까지 쫓아다니며 괴롭히는 사례들이 발생함에 따라 이를 방지하기 위하여 개정된 것으로, 신고의무 대상자인 아동의 교육과 보호를 담당하는 기관의 종사자와 그 장에게 비밀 엄수의 의무를 부과함으로써 가정폭력 아동이 안심하고 학교에 다닐 수 있도록 한 것이다.

(2) 가정폭력방지 및 피해자보호 등에 관한 법률

1997년 12월 31일에 제정된 「가정폭력방지 및 피해자보호 등에 관한 법률」은 가정폭력을 예방하고 가정폭력의 피해자를 보호함으로써 건전한 가정을 육성함을 목적으로 한다.

최근 개정된 주요 내용은 가정폭력 피해자가 동반하는 가정구성원도 상담소 동반 입소 가능, 가정폭력 피해자보호시설 설립을 인가제에서 신고제로 변경 등이다(자세한 내용은 후술함).

4. 성(性) 관련법

(1) 청소년의 성보호에 관한 법률

2000년 2월 3일에 제정·공포되어 동년 7월 1일부터 시행되고 있는 「청소년의 성보호에 관한 법률」은 크게 행위자에 대한 처벌 강화와 청소년의 인권 보장이라는 두 가지의 목적이 있다. 다시 말하면, 첫째 청소년을 대상으로 하는 성매매와 성매매를 조장하는 온갖 형태의 중간매개 행위 및 청소년에 대한 성폭행 행위를 하는 자들을 강력히 처벌하는 것이고, 둘째 성매매의 대상이 된 청소년을 보호, 구제하는 장치를 마련한 것이다. 그렇게 함으로써 이들의 인권을 보장하고 건전한 사회구성원으로 복귀할 수 있도록 하였다.

특히 청소년을 대상으로 하는 성매매 및 성폭행 행위자의 신상을 공개할 수 있도록 하여, 제정 당시 인권침해라는 논란도 있었으나 이를 입법화함으로써 범죄예방 효과를 극대화하도록 한 반면, 성매매의 대상이 된 청소년에 대해서는 처벌하지 않고 선도보호 및 재활을 위하여 소년부의 보호사건으로 처리하도록 하여 최대한 구제할 수 있도록 하였다.

(2) 성폭력범죄의 처벌 및 피해자보호 등에 관한 법률

1994년 4월 1일부터 시행되고 있는 「성폭력범죄의 처벌 및 피해자보호 등에 관한 법률」은 두 차례의 개정이 있었다. 1997년 8월의 개정에서는 친족범위를 확대하였고, 13세 미만 미성년자에 대한 친고죄를 폐지하였다. 또 1998년 12월 개정에서는 그동안 사회적으로 물의를 일으켜 온 몰래카메라에 대한 처벌규정이 신설된 것이다. 이것은 카메라 등의 기계장치를 이용하여 성적 욕망 또는 수치심을 유발할 수 있는 타인의 신체를 그 의사에 반하여 촬영한 자는 5년 이하의 징역 또는 1천 만 원 이하의 벌금에 처하여 미수범 및 법인도 처벌할 수 있도록 되어 있다.

(3) 성매매 알선 등 행위의 처벌에 관한 법률

「성매매 알선 등 행위의 처벌에 관한 법률」은 성매매·성매매 알선 등 행위 및 성매매 목적의 인신매매를 근절하고, 성매매 피해자의 인권을 보호함을 목적으로 하고 있는데, 이 법이 개정(법률 7404호, 2005.3.24. 공포, 시행)됨에 따라 성매매 행위를 한 자에 대하여 보호처분이 필요할 때에는 감호위탁처분을 할 수 있도록 되어 있는 규정을 인권침해의 소지가 있어 삭제하였다.

(4) 성매매방지 및 피해자보호 등에 관한 법률

「성매매방지 및 피해자보호 등에 관한 법률」은 성매매를 방지하고 성매매 피해자 및 성을 파는 행위를 한 자의 보호와 자립의 지원을 목적으로 하고 있으며, 최근 개정된 내용은 성매매 피해자들이 적절한 치료를 받을 수 있도록 전담의료기관 지정, 탈성매매 여성들의 보호시설 입소기간을 6개월에서 1년으로 연장하는 것 등을 내용으로 하고 있다.

5. 혼인관련법

우리나라의 혼인에 관한 내용은 대부분 민법 규정 중의 친족·상속에 규정되어 있고, 호적법, 혼인신고 등에 관한 특례법 등이 있다. 「민법」이 개정됨(법률 7427호, 2005.3.31. 공포. 2008.1.1.)에 따라 친족 편에 규정되어 있는 호주를 중심으로 가(家)를 구성하는 호주제도를 폐지하고, 동성동본금혼제도와 친생부인의 소의 제척기간을 헌법불합치결정의 취지에 따라 합리적으로 조정하며, 양친의 성과 본을 따르게 하는 친양자제도를 도입하였다.

(1) 혼인에 관한 법

민법은 친족상속 편에서 혼인과 관련된 규정을 두고 있다. 혼인이란 건전한 남성과 여성이 결합하여 부부공동체를 형성하겠다는 의사의 합치로 이루어지는 일종의 계약이다. 이런 혼인은 국가에 의하여 보호되고 있다.

① 혼인의 성립에 관한 법
혼인의 성립에 관한 법에는 약혼을 비롯하여, 혼인 연령, 혼인 성립요건, 혼인의 효력, 사실혼 등에 대한 내용이 있다.

② 혼인의 해소에 관한 법

혼인의 해소에 관한 법에는 혼인의 무효와 취소, 사망과 실종선고에 의한 혼인의 해소, 이혼, 재산분할청구 등에 관한 것이 그 내용을 이룬다.

(2) 부부에 관한 법

부부에 관한 법률내용에는 부부의 동거·부양·협조의무, 부부재산계약, 일상가사 대리권과 연대책임, 부부별산제 등이 있다.

(3) 상속에 관한 법

상속에 관한 내용을 규정한 것으로서 재산상속의 순위, 배우자의 상속분, 상속재 산의 분할, 상속의 승인과 포기, 상속결격, 유언, 유류분에 대한 규정들이 있다.

제3절 법의 적용과 해설

Ⅰ. 법의 적용

1. 입증

사실의 확정은 '증거'에 의하게 되는 것이 일반적이다. 예를 들면 법관 앞에서 돈 을 빌려 주었다고 주장하는 사람은, 자신이 돈을 빌려 준 증거를 제시해야 한다. 이 렇게 재판을 할 때 어떤 사실을 주장하는 당사자가 증거를 제시하여야 하는 의무를 부담하는데, 이를 '입증' 또는 '거증'이라고 한다.

'당사자주의'를 취하고 있는 민사소송에서는 특정사실을 주장하는 사람(당사자)에게 입증책임이 있다. 그리고 '직권주의'를 취하는 형사소송에서는 피의자를 소추한 '검사'가 입증책임을 부담하는 경우가 대부분이고, 경우에 따라서는 법관이 '입증'에 개입하여 실체적 진실을 밝히고 있다.

한편 입증책임자가 분쟁사실에 대한 증명을 하는 데에 필요한 학식·경험이 없거나 증거에 접근하기 어려운 때가 있을 수 있다. 그래서 입증을 완화할 필요성이 등장하는데, 이것을 '입증책임의 완화'라고 한다. 특히 환경오염, 의료분쟁, 교통사고에 있어서는 입증책임이 완화되는 경우가 많다.

의료과오소송에서 입증책임을 누가 부담할 것인가가 종종 문제가 된다. 예를 들면 병원에서 수술을 하였는데 의사의 중대한 실수에 의해서 불구가 된 경우, '환자'에게 입증책임을 모두 부담시키면 매우 '부당한 결과'를 가져올 수 있다.

외국의 경우를 보면 진료상의 중대한 과실이 있고, 그 과실에 의하여 손해가 발생한 경우에는 인과관계 책임을 피고인 '의사'에게 전환하는 태도를 보이고 있다. 즉 의사에게 의료사고에 대하여 고의는 물론 의사가 경솔하게 치료를 함으로써 발생한 과실, 그리고 중대하게 경솔하고 유책한 치료상의 과실로 인한 행동, 의식적 경솔 또는 의료기술에 대한 위반으로 환자에게 위험을 초래한 경우에는 의료과오소송의 입증책임이 '환자'로부터 '의사'에게 전환되는 것으로 보고 있다. 이를 '입증책임의 전환'이라고 한다.

의사의 업무상 과실을 판단하는 데에는 의사의 설명 여부, 의료행위의 재량성, 사고 당시의 일반적인 의학의 수준과 의료환경 및 조건, 환자의 특이체질, 진료의 긴급성, 의료행위의 특수성 등이 고려되어야 할 것이다.[21]

일반적으로 의사는 환자에게 수술을 하는 과정 및 그 후에 나쁜 결과가 발생할

---

[21] 특이 체질 환자에 대해 발생한 의료사고에 대해 국가가 보상하도록 하자는 법안이 제출되고 있다(2007.8.). 「의료사고 예방 및 피해구제에 관한 법률안」(이기우 의원 발의)에 의하면, 의료사고로 인한 분쟁 발생에 있어 의료사고의 입증 책임의 전환과 환자의 특이체질로 발생한 의료사고에 있어 3천만 원 범위 내에서 사회적 보상제도를 수립하자는 내용이다.

개연성이 있는 의료행위를 하는 경우와, 사망 등의 중대한 결과의 발생이 예측되는 의료행위를 하는 경우에는 환자의 승낙을 얻어야 한다.

2. 추 정

추정(推定)이란, 증거에 의해 확정하지 못한 경우에 그 사실의 존재 여부를 일단 사실인 것으로 가정하고 법률효과를 발생시키는 것을 말한다. 그래서 추정은 다른 사실을 주장하는 반증(反證)에 의하여 그 법률효과가 부정될 수 있다.

예를 들면 민법 제844조[22] 제1항은 "처가 혼인 중에 포태한 자는 부의 자로 추정한다."라고 규정하고 있다. 이를 살펴보면 처(妻)가 혼인 중에 자를 임신하면 보통 남편의 자녀를 임신하게 될 것이나, 경우에 따라서는 불륜관계로 다른 남성의 아이를 임신할 수도 있을 것이다. 이러한 경우 부(夫)는 처(妻)에게서 태어난 불륜의 아이에 대해서 사실입증을 통해 친생자의 추정을 번복할 수 있게 된다.

3. 간 주

간주(看做)란 사실 여하를 불문하고 법에 의하여 일정한 효과를 부여하는 것을 말하며, 반대의 증거제출을 허용하지 않는다. 법문에서는 대개 "……라고 본다."라는 용어를 쓰는데 간주는 사실의 확정에 있어서 추정보다 효력이 더 강력하다. 그래서 실종선고를 받아서 사망으로 간주된 자가 생존하고 있더라도 그것만으로 실종선고의 효과가 없어지지는 않는다. 사법상으로는 여전히 사망의 효과가 발생하게 되는 것이다. 그래서 생존자가 실종선고의 효과를 멈추게 하기 위해서는 별도로 실종선

---

22) 제844조(부의 친생자의 추정) ① 처가 혼인 중에 포태한 자는 부의 자로 추정한다. ② 혼인 성립의 날로부터 2백 일 후 또는 혼인관계 종료의 날로부터 3백 일 내에 출생한 자는 혼인 중에 포태한 것으로 추정한다.

고의 취소절차를 거쳐야 한다(민법 제29조).

Ⅱ. 법의 해석

1. 의 의

법률상의 분쟁사실이 확정되더라도 그 사실에 적용할 법의 의미내용을 명확하게 하지 않을 경우 분쟁을 해결하기가 거의 불가능하다. 추상적인 법률 내용을 명확히 하는 작업이 필요한 것이다. 그래서 법의 해석이란 법규가 갖는 의미·내용을 명백하게 하는 작업을 말한다.

2. 해석의 방법

(1) 유권해석

유권해석이란 권한 있는 국가 또는 공공기관에 의하여 법규의 의미·내용을 해석하는 것으로 해석한 내용이 현실적인 법 적용에 구속력을 가진다는 점이 특징이다. 이에는 입법해석, 사법해석, 행정해석 등이 있다.

입법해석은 입법기관이 법률 속에 해석규정을 두어 해석하는 것이다. 즉 근로기준법 제2조에서 "'근로자'란 직업의 종류와 관계없이 임금을 목적으로 사업이나 사업장에 근로를 제공하는 자를 말한다."라고 규정하여 근로자에 대한 정의를 내려 주고 있다. 사법해석이란 법원에 의하여 행해지는 법의 해석을 말하고, 행정해석이란 행정관청이 훈령·지령 등을 통해서 법을 해석하는 것을 말한다. 만약에 행정관청이 위법·부당한 행정처분을 했을 때, 이에 대한 최종적인 판단은 '법원'이 하게 된다.

(2) 문리해석

문리해석은 법규의 문구나 문장이 갖는 의미를 따져서 법률의 의미를 명확히 하는 것이다. 문리해석에는 축소해석, 확장해석, 유추해석이 있다.

축소해석은 법조문의 문구를 문리적으로 해석하여 법조문의 언어적 표현 자체보다 더 좁게 해석하는 방법이며, 확장해석은 법규의 문장의 의미를 합리적으로 확장하여 이해하는 해석 방법이다.

또한 유추해석은 어떤 사항을 직접 규정한 법규가 없는 경우에, 이와 가장 비슷한 사항을 규정한 법규를 적용하는 것이 법률해석방법이다.

(3) 논리해석

논리해석이란 문장의 의미보다는 또는 입법자의 의사보다는 법문의 논리적 추리에 의하여 행하는 법의 해석으로 비교해석, 물론해석, 반대해석 등의 방법이 있다.

법규들을 비교하면서 해석하는 비교해석, 법조문이 일정한 사례를 규정하고 있을 경우에 다른 사례에 관해서도 사물의 성질상 당연히 그 규정에 포함되는 것으로 판단하는 물론해석, 법문에 명시되지 않은 경우에는 그 법문과 반대로 해석하는 반대해석 등이 있다.

제1편

제2장

여권현황과 여권보장의 국제적 동향

제1절 우리나라의 여권 현황과 과제

I. 법적 현황

우리나라의 남녀평등권은 1948년 제헌헌법에서부터 현재까지 법적으로 보장되어 왔다. 그러나 유교적 가부장제 의식과 관습이 여전히 우리 생활에 뿌리 박혀 있어 법과 제도의 현실과는 상당한 거리가 있었다.

종래에는 여성이 사회참여 기회를 늘려 나가는 일이나 성폭력·가정폭력 문제의 문제, 가정 내에서 출산과 육아문제 등에 대해서는 '국가나 법률'이 개입할 사항이 아닌 것으로 인식되어 왔다.

그러다가 남녀차별을 개선하려는 법적인 움직임이 나타나고 현실적으로 법률제정의 노력을 보인 것은 1980년대에 와서부터라고 할 수 있다. 이 무렵에는 여성에 대한 차별이나 관행을 시정하려는 노력들에 대해 상당한 질적 변화를 보였는데 남녀차별적인 의식과 관습, 제도를 개혁하여 국가나 사회발전에 남녀가 함께 참여하도록 해야 한다는 의식으로 진전되었다. 이러한 진전은 국내의 정치적·경제적·사회적·문화적 여건성숙과 여성운동의 성과로 나타나기 시작했다.

1980년대 여성운동은 여성의 저임금, 고용기회 제한, 결혼퇴직제, 정년차별, 모성보호와 육아의 사회적 지원 결여, 아내 구타, 성폭력, 매매춘 등 다양한 여성인권 침해 문제를 제기해 왔다.

여성인력 개발과 활용의 필요성을 느낀 정부는 1987년의 「헌법」 개정과 「남녀고용평등법」을 제정하여 여성차별 금지를 법제화했다. 그 외 1989년 12월에 가족법 개정이 1990년 1월 공포되었고, 「영유아보육법」은 1991년 1월 제정되었다. 남녀평등과 여성의 발전을 도모하는 정책방향을 제시하기 위해 1995년 12월에 「여성발전기본법」이 제정되었고, 고용·교육·재화·시설·용역의 이용과 제공, 법과 정책의 집행에서의 남녀차별을 금지하고 피해구제제도를 마련하기 위해 1999년에 제정된 「남녀차별 금지 및 구제에 관한 법률[23]」은 대표적인 남녀평등 장치라고 할 수 있다.

1953년에 제정된 형법은 '부녀'에 대한 강간과 음행매개, 인신매매, 사람에 대한 추행 등을 처벌하는 규정을 두었다. 또한 강간죄가 성립되기 위해서는 항거불가능의 폭행이나 협박이 있어야만 했다. 그렇지만 여성을 보호하기 위한 성범죄 역시 가해자가 배우자나 자신의 직계존속인 경우에는 고소할 수도 없는 한계가 있었다. 이러한 친고죄에 대한 부분을 포함하여 성폭력 범죄를 예방하고 성폭력범죄의 처벌과 그 절차에 관한 특별규정을 두는 「성폭력범죄의 처벌 및 피해자보호 등에 관한 법률」이 제정[24]되기도 하였다.

1961년에 제정된 「윤락행위방지법」은 성(性)을 사고파는 행위 모두를 처벌하는 쌍벌주의적 금지주의를 취하고 있지만 윤락여성 개인의 도덕적 일탈을 문제시하고, 그에 대한 선도를 중심내용으로 했다. 법의 집행도 윤락여성만을 단속·처벌하였고, 단속·처벌된 윤락여성을 명확한 법적 근거도 없이 1년간 직업보도시설에 수용하였다.

이와 같은 여성폭력에 관한 현실과 법의 문제를 '여성주의적 시각'에서 접근하려는 노력이 결실을 거두어 「일제하 군위안부 피해자 생활안정법」이 제정(1993.5.)되고, 「성폭력범죄의 처벌 및 피해자보호 등에 관한 법률」이 제정·개정되었다. 「가정폭력범죄의 처벌 등에 관한 특례법」과 「가정폭력방지 및 피해자보호 등에 관한 법률」이 제정(1997.12.)되고 1999년 1월에는 가정폭력특례법이 개정되었다.

이 중에서 성폭력과 가정폭력관련법과 같은 특별법은 우리나라 형사법에 상당한 발전을 이룩하였다. 그러한 입법은 성폭력·가정폭력이 '국가가 적극적으로 개입'하여 사회적 범죄임을 분명히 선언하고, 이에 대한 예방과 규제를 국가의 책무로 이해하고 있다는 데 특징이 있다. 또 피의자·피고인의 인권보호는 물론 피해자의 인권보호를 중시하여 형사법의 '특례'들을 마련하였다는 데 그 의미가 있다.

---

23) 남녀차별 금지 및 구제에 관한 법률의 폐지(폐지 2005.12.29. 법률 7786호)
24) 이 법은 성폭력범죄를 예방하고 그 피해자를 보호하며, 성폭력범죄의 처벌 및 그 절차에 관한 특례를 규정함으로써 국민의 인권 신장과 건강한 사회질서의 확립에 이바지함을 목적으로 한다(제1조).

Ⅱ. 여성권한 신장 척도와 성별영향 평가

1. 여성권한 신장 척도

여성권한 척도(Gender Empowerment Measure)는 정치·경제 분야의 중요한 정책 결정의 행사에서 여성참여 정도를 지표화한 것으로 UNDP 인간개발보고서에 매년 발표[25])되고 있다.

평가요소는 ① 국회 여성의석 비율, ② 입법, 고위임직원 및 관리직, 전문기술직 여성 비율, ③ 남녀소득비 등이다.

우리나라의 여성권한 척도(GEM)는 2006년에 세계 53위를 차지하고 있으며, 여성 권한은 지속적으로 개선되고 있다(표 2-1). 한편 미국 12위, 영국 16위, 노르웨이 1 위, 스웨덴 2위, 일본 42위를 차지하고 있다(2006.UNDP).

<표 2-1> 우리나라 연도별 여성권한 척도

년도	순위 / 대상국가	점수	여성 의원 비율(%)	여성행정 관리직(%)	여성전문 기술직(%)	남녀 소득비
2006	53 / 75	0.502	13.4	7	38	0.46
2005	59 / 80	0.479	13.0	6	39	0.48
2004	68 / 78	0.377	5.9	5	34	0.46
2003	63 / 70	0.363	5.9	5	34	0.46
2002	61 / 64	0.378	5.9	5	34	0.45

그러나 전체 평가 대상국가와 비교했을 때는 여전히 낮은 수준에 머무르고 있는 것으로 나타났다.[26])

---

25) UNDP(유엔개발계획: United Nations Development Program)는 1995년부터 인간개발보고 서(Human Development Report)를 통하여 세계 각 국가의 여성권한 척도 지수를 발표하 고 있음.

<표 2-2> 여성권한 척도의 상대적 비교

구 분	여성 의원(%)	여성행정 관리직(%)	여성전문 기술직(%)	남녀소득비
상위 30개 국가 평균	26.67	31.10	51.87	0.60
평가대상국가 전체평균	18.54	28.30	48.48	0.53
우리나라	13.4	7	38	0.46

특히 <표 2-2>와 같이 행정관리직으로 분류되는 입법·고위임직원 및 관리직에서의 여성비율은 75개 평가대상국가 전체평균에도 크게 미치지 못한 것으로 나타나 이 분야에 대한 여성의 진출을 높이는 노력이 필요할 것이다.

2. 성별영향평가

국가와 지방자치단체에서는 주민의 복리증진을 위해 각종 정책이나 시책을 수립하여 시행한다. 종래에는 이러한 정책을 수립하고 시행하는 과정에서 여성의 권익이나 사회참여 등 성(性)적 요소를 고려하지 않았다.

그러나 영국, 캐나다, UN, ILO등 약 40여 개의 국가 또는 국제기구에서 다양한 형태로 성별영향평가(Gender impact assessment)를 시행하고 있다.

성별영향평가는 정책의 성차별적 요소를 제거함으로써 남성과 여성 모두의 만족도 향상에 기여하여 정책의 활용도 및 효과성을 제고하고, 여성과 남성의 공동참여와 균등한 발전을 보장하는 실질적인 양성평등 정책 마련을 위한 것이다.[27]

우리나라 「여성발전기본법」 제10조(정책의 분석·평가 등) 제1항에서는 "국가 및 지방자치단체는 소관 정책을 수립·시행하는 과정에서 당해 정책이 여성의 권익과 사회참여 등에 미칠 영향을 미리 분석·평가하여야 한다."라고 규정하고 있다.

---

26) 여성가족부, 보도자료, 2006.11.10. 참조.
27) 여성가족부, 2006 여성정책연차보고서, 2007.10. p.31 참조.

이러한 성별영향평가가 대두하게 된 배경에는 '여성은 남성에 비해 상대적으로 차별을 받고 있다는 시각'에서 출발하게 되었고, 우리의 경우 중앙중심, 군사중심, 남성중심의 영향이 매우 컸다고 볼 수 있다. 그래서 성차별 극복이나 평등이념이 정책의 주요한 흐름이 되어야 한다는 각성에서 이루어지게 된 셈이다.

일부 지방자치단체에서는 이러한 기존의 여성정책은 도시계획, 도로, 교통, 문화 등의 분야에서 여성의 시각과 경험을 제대로 반영하지 못하여 도시생활인으로서의 여성이 일상적 삶에서 겪는 불편과 불안 등을 겪고 있다며, 여성이 행복한 도시를 만들려는 노력도 전개[28])되고 있다.

3. 성주류화

성주류화(gender mainstreaming)라는 용어[29])는 성인지적 관점이라고도 하는데, 1995년 '베이징 세계여성대회'에서 나왔으며[30]), 베이징 대회의 권고를 이행하면서, 여성정책의 주요한 흐름을 주도하였다.

이것은 우리 사회가 호주제를 바탕으로 하는 가부장적인 관습과 전통을 유지해 왔다는 것을 인정하고 '평등'뿐만 아니라 '관점'으로 이러한 차이를 극복하고자 하는 이론이다. 예를 들면, 화장실을 사용자의 특징에 따라 크기와 개수를 배분하여 설치하여 신체적·구조적인 차이로 불이익을 받게 되는 성(性)이 없도록 하는 것이

---

28) 서울시는 '여성이 행복한 도시 프로젝트', 약칭 '여행 프로젝트'를 함께 이끌어 갈 시민과 여성단체 회원, 교수 등 150명으로 '여행 동반자'를 구성해 발족식을 열었음. 여행 동반자는 여성·복지, 도시 경쟁력, 환경, 도로·교통, 주택·건축 등 5개 분과로 나뉘어 분야별로 서울시가 벌이고 있는 사업에 대해 자문하고 생활 속에서 나온 아이디어를 제안하게 됨. 서울시, 2007.10.13.
29) 여성가족부, 전게자료(제3차), p.16－17.
30) 행동강령 12개 분야: ① 여성과 빈곤, ② 여성의 교육과 훈련, ③ 여성과 건강, ④ 여성에 대한 폭력, ⑤ 여성과 무력분쟁, ⑥ 여성과 경제, ⑦ 권력 및 의사결정 과정에서의 여성, ⑧ 여성 향상을 위한 제도적 장치, ⑨ 여성의 인권, ⑩ 여성과 미디어, ⑪ 여성과 환경, ⑫ 여아(girl)

라고 할 수 있다.

　정부는 정책의 수립·시행에 양성평등 관점이 반영될 수 있도록 성별영향평가를 법적으로 제도화하고 있다. 즉 성별영향평가가 실질적으로 각 부처의 각종 사업에 성인지적 관점을 도입시키고 사회의 질적 변화를 이끌어 내기 위한 각종 노력이 시도되고 있다.

　구체적인 제도 내용을 살펴보면, 우선 성별영향평가를 위한 법적 근거를 여성발전기본법에 규정해 놓았고(2002), 예산안 편성지침에 성별영향평가 결과를 반영하고, 법령 입안 심사기준에 양성평등의 보장 내용을 삽입하며, 국정시책 합동평가 시 '성별영향평가 과제 수'를 포함하여 평가 등의 제도가 중요한 예라고 할 수 있다.

　특히 국가예산이 여성과 남성에게 동등하게 수립·집행되고 성차별을 개선할 수 있도록 성 인지 예산제도를 「국가재정법」에 반영(2006.10. 공포, 2010년 시행)한 것은 중요한 의미를 가진다.[31] 다만 성 인지 예산에 대한 이해도가 낮고 성 인지 예산 작성을 위한 '성별분리통계'가 미비[32]하는 등 아직 이를 뒷받침할 수 있는 장치가 완비되지 못한 실정에 있다.

III. 주요 쟁점과 과제

1. 여성정책에 대한 여성의 참여 부족

　우리나라의 여성정책은 정부수립 이후 현재까지 국회에 여성 의원의 비율이 낮고, 국무위원 중에도 여성의 참여가 저조하여 여성들을 위한 여성정책에 여성의 직

---

31) 국가재정법에서 정부 예산이 여성과 남성에게 미치는 효과를 평가하고, 그 결과를 예산 편성에 반영(제16조)하도록 하였으며, 정부의 성 인지 예산서 및 성 인지 결산서 작성을 의무화(제26조, 제57조)하고 있다.
32) 통계법을 개정(2007.4.)하여, 통계작성기관은 새로운 통계를 작성하고자 하는 경우, 조사 사항의 성별구분 등 사항에 대해 미리 통계청장의 승인을 받도록 하고 있다(제18조).

접적인 참여가 부족하였다. 여성들에게 실제적인 도움을 줄 수 없는 경우가 많았고, 정책집행 순위에 있어서도 여성정책은 후순위로 밀려난 경우가 적지 않았던 것이다.

여성정책이 일관성 있게 추진되기 위해서는 여성들이 직접 정책결정 과정에 참여하는 것이 필요하다는 것을 인식하게 되었다. 정부에서는 여성정책의 실효성을 위하여 1995년 11월부터 정부의 각종 위원회에 여성위원의 비율이 30% 이상 되도록 여성위원 참여 목표율을 설정해 놓고 있다.

그렇지만 대부분의 여성정책은 의사결정 과정에 여성들이 많이 참여하지 못한 채 남성의 주도하에 정책이 결정되고 있는 실정이며, 실질적인 여성의 참여가 부족한 경우가 많다. 앞으로는 여성들이 정책결정에 직접 참여할 수 있는 기회를 확대하는 한편 입안·결정과정에 참여함으로써 가정·직장·사회에서 여성들의 어려움이 해소되는 정책이 집행되게 해야 할 것이다.

2. 여성업무 전담기구와 정책과제

여성업무 전담기구의 위상에 관한 논란은 1988년 국무총리 산하에 정무장관실이 신설되면서부터 시작되었다. 그 후 여성 관련 업무를 총괄하고 조정하기 위해서는 여성전담기구의 위상을 높여야 한다는 의견이 대두되다가 1998년 대통령 직속 여성특별위원회를 설치하였다.

그러나 대통령 자문기구 성격의 여성특별위원회 위원장은 국무위원이 아니기 때문에 국무회의에서 심의권이 없어 여성정책을 집행하는 데 많은 어려움이 있었다. 이러한 어려움을 해결하기 위하여 2001년 1월 29일 여성부가 출범하였고, 2005년에는 여성가족부로 개편되기도 하였다(2008년에 또다시 여성부로 조직개편).

그리하여 여성부는 여성 관련 업무뿐만 아니라, 보건복지가족부로부터 이관된 가족정책의 기능을 활성화하기 위해, 가족정책의 방향 정립과 핵심과제를 발굴하는 것이 커다란 과제로 대두되고 있다.

가족정책의 과제로는 '가족 모두가 평등하고 행복한 사회' 실현을 목표로 새로운

가족문화 조성 등 5대 과제를 제시하고 있는 것을 볼 수 있다.[33]

〈5대 핵심과제〉

■ 새로운 가족문화 조성: 가족가치 및 인식 재정립, 가족관계의 친밀성 강화
■ 다양한 형태의 가족지원 강화: 확대가족, 1인가구, 한부모가족, 미혼모가족, 국제결혼가족, 장애인ㆍ치매 등 중증 질환자 가족 등에 대한 지원 강화
■ 가족친화적 사회환경 조성: 가족친화적 직장문화 확산, 가족생활환경 조성
■ 돌봄의 사회화 및 역할분담: 남성, 기업, 사회의 참여를 통한 돌봄 분담
■ 가족정책 추진 인프라 확충: 기본계획 수립, 건강가정지원센터 설치 확대, 법ㆍ제도 정비 등

---

3. 호주제 폐지와 가족관계의 등록

호주제 폐지를 주요내용으로 하는 「민법 일부개정법률안」이 국회를 통과(2005.3.2.)하여, 사실상 우리 고유의 호주제는 역사 속으로 사라졌다.

그리고 2005년 헌법불합치 결정이 내려진 뒤 민법 개정으로 호주제가 폐지되고 대체법으로 「가족관계 등록 등에 관한 법률」(2007.4.27. 제정)이 제정되어, 2008년 1월 1일부터 시행되었다.

이에 따라 기존의 호적을 대신할 가족관계등록부를 사용하게 되는데, 가족관계등록부는 호적상의 호주와 가족을 각 개인별로 나눠 한 사람마다 하나의 등록부, '1인(人) 1적(籍)' 형태로 작성된다.

종래 우리나라 호적은 호주와 그 가족들로 구성되고, 출생ㆍ혼인ㆍ입양 등 신분에 관한 모든 사항이 기재돼 있어 본인의 인적 사항뿐만 아니라 가족 모두의 인적 사항이 나타나 개인정보 노출 문제가 제기되기도 하였다.

그렇지만 가족관계증명서에 나타나는 가족 사항은 호적등본과 달리 본인의 부모, 배우자와 자녀 등 '3대(代)'에 국한되고 이름과 생년월일 등 가족관계 특정에 필요

---

33) 여성가족부, 국회 여성위원회 업무보고자료, 2005.6.28. 참조.

한 사항으로 한정된다.

가족관계 등록제도가 시행되면서, 개인마다 하나의 등록부가 작성돼 불필요한 정보 노출도 없어지게 되는 것은 물론이며, 집안, '가(家)'의 근거지로 호적의 편제 기준인 본적 개념이 없어지고, 각종 신고를 처리할 관할을 정하는 기준으로서 '등록기준지' 개념이 도입 된다.[34]

따라서 2008년부터 가족제도는 부성주의(父姓主義) 원칙의 수정, 성(姓) 변경 허용, 친양자제도 도입 등 여러 면에서 차이가 생겨 가족제도 일대 변화가 생기게 되는 셈이다.

예를 들면, 자녀의 성(姓)과 본(本)은 아버지를 따르는 것을 원칙으로 하되 혼인 신고 시 어머니의 성과 본을 따르기로 협의한 경우 자녀가 어머니의 성과 본을 따를 수 있다. 다만 자녀들이 다른 성을 쓰는 것은 안 된다.

또 재혼한 여성이 자녀들의 성을 새 아버지의 성으로 바꿀 수도 있다. 아버지나 어머니의 청구로 법원허가를 받아 성과 본을 변경할 수 있도록 하였다.

4. 국민의식 전환문제

(1) 제대군인 가산점 폐지 관련

우리나라에서는 국방의무를 명시하여 신체 건강한 남자가 일정한 기간 동안 군복무를 마친 경우에는 공무원시험에서 시험점수의 일부를 가산하여 주는 제도가 시행되어 왔었다.

그런데 헌법재판소는 1999년 12월 23일에 7급과 9급 공무원 채용 과정에서 제대군인에 대한 가산점 제도는 '위헌'이라는 결정을 내렸다.[35] 공무원 채용시험에서 현

---

34) 증명 대상에 따라 가족관계 증명서(부모·배우자·자녀), 기본 증명서(본인 출생·사망), 혼인관계 증명서(혼인·이혼), 입양관계 증명서(양부모 또는 양자), 친양자입양관계 증명서(친·양부모 또는 친양자) 등 5종류가 발급된다.

35) 헌재 전원재판부(주심 鄭京植 재판관)는 여대생 이 모 씨 등 6명이 공무원 채용시험에

역군필자에게 가산점을 주는 제도는 여성 및 장애인에 대한 평등권을 침해한다는 것이다.

이에 따라 국가공무원법 및 지방공무원법상 6급 이하 공무원과 기능직 공무원 채용시험에서 적용돼 온 가산점 제도가 전면 폐지되었고, 제대군인이 공무원채용시험에 응시한 때에 일정 점수를 가산하도록 한 것은 헌법에 근거가 없다고 하였다.[36]

헌법(제39조 제1항)에서 국방의 의무를 국민에게 부과하고 있는 것은 국민이 마땅히 하여야 할 의무이기 때문에 이러한 의무를 이행하였다고 해서, '특별한 희생'으로 취급해서 '보상'을 하도록 하는 것은 안 된다는 것이다.

(2) 여성채용목표제 관련

종래 사회로부터 차별을 받아 온 여성에 대해 그동안의 불이익을 보상하여 주기 위한 적극적 조치 중에 하나가, 여성이 공무원에 일정한 정도 채용될 수 있도록 하는 여성채용목표제라고 할 수 있다.

국가 및 지방자치단체는 여성의 참여가 현저히 부진한 분야에 대하여 합리적인 범위 안에서 여성의 참여를 촉진하자는 의미에서 실시된 것이라고 할 수 있다. 그래서 실질적인 남녀평등이 이루어질 수 있도록 적극적 조치를 취할 수 있도록 하고 있는데, 여성채용목표제가 그중의 하나라고 볼 수 있다(여성발전기본법 제6조 제1항).

이 제도는 1996년부터 실시되었는데, 행정·외무고등고시, 7급 및 9급 국가공무원 채용시험 등에서 연도별 여성채용목표비율을 정해 놓고 있다.[37]

서 현역군필자에게 과목별 만점의 5~3%를 가산해 주도록 한 제대군인지원법 제8조 1, 3항 등에 대해 낸 헌법소원 심판사건에서 이같이 판시, 위헌결정을 내렸다. 조선일보, 1999.12.24.

36) 제대군인지원에관한법률(1997.12.31. 법률 제5482호로 제정된 것) 제8조 제①항, 제③항 및 동법 시행령(1998.8.21. 대통령령 제15870호로 제정된 것) 제9조는 헌법에 위반된다.

37) 7급 공채의 경우 1996년 10%, 1997년 13%, 1998년 15%, 1999년 20%, 2000년 20%, 2001년 23%, 2002년 25%로 정해져 있으며, 9급 공채의 경우는 1999년 20%, 2000년 20%, 2001년 25%, 2002년 30%로 정해져 있다. 그리고 여성 합격자가 목표비율 미만인 경우 5급 공채는 -3점, 7·9급 공채 채용목표제는 -5점의 범위 내에서 목표 미달 인원만큼 추가로 합격시키는 제도이다.

그런데 이 제도가 실시됨으로써 남성이 오히려 '역차별'을 당하고 있다는 것이다. 일부 남성들은 상대적으로 불합리한 차별을 받고 있다는 견해를 표출하고 있다.

(3) 양성평등채용목표제

여성채용목표제가 2002년까지 마무리됨에 따라 2003년부터는 양성평등목표제가 실시된다. 이 제도는 성비가 불균형한 채용구조를 해소를 위한 것으로 남녀 모두의 최소 채용비율을 일정하게 정해 놓고 있다. 즉 공무원 채용시험에 남성이든 여성이든 어느 쪽이 합격자의 70%가 넘지 않도록 하는 것으로, 여성이나 남성이 합격자의 30%가 못 되었을 때 가산점을 주어 합격자의 성비를 조정하는 것이다.

행정·외무고시 등 5급과 7급, 9급 등 공무원 공채시험에서 특정 성(性)이 채용목표에 미달할 경우 채용목표비율을 30%로 높여서 추가 합격시킴으로써 양성평등을 달성하기 위한 제도인데, 이것은 남성이든 여성이든 간에 선발인원이 5명 이상인 직종 가운데 30%가 되지 않을 경우에 적용되어, 여성의 응시가 부진한 직군이나 직렬에 도움이 될 수 있을 것이다.

이 제도는 여성에게 일정한 비율의 일자리를 부여하기 위해 그만큼 남성의 일자리가 줄어들 것이라는 것은 오해가 될 수 있다. 그러나 이러한 오해는 잘못된 것이다. 왜냐하면 채용목표비율이 30%일 때 선발예정인원 10명 가운데 남성이 8명, 여성이 2명이면, 여성 합격자가 예정인원의 30%가 되도록 1명을 추가해 11명을 뽑기 때문이다.

양성평등목표제를 여성채용목표제와 비교하면 다음 <표 2-3>과 같다.

양성평등목표제를 직종의 다양성을 고려하지 않고 직급이나 직종별로 동일한 목표율을 적용하는 것은 무리가 있을 수 있을 것이다. 생각건대 여성의 진출이 부진한 직종과 그렇지 않은 직종을 구분하여, 부진한 곳에는 높은 목표율을 적용하고 비교적 진출이 용이하고 활발한 직종은 신축적인 목표율을 적용해야 할 것으로 본다.

<표 2-3> 여성채용목표제와 양성평등목표제의 비교

구분	여성채용목표제	양성평등채용목표제
적용 대상	-여성	-남성, 여성
채용목표	-5급 20%, 7급 25%, 9급 30%	-직급 구분 없이 30%
적용시험	-10명 이상 채용시험	-5명 이상 채용시험
추가합격선	-5급 3점 이내, 7·9급 5점 이내	-5급 2점 이내, 7·9급 3점 이내

(4) 국민의식전환

제대군인 가산점제도의 위헌결정은 헌법상 권위 있는 헌법재판소의 결정임에도 불구하고 아직도 국민들의 의식 속에는 남녀평등의 공감대가 이루어지지 못하고 있는 실정이다.

여성채용목표제도 종래 차별을 받아 온 여성을 남성과 동등한 위치에까지 올려놓는 것을 목적으로 하는 '잠정적 조치'임을 이해하지 못하고 있는 사람들이 많다. 앞으로는 여성공무원의 채용을 지속적으로 늘려 나가는 한편, 상대적으로 특정 직군·직렬에서 남성이 소수를 차지할 경우에는 양성평등이 이루어지도록 양성평등채용목표가 정착되도록 해야 할 것이다.

따라서 이러한 헌법재판소의 결정과 제도의 취지를 많은 국민들에게 알리고 국민들 사이에 남녀평등 의식이 정착될 수 있도록 해야 할 것이다.

5. 여성 관련 예산의 확보

여성정책이 집행되기 위해서는 재정적 지원이 뒷받침되어야 한다. 여성부의 예산 확보는 물론 타 부처의 여성 관련 예산도 적정하게 확보되어, 실효성 있는 정책이 개발되고 집행되어야 할 것이다.

국민의 요구에 부흥하는 정책이 시행되고, 특히 여성정책이 여성과 밀접한 관계를 맺기 위해서는 예산을 일정한 기준을 정해 분류하는 것이 중요하다. 예를 들면

UNDP에서는 양성평등(성 인지) 예산 분류 기준으로 '성 특정', '성 평등', '일반 예산'으로 분류하는 것을 볼 수 있는데 기준이 모호한 측면도 있다.

여성부의 예산을 살펴보면, 일반회계 11,379억 원(2006년 8,729억 원)이며, 여성발전기금은 286억 원(2006년 326억 원)에 이르지만, 정부의 재정규모에 비하면 열악한 편이다.[38] 다만 2004년에 보육 업무가 보건복지부에서 여성부로 이관되어 예산 규모가 증가한 요인도 있다.

<표 2-4> 여성부 2007년 일반회계

(단위: 백만 원)

합 계	여성정책 인력개발	가족기능 강화	보육지원 강화	여성권익 증진	행정지원	인 건 비 기본사업비
1,137,935 (872,939)	9,542 (8,355)	43,424 (37,337)	1,043,474 (791,275)	24,185 (20,267)	4,896 (4,572)	12,414 (11,133)

* 출처: 여성부, 2007업무보고, 2007.2.13.

<표 2-5> 2007년도 여성발전기금

(단위: 백만 원)

합 계	여성정책 인력개발	가족기능 강화	여성권익 증진	행정지원	기금관리비 사업운영비
28,633 (32,592)	6,379 (8,265)	4,648 (2,700)	17,284 (21,325)	184 (194)	138 (108)

---

38) 2005년 현재 여성정책 관련 예산을 편성하고 있는 부처는 총 18개이며 예산 규모는 6,857억 원이다. 이는 2004년의 5,204억 원에 비해 31.76%(1,653억 원) 증가한 금액이며 전체 예산 1,949,570억 원의 0.35%에 해당한다(2004년 0.27%). 이 중 여성가족부 예산이 전체 여성정책 예산의 92.35%를, 국무조정실, 농림부, 노동부 예산이 5.50%를 차지하고 있어 여성정책 예산이 소수 기관에 편중되어 있음을 알 수 있다. 여성가족부, 2004여성백서, 참조.

6. 청소년 대상 성범죄자에 대한 신상공개

청소년을 대상으로 한 성범죄자 신상공개제도는 청소년의 성(性)을 사는 행위 등
「청소년의 성보호에 관한 법률」이 정한 범죄행위를 범하고 확정된 범죄자의 신상을
공개하는 제도[39]를 말한다.

이것은 국무총리 산하 청소년보호위원회가 청소년 대상 성범죄를 근절하기 위해
서 시행하는 행정행위라고 볼 수 있다. <표 2-6>과 같이 청소년 대상 성범죄자
에 대한 신상공개는 2001년 8월 30일에 169명을 공개한 이후 2007년 4월 24일까지
12차에 걸쳐 6,136명이 지속적으로 신상이 공개되었다.

〈표 2-6〉 청소년대상 성범죄자에 대한 신상공개 추진현황

차수	공개일시	심의대상 (건)	공개인원 (명)	교육대상 (명)	교육이수 (명)	행정소송 (건)	행정심판 (건)
1차	2001. 8.30	300	169	-	-	1	1
2차	2002. 3.19	824	443	-	-	2	6
3차	2002. 9.24	1,244	670	-	-	7	2
4차	2003. 4 .9	1,221	643	-	-	6	4
5차	2003.12.18	1,225	545	122	74	2	4
6차	2004. 7.14	1,217	553	149	117	1	1
7차	2004.11.24	1,290	557	161	145	1	1
8차	2005. 6.20	1,375	532	300	197	-	1
9차	2005.12.19	1,394	512	354	223	1	1
10차	2006. 5.22	1,352	533	390	188	-	1
11차	2006.12.19	1,217	494	366	162	1	1
12차	2007. 4.24	1,106	485	253	137	2	1
계		13,765	6,136	2,095	1,243	24	24

*참고 : 국회 정무위원회 수석전문위원, "2008년도 국가청소년위원회소관 세입세출예산안·기금운
용계획안 검토보고", p. 58.

---

39) 신상공개는 청소년보호위원회가 매년 2회, 즉 반기별로 청소년 대상 성범죄자에 대한 형
확정자의 관련 자료를 법무부로부터 제출받아 엄격한 심사를 거쳐 공개대상자의 성명·
연령·생년월일·직업·주소 및 범죄사실의 요지 등을 공개한다.

이러한 신상공개 이후에 찬성론자와 반대론자들의 주장들이 많다. 반대론자들은 "당사자의 인격권 침해는 물론 이중처벌로 법적 형평성을 잃고 있으며 위헌 소지까지 있다."는 입장이다. 그러나 찬성론자들은 "청소년 성범죄 근절을 위해 불가피한 조치이며 청소년 대상 성범죄 근절을 위해서는 신상공개가 반드시 필요하다."는 입장을 보이고 있다.

<표 2-7> 청소년 성범죄자 신상공개에 대한 찬반논쟁 비교

쟁 점	찬 성	반 대	헌법재판소 입장(찬성)
이중처벌	공개는 행정행위이기 때문에 형벌이 아님	재판으로 형벌을 받고 여론에 의한 형벌을 받게 됨	이중처벌 아님
인격권 침해	신상이 구체적이지 않음	인격권을 침해함 불명예	수치심을 줄 수 있지만, 부수적인 것에 불과함
평등성	성범죄를 예방하기 위한 조치임	살인범을 공개하지 않은 것과 비교할 때 형평성에 어긋남	평등원칙 위반 안 됨
적법절차	적법절차에 해당	판결을 받을 권리를 침해함	의견진술기회와 행정소송을 통해 적법을 기릴 수 있음

청소년 성범죄자들의 신상공개와 함께 관련하여, 헌법재판소는 이중처벌에 해당되지 않으며, 과잉금지나 평등원칙에도 위반되지 않는다고 판시하였다. 또한 법관에 의한 재판을 받을 권리를 침해하지 않으며 적법절차라는 점도 강조하였다(출처: 헌법재판소 2003.6.26. 2002헌가14 전원재판부, 청소년의 성 보호에 관한 법률 제20조 제2항제1호 등 위헌제청).

7. 간통죄의 위헌 여부(합헌)

형법의 간통죄 규정과 관련하여 존폐의 논란이 되고 있는바, 우리나라 헌법재판소에서는 '합헌' 결정을 내리고 있다(1990년, 1993년, 2001년에 결정).

위헌논자들은 "간통죄가 헌법에서 보장하는 성적 자기결정권을 침해한다."고 주장하지만, 헌법재판소는 일관해서 합헌을 선언했다.

헌법재판소에 의한 합헌의 근거는, 다음과 같은 세 가지로 요약된다. ① 선량한 성도덕과 일부일처주의, 혼인제도의 유지 및 가족생활의 보장을 위하여서나 부부간의 성적(性的) 성실의무의 수호를 위하여 필요하다. ② 간통으로 인하여 야기되는 사회적 해악의 사전예방을 위하여 간통죄의 규정은 합리적이다. ③ 간통행위를 규제하고 처벌하는 것은 성적 자기결정권의 본질적 내용을 침해하여 인간으로서의 존엄성과 가치 및 행복추구권을 부당하게 침해하거나 헌법 제36조 제1항의 규정에 반하는 것이 아니다(출처: 헌법재판소 전원재판부 1990.9.10. 89헌마82).

따라서 우리 형법에 규정되어 있는 간통죄는 헌법에 위배되지 않는다.

8. 동성동본금혼 관련

민법(1958.2.22. 법률 제471호로 제정된 것)의 동성동본금혼조항[40]에 대해 찬반의 견해가 대립되고 있으나, 우리나라 헌법재판소에서는 인간의 존엄과 가치 및 행복추구권·개인의 존엄과 양성평등에 위배된다며 '헌법불합치' 결정을 내렸다.

---

40) 민법 제809조(동성혼 등의 금지) ① 동성동본인 혈족 사이에서는 혼인하지 못한다. ② 남계혈족의 배우자, 부의 혈족 및 기타 8촌 이내의 인척이거나 이러한 인척이었던 자 사이에서는 혼인하지 못한다[95헌가 6 내지 13(병합) 1997.7.161. 민법 제809조제1항 (1958.2.22 법률 제471호로 제정된 것)은 헌법에 합치되지 아니한다. 2. 위 법률조항은 입법자가 1998.12.31.까지 개정하지 아니하면 1999.1.1. 그 효력을 상실한다. 법원 기타 국가기관 및 지방자치단체는 입법자가 개정할 때까지 위 법률조항의 적용을 중지하여야 한다.].

사실 동성금혼 사상은 중국에서 유래한 제도로서, 동성동본금혼제는 충효정신을 기반으로 한 농경중심의 가부장적, 신분적 계급사회에 사회질서를 유지하기 위한 수단의 하나로서의 기능을 하였다. 그러나 자유와 평등을 근본이념으로 하고 남녀평등의 관념이 정착되었으며 현대 자유민주주의 사회에서 동성동본금혼 조항은 이제 사회적 타당성 내지 합리성을 상실하고 있다고 헌법재판소는 밝히고 있다.

헌법불합치의 이유로는 ① '인간으로서의 존엄과 가치 및 행복추구권'을 규정한 헌법이념과, '개인의 존엄과 양성의 평등'에 기초한 혼인과 가족생활의 성립, 유지라는 헌법규정에 정면으로 배치된다. ② 남계혈족에게만 한정하여 성별에 의한 차별을 함으로써 헌법상의 평등의 원칙에도 위반된다(1997.7.16. 95 허가 6 내지 13(헌법불합치))는 것이다.

그리하여, 민법은 전문개정(2005.3.31.)을 통해 동성동본금혼제도를 '근친혼 등의 금지'로 바꾸게 되었다.

<참조> 민법[전문개정 2005.3.31.]

제809조(근친혼 등의 금지) ① 8촌 이내의 혈족(친양자의 입양 전의 혈족을 포함한다) 사이에서는 혼인하지 못한다.
② 6촌 이내의 혈족의 배우자, 배우자의 6촌 이내의 혈족, 배우자의 4촌 이내의 혈족의 배우자인 인척이거나 이러한 인척이었던 자 사이에서는 혼인하지 못한다.
③ 6촌 이내의 양부모계(양부모계)의 혈족이었던 자와 4촌 이내의 양부모계의 인척이었던 자 사이에서는 혼인하지 못한다.

대학생들이 본 우리 사회 성차별

광주지역 대학생들은 우리 사회 내에서의 성차별을 어떻게 바라보고 있을까?

최근 전남대학교 2학기 교양과목으로 개설된 '여성과 법률'을 수강하고 있는 400여 명의 남학생들이 리포트과제로 제출한 '우리 사회에서의 성차별사례'를 분석한 결과 '성차별이 극심하게 이루어지고 있는 분야'는 '사회'가 36%(85명)로 가장 많았으며, 그 다음이 '직장'(27%·62명)·'가정'(19%·45명)·'학교'(12%·29명)··'대중매체'(5%·12명)·기타 (167명)의 순으로 나타났다.

이 같은 결과는 '여성과 법률' 강의를 맡고 있는 박동명 씨가 수강생들에게 '자신들이 직·간접적으로 경험한 사회 내에서의 성차별사례를 제시하라'는 과제물을 내준 후 리포트자료를 분석한 것으로 개별적인 사례 167건을 제외한 총 233건의 사례 중 '여성에 대한 성 역할 편견'(40건) '호주제'(20건) '운전문화'(15건)·'흡연문화'(10건) 등 사회에서 성차별이 가장 심하게 나타나고 있는 것으로 지적됐다.

이들 사례 중 지구환경과학부의 J양은 "얼마 전 엄마와 함께 차를 타고 백화점에 가던 중 차가 갑자기 멈춰서는 바람에 카센터에 갔는데 카센터 직원이 운전자가 여자인 것을 알고 음흉한(?) 미소를 띠며 차 보닛은 열어 보지도 않은 채 여기저기 고장이 많아 수리할 데가 많다며 우리의 승낙도 받지 않고 수리비로 30만 원을 요구했다."면서 "할 수 없이 아버지가 카센터에 나타나서 자세히 캐묻자 당황하며 퓨즈가 나갔을 뿐이라며 말을 바꾸는 것을 보고 황당했다."며 우리 사회 운전문화에서의 성차별을 꼬집었다.

직장에서의 성차별은 '채용', '승진', '임금', '성희롱' 등으로, 가정에서는 '명절남녀역할분담', '남아선호', '성역할편견' 등 다양한 유형으로 나타났다.

특히 이들 사례 가운데 '학교'를 성차별의 온상으로 꼬집은 수강생들은 '성역할 편견' '교복착용', '동아리활동', '성희롱', '교과서' 등에서 성차별이 존재하고 있는 것으로 지적했다.

정보통신공학부에 재학 중인 K양은 "처음 대학동아리에 가입했을 때에는 아무것도 모르는 상태이기 때문에 남자 선배들이 시키는 대로 힘든 일을 할 때가 많다."면서 "하지만 몇 개월이 지난 후에도 동아리활동의 주요결정은 여자 선배가 아닌 남자 선배들에 의해서 이루어지고 있을 만큼 동아리 분위기는 철저히 남성 위주로 흐르고 있다."고 말했다.

자동차 공학부에 재학 중인 한 남학생은 "얼마 전 교내에서 성폭력사건이 일어났을 때 가해 학생의 처벌을 놓고 남학생과 여학생들과의 큰 시각 차이를 느꼈다."고 말했다.

기타 성차별 사례 중에는 '전통적으로 오른쪽 문화를 중시하는 데에서 유래된 남녀의 옷 단추', '게임 속에서도 남·여 역할을 강조하는 세태', '데이트가 끝나면 남자들이 여자친구를 의무적으로 집까지 바래다주는 것은 남성차별이다' 등 젊은 대학생다운 참신한 시각이 돋보이는 유형이 많이 나왔다.

박 씨는 "학생들이 지적한 성차별 사례들을 살펴보면서 우리 사회에서 여성에 대한 차별풍토가 얼마나 깊숙이 뿌리내려져 있는가를 새삼 깨달을 수 있었다."면서 "성차별문화를 근절하기 위해서는 호주제 폐지 같은 법적·제도적 장치가 마련돼야 하지만 무엇보다 여성을 바라보는 남성들에 대한 의식교육이 시급하다."고 말했다.

 * 자료: 광주일보 2001년 11월 28일

〈참고자료2〉

미모의 20대 앵커우먼과 권위적 40대 앵커 '정형화'

전남대 400여 명의 학생들이 '여성과법률' 강의(담당 박동명 교수)를 통해 여성인권의 현실 인식과 개선을 위해 남녀차별 사례를 구체적으로 지적했다. 그 내용을 요약해 싣는다. -편집자 주..

정치 사회는 남자 앵커, 문화 교육은 여성이
■ 뉴스앵커 성차별
　매일 저녁 시청하는 텔레비전 뉴스 진행 방식은 성차별적이다. 정치, 경제, 사회와 관련된 심각하고 중요한 하드 뉴스는 남성 앵커가 진행하고 건강, 환경, 교육, 문화 등 소프트 뉴스는 여성 앵커가 담당하는 형식. 뉴스 시작과 끝에서 남성 앵커 혼자 주요 멘트와 인사를 하며 초반부 주요 뉴스는 모두 남성 앵커가 단독으로 진행한 후 여성 앵커가 등장하여 가벼운 뉴스를 진행한다. 뉴스앵커의 이미지 또한 기자 출신의 전문성을 갖춘 40대의 권위와 중후함을 갖춘 남성과 20대의 미모를 갖춘 여성으로 정형화돼 있다.

딸은 두 번 서운하다?
■ 속담에 나타난 성차별
　딸 셋을 키우면 기둥뿌리가 팬다(딸을 길러 시집을 보내기까지는 많은 비용이 들어 집안 살림이 아주 기울게 된다는 뜻). 딸은 두 번 서운하다(딸은 날 때 서운하고 시집보낼 때 서운하다는 뜻). 딸이 셋이면 문을 열어 놓고 잔다(딸을 많이 둔 사람이 딸들을 다 결혼시키고 나면 집안 살림이 몹시 가난해진다는 뜻).

비구니는 비구들에게 절대 복종
■ 종교계에서의 성차별
  출가한 지 20년이 지난 어느 비구니가(비구니=여자스님, 비구=남자스님) 어떤 모임에
갔는데, 큰 마루에 젊은 비구들이 앉아 있었다. 그것을 본 이 노스님은 들어서자마자 젊은
비구들에게 연거푸 삼배를 했다. 이를 모두 당연하게 여기고 있다. 불교 종파에는 비구니
팔경법이라는 계율이 있다. 내용인즉, '비구니는 비구들에게 절대 복종해야 하며 비구의
가르침을 받아야 하며 비구니 교단은 비구 교단에 예속되어야 한다'는 것이다. 이는 불교
뿐만이 아니라 가톨릭이나 성공회(여성 사제 허용 불가)에서도 있다고 한다.

엄마 아빠의 선명한 역할 대비
■ 초등학교 교과서에서의 성차별
  '우리 가족은 할아버지, 할머니, 아버지와 어머니, 나, 동생 등 여러 사람입니다. (중략)
회사에 다니시는 아버지는 퇴근 후에 어머니와 함께 집안일을 하시거나 우리들의 공부를
돌보아 주십니다. (중략) 어머니는 집안 살림을 도맡아 하십니다(초, 사회 4−2, 11쪽).'
  '집에 온 혜진이는 허전했다. 학교에서 돌아오면 반갑게 맞아 주던 어머니가 계시지 않은
집이 꼭 남의 집처럼 느껴졌다. 혜진이는 가방을 벗어 놓고 텔레비전을 켜 봐도, 혼자 오
락을 해 봐도 재미가 없었다(초 도덕 5 106−107).'
  2학년 1학기 바른생활 교과서 68~69쪽의 삽화(그림 참조)는 '부모님의 하루'라는 주제
로 직업인으로서의 아버지와 가사노동자 자녀양육자로서의 어머니 모습을 한 장면에 그림
으로써 역할을 선명하게 대비시키고 있다.

"남자는 자고로……" "여자는 그저……"
■ 언어에서의 성차별
  '여자는 결혼하면 남자가 벌어 와서 먹고살면 되지만 남자는 여자를 먹여 살려야 되니
까 공부 좀 해라' '남자가 대범해야지' '남자가 그것도 못 해' '사내놈이 쩨쩨하게' '남자
가 왜 그렇게 눈물이 많아' '여자가 다소곳하지 못하다' '여자가 너무 설쳐' '여자는 공부
는 못해도 얼굴만 예쁘면 반은 성공한 거야' '여자가 너무 똑똑하면 팔자가 세다' '여자답
게 하고 다녀야지……'

가사·미모 가꾸기만이 여성의 일
■ 광고에서의 성차별
−삼성 손빨래 세탁기
  고두심이 출현해 거리를 지나가는 이들의 와이셔츠와 남방 옷깃을 벗겨 그것들을 뒤집
어 보며 "에휴, 이 속 때!"라며 기겁을 하고 옷들을 세탁기에 집어넣는다. 옷이 하얗게 빨
려진 후 고두심은 만족한 표정을 지으며 옷들을 바라본다. 이는 여성을 가사에 충실할 뿐
만 아니라 나아가 그것에 집착하는 모습으로 묘사한다.

－라네즈 광고
　'everyday new face'라는 광고 카피를 사용하여 여성은 늘 새로워야 하며 그것이 아름다움이라는 의식을 심어 준다. 그렇다면 여성은 항상 자신의 능력을 신장시키기보다는 아름답기 위하여 노력해야만 하는가. 여자는 인형이 아니고 자신의 주관을 가지고 있고 꿈이 있는 하나의 인격체이기 때문에 남성이 규정짓는 미의 기준에 맞추어져 예쁜 것이 중시되는 그러한 소극적인 여성의 모습은 결코 바람직하지 않다.

욕설은 기본, 심지어 위협까지
■ 도로 위의 성차별
　복잡한 시내 중심가에서 여성 운전자들이 조금만 자신의 진로에 방해가 된다 싶으면 으레 내뱉는 못난 남자들의 욕설을 가끔 들을 때가 있다.
　접촉사고는 대체로 쌍방 간의 과실이다. 이런 경우 대개의 여성들은 법규에 대해 잘 모르기 때문에 주춤거리게 된다. 이럴 때 남성 운전자들은 그런 약점을 이용해서 상대방이 잘못했다며 도로 위에서 소리부터 버럭 지른다. 무조건 여성 운전자에게는 먼저 큰소리치고 본다. 여성의 약점을 이용해 잘못을 덮어씌우기 일쑤다.
　운전을 하다 실수를 하게 되면 같은 남성끼리 삿대질을 하거나 말을 못하고 그냥 넘어가면서 여성 운전자일 때는 만만하게 보고 무리한 앞지르기로 겁을 준다거나 위협을 하는 남성 운전자들이 있다.

그녀의 이름은 '형님'
■ 영화 '조폭마누라'의 성차별
　기존 깡패영화가 남성영화였다면, 여성이 이끄는 깡패영화는 여성영화일까. 암흑가를 평정한 조직의 실세가 여성이라는 설정은 의도와는 무관하게 여성의 인물인데도 불구하고 남성적인 모습들이 도드라진다. 깔치로 통하는 은진(신은경)의 캐릭터는 동생들에게 '누님'이 아닌 '형님'으로 불리며 그녀 자신도 자기 안의 여성성을 의식적으로 비워낸 상태라, 자매애나 임신을 얘기하지 않을 때에는 남성에 가까워 보인다. 남자들의 세계에서 살아남아야 하는 여성의 외로움이나 회한도 얼핏 비치지만, 이조차도 우스갯감이 된다.

　* 자료: 시민의 소리 2001.12.03.

제2절 여성인권 보장의 국제적 동향

민주주의 기본이념인 인간의 존엄과 자유, 평등은 서양에서도 주로 남성들의 전유물로 인식되어 왔다. 이것은 프랑스의 한 정치가가 여성의 공직참여권과 자유의사에 의한 결혼 및 재산권 및 상속권을 주장(여성권리선언)하다가 단두대에서 처형당한 얘기에서 잘 알 수 있다. 그래서 여성의 참정권도 영국에서는 1918년에, 미국에서는 1920년에 비로소 인정되었다. 그러다가 남녀차별문제가 국제사회에서 인권의 주요한 내용으로 다루어진 것은 1990년대 이후의 일이다.

이는 여성은 여성 고유의 모성기능을 가지고 있으며, 정치·경제·사회·문화 등 모든 영역에 여성들의 참여가 필요하다는 사실을 새롭게 인식하기 시작한 것이 최근의 일이라는 것을 알려 준다. 그래서 여성들은 남성과 동일하게 대접받고 여성의 권익향상이 필요함을 각종 국제회의를 통해서 선언하였다.

여성인권이라는 개념은 UN이 개최한 1993년의 비엔나 세계인권대회와 1995년의 베이징 세계여성회의를 계기로 부각되었고, 여성이 인간으로서의 기본적 권리와 자유를 누리고 남녀가 평등하게 이것들을 향유할 수 있다는 인식을 하게 되었다.

이 여성대회에서 나온 내용을 종합해 본다면, 지식정보 사회에서는 여성의 '역할 증대'를 예측하고 있다. 그래서 여성의 인적자원 활용과 국민의 인권 및 삶의 질의 향상을 위하여 여성의 잠재력 개발과 사회참여가 더욱 촉진되어야 한다는 것이다. 어떠한 이유에서든지 성을 이유로 한 차별과 폭력이 행사되어서는 안 되며 가정, 사회, 국가 발전에 남녀가 공동으로 참여하는 사회환경이 조성되어야 한다는 것이다.

Ⅰ. 여성의 차별문제

여성의 차별문제는 국제연합(UN)을 통해서 해결의 실마리가 제공되었다. 국제연합 헌장(The Charter)에서 여성차별의 시정이 유엔의 활동목적이라고 하였다. 이 헌장에서는 여성들이 전 세계적으로 오랫동안 성차별을 받아 왔다는 사실을 직시하고, 성차별 없는 모든 사람의 인권과 기본적 자유의 존중을 명시하였다.

그리고 남녀평등권을 1948년에 「세계인권선언(The Universal Declaration of Human Rights)」에서 명시하였고 여성지위위원회(Commission on the Status of Women)를 1946년 6월에 설치하여 유엔의 남녀평등권 실현을 위한 주요활동을 하도록 하고 있다.[41]

특히 7대 인권협약의 비준과 이행은 그 나라의 '인권을 나타내는 바로미터'가 될 수 있으며, 이를 채택 연도, 발효 연도, 우리나라 비준 연도 등과 비교해 보면 <표 2-8>과 같다.

<표 2-8> 7대 국제인권협약 채택과 발효, 비준 년도 비교

7대 인권협약	채택 연도	발효 연도	한국 비준 연도
• 시민적, 정치적 권리에 관한 국제조약(자유권협약: B규약)	1966	1976	1990
• 경제, 사회, 문화적 권리에 관한 국제조약(사회권협약: A규약)	1966	1976	1990
• 인종차별철폐협약	1966	1969	1979
• 여성차별철폐협약	1979	1981	1984
• 고문방지협약	1984	1987	1995
• 아동권리협약	1989	1990	1991
• 이주노동자권리 협약	1990	2003	비준안함

---

41) 金城淸子, 전게서, pp.37-53. 참조.

여성지위위원회(女性地位委員會)는 1966년에 채택한 「국제인권규약(The International Covenants on Human Rights)」과 1967년에는 여성차별문제만을 다룬 유엔 최초의 문서로서 「여성차별 철폐선언(Declaration on the Elimination of Discrimination against Women)」을 유엔 총회에서 만장일치로 채택하게 하였다. 또한 1975년을 '세계여성의 해'로 선포하였다. 이를 계기로 남녀평등의 개념이 전통적 성별역할 분업론을 극복하고 가정에서나 사회에서의 역할과 권한, 참여를 남녀가 동등하게 공유하고 책임도 나누는 것임이 분명히 확립되었고 국가의 실현책임이 강조되었다. 이러한 남녀평등 실현전략은 1979년 12월 채택된 「유엔여성차별철폐협약(Convention on the Elimination of All Forms of Discrimination against Women)」[42]에 의해 법적 구속력을 가지게 되었다. 이 협약은 여성에 대한 차별을 "정치적·경제적·사회적·문화적·시민적 또는 기타 모든 분야에 있어서 혼인 여부와 관계없이 남녀 동등의 기초 위에서 인권과 기본적 자유를 인식, 향유 또는 행사하는 것을 저해하거나 무효화하는 효과 또는 목적을 가지는 성에 근거한 모든 구별, 배제 또는 제한을 의미한다(제1조)."고 정의하고 국가가 취해야 할 남녀평등조치에 관해 규정하고 있다. 이 협약은 177개국이 비준(2004년 8월 현재)하고 있으며, 우리나라는 1984년에 비준했다(1985년 발표, 2003년 제5차 보고서 제출).

한편 여성차별문제 여성고용차별문제에 대해서는 UN의 전문기구인 국제노동기구(The International Labor Organization)가 주도적인 역할을 하였다.

국제노동기구의 남녀고용평등실현을 위한 기본원칙들을 정리하면,

① 모성보호는 남녀 간의 생물학적인 차이인 여성의 임신, 출산, 수유의 모성기능의 보호로서 이는 실질적 남녀평등을 구현하기 위한 필수 불가결한 것이다. 또한

---

42) 이 협약의 내용은 세계여성의 인권에 대한 일반적인 규정을 포괄적으로 담고 있다. 우리나라는 1983년 5월 26일 세계에서 90번째로 서명하였고 1984년 12월 정기국회에서 비준, 1985년 1월 26일부터 협약 당사국이 되어 이 협약내용은 국내법과 같은 법적 효력을 가진다. 협약의 주요내용은 전문과 5개 부문, 30개 조항으로 되어 있는데 제1부(1~6조)의 일반적 규정, 제2부(제7~9조)의 정치적·공적 활동에서의 차별 철폐, 제3부(제10~14조) 경제적·사회적 활동에서의 차별 철폐, 제4부(제15~16조) 법 앞에서의 평등과 차별 철폐, 제5부(17~22조) 여성차별철폐위원회, 제6부(23~30조) 최종 규정으로 구성된다. 신용자·김영신 편저, 「여성정책과 남녀평등제도」, 노문사, 2000, p.36.

다음 세대의 인적 자원을 재생산해야 하는 사회적 기능을 가지므로 더욱 강화되어야 하고, 그 비용은 국가의 공공기금이나 사회보장 차원에서 부담되어야 한다.

② 가족의 책임은 여성만의 것이 아니라 남녀가 공동으로 부담하여야 하고, 남녀평등 실현을 위해서는 모든 근로자가 가정과 직장의 양립을 조화롭게 할 조치가 필요하다. 따라서 남녀평등 실현을 위해서는 여성보호규정을 확대해야 한다. 그런데 여성보호규정은 남녀평등 실현과 생활 조건의 개선에 있으므로 여성의 근로조건이나 근로환경에 악영향을 끼쳐서는 안 된다.

③ 국제노동기구(ILO)의 이러한 기본원칙을 반영하는 국제문서로는 1951년의 「남녀동일가치노동 동일보수에 관한 협약」(제100호)과 권고(제90호), 1952년의 「모성보호에 관한 협약」I(제103호)과 권고(제95호), 1958년의 「고용과 직업의 차별에 관한 협약」(제111호)과 권고(제98호), 1981년의 「가족책임이 있는 남녀근로자의 기회 및 대우의 평등에 관한 협약」(제156호)과 권고(제165호), 1990의 「야간근로에 관한 협약」(제171호)과 권고(제178호) 등이 있다.

Ⅱ. 여성폭력문제

여성폭력문제에 대한 국제적 관심도 1990년대에 들어와서 구체적으로 나타나기 시작했다. 1993년 제48차 UN총회에서 「여성폭력철폐선언(Declaration on Violence against Women)」을 채택하였다. 이 선언은 성(性)에 대한 폭력이 남녀 간의 불평등한 힘의 관계를 단적으로 나타내고 여성의 종속적 지위를 고착시키며, 여성의 인권과 기본적 자유를 침해하는 것이라 하였다. 그래서 여성에 대한 폭력의 정의와 유형을 국제문서사상 처음으로 규정하였다. 한편 국가가 폭력을 당한 여성의 권리침해를 조사하고 공정하고 효과적인 구제를 도모하며 그 가해자를 처벌하기 위한 형법상·민법상·노동법상·행정법상 제도를 발전시킬 것과 여성폭력의 방지를 위해 조사, 처벌하고 법을 집행할 책임 있는 공직자에 대하여 여성의 입장을 이해하기 위한 훈련을 받도록 조치해야 하는 등의 책무를 국가에 부과하고 있다.

그 후 1995년 9월, 베이징 제4차 세계여성회의에서, 베이징 여성선언과 행동강령(Platform of Action)은 여성폭력문제에 관해 여성폭력철폐선언을 재확인하면서 여성폭력의 범주를 더욱 넓게 하였다. 즉, 무력분쟁 상황에서의 여성의 살상, 조직적 강간, 성적 노예화와 강제임신 그리고 강제불임과 강제낙태, 피임제의 강제적 사용, 여자 영아 살해, 태아 성 감별도 여성폭력의 범주에 포함시켰다.

Ⅲ. 법여성학의 등장

법률 분야에서 세계 역사를 통하여 남성의 가치관과 세계관에 의해서 입법되고 대부분의 남성에 의해서 법률이 연구되어 왔다. 이에 대한 반성으로 법률학 분야에서도 여성적인 가치관이 반영되고, 여성이 가진 상황에 대한 변혁의 전말을 찾고자 하는 노력이 시작되었다. 그래서 최근 법여성학의 분파가 생겨났다.

법여성학(法女性學, Feminist Jurisprudence)은 여성학을 법학에 접목시켜 현행 법체계의 문제를 규명하고, 사회 모든 구성원에게 남녀평등과 인간존엄, 인권이 진정으로 보장되는 법체계와 사회를 이룩하기 위한 실천전략을 모색하는 새로운 법학 방법론이라 할 수 있다.

법과 성의 관계를 이론화하여, 여성의 억압과 차별의 원인을 밝히고, 남녀평등 실현을 위해 필요한 사회 변혁의 방향, 즉 성에 의한 분업을 변혁해서 여성의 사회참가, 남성의 가정참가를 진척시키기 위해 법과 제도의 태도를 밝혀 나가는 학문이라고 할 수 있다.[43]

그렇지만 법여성학은 어디까지나 과도적인 학문이라고 할 수 있다. 그래서 앞으

---

43) 金城淸子, 前揭書, p.6 참조.

로 법여성학의 연구를 통해서 여성의 사회참여가 진전되고, 성에 의한 분업이 변혁되며, 남성과 여성이 인간으로서의 가치관을 공유할 수 있도록 해야 할 것이다.

제 2 편

각 론

제2편

제3장

여성의 헌법상 지위

제1절 여성의 인간으로서 존엄과 가치

Ⅰ. 헌법의 원리로서의 존엄과 가치

넓은 의미에서 인간의 존엄과 가치는 평등권·자유권적 기본권·사회권적 기본권·청구권적 기본권·참정권 등이 포함되고, 좁은 의미에서 인간의 존엄은 명예·성명·초상 등 인격권을 의미하고, 인격의 형성과 유지에 관한 권리와 생명권 등을 포함한다.

우리나라 헌법 제10조는 "모든 국민은 인간으로서의 존엄과 가치를 가지며, 행복을 추구할 권리를 가진다."라고 규정하여, 인간의 존엄과 가치·행복추구권을 선언하고 있다. 그래서 국가는 개인이 가지는 기본적 인권의 존엄과 가치를 보장해야 할 의무가 있음을 선언하고 있다.

1. 존엄과 가치의 의미

인간으로서의 존엄과 가치가 무엇을 의미하느냐에 관해서는 다양한 견해가 있다. 생각건대 인간은 이성적 존재로서 인격의 주체가 될 수 있다는 데에 존귀한 가치가 있는 것이다. 그래서 여기에서 인간으로서의 존엄과 가치란 인간의 본질로 간주되는 존귀한 인격주체성을 의미한다고 할 수 있다. 인격주체성은 양도하거나 포기할 수 없는 것이며 때와 장소를 초월하여 인간에게 고유한 것이다.[44]

---

44) 권영성, 「헌법학 개론」, 법문사, 1999, p.262.

2. 법적 성격

헌법상 인간의 존엄성에 관한 조항은 모든 기본적 인권의 이념적 출발점이 되고 국법질서의 최고 구성원리가 된다. 따라서 모든 기본권의 가치적 전제가 되는 객관적 헌법원리를 규범화한 것이라고 할 수 있다.

여기서 모든 기본권의 이념적 전제가 된다는 것은 인간으로서의 존엄과 가치가 모든 기본권의 근원 내지 핵심이 된다는 의미라고 본다.

우리 헌법의 이념은 국민의 자유와 권리의 보장이고, 자유와 권리의 보장은 인간으로서의 존엄과 가치를 존중하고 구현하기 위한 것이다. 그러므로 인간의 존엄과 가치는 현행 헌법에 있어서 최고의 헌법적 구성원리라 할 수 있다.

한편 '인간으로서의 존엄과 가치'는 헌법에 규정되어 있는 모든 자유와 권리는 물론, 헌법상 규정이 없는 생명권・일반적 행동자유권・평화적 생존권・휴식권・일조권 등도 그것이 인간으로서의 존엄과 가치를 누리기 위하여 필요한 것이라고 볼 수 있으므로 헌법상 보장되어야 할 것이다.

3. 적용 범위

인간으로서의 존엄과 가치는 모든 인간에게 고유한 가치로 간주되는 인격주체성을 의미하므로 국민뿐만 아니라 외국인에게도 적용된다. 그리고 정신이상자나 기형아, 태아에게도 적용되어야 한다.

Ⅱ. 행복추구권

1. 행복추구권의 의의

행복이라는 관념은 많은 의미를 포함하고 있고 행복의 감정은 매우 주관적이므로 자신이 가진 인생관이나 가치관에 따라 각자 다르게 이해될 수 있다. 경제력과 물질적 충족을 행복이라고 생각하는 사람이 있기도 하고, 남녀 간의 사랑과 같은 정신적 만족을 행복으로 이해하는 사람도 있을 수 있으며, 물질적 풍요와 정신적 만족이 동시에 충족될 때에 행복을 느끼는 사람도 있을 것이다. 따라서 행복추구권이라 함은 안락하고 만족스러운 삶을 추구할 수 있는 '권리'라고 할 수 있다.

행복추구권은 '자유권'으로서의 성격과 '사회권'으로서의 성격을 아울러 가지는 것이므로 기본권 전반에 관한 총칙적 규정으로 보아야 할 것이다.

2. 행복추구권의 주체와 내용

행복추구권은 인간의 권리를 의미하므로 자연인만이 누릴 수 있다. 자연인이면 자국민뿐만 아니라 외국인도 향유할 수 있다.

행복추구권에 대해서 우리 헌법재판의 판례(憲裁決 1995.7.21.)는 포괄적 기본권으로 이해하고 있기 때문에 그 내용은 매우 다양할 것이다. 따라서 그 구체적인 내용을 망라한다는 것은 불가능하다. 그러나 행복추구권의 주요내용으로는 헌법에 열거된 기본권으로서 행복추구의 수단이 될 수 있는 개별적 기본권 외에 헌법에 열거되지 아니한 생명권·신체를 훼손당하지 아니할 권리·자유로운 활동과 인격권·평화적 생존권·휴식권·일조권 등을 들 수 있다.

이런 의미에서 행복추구권은 남용될 수 없고 타인의 행복추구권을 방해하지 아니하는 한도 내에서만 보장된다.

Ⅲ. 여성과 생명윤리

위에서 살펴본 바와 같이 인간은 존엄과 가치를 가지며 행복을 추구할 권리를 갖고 있으며, 이것은 우리 헌법상 최고의 근본규범으로 되어 있다.

이러한 측면에서 사람의 '생명'은 인간의 존엄과 가치를 인정하고 있는 우리 사회에서 보호되어야 할 법익이 되는 것이다. 인간의 존엄과 가치의 기초를 침해하는 생명권의 박탈은 가장 중요하고 기본적인 범죄라고 할 수 있다.

생명과학은 유전병 극복 및 암·에이즈 등 불치병 퇴치를 위해 의학적으로 많은 효용성이 있고 첨단 고부가 가치산업으로 인정되고 있다. 그러나 '배아' 연구로 인한 인간의 존엄성 훼손이나 유전정보의 남용으로 인한 인권의 침해 소지 논란을 비롯하여, 프라이버시의 침해, 우생학적 차별 가능성 등 윤리적 문제가 제기되어 왔다.

인간의 존엄성의 원리를 실현하고 남성의 지배 종속으로부터의 해방과 사회적 성차별 극복을 위하여, 여성과 관련된 낙태·대리모·뇌사 등의 내용은 현행 법률의 규정에도 불구하고, 종교계·의료계·법조계·여성계 등 각계각층에서 격렬한 논쟁이 제기되어 왔다. 여성과 관련된 생명윤리의 내용들을 살펴보기로 한다.

1. 과학과 윤리

(1) 생명윤리와 안전에 관한 논란

여성의 특징의 하나는 생명을 잉태하고 출산하는 기능이라고 할 수 있다. 그런데 이러한 여성의 출산기능과 인간으로서의 존엄성이 생명과학의 발달에 따라 심각하게 훼손될 우려가 있다.

생명공학으로 호박만 한 크기의 콩, 주먹 크기의 벼 등의 종자가 등장할 수 있고, 머리와 몸과 꼬리가 각각 다른 괴물이 만들어질 수 있다. 이러한 흥미로운 소재는 더 이상 공상과학영화에서만 다루는 문제가 아니라 우리의 현실 속에서 나타나고 있다. 복제 양 '둘리'의 탄생과 '인간게놈 프로젝트'의 완성은 생명과학기술의 눈부신 발전을 실감케 하고 있다.

생명과학기술은 식량 분야에서는 우수한 종자개량을 통해서 식량문제를 해결할 수 있게 하고, 암이나 불치병의 치료에도 획기적인 변화를 가져오며, 인간의 노화방지라는 측면에서도 인류의 공존과 번영에 기여할 수 있다.

그렇지만 이러한 생명과학기술은 기존의 생태질서를 파괴하고 인간의 존엄성이 훼손되며 유전정보가 남용될 경우에는 인권이 침해될 소지가 있다. 이러한 생명과학이 우생학적인 차별에 의한 계급을 만들어서 인류사회의 부작용을 초래할 수 있게 된다.

생명과학이 가져올 수 있는 위험과 연구 과정에서 수반되는 부작용을 둘러싼 논쟁이 가중되고 있으며,[45] 윤리적인 측면에서는 생명시작, 생명조작, 생명종료와 관련하여 논쟁이 계속될 우려가 있다.

(2) 여성주의 관점에서의 생명윤리

여성은 생명의 생산자로서 출산의 기능을 수행함에 있어서 귀중한 체험과 경험을 갖고 있다. 이런 여성의 경험, 관심 등이 남성의 활동에 비해 진지하게 취급되지 못한 것이 현실이다. 그리고 여성과 관련된 수정란연구, 노화방지, 인체실험, 출산통제와 출산기술의 개발, 유전자 치료 등은 생명윤리적 관점에서 많은 갈등을 초래해오고 있다.

---

45) 국가 핵심 성장 동력으로 추진된 줄기세포 연구가 생명 윤리 준수에 대한 논란을 시작으로 논문 조작, 언론과 네티즌과의 감정적 대립 등으로 많은 논란을 야기함. 2005년도에는 서울대학교 황우석 교수의 논문 조작 사건이 국민들을 큰 충격으로 몰고 가기도 했음.

그동안 여성들은 가사노동이나 생식기능이 정당하게 평가받지 못했을 뿐만 아니라 건강이나 의학 분야에서 출산, 피임, 갱년기, 대리모, 인공수정 등도 거의 모두 그 권한이나 책임이 여성에게로만 떠맡겨져 민주적인 동반자관계를 형성하지 못했다.

인공수정, 인간복제, 유전자 진단 등은 여성의 몸을 불안전하게 보거나 단순한 출산도구로 여김으로써 여성이 남성에게 더욱 예속되는 결과를 가져오기도 하였던 것이다.

여성주의 또는 생명윤리적 측면에서 여성들은 과잉치료와 의료종속 현상을 부채질하고 있다. 임신, 출산, 육아, 수유, 폐경 등은 여성의 일생에 걸쳐서 의료의 도움을 받아야 하는 영역으로 받아들여져 왔다. 이런 측면에서 여성이 결함을 지닌 나약한 존재로서 인식되고 과잉진료의 문제와 의료종속의 문제로까지 이어지게 하고 있다.

이런 현상은 산부인과의 경우에 더욱 심하게 나타난다. 자연분만이 가능한데도 의사의 권위적인 자세로 어쩔 수 없이 제왕절개수술을 받기도 하고[46] 병원의 경제적인 수입을 고려한 의사의 적극적인 권유 때문에 자연분만이 사실상 줄어들고 있는 실정이다.

여성의 불임이나 기형아 출산, 유방암, 알레르기성 질환 등은 생태계의 파괴, 먹을거리 문화의 변화, 환경오염 등으로 발생한다는 지적에도 불구하고 이를 미연에 예방하지 못하고 있어, 결국 여성에 대한 의료계의 건강유지에 대한 배려가 부족한 것이 현실이다.

---

46) 건강보험심사평가원에 따르면 2007년 상반기 우리나라 제왕절개분만율은 36.8%이며 산모 23만 2200명 중 8만 5500명이 제왕절개 수술로 분만했다고 한다. 이는 2006년(36.0%)보다 오히려 0.8%포인트 증가한 수치다.

(3) 개별여성의 생식통제

개별여성이 아름다운 성생활을 하는 데 있어서 중요한 것이 피임이었다. 그동안 여성의 피임이 여성의 권리, 자유, 안녕에 이바지해 왔다.

피임약이나 피임기구의 개발은 오로지 민간 차원에 의존하여 기업이 새로운 투자를 하기에는 어려운 실정이다. 그래서 국가가 공익적 차원에서 피임약과 기술을 지속적으로 개발해야 한다는 요구가 거세지고 있다. 그렇지만 피임연구에 투입하는 국가예산은 AIDS나 '암'을 연구하기 위한 예산과 비교할 때 터무니없이 적게 나타나고 있다.

무엇보다도 중요한 것은 피임에 있어서 남녀의 권리와 의무가 균등하게 이루어져야 한다는 점이고, 여성의 몸에 대한 개입으로만 이루지는 피임법이 아니라 남녀를 위한 피임연구가 이루어져야 한다는 것이다. 그리하여 피임에 대한 공동책임의 확산이 중요할 것이다.

피임이 성도덕을 실추시키고 성행위를 문란하게 하며 오히려 부추기고 있다는 보수적인 시각도 있다. 또한 AIDS 예방효과를 극대화한다는 점에서 콘돔 사용이 권장되고 있는 상황이다. 우리나라에서는 '사후피임약'의 도입과 관련하여 찬반논쟁[47]이 전개되기도 하였다.

(4) 생식보조기술과 윤리

생식보조기술은 과학기술의 발달로 눈부신 발전을 거듭해 왔다. 그래서 불임의 고통으로 눈물을 흘리는 여성에게 기쁨과 희망을 주기도 하였다. 그렇지만 과학기술이 출산기능에 개입하여 여성에게 긍정적인 영향으로만 작용한 것은 아니다. 여성의 재생산 기능을 보조하는 기술은 여성의 이익과 건강에 다양한 영향을 미칠 수 있다.

---

47) 낙태 찬성론자들은 자유로운 사후피임약 사용이 낙태를 줄이는 결과를 가져올 것이라며 적극적인 환영의사를 밝히고 있으나, 낙태 반대론자들은 사후피임약이 오히려 낙태를 증가시킬 것이라는 상반된 반응을 보이고 있음.

보통 생식보조기술로는 시험관수정, 냉동 수정란, 인공수정, 정자와 난자은행, 대리모 출산 등이 있다. 이러한 기술은 여권신장과 안녕을 도모할 수 있지만, 다른 한편으로는 생식보조기술에 의해서 남성에 의한 출산지배가 강화될 우려도 있다. 특히 불임의 제거나 우생학적 견지에서 이루어지는 난자채취, 시험관수정, 인간배아연구, 대리모, 유전병검사 등으로 의료기술을 지나치게 의존하다 보면 여성의 주변화가 가속화될 우려도 있다. 그래서 새로운 재생산기능은 대리모의 경우처럼 부유한 여성이 가난한 여성을 착취하는 불평등구조를 더욱 고착화시킬 수 있다.

(5) 생명윤리 및 안전에 관한 법률

생명안전과 윤리에 대한 쟁점은 한 국가의 지배적인 생명윤리적 경향에 따라 여러 가지 접근이 이루어진다. 유럽의 경우는 윤리 근본주의 전통을 유지하는 반면에, 미국이나 영국은 공리주의 경향을 선호하는 경향이 있다. 그러나 세계적으로 '제4의 물결'로 대변되는 생명산업에 대응하려는 노력들이 시도되고 있으며 생명산업의 안전·윤리 기준을 설정하고 있다.

우리나라는 이러한 생명윤리에 관하여 「생명윤리및안전에관한법률」(2004.1.29. 제정)을 시행하고 있다. 이 법은 '생명과학기술에 있어서의 생명윤리 및 안전을 확보하여 인간의 존엄과 가치를 침해하거나 인체에 위해를 주는 것을 방지하고, 생명과학기술이 인간의 질병 예방 및 치료 등을 위하여 개발·이용될 수 있는 여건을 조성함으로써 국민의 건강과 삶의 질 향상에 이바지함을 목적(제1조)'으로 제정되었다.

이 법에서 여성 관련 내용을 보면, 인간을 복제하기 위한 체세포복제배아를 자궁에 착상·유지 또는 출산하는 행위, 임신 외의 목적으로 배아를 생성하는 행위, 특정의 성을 선택할 목적으로 정자와 난자를 선별하여 수정시키거나 사망한 자 또는 미성년자의 정자와 난자로 수정시키는 행위 및 매매의 목적으로 정자 또는 난자를 제공하는 행위 등을 금지하도록 규정하고 있다.

이러한 법률의 제정으로 생명과학기술의 발전이 인간의 존엄성과 인체의 안전을 침해하지 않으면서 질병예방이나 치료에 기여할 수 있는 길이 열린 셈이다.

주요 국가의 입법동향을 보듯이 선진국의 경우에는 생명과학발전을 위축시키지 않는 방향에서 생명과학기술에 대한 연구의 투명성 및 신뢰성을 최대한 확보하려는 노력을 해 오고 있다.

<표 3-1> 주요 국가별 입법 동향[48]

국가명	법 률 명(제정 연도)	체세포 복제배아 연구	비 고
영 국	인간수정및발생에관한법률('90)	허용	
프랑스	인체존중에 관한법률('94)	금지	UN(인간복제금지협약)에 서 연구허용 입장 표명
독 일	배아보호법('90), 배아줄기세포법('02)	금지	
미 국	(인간복제금지법)	금지 입법 중 (하원 통과)	UN에서 연구금지를 강하게 주장
일 본	인간에관한복제기술등의규제에관 한법률('00)	잠정 금지	연구 허용을 위한 세부 지침 마련 중

대체적으로 생명윤리와 관련해서는 ① 인간복제 및 인간과 다른 동물 간의 교잡행위의 금지, ② 초기 생명인 인간배아의 보호, ③ 생식세포, 배아, 태아와 우생학적 목적의 유전자 치료 금지, ④ 개인 유전정보의 남용 방지 및 보호, ⑤ 무제한적으로 유린되고 있는 실험동물의 생명권존중, ⑥ 비윤리적인 생명특허의 금지, ⑦ 국가생명윤리위원회 설치 및 운영 등의 내용이 논의되고 있다.

특히 인간의 존엄성이라는 측면에서 인간장기 및 혈액은 신체 일부로서 금전적 거래가 금지된다. 즉 「장기등 이식에 관한 법률」에서 "금전 또는 재산상의 이익 기타 반대급부를 주고받거나 받을 것을 약속하고 타인의 장기 등을 제3자에게 주거나 제3자에게 주기 위하여 받는 행위 또는 이를 약속하는 행위를 금지(제6조 제1항)" 하고 있으며, 「혈액관리법」에서도 "누구든지 금전 재산상의 이익 기타 대가적 급부

---

48) 보건복지부, 국무회의자료(『생명윤리및안전에관한법률(안)』 제정 추진 경과), 2003.10.7.

를 받기로 하고 자신의 혈액(헌혈증서 포함)을 제공하거나 이를 약속해서는 아니 된다(제3조)"고 규정하고 있다.

2. 낙태 관련 윤리

태아에게 생명권이 인정된다고 할 때 태아의 생명권을 보호하기 위해서는 원칙적으로 낙태는 금지되어야 한다. 그럼에도 불구하고 1960년 이래 형법에서 낙태의 자유화가 논의되었는데, 이것은 인구폭발이라는 사회문제와 함께 법규범과 현실 사이의 괴리에서 나타난 반성이라고 할 수 있다. 이 논의는 종교계와 의료계의 논쟁까지 벌어지고 있다.

종교계에서는 낙태에 대하여, 인간의 생명은 하나님의 주권이므로 생명 자체를 인위적으로 조작하는 모든 행위에 반대하고 있고 낙태는 특히 타협의 여지가 없이 범죄로 규정하고 있다.

그러나 의료계에서는 낙태가 사회적으로 광범위하게 이루어지고 있는 현실을 인정하여 '특별한 주의의무'를 지킨다면 사실상 낙태를 허용하자는 주장을 하고 있다.

오늘날 인공 임신중절을 여성의 사적 권리로 인식하여 점차 자유화되는 경향이 있다.[49]

이러한 낙태자유화와 관련된 입장을 살펴보면, ① 과학적 피임방법이 발달되어 있어 낙태가 허용되어야 한다. ② 태아를 생명으로 보는 점은 과장이 있으나 자(子)의 출생에 대한 자유가 보다 존중되어야 하기 때문에 낙태죄는 폐지되어야 한다. ③ 낙태죄의 본질이 태아의 생명을 보호함에 있기 때문에, 낙태를 전면적으로 허용하는 것은 긍정할 수 없지만 임산부의 자유와 책임이 조화되는 범위에서 그 허용범위를 넓혀야 한다. ④ 태아의 생명은 '사람의 생명'이 아니라 '생성 중인 생명'에 지

---

49) 차별철폐조약 제16조 1항 5호는 "아동수 및 출산 간격은 자유로 또는 책임을 가지고 결정함과 동시에 이 권리의 행사를 가능하게 하는 정보·교육 및 수단을 이용하는 남녀의 동일한 권리"를 보장하고 있다.

나지 않으므로 사람의 생명과 같이 절대적으로 보호해야 할 법익이라고 할 수 없다. 따라서 일정한 범위 내에서 낙태의 자유도 허용되어야 한다.

현재 우리나라에서는 「모자보건법」의 규정에 의하여, 유전학적 정신장애나 신체질환, 전염성 질환, 강간에 의한 임신, 근친상간 등에 의한 임신, 임신의 지속이 임산부의 건강을 심히 해할 우려가 있는 경우에만 한하여 인정된다.[50] 이 이외의 사유에 의한 경우에는 형법에 따라 처벌하고 있다.

3. 대리모 관련 윤리

생식보조기술의 발달로 가져온 것 중의 하나가 대리모에 대한 부분이다. 대리모는 불임부부와의 일정한 계약에 의해서 성립된다. 즉 아내와 남편 사이의 수정란을 제3자인 다른 여성의 자궁에 착상시켜 자녀를 출산하는 방법이다.

그런데 대리모는 여러 가지 문제가 야기된다. 첫째로 생물학적 어머니를 정하는 데 있어서의 논란이다. 즉 유전자를 제공한 자로 할 것인가 또는 착상을 통해 뱃속에서 아이를 키운 자로 할 것인가가 애매하며, 차후 모권분쟁의 소지가 일어날 수 있다. 둘째로 대리모가 가까운 친인척 관계에서 행해지는 경우에 가족관계의 위계가 흔들릴 가능성이 있다. 셋째 대리모 계약의 합법성 여부이다.

외국에서는 대리모를 인정하는 경우와 그렇지 않은 경우가 있다. 미국, 영국, 이

---

50) 모자보건법 제14조 ① 의사는 다음 각 호의 1에 해당되는 경우에 한하여 본인과 배우자(사실상의 혼인관계에 있는 자를 포함한다. 이하 같다)의 동의를 얻어 인공임신중절수술을 할 수 있다.
 1. 본인 또는 배우자가 대통령령이 정하는 우생학적 또는 유전학적 정신장애나 신체질환이 있는 경우
 2. 본인 또는 배우자가 대통령령이 정하는 전염성 질환이 있는 경우
 3. 강간 또는 준강간에 의하여 임신된 경우
 4. 법률상 혼인할 수 없는 혈족 또는 인척간에 임신된 경우
 5. 임신의 지속이 보건의학적 이유로 모체의 건강을 심히 해하고 있거나 해할 우려가 있는 경우

스라엘 등 10여 개국에서는 대리모계약을 인정하고 있으며, 일본에서는 대리모 출산을 금지[51]하고 있다. 한편 대만에서는 대리모를 허용하되 그 계약에는 일정한 절차를 강화하여 반드시 서면으로 하고 법원의 공증을 거치도록 하고 있기도 하다.

그런데 대리모가 아이를 출산하였음에도 불구하고 의뢰한 부부가 아이의 인수를 거부할 경우에는 큰 문제가 된다. 이것은 주로 기형아가 출산되었거나 출산 과정에서 의뢰부부가 이혼한 경우, 재산 상속인의 순위가 바뀔 가능성이 높을 때에는 인수거부가 일어날 가능성이 더욱 높아진다.

종교계에서는 윤리성문제를 지적한다. 천주교 교황 바오로 2세에 의하면, 출산력은 부부애의 결실이고 징표이며, 아울러 부부 상호간의 완전한 자기 봉헌의 산 증거라고 하였다. 그래서 자녀는 부모의 사랑의 관계로부터 태어날 권리를 가진다고 한다. 그런데 인공수정은 부모나 자녀에게 공통적이어야 할 존엄성과 평등의 원칙을 위배한다고 한다.

의료계에서는 대리모의 시술과 관련하여 금전적 거래 이외의 대리모 출산은 가능하게 하자는 주장을 펴고 있다.

하지만 우리 법률에 대리모에 관한 규정이 따로 있는 것이 아니어서 대리모에 의한 출산은 민법 103조 '선량한 풍속이나 기타 사회질서 위반행위'에 해당된다.

생각건대 대리모가 불임부부들에게 희망을 줄 수 있는 길이 될 수 있지만, 이것이 상업적으로 이루어질 경우에는 큰 문제가 될 수 있다. 따라서 대리모의 상업화를 금지해야 하고 의학적으로도 그 절차나 범위 등을 구체적으로 논의할 필요가 있다. 대리모에 의한 출산 금지는 자신의 유전자를 갖는 아이를 갖기 원하는 부부들의 '행복추구권'을 침해할 수 있는 측면이 있기 때문이다.

---

51) 일본 산부인과학회는 이사회에서 대리모 출산을 금지키로 정식 결정했다. 대리모 출산이 ▲가족관계를 복잡하게 하고 사회질서에 혼란을 초래한다. ▲대리모 출산계약을 사회 전체가 허용하고 있다고 인정키 어렵다. ▲대리 출산에 임하는 여성에게 신체적 위험과 정신적 부담을 안겨 준다는 등의 이유를 들어 이같이 결정했다. 조선일보, 2003.4.13.

4. 뇌사 관련 윤리

뇌사(腦死)를 둘러싼 논의는 의학뿐만 아니라 법학 또는 윤리학에서도 중요한 관심의 대상이 되고 있다. 법적인 측면에서는 이것이 살인이냐 아니냐 하는 심각한 책임문제를 야기한다.[52]

그러면 뇌사의 인정 여부에 대한 찬반의 견해를 살펴보기로 한다.

(1) 뇌사를 긍정하는 견해

뇌사는 모든 뇌기능의 불가역적 상실, 즉 뇌사에 이른 때 사람이 사망했다고 보는 견해이다.[53]

뇌사를 긍정하는 논거로는 다음 몇 가지를 들 수 있다.

첫째 생명의 핵심은 호흡이나 심장의 고동이 아니라 뇌의 활동이라고 해야 하는데, 뇌조직의 훼멸이야말로 사람 생명의 핵심을 파괴하고 개인의 존재 의미를 소멸시키는 것이 된다.

둘째 호흡이나 심장은 정지된 후 회복될 수 있고 인공장치로 유지될 수 있지만, 뇌기능의 완전정지 후에는 더 이상 치료가 불가능하다. 따라서 사람의 생명은 뇌사에 의해 끝났다고 보아야 한다. 뇌사상태로 판정된 후 14일 안에 반드시 심장박동이 정지되는 상태로 이어진다는 것이 통계적으로 입증되고 있으며, 엄격한 뇌사판정기준에 의해서 뇌사가 판정되었을 때 회복되는 기적은 기대할 수 없다.

셋째 뇌사에서 심장정지까지 이르는 기간에 소요되는 막대한 치료비를 감당하기 어려운 환자 보호자의 입장을 고려하여 뇌사를 인정해야 한다.

넷째 뇌사를 인정하면 뇌사상태에서 장기이식수술이 가능해질 뿐만 아니라 성공률을 높여, 어차피 죽을 사람의 장기로 치료 가능한 환자의 생명을 구할 수 있다.

---

52) 김일수, 「법·인간·인권」(제3판), 박영사, 1999, p.89 이하.
53) 뇌사설은 1968년 8월 9일 시드니(Sydney)에서 개최된 제22차 세계의학회의 때 채택된 시드니선언에서 사망의 결정에 대한 가장 유효적절한 기준으로 추천되어, 지금 세계 여러 나라에서 받아들이고 있는 실정이다.

그러면서 신장을 제공하는 사람이 모자라 죽어 가는 많은 신부전증환자를 구해야 할 절실한 필요성이 있다는 점을 들기도 한다.

(2) 뇌사를 부정하는 견해

이것은 뇌사를 반대하고 '심장사설'을 인정한다. 즉 인간 생명의 신성함과 존엄성을 중시하는 입장에서 죽음에 관한 순수 의학적 판단만을 내용으로 하는 뇌사를 반대한다는 것이다.

뇌사를 반대하는 사람들은 다음과 같은 주장을 한다.

첫째 인간의 생명은 신성하고 존엄한 것이다. 뇌사를 인정하여 다른 생명을 살리는 긍정적인 면도 물론 중요하지만, 만에 하나라도 인간의 오판과 실수로 생명을 죽이는 살인행위가 발생할 개연성이 있기 때문에 이를 용납해서는 안 된다.

둘째, 인간의 오만과 이기심이 작동하여 단순한 가능성만으로 뇌사를 경솔하게 인정하거나 뇌사를 조작하는 경우가 있을 수 있다.

셋째 뇌사인정은 생명의 한계를 일단 인간의 판단에 맡기는 것이므로 공식적으로는 인정할 수 없다.

(3) 우리나라에서의 논란

사망의 시기와 관련하여 우리 형법에서는 '심장의 박동이 멈추고 호흡이 정지된 때'로 보는 것이 통설이다. 그런데 의료계에서는 '뇌사는 심장사와 더불어 죽음의 기준으로 인정한다.'고 주장하지만 현행 「장기 등 이식에 관한 법률」(제17조)에는 '뇌사는 장기이식을 목적으로 하는 경우'만 인정되며, 또 뇌사자가 이 법에 따라 장기 등의 적출로 사망한 경우에도 뇌사를 일으킨 질병에 의한 사망으로 규정했다.[54] 그래서 현행법상 장기이식 목적 외의 뇌사는 인정하지 않고 있다.

뇌사판정에 대한 엄격한 절차가 무시되고 의사가 임의로 뇌사자를 사망자로 선언

---

54) 「장기 등 이식에 관한 법률」 제17조(뇌사자의 사망원인) 뇌사자가 이 법에 의한 장기 등의 적출로 사망한 때에는 뇌사의 원인이 된 질병 또는 행위로 인하여 사망한 것으로 본다.

할 경우, 법적 분쟁의 소지가 될 수 있다. 따라서 생명과 죽음에 관한 규정에 대한 사항을 법과 사회가 인정하는 범위 내에서 명확하게 해야 할 필요가 있다.[55)]

5. 인공수정에 대한 윤리

인공수정(Artificial Insemination)은 자연적인 성교(性交)가 아닌 인위적인 조작에 의해서 이루어지는 수정이라고 할 수 있다. 넓은 의미에서는 체외수정(시험관수정)도 인공수정의 한 방법이 될 수 있다.

불임의 원인으로 남성 측에서는 무정자증, 정자감소증, 정액과소증, 정자수송로가 막혀 있는 경우, 성기능 이상 등이 있을 수 있고, 여성 측에서는 무배란, 희발월경, 이상난자 배란, 과잉 비만증, 질 협착, 기형 자궁 등이 있다.

그런데 인공수정에 있어서의 문제는 정자기증자에 의한 경우이다. 정자기증에 의한 인공수정 과정은 대부분 익명성(匿名性)을 요구한다. 생물학적 아버지와 아기를 낳은 어머니가 서로 전혀 무관하고, 이런 방법으로 얻어진 자녀와 부모의 관계는 바람직하지 않다는 윤리적 문제가 제기된다.

한편 스웨덴에서는 1984년「인공수정법」을 제정하면서 정자 제공자의 개인정보를 보존하는 것을 의무화해서 태어난 아이의 알 권리를 보장한 바 있다.[56)] 그렇지만 일부에서는 정자·난자·수정란 제공자를 모두 공개하자는 의견이 나오고 있다(일본).

6. 인간복제에 대한 윤리

생명공학의 발달로 생명복제에 대한 연구가 진행되고 있는데, 여기에는 인간복제

---

55) 뇌사의 판정과 관련하여「장기 등 이식에 관한 법률」제14조~제17조 참조.
56) 한국일보, 2002.4.5. 참조.

에 대한 부분도 포함된다.

인간복제(人間複製, Human cloning)란 유전적 형질이 동일한 개체를 탄생시킬 수 있는 복제기술을 인간을 대상으로 적용하는 것을 말한다. 현재 인간을 대상으로 할 수 있는 복제기술은 생식세포를 이용한 것과 체세포를 이용한 기술이 있는 것으로 알려지고 있다.

그래서 세계적으로 체세포복제배아 연구의 허용 여부를 놓고 많은 논쟁이 있다. 즉 핵이 제거된 난자에 사람의 체세포핵을 이식(체세포핵 이식)하여 만든 배아(복제배아)에 대한 연구를 허용하자는 주장과 이를 반대하는 주장이 맞서 왔던 것이다(표 3-2).

<표 3-2> 체세포핵 이식과 관련한 쟁점 비교

입법예고안	찬 반 논 쟁	법률(제22조)
체세포핵 이식 행위 금지 -다만, 국가생명윤리위원회의 심의를 거쳐 대통령이 결정한 경우 예외적으로 허용	시민·종교단체 등: 인간복제의 전(前)단계이므로 전면 금지 과학계 단체: 난치병 치료 위한 줄기세포 연구를 위해 허용	희귀·난치병 치료를 위한 연구목적 외에 체세포핵 이식 행위 금지 -연구의 허용범위는 국가생명윤리심의위원회의 심의를 거쳐 대통령령으로 정함

* 「생명윤리및안전에관한법률」 제22조(체세포핵 이식 행위) 입법 과정상 논쟁을 중심으로 정리함.

우리나라에서는 "희귀·난치병의 치료를 위한 연구목적 외에는 체세포핵 이식 행위를 하여서는 아니 된다."고 규정(생명윤리및안전에관한법률 제22조)하여, 생명과학이 발전할 수 있는 길을 터놓고 있다.

인간배아[57]란 정자와 난자가 수정된 후 14일까지의 초기 배아 상태와 함께 조직과 기관의 분화가 마무리되는 단계까지를 말한다. 또 줄기세포란 배아의 발달 과정 중 신체 각 기관으로 분화하기 직전의 세포를 말하는데, 이것을 이용하여 신체의 특정기관으로 분화시켜 난치병 치료에 활용할 수 있다.

---

57) '배아'라 함은 수정란 및 수정된 때부터 발생학적으로 모든 기관이 형성되는 시기까지의 분열된 세포군을 말함(생명윤리및안전에관한법률 제2조 제2호).

그런데 배아복제와 관련하여 찬반의 의견을 대별할 수 있는데, 복제에 대한 신중함을 보이고 있는 입장은 배아는 잠재적 생명체이기 때문에 낙태를 조장할 우려가 있는 점, 배아간세포 연구가 상업화되었을 때 산업화의 재료로 상품화될 가능성이 있어서 윤리적으로 문제 될 수 있다는 점, 그 외에 기술적으로 기형발생률과 유산율이 높아 배아세포의 안전성이 확립되지 않았다는 점을 주장한다. 반면에 생명과학의 발전을 위해서 배아연구에 대한 지나친 규제는 난치병을 치료할 수 있는 환자들의 기대를 저버릴 수 있다는 주장도 있다.

한편 생명공학기술을 적용하는 데 있어서 여성의 몸과 입장이 중요하게 다루어져야 할 것이다.[58] 여성은 의학과 기술의 적용 과정에서 기술의 주체가 아닌 통제의 대상으로 존재해 오는 경우가 많았기 때문이다.

Ⅳ. 여성가족에 대한 정책과 법률의 변화

1. 가족의 변화와 가족형태의 다양화

(1) 가족의 변화

우리나라는 오랫동안 가부장제적 가족제도를 유지하여 왔다.

이것은 남성 위주의 사회가 남성혈통중심의 가족주의 이데올로기를 만들었고, 혈연중심의 사회구조는 가족 내에서도 남성이 우월하다는 의식이 자리 잡게 되었다. 여성은 가족경제와 그 권한에 있어서 거의 남성에 종속되어 왔다. 이러한 종속은 여성의 가정생활과 부부의 역할에서 나타나고 있으며, 여성에게는 남성에 비하여 더 높은 성적 도덕성을 요구하였다. 그래서 여성의 순결은 가문의 명예와 자존의

---

58) 대한YMCA연합회 외, (가칭)생명윤리기본법에 대한 여성계의 건의문, 2001.4.

표현이며 순결을 잃은 여성은 치욕으로 받아들여졌다.

전통적으로 '가(家)'는 가부장적 의식에 의하여, 호주제도를 바탕으로 이루어졌으며, 호주에게는 막강한 권한이 있었다. 그러나 급속한 공업화와 도시화로 농업을 기반으로 한 가족 환경이 변화하였다.

1960년대부터 시작된 공업화는 많은 사회변동을 초래했고 사회구조적 변화와 함께 가족규모도 축소되게 되었다. 즉 산업사회는 인구의 이동이 많아지기 때문에 이동에 편리한 소규모의 가족으로 축소될 수밖에 없었던 것이다.

공업화 시작 단계인 1966년의 평균 가구원 수는 5.5명이었고 총 출산율(出産率)은 4.8명이었다. 그러나 1990년의 평균 가구원 수는 3.8명으로 나타났고 총 출산율은 1.6명으로 나타났다. 1995년 평균 가구원 수는 3.1명, 총 출산율은 1.7명으로 한 자녀 내지 두 자녀만 낳은 것으로 나타나 부부가 한 명 또는 두 명의 자녀와 함께 사는 형태로 변했다.

(2) 가족형태의 다양화

현대사회는 저출산·노령화의 영향에 따라 가구원 수가 급격하게 줄어들고 있다. 우리나라는 가부장적 전통과 성별 역할이 뚜렷한 관습과 규범 때문에 남자가 가구주로 인정되어 가족을 부양하는 것이 일반적이었다.

그렇지만 최근 여성의 지위와 역할이 향상되고 인구의 고령화와 더불어 가족 규모의 축소되어 여성가구주가구, 노인가족, 복합가족, 편부모가족, 별거가족, 독신가구, 비혈연가족 등 가족형태가 다양하게 나타나고 있다.[59]

우리의 경우 이혼이 증가하면서 한부모가족이 급증하고 있다. 1990년에 889천 가구에서, 2005년에는 무려 1,370천 가구로 급증하고 있다(표 3-3). 최근 여성가구주가 늘어나고 있는데, 2005년 남자가구주가 12,402천 명(78.1%), 여자가구주 3,485천 명(21.9%)으로 남자가 여자보다 3.6배 정도 많지만 2000년에 비해 여자 가구주 증가율(31.4%)이 남자(6.4%)보다 높게 나타났다.

---

59) 최선화 외 4인 공저, 「사회문제와 사회복지」, 양서원, 1999. p.262 이하.

여성가구주[60] 비율[61]은 1975년에 12.8%에서, 18.5%('00), 21.9%('05)로 증가하고 있으며, 조이혼율[62] 역시 1975년에 0.4에서 1.5('00), 2.6('05) 등으로 증가하고 있는 추세다.

또한 농촌총각의 결혼문제가 사회적 문제가 되면서 이민외국인이 급증하게 되었다. 외국인노동자 등 국제인구 이동의 증가에 따라 한국인의 아시아계 여성과의 국제결혼이 급증하고 있는 것도 다양한 가족형태를 가져오는 요인이 되기도 한다.

<표 3-3> 전국 한부모가족 현황

(단위: 1,000가구, %)

연 도	총가구수	한부모가구		
		계	모자가구	부자가구
1985	9,571	848 (8.9)	–	–
1990	11,355	889 (7.8)	–	–
1995	12,958	960 (7.4)	788 (82)	172 (18)
2000	14,312	1,124 (7.9)	904 (80)	220 (20)
2005	15,887	1,370 (8.6)	1,083 (79)	287 (21)

* 주: 전체 가구 대비 한부모가구 비율임. 여성부 자료 참조.

(3) 여성의 지위 변화

① 이혼과 독신의 증가

가족의 변화 중에서 가장 두드러진 변화는 이혼과 별거 및 가출로 나타나는 가족 해체 내지 가족 안정성의 약화를 들 수 있다. 1960년도에 3.1%에 불과하던 이혼율

---

60) 가구주란 호주 또는 세대주와 관계없이 가구를 실질적으로 대표하는 사람을 말하며, 혈연관계 없는 사람끼리 모여 사는 경우에는 그중 한 사람(대표자)이 가구주가 됨.

61) 가구주 비율 여자(남자) 가구주비율 $= \dfrac{여자(남자)가구주가구수}{일반가구수} \times 100$

62) 조이혼율: 1년간 발생한 총 이혼 건수를 당해 연도의 연앙인구로 나눈 수치를 1,000분비로 나타낸 것(인구 1,000명당 이혼 건수).

이 1990년에는 11.2%, 1997년에는 24.0%로 늘어났으며 가출과 별거 및 독신이 늘어 가고 있다. 1995년 1인가구의 비율은 총가구수의 15.6%를 차지했다. 그래서 가족의 안정적인 생활에 위협을 주고 있는 것이다.

② 여성의 사회활동 증가

여성의 사회진출이 늘어나면서부터 전통적으로 여성의 역할로 여겨졌던 많은 부분들이 더 이상 가족 내에서 해결될 수 없게 되었다. 전통적으로 여성은 아동·병자·장애인 및 노인을 가정에서 돌보는 기능을 수행해 왔다. 그러나 여성들의 사회활동이 늘어나면서부터 이러한 역할들이 더 이상 가족에게만 남겨질 수 없게 되었고 사회적 대책을 요구하고 있다.

여성이 사회활동에 참여하기 위해서는 아동양육을 보조하기 위한 탁아소·어린이집 등과 같은 시설이 필요하고, 방과 후 아동지도와 노인들을 돌보기 위한 서비스가 요구된다. 그래서 탁노소, 노인요양보호시설 등이 요구된다.

이와 함께 논란이 되고 있는 가사노동도 기계화로 인해서 많은 기능들이 줄어들고 있지만 취업여성의 이중고는 여전히 커다란 문제로 남아 있다.

③ 가족관계의 변화

가족 내에서의 위치도 노인보다는 아동이 더 중요한 위치를 차지하며 결혼 형태에서도 중매보다는 자유연애결혼이 늘어 가고 있다.

종래의 부자 중심의 관계에서 부부 중심으로 변화되고 있다. 여성의 사회적 지위 향상에 따라 부부관계에서도 애정적 동반자관계가 중요해지고, 평등한 부부관계가 강조되고 있다. 그래서 대화형식도 남편 주도형에서 부부 의논형으로 변하고 있으며 부부중심의 활동이 증대되고, 정서적·성적 유대감이 가장 중요한 요소로 등장했다.

부모와 자녀관계는 자녀가 혈통을 잇고 노후보장책으로 여겨지던 종래의 사상에서 벗어나 이제는 이러한 기능이 사회보장제도에 의해서 수행되게 되었다.

2. 국가의 건강가족과 가족친화 정책

(1) 국가의 건강가족정책

가족정책 관련 규정들이 산재해 있던 것들이 건강가정기본법이 제정되면서 가족정책 일반에 대한 통합적인 규정들이 마련되고 있다.

건강가정기본법에서는 "가정은 개인의 기본적인 욕구를 충족시키고 사회통합을 위하여 기능할 수 있도록 유지·발전되어야 한다."고 규정하고 있다(제2조).

그럼에도 불구하고 여러 법률에 가족 관련 조항이 흩어져 있어 가족정책에 관한 내용이 중복되고 소관 부서 간에 떠넘기나 혼동을 가져올 수 있다는 지적을 받아 왔다.[63)

보통 가족이라고 정의할 때, 생계 또는 주거를 함께하는 생활공동체로서 구성원의 일상적인 부양·양육·보호·교육 등이 이뤄지는 생활단위라고 말할 수 있다.

그리고 가족은 혼인, 혈연, 입양 등으로 이루어지지만, 사실혼에 의한 경우나 아동을 위탁받아 양육하고 있는 공동체 형태로도 나타난다.

이런 가족에 대해 과거에는 국가에서 방임하거나 가족구성원들에 의해 부양이나 보호가 이루어지는 것이 보통이었다. 그러나 최근에는 국가가 가족의 안녕과 복지를 위해 관여하고 특히 가족을 위한 최우선적인 정책으로 선택하여 가족에 대한 '삶의 질'을 보장하고 있다.

국가의 각종 시책과 제도 역시 '가족'에 초점을 맞춰 이루어지고 있는데, 이를 자세히 살펴보면 <표 3-4>와 같다.

---

63) 한국여성개발원, 건강가정기본법 개정안 마련을 위한 연구(여성가족부 연구용역 보고서), 2005. 12, p.95.

<표 3-4> 가족 및 국가의 정책과 법률

분 야	법 률
사회복지	사회보장기본법, 국민기초생활보장법, 긴급복지지원법, 의료급여법
임산부	장애인·노인·임산부등의편의증진보장에관한법률
여성	여성발전기본법, 영유아보육법, 가정폭력방지 및 피해자보호 등에 관한 법률, 성매매방지 및 피해자보호 등에 관한 법률
저출산고령 사회정책	저출산·고령사회기본법, 한부모가족지원법, 노인복지법, 장사등에관한법률, 건전가정의례의정착및지원에관한법률, 모자보건법, 아동복지법, 실종아동 등의 보호 및 지원에 관한 법률, 입양촉진및절차에관한특례법, 보호시설에있는미성년자의후견직무에관한법률
건강가족	건강가정기본법, 가족친화 사회환경의 조성 촉진에 관한 법률, 민법(친족상속)

그리고 국가에서는 가족과 그 구성원에 대해 인간으로서 기본적인 삶을 유지하고 민주적인 삶을 보장하는 것은 물론 가족의 형태, 가치, 기능 등이 다양하게 존중되도록 해야 한다. 특히 최근에 나타나고 있는 한부모가족, 노인가족, 결혼이민자가족, 장애인가족, 공동생활가족 등에 대해 적극적으로 보호할 필요가 있다.

(2) 건강가정기본법의 내용

① 목적

건강한 가정생활의 영위와 가족의 유지 및 발전을 위한 국민의 권리·의무와 국가 및 지방자치단체 등의 책임을 명백히 하고, 가정문제의 적절한 해결방안을 강구하며 가족구성원의 복지 증진에 이바지할 수 있는 지원정책을 강화함으로써 건강가정 구현에 기여하는 것을 목적으로 「건강가정기본법」은 2004년 2월에 제정되었다(건강가정기본법 제1조).

② 용어의 정의

이 법에서 '가족'이라 함은 혼인·혈연·입양으로 이루어진 사회의 기본단위를 말하며, '가정'은 가족구성원이 생계 또는 주거를 함께하는 생활공동체로서 구성원의 일상적인 부양·양육·보호·교육 등이 이루어지는 생활단위를 말한다(동법 제3조).

그리고 '건강가정'이라 함은 가족구성원의 욕구가 충족되고 인간다운 삶이 보장되는 가정을 말하며, 이를 위해 실시하는 '건강가정사업'이란 건강가정을 저해하는 문제의 발생을 예방하고 해결하기 위한 여러 가지 조치와 가족의 부양·양육·보호·교육 등의 가정기능을 강화하기 위한 사업을 의미한다.

③ 국가 및 지방자치단체의 책임

국가 및 지방자치단체는 건강가정을 위하여 필요한 제도와 여건을 조성하고 이를 위한 시책을 강구하여 추진하여야 한다(동법 제5조). 이때 가족구성원의 특성과 가정유형을 고려하여야 할 것이다.

한편 국가 및 지방자치단체는 민주적인 가정형성, 가정친화적 환경조성, 양성 평등한 가족가치 실현 및 가사노동의 정당한 가치평가를 위하여 노력하여야 한다.

④ 건강가정정책 심의기관

건강가정 관련 시책을 심의하기 위해 국무총리소속하에 중앙건강가정정책위원회를 두고 있으며, 특별시·광역시·도에는 심의기관으로서 시·도 건강가정위원회를 두고 있다(동법 제13조 및 제14조).

이는 가족정책의 협력·조정 기능을 강화[64]하기 위한 것으로 실무위원회와 주제별 관련 부처가 실무협의체를 구성하여 실질적인 기능을 할 수 있도록 하였다.

⑤ 건강가정기본계획의 수립

여성가족부장관은 관계중앙행정기관의 장과 협의하고 중앙위원회의 심의를 거쳐 건강가정기본계획(이하 '기본계획'이라 한다)을 5년마다 수립하여야 한다(동법 제15조).

이때 기본계획에는 가족기능의 강화 및 가정의 잠재력 개발을 통한 가정의 자립

---

64) 여성가족부, 업무보고, 2007.1. 참조.

증진 대책, 사회통합과 문화계승을 위한 가족공동체문화의 조성, 다양한 가족의 욕구충족을 통한 건강가정 구현, 민주적인 가족관계와 양성평등적인 역할분담, 가정친화적인 사회환경의 조성, 가족의 양육·부양 등의 부담완화와 가족해체 예방을 통한 사회비용 절감, 위기가족에 대한 긴급 지원책, 가족의 건강증진을 통한 건강사회 구현, 가족지원정책의 추진과 관련한 재정조달 방안 등의 내용이 포함되어야 한다.

⑥ 건강가정사업

국가 및 지방자치단체가 추진해야 하는 사업내용에는 가정에 대한 지원, 자녀양육지원의 강화, 가족단위의 복지 증진, 가족의 건강증진, 가족부양의 지원, 민주적이고 양성 평등한 가족관계의 증진, 가족단위의 시민적 역할증진, 가정생활문화의 발전, 가정의례, 가정봉사원, 이혼예방 및 이혼가정 지원, 건강가정교육, 자원봉사활동의 지원 등이 포함된다(동법 제21조~제33조).

⑦ 건강가정전담조직 및 인력

가정문제의 예방·상담 및 치료, 건강가정의 유지를 위한 프로그램의 개발, 가족문화운동의 전개, 가정 관련 정보 및 자료제공 등을 위하여 중앙과 시·도 및 시·군·구에 건강가정지원센터를 둔다. 센터의 운영은 사회복지법인과 같은 비영리법인, 고등교육법 규정에 의한 학교 등 민간기관에 위탁할 수 있다.

그리고 센터에는 건강가정사업을 수행하기 위해 관련 분야에 대한 학식과 경험을 가진 전문가로서 건강가정사를 두어야 한다. 건강가정사의 업무에는 가정문제의 예방·상담 및 개선, 건강가정의 유지를 위한 프로그램의 개발, 건강가정 교육(민주적이고 양성 평등한 가족관계 교육을 포함), 가정생활문화운동의 전개, 가정 관련 정보 및 자료제공, 가정에 대한 방문 및 실태파악, 아동보호전문기관 등 지역사회자원에의 연계 등이 포함된다.

건강가정사의 자격기준은 대학 또는 이와 동등 이상의 학교에서 사회복지학·가정학·여성학 등 여성가족부령이 정하는 관련 교과목을 이수하고 졸업한 자여야 한다(동법 제35조 제3항).

한편 '건강가정지원센터' 설치가 더욱 확대되고 그 기능도 강화되어야 한다. 건강가정지원센터는 2006년 현재 50개소가 설치되어 있으며, 이를 더욱 확대하고 운영을 지원하여 전국적 건강가정지원서비스에 대한 기반을 마련해야 할 것이다.

<표 3-5> 건강가정지원센터와 지역기관 및 가족 간의 관계

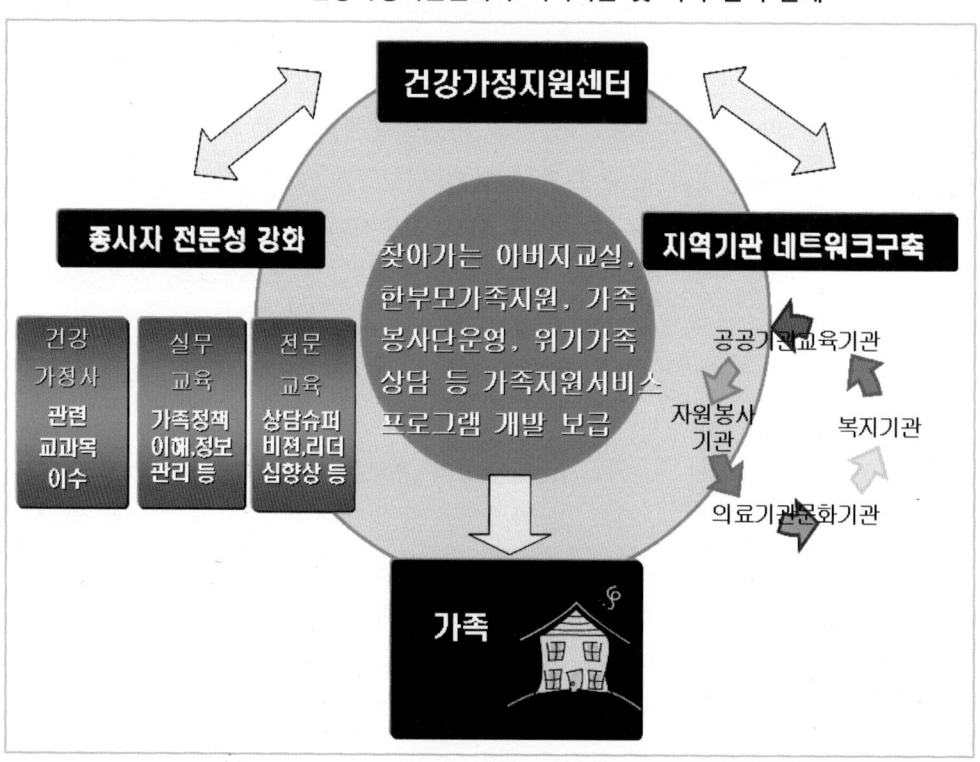

* 자료: 여성부 자료 참조

(3) 가족친화 사회환경의 조성

「가족친화 사회환경의 조성 촉진에 관한 법률(일부개정 2008.2.29. 법률 제8852호, 시행일 2008.6.15.)」이 제정되었는데, 이 법은 가족친화 사회환경의 조성을 촉진함으로써 국민의 삶의 질 향상과 국가사회의 발전에 이바지함을 목적으로 한다(동법 제1조).

여기서 '가족친화 사회환경'이란 일과 가정생활을 조화롭게 병행할 수 있고, 아동양육 및 가족부양 등에 대한 책임을 사회적으로 분담할 수 있는 제반 환경을 말한다(동법 제2조 제1호).

또 '가족친화 직장환경'이란 근로자가 일과 가정생활을 조화롭게 병행할 수 있도록 가족친화제도가 운영되고 있는 직장환경을 말한다(동법 제2조 제2호).

'가족친화제도'는 다음과 같은 제도가 있다(표 3 - 6).

① 탄력적 근무제도: 시차출퇴근제, 재택근무제, 시간제 근무 등
② 자녀의 출산·양육 및 교육 지원 제도: 배우자 출산휴가제, 육아휴직제, 직장보육 지원, 자녀 교육지원 프로그램 등
③ 부양가족 지원제도: 부모 돌봄 서비스, 가족간호휴직제 등
④ 근로자 지원제도: 근로자 건강·교육·상담프로그램 등
⑤ 그 밖에 보건복지가족부령으로 정하는 제도

그리고 '가족친화 마을환경'이란 노인부양이나 아동양육 등 가족 돌봄을 지역사회 차원에서 분담할 수 있는 환경 및 다양한 가족구성원이 필요로 하는 시설과 공간을 충족시킬 수 있는 가족생활 여건이 갖추어진 마을환경을 말한다.

<표 3-6> 가족친화제도

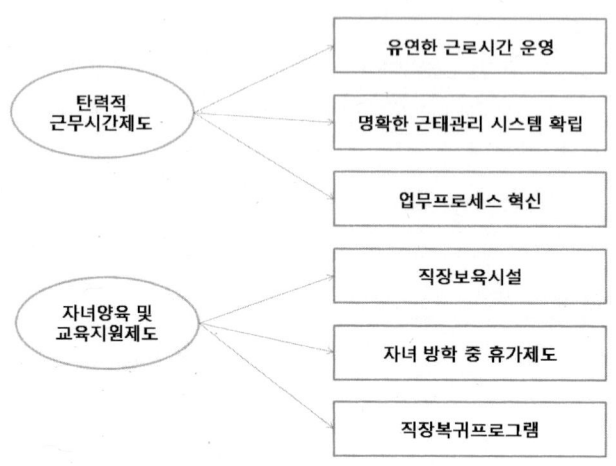

* 자료: 여성가족부, 보도자료, 2007.12.12.

그리고 이러한 환경 조성을 위해 국가와 지방자치단체는 가족친화 사회환경의 조성을 위하여 필요한 종합적인 시책을 수립·시행하도록 하고 있다(동법 제3조). 또 국가와 지방자치단체는 이에 따른 책무를 다하기 위하여 이에 수반하는 예산상의 조치를 취하도록 노력하도록 하고 있다.

(4) 젠더 중심의 가족정책

국가의 가족정책에는 그동안 등한시되었던 '젠더'에 대한 고려와 합리적인 배려가 존중되어야 한다. 즉 여성이 사회에 참여하고 일하고 모성을 지닌 여성으로서의 역할을 충실히 할 수 있도록 노동권과 모성권의 한계에서 벗어나도록 해야 한다. 그리고 일과 가족생활이 양립할 수 있도록 남성과 여성 모두에게 노동권과 모성권이 중요한 '시민적 권리'로서 보장되어야 한다.[65]

---

65) 변화순 외, 건강가정기본법개정안 마련을 위한 연구, 여성가족부, 2005.12. 참조.

즉, 전통적 남성의 역할이 노동시장에서의 노동과 함께 가족영역에서의 돌봄노동과 부양에 참여해야 하는 것을 의미하며, 반대로 여성의 역할은 가족 내에서의 돌봄노동과 함께 시장영역에서의 생산노동이 수반되어야 한다는 것이다.

그리하여 남성에게는 가족구성원을 돌보고 부양할 수 있는 권리를 보장하고, 여성에게는 가사노동에 대한 부담을 완화시켜 주는 의미가 있어서, '젠더'라는 요소를 고려한 가족정책이 수행되도록 국가가 각종 제도를 신설해 나가야 할 것이다.

(5) 가족을 둘러싼 법률

가족을 둘러싼 법률로는 민법과 남녀고용평등과 일·가정 양립 지원에 관한 법률, 한부모가족지원법 등에서 가족과 관련한 내용을 규정하고 있는바, 이를 살펴보면 <표 3-7>과 같다.

<표 3-7> 가족 관련 법률의 내용과 제도

법 률	제 도
여성발전기본법	-모성보호 강화 및 비용의 사회적 분담화(제18조), 가정에서의 남녀평등교육(제19조), 저소득 모자가정, 미혼모, 가출여성 등에 대한 필요한 조치 실시(제22조 제2항), 영유아 보육시설의 확충 등(제23조), 가정폭력 예방과 피해자보호(제25조), 가사노동에 대한 경제적 가치의 정당한 평가(제26조)
민법 제4편 가족편	-부부의 동거 부양 협조의무(제826조 제1항), -공동생활에 필요한 비용을 공동부담(제833조) -각자 특유 재산을 관리·수익하는(제831조) 등 평등한 지위를 인정
남녀고용평등과 일·가정 양립 지원에 관한 법률	-노동부 장관 남녀고용평등실현에 관한 기본계획을 수립(제6조), -여성 근로자의 산전·후 휴가 사용(제18조), -육아휴직(제19조), -사업주의 직장보육시설을 설치(제21조).
한부모가족 지원법	-모·부자 가정의 복지 증진에 협력할 의무를 부여하고 있다(제2조). -모·부자가정의 자립 생활향상 노력(제3조), -모·부자가정의 직업훈련의 실시와 취업알선에 노력(제14조), -공공시설 안의 매점 및 시설 설치 허가 시 모·부자가정에게 우선적으로 허가(제15조), -국민주택 분양 또는 임대 시 모·부자가정에 일정비율이 우선 분양(제18조).

제2절 헌법에 나타난 남녀평등의 이념과 실천

Ⅰ. 남녀평등헌장

1. 남녀평등헌장의 의의

여성부는 2001년 7월 남녀평등과 가정의 평화의 실현 등을 내용으로 하는 「21세기 남녀평등헌장」을 공포했다.

이 헌장은 남성과 여성이 가정·직장·사회와 국가 등 모든 부문에서 그 역할과 책임을 공유하는 동반자가 돼야 한다는 점을 강조하고 있다. 내용은 7개 조항으로 이루어져 있는데 이들 조항 모두 '여성의 사회참여'와 밀접한 관련이 있다. 이것은 여성능력의 개발의 중요성을 인식하고 여성의 경제활동을 중요하게 평가하고 있다는 것이다.

헌장에 나타난 여성정책의 방향은 크게 두 가지로 요약될 수 있다. 하나는 사회적으로 여성인력의 활용을 증가시키겠다는 것이고, 다른 하나는 여성이 직장과 가정생활을 병행할 수 있는 아동보육시설 등의 확충과 같은 사회적 여건을 조성을 하겠다는 것이다.

뿐만 아니라, 이 헌장의 공포로 말미암아 여성관리 임용목표제 도입, 공직의 임용 및 승진 등에서 여성인력 발탁, 주부들의 정보화 교육과 여성정보기술 인력양성 등도 적극적으로 추진될 수 있을 것이다.

2. 21세기 남녀평등헌장의 내용

21세기 남녀평등헌장의 내용은 다음과 같다.

> 우리는 2001년을 참된 남녀평등 사회를 실현하는 원년으로 선포한다. 20세기가 남녀평등의 씨앗을 뿌린 시대였다면, 21세기는 그 결실을 맺는 시대가 될 것이다. 가정과 직장, 사회와 국가의 모든 부문에서 여성과 남성이 조화로운 동반자 관계를 이루는 일이 우리의 시대적 사명이다. 우리는 차별이 사라진 평등한 사회, 폭력이 없는 평화로운 사회, 인권이 존중되는 민주사회를 지향한다. 이를 위해 여성들 스스로가 자기 삶의 당당한 주체가 되어 사회 발전의 주역으로 나서야 한다. 이에 남녀평등 사회로 가는 지표를 세우고자 한다.
> - 남녀는 가정 안에서 역할과 책임을 공유한다. 특히 자녀양육은 남녀 모두의 권리이자 의무이다. 남녀가 평등한 가족공동체를 이루고 다양한 가족형태를 존중한다.
> - 임신과 출산은 여성의 사회적인 기여로 인정되고, 마땅히 보호받는다. 임신과 출산으로 인해 어떠한 차별이나 불이익을 받아서는 안 된다.
> - 남녀는 능력에 따라 동등하게 경제활동에 참여하고 이에 걸맞은 대우를 받는다. 여성은 고용과 임금에서 남성과 동등한 권리와 기회를 공유한다. 장애인을 포함한 소외여성에 대해서는 별도의 적극적인 지원이 이루어져야 한다.
> - 남녀는 시민적·정치적 권리를 동등하게 행사한다. 정치와 공공 부문에 여성이 참여하는 기회를 늘리며, 여성의 정치적 대표성을 높일 수 있는 법적·제도적 장치를 마련한다.
> - 남녀는 동등하게 교육받을 기회를 갖는다. 남녀의 역할에 대한 고정관념을 없애도록 교과 내용을 개선하고, 지식정보 사회를 맞아 여성의 잠재력을 개발할 수 있는 교육 환경을 조성한다.
> - 남녀는 평등하고 민주적인 문화를 가꾸어 나간다. 이를 위해 가정과 직장·대중매체 등 모든 영역에서 민주적이고 남녀가 평등한 의식과 관행을 확립하도록 노력한다. 여성을 향한 모든 형태의 폭력을 없애기 위해 노력한다.
> - 남녀는 환경보존과 한반도의 항구적인 평화체제 정착을 위해 함께 노력한다. 남녀평등 사회 실현을 앞당기기 위해 국제적인 연대를 강화한다.

Ⅱ. 여성부의 신설과 주요 활동

1. 여성정책 전담 부서로서의 여성부

(1) 여성부의 신설 배경

우리나라 여성정책과 관련된 최초의 국가기구는 1983년 국무총리 산하에 설치된 여성정책심의위원회라고 볼 수 있다. 이 위원회는 자문기구의 역할과 함께 여성정책을 심의하는 기구였고, 집행기능은 없었다. 그 후 1988년 정부장관실이 설치되어 행정부 내 각 부처에 분산되어 집행되고 있는 여성 관련 업무를 정무장관실에서 총괄 조정하는 기능을 수행하였다.

그러나 이 정무장관실도 여성정책 관련 업무를 총괄·조정하기에는 미흡하다는 평가를 받아 1998년 2월 정무장관실 체제를 대통령 직속 여성특별위원회로 격상하여 설치하였다. 그리하여 노동부를 비롯하여 법무부·행정자치부·교육부·보건복지부·농림부 등 6개 부처의 여성 관련 업무를 조정하도록 하였다.

그 후 예산이 집행되고 있는 여성 관련 업무를 총괄·조정하는 기능을 담당하기 위해 여성정책 전담부처인 '여성부'가 2001년 1월 말 신설되었다. 여성부는 각 부처에 분산되어 집행되고 있는 여성 관련 업무를 모두 이관받지 못하고 1실 3국 체제의 작은 규모로 시작하게 되었다.

2005년 6월 여성가족부가 신설[66]되기에 이르렀고, 그해 12월 직제개편을 통해 2본부 3국 2관 21팀 체제를 갖추게 되었다.

그러나 과거에 비하여 강력한 여성담당기구로 출범했기 때문에, 앞으로 우리 사회의 여성정책은 획기적으로 발전될 수 있을 것이다.

---

[66] 「정부조직법」 개정(법률 제7413호, 2005.3.24. 공포, 시행)에 따라 여성부가 여성가족부로 개편되면서 보건복지부의 가족정책 기능이 이관되었고 여성부 사무로 되어 있던 남녀차별의 금지 및 구제에 관한 업무가 국가인권위원회로 이관되었다.

<참고>

여성부 연혁

1988.2.25. 정무장관(제2) 임명(정부조직법제18조), 정원 20인
1998.2.28. 대통령 직속 여성특별위원회 신설(정부조직법제18조)
　　여성정책의 기획·종합업무 관장
　　3조정관 5과, 정원 41인
2001.1.29. 여성부 신설(정부조직법 제42조)
　　여성정책의 기획·종합, 남녀차별의 금지·구제업무 관장
　　1실 3국 2관 11과, 정원 102인
2004.5.24. 직제 확대개편(영유아 보육사무 관장)
　　1실 4국 1관 14과, 정원 145인
2005.6.23. 여성가족부 신설(정부조직법제42조)
　　1실 4국 2관 19과, 정원 176인
2005.12.29. 직제개편(팀제 도입)
　　2본부 3국 2관 21팀
2005.6.23. **여성가족부로 개편**(가족업무 총괄)
　　1실 4국 2관 19과, 정원 176인
2007.11.30. 다문화가족업무 총괄(가족통합팀 신설)
　　2본부 3국 2관 22팀, 정원 187인
2008.2.29. 정부조직법 개정으로 **여성부로 개편**
　　1실 2국 13과, 정원 100인

(2) 우리나라의 여성부와 외국 사례

여성부란 여성정책을 기획, 종합하고 여성의 인적자원을 개발하며, 가정폭력, 성폭력방지 및 피해자보호, 남녀차별 금지와 구제 등 여성의 권익향상과 남녀평등 사회를 구현하기 위하여 신설된 중앙행정기관이다.[67]

정부수립 이후에 최초 신설된 부서이고, 세계 여러 나라 중에서 여성정책을 다루는 부처를 갖고 있는 국가는 30여 개국에 불과하다. 더구나 독립된 '여성부'라는 독

---

67) 여성부 홈페이지(http://www.mogef.go.kr) 참조.

립부서를 가진 나라는 뉴질랜드뿐이고, 대부분 다른 업무를 겸하고 있거나 부(部)보다 낮은 청(廳)이나 국(局), 또는 위원회 형태로 되어 있다.

프랑스에서는 과거 미테랑 정부 때 여성부가 있다가 노동과 사회복지를 총괄하는 고용연대부 소속 '여성권익국'으로 바뀌었다. 일본에서는 총리 산하 '남녀공동참여 추진본부'가 남녀차별 시정과 여성의 사회참여를 추진하고 있다. 미국에서는 대통령 직속으로 '부서 간 여성위원회'와 행정부에서 분리된 '기회균등위원회(EOC)'에서 성차별 문제를 다루고 있다. 독일은 98년에 여성국을 '평등권국'으로 개명했다. 그 이외에 덴마크, 핀란드, 노르웨이에는 각각 '평등지위위원회', '평등위원회', '남녀평등센터'가 있다.[68]

(3) 여성부의 조직

여성부는 1실 2국 13과로 구성(2008.5. 현재)되어 있고, 그 기능에는 여성정책의 기획·종합 및 여성인력 개발에 관한 사항, 가족정책의 수립·조정·지원, 영유아 보육업무, 성매매 방지 및 가정폭력·성폭력 예방과 피해자보호, 여성단체 지원 및 국제 교류·협력 등이 있다.

여성부의 조직을 개관하면, 다음 <표 3-8>과 같다.[69]

---

68) 조선일보, 2000.1.10. 참조.
69) 여성가족부 홈페이지 참조.

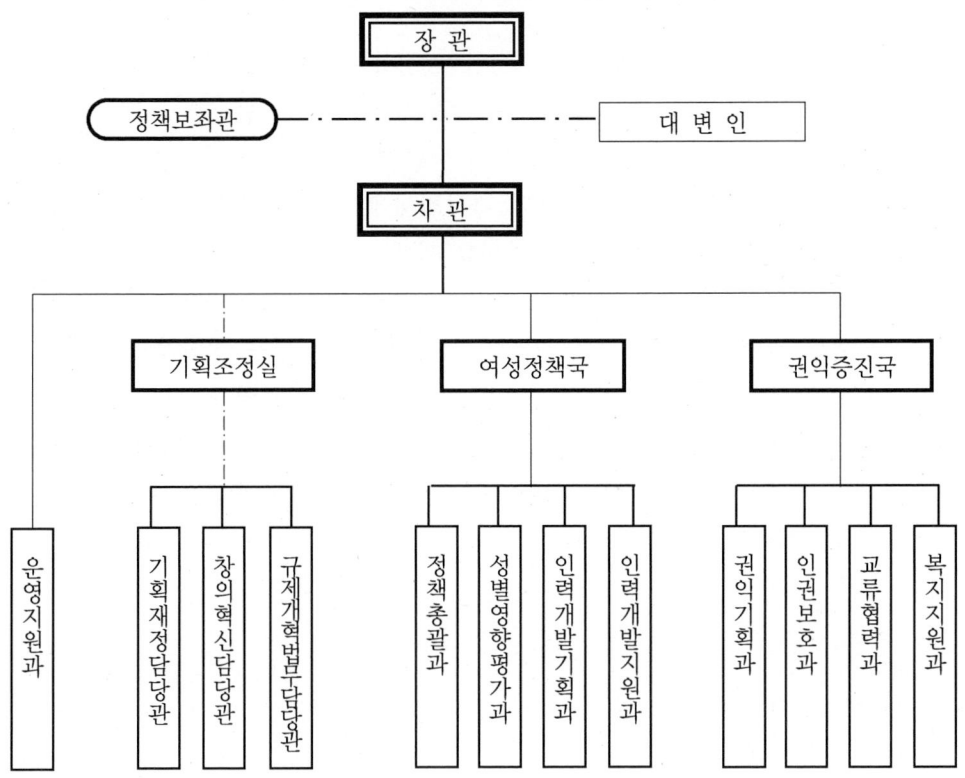

<표 3-8> 여성부 조직표-1실 2국 13과

장관

정책보좌관 ----- 대변인

차관

기획조정실 | 여성정책국 | 권익증진국

운영지원과

기획재정담당관 | 창의혁신담당관 | 규제개혁법무담당관

정책총괄과 | 성별영향평가과 | 인력개발기획과 | 인력개발지원과

권익기획과 | 인권보호과 | 교류협력과 | 복지지원과

2. 여성정책 전담 부서의 주요 활동

여성정책 전담 부서의 주요활동을 대통령 직속 여성특별위원회와 여성부의 활동을 중심으로 살펴보기로 한다.

(1) 남녀차별적인 법·제도 및 관행의 개혁과 여성의 대표성 제고

① 「남녀고용평등법」을 개정(92년 2월)하여 직장 내 성희롱 방지와 간접차별 금지 조항을 신설하였으며, 「남녀차별 금지 및 구제에 관한 법률」 제정 및 시행(99년 7월)을 통하여 남녀차별 사례에 대한 시정을 강화시키고 있다.

② 1961년부터 시행되어 온 제대군인 가산점제에 대한 헌법재판소의 위헌결정(99년 12월)으로 여성공무원의 채용기회를 확대하고 있다.

③ 여성의 권익과 의견이 국가정책 수립에 적극 반영되도록 정부 각종 위원회의 여성위원 참여목표율 제고를 위하여 부처별 추진상황을 정기적으로 점검, 관리하고 전문 여성인력에 관한 정보를 데이터베이스화하였다.

④ 여성의 공공 부문 진출, 확대를 위하여 공무원 공개채용시험에서 여성채용목표제의 확대실시(1999년)를 위한 '여성공무원발전기본계획'을 수립(1999년 4월)하여 추진하였다.

(2) 여성고용의 촉진 및 안정을 위한 지원 강화

① 「여성기업지원에 관한 법률」을 제정(1999년 2월)하여 국가 및 지방자치단체가 여성의 창업과 기업활동을 촉진토록 근거를 마련하였고, 여성창업기회를 제고하기 위하여 '여성전용 창업보육센터를 설치' 운영하고 있다.

한편 서울·부산·대구·광주 등 7개 지역에 여성전용 창업보육센터를 설치하여 여성 예비창업자가 2년 동안 이 센터에 입주하여 저렴한 비용으로 사업을 준비할 수 있게 하고 있다.

② 경제위기 이후 여성 근로자의 고용환경 악화문제를 해결하기 위하여 '여성부당해고방지 업무지침'을 각 지방 노동관서에 시달하였다(1999년 8월).

③ 신규 대졸여성에게 고용정보, 직업상담 등의 서비스 등을 제공하기 위하여 인력은행 및 지방청에 대졸여성취업지원 창구를 설치·운영하고 있다.

④ 공공직업훈련에 여성에 적합한 관계과정 개설을 확대하고, 기능대학 여성특례입학제도를 시행하고 있다.

⑤ 실직여성가장 훈련직종으로 재택근로 또는 자영업 창업이 용이한 직종을 적극 발굴하고, 재택근로의 성공사례를 홍보하여 여성의 경제활동 참여를 제고하고 있다.

⑥ 인수·합병 예상기업·부도 우려업체·고용조정을 하는 사업장을 중심으로 여성 근로자의 해고동향을 신속히 파악하여 사전지도·감독을 강화하고 있다.

(3) 여성의 경쟁력 제고를 위한 교육체계 확립

남녀평등 의식교육을 위하여 제7차 교육과정에서 기술·산업교과와 가정교과를 기술·가정교과로 통합 남녀학생이 공통 이수토록 하였으며, 국·공립연수기관에서 남녀평등 의식 교육 과정을 운영하고 있다.

한편 공공기관에 성희롱 예방교육을 위한 교육프로그램을 개발하여 보급하고, 성희롱 예방교육 강사를 지속적으로 발굴하여 지원하고 있다.

(4) 다양한 여성·가정복지 서비스의 확충

① 여성에 대한 폭력의 근절을 위하여 법무부·보건복지부 등 6개 부처와 합동으로 '가정폭력 방지를 위한 종합대책'을 지속적으로 추진하고, 서울지검 소년부에 실시하던 가정폭력전담 검사제를 전국지청으로 확대 실시하고 있다.

② 성폭력특별법 제정 이후 성폭력범죄에 관한 판례 연구 및 지방경찰청의 여자 형사기동대를 '성폭력전담수사대'로 개편하여 운영하고 있다.

③ 영아·장애아 전담 보육시설, 시간제·휴일제·24시간 보육시설 등 특수보육 시설의 지속적인 확충으로, 보육 서비스의 질적 향상을 위하여 수요자 중심의 보육프로그램을 개발·보급하고, 보육 교사 및 방과 후 아동보육교사 자격증 제도를 마련하고 있다.

(5) 여성의 문화·사회 활동 활성화를 위한 기반 구축

① 문화탐방 프로그램에 여성참여 확대, 가정문화 프로그램 지원 등 다양한 여성참여 문화프로그램을 개발·보급하였으며, 문화시설의 보육 서비스 제공을 확대하고 있다.
② 여성실업자 보호를 위하여 실직 여성가장 돕기 캠페인(campaign), 실직가정 가족 관계 강화를 위한 희망캠프 및 실직 여성을 위한 능력개발 모임터 등을 지원하고 있다.

(6) 국제협력과 통일에의 여성 역할 증대

① 유엔 여성지위위원회와 유엔 여성차별철폐위원회에 참가하여 한국의 여성지위 현황과 여성정책의 성과들을 홍보하고 있다.
② 남북한 여성 관련 법제 비교연구, 여성의 통일의식 및 태도조사 등을 통일대비 여성정책으로 연구하고, 여성 단체 중견지도자를 상대한 통일교육을 지원하고 있다.

이것을 좀 더 요약70)하면 <표 3-9>와 같다.

<표 3-9> 여성정책 기본계획의 기본전략 및 정책과제

기 본 전 략	20대 정 책 과 제
법·제도 및 관행의 개혁과 여성의 대표성 제고	1. 사회 전반의 성차별적 법·제도 및 의식의 개선
	2. 정책결정 과정에 여성참여 확대
여성고용의 촉진 및 안정을 위한 지원강화	3. 고용기회균등기반의 확립
	4. 여성고용의 촉진
	5. 직장-가정양립 지원체제 확립
	6. 여성 근로자의 근로여건 개선
여성의 경쟁력 제고를 위한 교육체계 확립	7. 남녀평등교육을 위한 여건 조성
	8. 여성전문인력의 적극적 양성
	9. 여성의 평생교육 지원

---

70) 국회 여성특별위원회 전문위원실, 「여성정책의 추진실적과 향후 과제」, 2000.10.

기 본 전 략	20대 정 책 과 제
다양한 여성·가정복지 서비스의 확충	10. 여성의 건강증진 및 성비불균형 해소
	11. 보육사업의 확충 및 내실화
	12. 여성 농·어업인의 부담완화와 권익신장
	13. 요보호여성의 복지 증진
	14. 고령화 시대의 여성복지 증진
	15. 여성에 대한 폭력의 근절
여성의 문화·사회활동 활성화를 위한 기반 구축	16. 여성의 문화활동 활성화
	17. 여성자원봉사활동 등 시민운동 지원
	18. 여성단체활동 지원
국제협력과 통일에의 여성 역할 증대	19. 여성의 국제협력 강화
	20. 통일에의 기여

3. 여성정책의 성과와 과제

(1) 여성정책의 성과

여성정책 전담 부서에서 짧은 기간 동안 추진해 온 여러 가지 정책 중에서 가장 큰 성과라고 할 수 있는 것은 1996년부터 시행된 여성공무원 채용목표제라고 할 수 있다. 이것은 여성발전기본법의 '잠정적 우대조치'에 근거하여 도입된 것이다. 비록 2002년까지 한시적으로 시행되는 것이지만 여성들이 공무원에 도전할 수 있게 함으로써 여성의 공직진출에 크게 기여한 것으로 평가하고 있다.

한편 1990년대 중반부터 사회적 이슈가 된 성폭력·가정폭력에 대한 대처방법의 변화는 매우 중요한 전기가 되었다고 생각한다. 여성을 보호하는 복지정책들이 여성 개인의 문제에서 국가가 직접 개입해야 하는 사회문제로 인식이 전환되었으며, 가정폭력의 피해자들을 보호하기 위한 보호시설과 상담시설에 국가의 재정적 지원이 이루어진 것은 커다란 의미를 지닌다.

그리고 1977년과 1990년, 2005년, 2007년에 각각 「민법」 개정을 통하여 가족법상의 남녀평등사상이 확산되었다고 본다.

(2) 여성정책의 과제

① 정책추진의 불균형성 완화

우리나라 여성정책의 문제점은 여성정책이 과거 10여 년 사이에 급속도로 추진되어 체계적이고 장기적인 계획이 없었다는 점이다. 즉 여성정책의 기본목표인 남녀평등의 촉진, 여성의 사회참여 확대, 여성의 복지 증진을 위한 정책들이 상호간에 통합적으로 추진되지 못하였고, 여성정책들 간에 일관된 체계가 부족하였다.

예를 들면 1997년 말 IMF 경제위기에 직면했을 때 노동관계법의 규정에도 불구하고 상당수의 여성들이 정리해고의 1순위자로 선정되었다는 점이다. 여성들은 노동시장의 유연성이라는 정책 목표에 희생되어 남성보다 훨씬 많은 고용불안을 경험했다. 그래서 구직활동을 포기한 여성들이 가정으로 들어감에 따라 여성들의 비경제활동 인구가 급증하게 되었다.

뿐만 아니라 여성정책이 균형적인 발전을 이루지 못한 것을 발견할 수 있는 부분은 출생아의 성비불균형 문제라고 볼 수 있다. 「가족관계의 등록 등에 관한 법률」(일부개정 2007.7.23. 법률 제8541호)이 제정 시행되고 있지만, 우리 사회에 남아선호사상이 여전히 팽배하여 여아낙태가 '둘째아', '셋째아'로 갈수록 증가하고 있다.

② 비현실적인 법률의 개정

우리나라에서 여성의 권익향상을 위한 법률 규정들에 비현실적인 내용이 많아서 실제로는 여성들의 권리보장에 도움을 주지 못하고 있다.

예컨대 「가정폭력방지법」의 경우를 보면, 법원의 임시조치의 가정폭력 가해자에게 피해자에의 접근금지 명령을 내릴 수 있으나, 현실적으로 피해 여성들이 격리되어 보호받을 수 있는 보호시설이 매우 제한되어 있는 것을 볼 수 있다. 즉 '안방 접근금지'나 '100m 접근금지' 등 비현실적인 조치들이 내려지고 있어서 실효를 거두지 못하고 있다.

또 여성들이 직장에서 성차별적 부당해고나 성희롱을 당했을 때 남녀고용평등법이나 남녀차별 금지법에 호소할 수 있는데도 불구하고, 우리의 현실적인 직장문화 때문에 개인적인 일로 덮어 버리는 것을 볼 수 있다. 앞으로 현실적인 법 제도를 마련하여 성차별 금지를 위한 현실적인 관행들이 정착될 수 있도록 노력해야 할 것이다.

③ 성인지적 예산과 통계의 강화

우리나라에서 성 인지적 예산 분석이 시도되기 시작한 것은 2000년 이후라고 볼 수 있다.[71] 주로 예산안 편성지침에서 '여성의 사회참여 확대를 적극 지원'하는 방향과 '보육서비스 확충 등 여성의 사회 참여 활성화', '성별 영향이 중요하다고 판단되는 사업은 성별영향평가 결과를 감안'이라는 내용으로 성별영향평가 결과가 예산 조치로 이어질 수 있도록 하였다.

그러나 중앙행정기관과 지방행정기관의 여성정책 관련 주요 예산 내역과 전체 예산 규모의 변동 사항의 분석이 이루지고 있으나, 아직 전국적인 규모에서 분석결과를 토대로 합리적인 조정을 꾀하려는 노력이 필요하리라 생각한다.

또한 「여성발전기본법」에서 "국가 및 지방자치단체가 인적 통계를 작성하는 경우에는 성별을 주요 분석단위에 포함시켜야 한다(동법 제13조 제3항)."라고 규정하고 있으나, 가족, 여성폭력, 가계경제, 복지통계에 대한 성별 관련 각종 지표의 적극적인 개발이 필요하다고 본다.

④ 여성정책에 대한 패러다임의 전환

향후 「여성발전기본법」을 (가칭)성평등기본법으로 개정하여, 성별영향평가 및 성 인지 예산제도를 통한 정책의 성 평등이 적극적으로 실현되도록 여성정책의 패러다

---

71) 한국여성단체연합은 여성특별위원회(2001년부터 여성부)의 예산을 중심으로 여성 관련 예산을 분석하고, 신규 또는 확충되어야 할 예산을 포함하여 중앙정부의 여성 관련 예산 요구안 및 여성부 예산 요구안으로 제시해 왔다. 여성가족부, 제6차 유엔 여성차별철폐협약(CEDAW) 이행보고서, p.19 참조.

임이 전환되도록 해야 한다. 그리하여 경제활동 및 사회생활에서 남녀의 책임과 참여가 균형 있게 이루어질 수 있도록 해야 하는 과제를 남겨 두고 있다.

Ⅲ. 남녀평등 이념의 구체적인 내용

1. 헌법에 나타난 남녀평등 이념

(1) 헌법 전문

1948년 헌법을 제정·공포한 이래 그동안 9차에 걸친 개헌이 있었지만, 변함없이 우리 헌법상과 법률 앞에 남녀평등 원칙을 선언하고 있다.

헌법 전문에서 평등의 이념은 ㉠ 사회적 폐습과 불의를 타파, ㉡ 정치·사회·문화의 모든 영역에 있어서 각인의 기회균등, ㉢ 국민생활의 균등한 향상 등에서 그 내용을 찾아볼 수 있다.

(2) 평등권

헌법 제11조는 "모든 국민은 법 앞에 평등하다. 누구든지 성별·종교 또는 사회적 신분에 의하여 정치적·경제적·사회적·문화적 생활의 모든 영역에 있어서 차별을 받지 아니한다."고 규정하고 있다.

모든 인간을 평등하게 다루어야 한다는 것이 헌법정신이며, 그 중심내용은 기회균등과 자의의 금지다. 평등이란 '동일한 것은 평등하게, 상이한 것은 불평등하게' 다룸으로써 사회정의를 실현하려는 것이다.

법 앞에서의 평등이란 불합리한 차별대우를 금지한다는 의미이다. 대법원은 "법 앞에 평등하다는 취지는 인간으로서의 존엄성과 인격적 가치에 있어서 평등하며 성별 또는 사회적 신분 등의 차이로 인하여 불이익한 대우를 받아서는 안 된다는 대원칙을 표시한 것으로 불합리한 차별대우를 금지한다는 취지이고, 구체적인 인간으로서의 개개인의 국민은 경제적, 사회적 기타 여러 가지 조건에 따라 차이가 있으므로 구체적인 차이에 따른 일반사회 관념상 합리적인 근거 있는 차등까지 금하는 것은 아니라 할 것이다(1988.12.27. 대판, 85 다카 657)."라고 판결함으로써 법 적용에 있어서 평등은 '상대적 평등'을 의미한다고 밝히고 있다.

근대사회에서의 평등은 기회의 평등을 의미하는 형식적·추상적 평등사상이 주류를 이루었다. 그래서 19세기 이후에는 형식적 평등으로 말미암아 새로운 사회계급이 형성되고, 경제적 강자와 약자가 대립되어 과거의 형식적 평등관에 대한 근본적인 반성이 일어났다. 그 결과 오늘날에는 추상적·형식적 평등이 아니라 모든 국민으로 하여금 인간다운 생활을 가능하게 하는 '실질적 평등'과 '결과의 평등'을 실현하고자 하고 있다.

최근에는 남성에 비하여 상대적으로 열악한 처지에 놓여 있는 여성들을 '결과의 평등'까지 추구할 수 있도록, 여성들을 위한 잠정적인 우대조치, 더 나아가 적극적 고용개선조치(남녀고용평등과 일·가정 양립 지원에 관한 법률)가 강구되고 있다. 우리나라에서 시행되고 있는 각종 할당제와 목표제, 모성보호법상 모성보호 비용의 사회분담화, 육아휴직제도 등은 남녀평등의 실효성을 확보하기 위한 조치들이라고 할 수 있다.

(3) 교육의 기회균등

헌법은 제31조 제1항에서 "모든 국민은 능력에 따라 균등하게 교육을 받을 권리를 가진다."라고 규정하여, 교육의 기회균등의 원칙을 선언하고 있다.

남녀가 평등한 교육 기회를 제공받기 위해서는 다음과 같은 조치들이 시행되어야할 것이다. 즉 각종 교육 자료가 개발되고, 이것이 꾸준하게 보급되어야 할 것이다. 특히 상대적으로 여학생들의 진학에 불리한 실업계 고등학교의 학과개편, 여자대학 내의 공과대학 및 이공계 분야 정원확대 등으로 여학생의 이공계열 진학과 입학의 기회가 확대되어야 한다.

특히 정보화 교육에 관한 교육과 훈련의 기회가 부족한 주부들을 대상으로 한 창업·취업 관련 정보화 교육이 확대되어야 할 것이다. 따라서 교육기회의 균등을 선언한 헌법의 이념이 실질적으로 실현되도록 하여야 할 것이다.

교육에 있어서 주변적이고 수동적인 여성의 지위를 능동적인 지위로 전환할 뿐만 아니라 남녀평등의 실현을 위한 적극적 입장에서 '여성의 인간화'를 도모하고, 새롭게 나타나는 여성의 필요와 관심에 대하여 교육체계가 적절히 부응해야 할 것이다.

(4) 근로관계에 있어서의 부당한 대우 금지

헌법은 제32조 제4항에서 "여자의 근로는 특별한 보호를 받으며, 고용·임금 및 근로조건에 있어서 부당한 차별을 받지 아니한다."고 규정하여, 근로관계에 있어서의 성차별을 금지하고, 여성 근로자의 특별한 보호 의무를 국가에 부여하고 있다.

이러한 헌법의 기본정신은 근로기준법, 노동조합 및 노동관계조정법, 고용보험법, 남녀고용평등법, 산업재해보상보험법 등에서 구체적으로 표현되고 있다.

(5) 혼인과 가족생활에 있어서의 남녀평등

헌법은 제36조 제1항에서, "혼인과 가족생활은 개인의 존엄과 양성의 평등을 기초로 성립되고 유지되어야 하며, 국가는 이를 보장한다."고 규정하여, 혼인과 가족관계에 있어서의 남녀평등의 이념을 선언하고 있다.

특히 여성을 가정 내에서의 폭력으로부터 보호하기 위하여 「가정폭력범죄의 처벌 등에 관한 특례법」과 「가정폭력방지 및 피해자보호 등에 관한 법률」 등이 시행되고 있다. 또한 이러한 헌법정신에 따라 제정된 민법 중 가족법의 많은 규정들이 인간의 존엄성과 남녀평등의 정신에 부합되도록 수정되어야 하고, 국적의 취득과 상실·귀화 등에 관련된 국적법과 국제사법도 헌법정신에 부합하도록 해야 할 것이다.

(6) 선거와 선거운동에 있어서의 남녀평등

헌법 제23조와 제24조는 "모든 국민은 법률에 정하는 바에 의하여 선거권과 공무 담임권을 가진다."고 함으로써, 정치적 남녀평등과 정치 참여의 폭을 확대시키고 있다. 이러한 관점에서 여성의 참정권을 인정하고 있고, 각종 선거와 선거운동에 있어서의 남녀평등의 원칙을 선언하고 있다.

따라서 공무원의 여성채용목표제와 양성평등채용목표제를 지속적으로 확대시키고, 관리직 여성공무원으로의 진출이 용이하도록 정책적 뒷받침이 이루어져야 할 것이다. 또한「정당법」등 정치 관련 법에서도 여성의 정치참여를 확대하도록 해야 하고, 여성정치인의 네트워크가 구성되어 활용될 수 있도록 해야 할 것이다.

2. 평등이념과 주요 문제

(1) 호주제의 폐지와 가족등록

우리 헌법의 평등이념에도 불구하고 가족을 구성할 때, 호주를 중심으로 되어 있는 것은 남녀불평등의 대표적인 악습이라고 비판을 받아 왔다.

기존 호주제도는 부계 우선 혈통주의와 남성 우월의식을 조장하여 성차별을 방치하고 있었다. 즉 우리 민법은 호주승계의 우선순위에 대하여 ① 아들-② 손자-③ 미혼인 딸-④ 배우자(처)-⑤ 어머니-⑥ 며느리의 순으로 규정하여 남자를 우선순위로 하고 있고, 남자가 없는 경우에 비로소 가족인 여자가 2차적으로 승계하고 있다.

이 때문에 아들선호사상이 여전히 우리 사회에 상존하여 선택적 낙태를 조장하며, 심각한 성비불균형을 야기하고 있다.

호주제 폐지를 주요내용으로 하는「민법 일부개정법률안」이 개정되어 그 대체법으로「가족관계 등록 등에 관한 법률」(2007.4.27. 제정)이 2008년 1월 1일부터 시행되게 되어 사회가 발전함에 따라 나타나는 다양한 가족형태를 비로소 인정하게 되었다.

(2) 모집·채용에 있어서의 남녀차별 금지 기준의 강화

기업이나 업체에서 직원을 채용할 때 남녀차별을 금지하는 기준이 강화되고 있다. 「남녀고용평등과 일·가정 양립 지원에 관한 법률」에서 모집·채용 등의 과정에 있어서 남녀차별을 금지하고 있다.

기업에서 직원 채용 시에 여비서, 남기사 등 특정 성을 지칭하는 명칭을 사용하는 경우, 미혼일 것을 조건으로 하는 경우, 남성 또는 여성에 대하여 특별히 우대한다는 표시를 하는 경우에는 남녀차별에 해당함을 명시했다.

또한 합리적 이유 없이 성별에 따라 채용시험을 별도로 실시하거나 합격기준을 다르게 하는 경우, '키 170㎝ 이상인 자' 등 특정 성(性)이 충족하기 어려운 조건을 제시하는 경우도 남녀차별에 해당할 수 있으며, 공공기관이나 기업에서 직원 배치 시 근로자를 정기적으로 순환 근무시키면서 특정 성에 대해서만 본인의 의사에 반하여 같은 자리에 계속 근무시키는 경우도 남녀차별에 해당함을 명시하였다.

이와 같이 남녀차별 기준이 과거와는 달리 구체적으로 제시되고 그 내용도 강화되고 있다.

(3) 성희롱 방지 조치의무 강화

사업주는 매년 성희롱 예방교육 실시 계획을 수립하고 자체 성희롱 처리 절차를 마련하고 있다. 이렇게 성희롱 방지를 위한 의무가 강화되고 있다.

사업주는 직장 내 성희롱을 예방하고 근로자가 안전한 근로환경에서 일할 수 있는 여건을 조성하기 위하여 직장 내 성희롱의 예방을 위한 교육을 실시해야 한다 (남녀고용평등과 일·가정 양립 지원에 관한 법률 제13조 이하).

(4) 자녀 양육비용의 사회화

종래에 자녀는 가족의 노동력으로 귀중한 존재로 인식돼 왔고, 노후에 생활을 '사적'으로 보장하는 수단이 되어 왔다. 그렇지만 현재는 고령자의 생활보장이 사회 전체의 책임으로 되어 여러 가지 사회보장제도가 갖추어져 있다. 오늘날 고령자의 생활보장 사회화와 자녀 양육비용의 사회화는 하나의 시스템으로 이해해야 하고, 자녀의 양육을 사적인 문제로 인식하지 않고 있다.[72)]

그리하여 현재 출산을 전후로 90일간의 휴가를 주고 이 기간 동안에 지급하는 산전·산후 휴가수당, 육아휴직을 하는 근로자에게 육아휴직수당을 지급하고 있는 것이다.

산전·산후 휴가 90일분의 수당에 대해서, 30일분의 수당을 기업부담에서 사회부담으로 확대하였고, 육아휴직수당도 당초 무급으로 시행된 것을 수차례 조정하여 2003년부터는 생후 1년 미만의 영아의 육아를 위하여 휴직하는 근로자에게 월 30만 원의 수당을 지급하고 있다.

국가와 지방자치단체에서는 출산 양육지원책을 마련하고 있다. 예를 들면 서울시의 경우 2008년부터 셋째아 출산 가정에 5세까지 월 10만 원의 양육수당 또는 보육시설 이용료의 50%를 지급한다. 이는 '자녀양육의 사회화'라는 측면에서 도입된 것이며 장기적으로 둘째아와 첫째아에 대한 지원으로 확대 시행되어야 할 것이다.

(5) 부부공동재산제 도입

현재 부부재산제도는 별산제와 부부재산계약이 있다. 그런데 부부별산제의 경우에 부동산과 전데 등 주요 재산이 남편 명의로 등기되어 있어서, 명의자가 일방적으로 재산을 처분할 경우 배우자가 이를 막을 방법이 없어서 여성에게 불리하게 작용해 왔다.

이러한 모순을 시정하기 위하여, 부부가 재산을 공동 명의로 등기하거나 서로 합의해서 처분할 수 있는 부부공동재산제의 도입이 연구되고 있는바, 앞으로 양성평등의 가족법과 재산제도를 구축한다는 측면에서 도입의 여부를 긍정적으로 검토해야 할 것이다.

---

72) 金城清子, 前揭書, p.170.

(6) 양성평등채용목표제 정착

2003년부터 시행되는 양성평등 채용목표제도가 채용과 승진 과정에서 실질적으로 공직사회에 정착되도록 해야 할 것이다.

(7) 비정규직 여성 근로자의 노동기본권과 평등권의 실현

노동현장에서 임시적·계약직·파견직·단기간 근로자 등 비정규직 근로자들이 늘어나고 있다. 특히 이러한 비정규근로자들 중에서 여성이 차지하는 비율은 상당히 높다.

통계청에 의하면, 우리나라 여성의 경제활동인구는 증가하였지만 비정규직이 69.2%로 그 비중이 매우 크며, 특히 20대 후반 50.5%, 30대 후반 72.8%, 40대 후반 이상 80% 등 나이가 많아질수록 비정규직으로 일하는 비율이 커지고 있다(2005.8. 현재).

그리고 정규근로자에 비하여 상대적으로 차별받고 있는 비정규 여성 근로자의 노동기본권과 평등이 실질적으로 이루어지도록 해야 할 것이다. 그래서 탈법적인 고용방식, 결혼·출산·육아로 인한 비자발적 비정규직화, 여성업무 외주화와 같은 성차별적인 비정규직화에 대한 법적 규제를 강화해야 할 것이다.

제3절 여성지위 향상을 위한 여성발전기본법

Ⅰ. 서 설

1. 여성의 지위향상에 대한 법적 대응

여성은 남녀평등을 위한 법적·제도적 장치에도 불구하고, 일생을 사는 동안 다양한 문제들을 해결해야 하는 과정 속에서 가정·사회·직업생활 등 사회의 각 영역에서 남성과 동등한 권리가 주어져 있지 않음을 발견하게 된다.

가족생활에서 가정 내의 폭력을 경험하고, 친밀한 관계를 유지했던 가족 구성원이나 배우자의 사망, 가족구성원의 질병 등은 여성이 누려야 할 행복을 축소시키고 있다. 특히 사회구성원의 출산과 육아기능이 소홀하게 취급되어, 가족 내의 역할과 관련하여 충분한 보상이나 가치의 평가가 이루어지지 못하고 있다.

여성의 교육에 있어서 가부장적 가치가 반영되어 교육기회의 불평등이 여전히 상존해 있고, 여성의 발전 단계별로 학습되어야 할 개인의 인격적 가치나 포부가 펼쳐질 수 있는 장이 부족하다.

여성의 직업생활에 있어서 모성보호를 위한 제도적 장치와 여성 근로자의 보호를 위한 법적 장치가 아직 미흡하다. 그리고 여전히 여성취업을 둘러싼 불평등 문제가 계속되고 있다.

이러한 여성의 가족·직장·노동·복지·문화·인권·경제·환경·경제 등 사회 각 분야에서의 남녀평등이 촉진되어야 할 필요성이 제기되고 있다.

통계청에 의하면 2006년도 지방의회 의원의 여성 비율은 14.5%, 국회의원은 13.3%에 불과하다(표 3-10). 고졸 여성의 대학진학률이 81%인 데 비하여 공무원직에 있어 하위직인 9급에 여성이 47.5%인 반면에, 관리직은 7.4%에 불과하다. 또한 여의사는 19.7%, 대학교수는 18.8%에 그친다. 초등학교 교사의 72%가 여교사인 데 비해 여교장은 9.3%밖에 안 된다.

경제적인 지표 역시 낮은 편이다. 여성 근로자 중 매달 봉급을 받는 임금근로자는 67.7%인데 여성 평균 임금은 남성 평균 임금의 63%이고, 여성 노동자의 비정규직 비율은 67.6%에 이르고 있다.

뿐만 아니라 여성 한부모가구주는 남성 한부모가구주보다 3배나 높게 나타나 여성가구주가 빈곤함을 나타내고 있다.

<표 3-10> 여성의 정치참여 현황(국회의원 / 여성 지방의원)
○ 국회의원

(단위: 명, %)

연 도	구 분	전 체	지역구	전국구
1996 (15대)	국회의원	299	253	46
	여 성	9	2	7
	여성비율	3.0	0.8	11.3
2000 (16대)	국회의원	273	227	46
	여 성	16	5	11
	여성비율	5.9	2.2	24
2004 (17대)	국회의원	299	243	56
	여 성	40	10	30
	여성비율	13.3	4.1	53.5

○ 여성 지방의원

(단위: 명, %)

구 분	합계 *전체 4,167명	여성 비율	광역의원								기초의원	
			소계 *전체 682명	여성 비율	지역구 *전체 609명	여성 비율	비례 대표 *전체 73명	여성 비율			전체 *전체 3,485명	여성 비율
1995. 6.27.	127	2.3	56	5.8	13	1.5	43	45.6			71	1.6
1998. 6. 4.	97	2.3	41	5.9	14	2.3	27	36.4			56	1.6
2002. 6.13.	140	3.4	63	9.2	14	2.3	49	67.1			77	2.2
2005. 2.	145	3.4	66	9.6	11	1.8	55	73			79	2.2

* 출처: 여성부, 2004여성백서, P.260 참조.

그동안 여성정책은 여성 관련 법률과 국제조약이 시행되면서 상당한 진전을 거두었다. 채용목표제 등 적극적 조치를 실시하여 여성의 공직사회 진출을 크게 향상시켰고 여성정책을 추진함에 있어서 그 체계의 기능이 크게 강화되었다. 그리하여 남녀평등 의식이 크게 진전되었음을 부인할 수는 없다.

그렇지만 여전히 정치부분에서 여성 국회의원 등 정치적으로 여성을 대표할 수 있는 부분이 낮고,[73] 여성의 경제활동 참가율 저조와 비정규직 증가, 직장과 가정양립을 위한 인프라 취약, 여성에 대한 폭력의 지속 등은 앞으로 여성정책이 해결해야 할 과제이기도 하다.

---

73) 2004년 4월 15일에 있은 제17대 국회의원선거를 앞두고 다시 한번 정당법의 개정(2004.3.12)이 이루어져 지방의회와 마찬가지로 비례대표에 여성을 50% 이상 추천하도록 확대되고, 후보자 추천 시 매 2인마다 여성 1인을 포함하도록 하며 정당의 지역구 후보자 공천 시에 30% 이상을 여성에게 할당하도록 권고하는 규정이 마련되어 17대 총선에서 39명의 여성 의원(지역구 10명, 전국구 29명)이 배출되었다.

Ⅱ. 여성발전기본법의 목적과 이념

1. 제정목적

여성발전기본법은 여성발전과 남녀평등에 관한 입법으로서 여성정책에 대한 발전을 대폭 촉진한 법률이라고 할 수 있다. 즉 헌법의 남녀평등이념을 구현하기 위한 국가와 지방자치단체의 책무 등에 관한 기본적인 사항을 규정함으로써 정치·경제·사회·문화의 모든 영역에 있어서 남녀평등을 촉진하고 여성의 발전을 도모함을 목적으로 한다(여성발전기본법 제1조).

그리하여 우리나라 법 중 최초로 '적극적 조치'의 실시를 규정하고 있으며, 정책결정 과정에의 여성참여 확대, 성희롱의 예방, 모성보호의 범주와 사회분담화, 가정생활과 직장생활의 병행지원조치, 가정교육과 각종 직무교육에 있어서 남녀평등 의식교육의 실시, 농어촌여성과 여성노인의 복지 증진 및 맞벌이 부부의 지원, 가사노동의 경제적 가치의 인정, 그리고 성폭력·가정폭력 가해자 지원 등에 관한 규정을 두어 여성발전과 양성평등을 구체적으로 선언하고 있다.[74] 이를 개괄적으로 살펴보면 <표 3-11>과 같다.

---

74) 김엘림 외, 성인지 전략기획 연구-여성발전기본법의 효과 및 발전방향, 여성부, 2004. 참조.

<표 3-11> 여성발전기본법의 주요내용

제1장 총칙	・법의 목적(제1조)과 기본이념(제2조) ・국민과 국가・지방자치단체의 책무(제4조, 제5조) ・적극적 조치(제6조)
제2장 여성정책 기본계획 등	・여성정책기본계획의 수립(제7조) ・연도별 시행계획의 수립과 시행(제8조) ・정책의 성별영향의 분석・평가(제10조) ・여성정책조정회의의 설치(제11조) ・여성정책책임관의 지정(제12조) ・여성 관련 문제의 조사와 정보체계 구축, 성별통계(제13조)
제3장 여성정책의 기본시책	・여성의 정책결정 과정 및 정치참여 확대(제15조) ・여성의 공직참여 확대(제16조) ・고용평등과 성희롱의 예방 등 평등한 근무환경 조성(제17조) ・모성보호의 강화와 비용의 사회분담화(제18조) ・가정(제19조), 학교(제20조), 연수기관 및 평생교육시설(제21조)에서의 남녀평 등교육의 실시

제3장
여성정책의
기본시책
	・여성 인적자원의 개발과 여성의 정보화 능력향상(제21조의2)
	・지역・연령 등에 따른 여성복지시책 강구와 요보호여성, 노인여성, 농어촌여
	  성의 복지 증진(제22조)
	・직장과 가정생활의 병행을 위한 보육지원(제23조)
	・평등한 가족관계의 확립 및 맞벌이부부와 모・부자가정에 대한 지원(제24조)
	・성폭력・가정폭력의 예방 및 피해자보호와 가해자의 교정(제25조)
	・가사노동가치의 정당한 평가(제26조)
	・여성의 국제기구와 국제회의의 참여 확대와 국제적 평화증진운동과 국제협
	  력 강화를 위한 활동의 지원(제27조)
	・대중매체의 성차별 개선과 대중매체를 통한 남녀평등 의식의 확산(제28조)
	・여성자원봉사활동의 활성화를 위한 지원(제28조의2)

제4장 여성발전기금	・기금의 설치(제29조)・기금의 용도(제30조)・기금의 회계기관(제31조)
제5장 여성단체의 지원 등	・여성단체의 활동지원(제32조 제1항) ・비영리법인・단체의 여성발전촉진활동지원(제33조제2항) ・여성 관련 시설의 설치・운영(제33조)

2. 기본이념

여성발전기본법은 개인의 존엄을 기초로 하여 남녀평등의 촉진, 모성의 보호, 성차별적 의식의 해소 및 여성의 능력개발을 통하여 건강한 가정의 구현과 국가 및 사회의 발전에 남녀가 공동으로 참여하고 책임을 분담할 수 있도록 함을 그 기본이념으로 한다(동법 제2조).

3. 국가와 지방자치단체의 의무

여성발전기본법은 이러한 기본이념의 실현을 위하여 모든 국민에게 남녀평등의 촉진과 여성 발전의 중요성을 인식하고 그 실현을 위하여 노력할 책무를 부여하고 있으며(동법 제4조), 국가와 지방자치단체에 대하여서는 남녀평등의 촉진·여성의 사회참여 확대 및 복지 증진을 위하여 필요한 법적·제도적 장치의 마련과 이에 필요한 재원을 조달할 책무를 부여하고 있다(동법 제5조).

또한 국가 및 지방자치단체는 여성의 참여가 현저히 부진한 분야에 대하여 합리적인 범위 안에서 여성의 참여를 촉진함으로써 실질적인 남녀평등이 이루어질 수 있도록 관계 법령이 정하는 바에 따라 적극적 조치를 취할 수 있도록 했다(동법 제6조1항). 그리하여 여성부장관은 국가기관 및 지방자치단체의 장에게 적극적 조치를 취하도록 권고하고 그 결과를 점검하여야 한다.

여성부장관은 여성정책에 관한 기본계획[75]을 5년마다 수립해야 하고, 기본계획과 시행계획을 수립·시행하기 위하여 필요한 경우에 관계 중앙행정기관·지방자치단체 또는 공공기관의 장에게 협조를 요청할 수 있다.

남녀평등사회 실현을 위한 국가의 비전과 목표, 추진방향을 제시하기 위해 '제1차

---

75) 기본계획에는 1. 여성정책의 기본방향, 2. 여성정책의 추진목표(남녀평등의 촉진, 여성의 사회참여 확대, 여성의 복지 증진, 기타 여성정책에 관한 주요시책), 3. 여성정책 추진과 관련한 재원의 조달방법 등이 포함되어야 한다(동법 제7조2항).

여성정책기본계획(1998∼2002)'에 이어 '제2차 여성정책기본계획(2003∼2007)'을 여러 부처가 참여하여 수립하였는바, 여기서 여성정책기본계획[76]의 정책목표를 살펴보면 다음 <표 3-12>와 같다.

<표 3-12> 제1차, 제2차 여성정책기본계획 정책과제[77]

제1차 여성정책기본계획		제2차 여성정책기본계획
6대 기본전략	20대 정책과제	10대 핵심 정책과제
1. 법·제도 및 관행의 개혁과 여성의 대표성 제고	1. 사회 전반의 성차별적 법·제도 및 의식의 개선 2. 정책결정 과정에 여성참여 확대	1. 정책에 양성평등 관점 통합 2. 정책결정 과정에 여성의 대표성 제고 3. 여성 인적자원의 개발과 활용 4. 남녀고용평등과 여성의 경제활동 참여 제고 5. 사회·문화 분야 여성참여 확대 6. 평화·통일·국제협력에서의 여성의 기여 확대 7. 여성의 건강과 복지 향상 8. 여성에 대한 폭력예방 및 인권보호 강화 9. 양성 평등한 가족정책 기반 조성 10. 평등문화 및 의식의 확산
2. 여성고용의 촉진 및 안정을 위한 지원 강화	3. 고용기회 균등기반의 확립 4. 여성고용의 촉진 5. 직장-가정양립 지원체제 확립 6. 여성 근로자의 근로여건 개선	
3. 여성의 경쟁력 제고를 위한 교육체제 확립	7. 남녀평등교육을 위한 여건 조성 8. 여성 전문 인력의 적극적 양성 9. 여성의 평생교육 지원	
4. 다양한 여성·가정 복지 서비스의 확충	10. 여성의 건강 증진 및 성비 불균형 해소 11. 보육사업의 확충 및 내실화 12. 여성 농어업인의 부담 완화와 권익신장 13. 요보호 여성의 복지 증진 14. 고령화 시대의 여성복지 증진 15. 여성에 대한 폭력의 근절	
5. 여성의 문화·사회활동 활성화를 위한 기반 구축	16. 여성의 문화 활동 활성화 17. 여성자원봉사활동 등 시민운동 지원 18. 여성단체 활동 지원	
6. 국제협력과 통일에의 여성 역할 증대	19. 여성의 국제협력 강화 20. 통일에의 기여 및 내실화	

---

76) 여성가족부, 「제2차여성기본계획(2003∼2007)」, 2006.7. p.8.
77) 한국여성개발원, 여성가족부연구보고서 「제3차 여성정책기본계획(안)」, 2006.12. p.3.

제2차 여성정책 기본계획은 「여성발전기본법」 제7조에 근거하여 수립한 것으로, 추진기간은 2003~2007년이며 구체적인 정책목표와 추진전략은 <표 3-13>와 같다.

<표 3-13> 제2차 여성정책 기본계획

<참고>

실질적 남녀평등사회 실현을 위한 10대 핵심정책과제

1) 정책에 양성평등관점 통합
- 여성정책추진기구의 기능 강화, 양성평등적 예산수립의 여건 조성, 정책의 성별분석을 위한 기반 조성 등

2) 정책결정 과정에 여성의 대표성 제고
- 공무원 양성평등채용목표제, 정부 내 각종위원회 여성위원 참여율 40% 달성, 기업의 여성관리직 진출을 위한 정책 등

3) 여성 인적자원의 개발과 활용
- 여성과학기술인력 육성, 여성농어업인의 능력개발, 여성창업활성화 및 여성기업경쟁력 제고, 여성정보화 촉진 등

4) 남녀고용평등과 여성의 경제활동 참여 제고
- 고용상 기회균등과 남녀차별 개선, 모성보호 및 보육 서비스 강화를 통한 직장과 가정생활의 양립지원 등

5) 사회·문화 분야 여성참여 확대
- 여성단체 지원 및 협력 강화, 여성자원봉사 활성화, 여성의 문화예술 활동 참여 확대 등

6) 평화·통일·국제협력에서의 여성의 기여 확대
- 통일대비 여성역량 강화 및 참여 확대, 평화·환경 분야에서의 여성 역할 강화, 여성국제 교류 및 협력활성화 등

7) 여성의 건강과 복지향상
- 여성건강 증진대책 강화, 여성의 자활능력 제고와 사회보장권 확대, 여성노인 및 여성장애인에 대한 복지 서비스 확대 등

8) 여성에 대한 폭력예방 및 인권보호 강화
- 성매매 방지대책의 실효성 제고, 가정폭력 및 성폭력 근절을 위한 대책추진, 남녀차별 피해의 예방과 구제강화 등

9) 양성 평등한 가족정책 기반 조성
- 통합적 가정(가족)복지정책의 기반 조성, 호주제(戶主制) 폐지 등 양성 평등한 가족법·제도의 구축

10) 평등문화 및 의식의 확산
- 평등문화의 확산과 정착, 양성 평등한 교육환경 조성, 남녀 평등한 미디어 문화의 정착을 추진

국가 차원에서 세워진 '제1차 여성정책기본계획'으로 성차별적인 법·제도의 개선, 정책결정 과정에 여성참여 확대, 모성보호 강화 등의 상당한 성과를 거두었다.
2002년도 말에 여성발전기본법이 개정됨에 따라 '여성정책조정회의'가 신설되었

는데, 이 기구는 여러 행정기관에 관련되는 여성 관련 업무 및 정책을 조정하기 위해 국무총리를 의장으로 하고 관련 부처 장관으로 구성되게 된다.

또한 '제2차 여성정책기본계획'이 시행되면서, 여성관리자 임용목표제 시행으로 여성의 대표성이 제고되었고, 여성 인적자원 개발 및 경제활동 참여 제고, 보육 서비스 향상 및 양성 평등한 가족정책 추진기반 조성, 여성에 대한 폭력예방 등 인권 보호 강화 등 뚜렷한 여성정책의 성과를 보이고 있다.

여기서 '여성정책'이라 함은 남녀평등의 촉진, 여성의 사회참여 확대 및 복지 증진에 관한 대통령령이 정하는 정책을 말한다(동법 제3조 1호). 여기서 '대통령령이 정하는 정책'이라 함은 ① 교육에서의 남녀평등에 관한 정책, ② 정책결정 과정의 여성참여 확대에 관한 정책, ③ 고용상의 남녀차별 해소에 관한 정책, ④ 여성고용 촉진 및 안정에 관한 정책, ⑤ 여성보건 및 모성보호에 관한 정책, ⑥ 여성 인적자원의 개발에 관한 정책, ⑦ 보육시설에 관한 정책, ⑧ 저소득 모자가정의 여성, 미혼모, 가출여성, 장애여성 등 보호를 요하는 여성 및 노인여성의 복지 증진에 관한 정책, ⑨ 농어촌여성의 복지 증진에 관한 정책, ⑩ 평등한 가족관계의 확립에 관한 정책, ⑪ 성폭력, 가정폭력 등 여성에 대한 폭력의 방지에 관한 정책, ⑫ 성매매 방지 및 성매매 피해자보호 등에 관한 정책, ⑬ 가사노동가치의 평가 등에 관한 정책, ⑭ 여성의 국제적 평화증진운동 및 국제협력 강화에 관한 정책, ⑮ 여성의 자원봉사활동에 관한 정책, 그리고 기타 여성의 권익증진에 관한 정책 등을 말한다(동법 시행령 제2조제1항).

Ⅲ. 여성정책의 기본시책

이 법은 여성의 욕구를 충족시키고 여성차별적 정책을 시정하기 위하여, 여성의 정치참여를 제도적으로 보장하고 있다. 또한 노동・교육・복지 등 각 영역에서의 여성정책[78])이 시행되도록 그 근거를 마련해 놓고 있는데, 이를 살펴보면 다음과 같다.

1. 여성의 정책결정 과정 및 정치참여 확대

국가 및 지방자치단체는 각종 위원회 등 정책결정 과정에 여성의 참여를 확대하기 위한 방안을 강구하여야 하며 다양한 방법을 통하여 여성의 정치참여 확대를 지원하기 위하여 노력하여야 하고(동법 제15조), 공무원의 채용・보직관리・승진・포상・교육훈련 등의 합리적 운영으로 여성의 공직참여 확대를 위한 여건을 조성하여야 한다(동법 제16조)고 규정하고 있다.

특히 「정당법」에서 여성공천할당제를 도입(2000.2.16.)하고, 이후에 이를 더욱 강화(2002.3.7, 2004.3.12.)하여[79]), 국회의원 및 시・도의회의원비례대표후보의 각 50% 이상을 여성에게 할당토록 명시하여 여성 정치참여를 제도적으로 보장하고 있다.[80])

---

78) 여성가족부장관은 효율적인 여성정책을 수립하기 위하여 필요한 경우에 여성과 관련된 문제에 대한 기초조사 및 여론조사를 실시해야 하며, 그 조사결과를 조정회의에 보고하여야 한다(동법 제13조, 동법 시행령 제25조).
79) 정당에게 비례대표선거구의 시・도의회의원(광역의회의원) 선거후보자를 공천할 때 여성을 공천하는 비율을 30%에서 50%로 상향하고, 선거후보자 명부 순위에 따라 매 2인마다 여성 1인이 포함되도록 함(정당법 제31조 제5항). 또한 정당은 임기만료에 의한 지역구시・도의회의원(기초의회의원) 선거후보자 중 30% 이상을 여성으로 추천하도록 노력하여야 하며, 이를 준수한 정당에 대해서는 정치자금에관한법률 제17조의 규정에 의하여 지급하는 보조금 외에 제17조의2의 규정에 의하여 지급하는 보조금을 추가로 지급할 수 있음(제31조 제6항).
80) 정당법은 국회의원비례대표의 여성공천비율을 30%에서 50%로 상향(2004.3.12. 개정).

이에 따라 2002년 6월에 실시된 제3차 동시지방선거에 시·도의회 비례대표 가운데 여성 의원이 67.1%(73명 중 49명)를 차지해서 1998년 선거 당시 36.4%를 차지한 것과 비교할 때 상당히 증가한 것을 볼 수 있다.

2. 고용평등

국가 및 지방자치단체는 관계 법률이 정하는 바에 의하여 근로자의 채용·교육훈련·승진·퇴직 등 고용 전반에 걸쳐 남녀평등이 이루어지도록 하여야 한다(동법 제17조 제1항). 이를 위하여 국가·지방자치단체 또는 사업주는 직장 내의 평등한 근무환경 조성을 위하여 필요한 조치를 취하여야 한다(동 조 제3항).

3. 모성보호의 강화

국가·지방자치단체 또는 사업주는 여성의 임신·출산 및 수유기간 동안에 이들을 특별히 보호하며 이를 이유로 하여 불이익을 받지 아니하도록 하여야 하며, 특히 국가 및 지방자치단체는 취업여성의 임신·출산 및 수유와 관련한 모성보호 비용에 대하여 「사회보장기본법」에 의한 사회보험 및 재정 등을 통한 사회적 부담을 높여 나가도록 하여야 한다(동법 제18조).

그동안 여성의 임신·출산 등 모성보호문제가 개인 차원에서 다루어지게 되었지만, 이제는 국가와 지방자치단체의 책무로 규정하고 있음에 의미가 있다.

4. 남녀평등에 관한 교육

국가 및 지방자치단체는 가정에서부터 남녀평등에 관한 교육이 이루어지도록 노력하여야 한다. 특히 여성의 진출에 상당한 제약을 받았던 군·경찰 분야 등에 여성의 진출이 확대되어야 한다. 이러한 점에서 각 군 사관학교와 경찰대학, 철도대학 등에서 여학생에게 문호를 개방하고 있는 것은 긍정적으로 평가된다.

5. 여성복지 증진

국가 및 지방자치단체는 지역·연령 등에 따른 여성복지 수요에 부응하기 위한 시책을 강구하여야 한다(동법 제22조 제1항).

또한 국가 및 지방자치단체는 관계 법률이 정하는 바에 따라 저소득 모자가족, 미혼모, 장애인 여성, 가출여성 그 밖에 보호를 요하는 여성에 대한 지원을 위하여 필요한 조치를 해야 하며(동조 제2항), 노인인 여성과 농어촌에 거주하는 여성의 복지 증진에 노력하여야 한다(동조 제3항).

6. 직장 및 가정생활의 병행

국가 및 지방자치단체는 근로자가 직장생활과 가정생활을 조화롭게 병행할 수 있도록 영유아 보육시설의 확충, 방과 후 아동 보육의 활성화, 육아휴직제의 정착, 직장 내 수유시설의 확충 등에 관한 시책을 강구하여야 한다(동법 제23조).

7. 평등한 가족관계 확립과 지원책의 강구

국가 및 지방자치단체는 민주적이고 평등한 가족관계를 확립시키기 위하여 노력하여야 하며(동법 제24조 제1항), 국가 및 지방자치단체는 가족구조의 변화에 따라 맞벌이부부·한부모가족 등에 대하여 필요한 지원책을 강구하여야 한다(동조 제2항).

8. 성폭력 및 가정폭력 예방

국가 및 지방자치단체는 관계 법률이 정하는 바에 의하여 성폭력범죄의 예방과 피해자보호를 위한 시책을 강구하여야 하고(동법 제25조 제1항), 가정에서 발생하는 폭력을 예방하고 피해자를 보호해야 하며(동조 제2항), 성폭력 피해자 및 가정폭력 피해자의 상담과 가해자의 교정을 위하여 필요한 시책을 강구하여야 한다(동조 제3항).

9. 가사노동가치의 평가

국가 및 지방자치단체는 가사노동에 대한 경제적 가치를 정당하게 평가하여 이를 법 제도나 시책에 반영하도록 노력하여야 한다(동법 제26조).

여성의 가사노동에 대해서 그동안 정당한 평가를 받지 못하고 있다가 미미하나마 가족법의 일부개정으로 이혼 시 '재산분할청구권'이 인정되고 있다. 그러나 가사노동의 평가는 '이혼'할 때뿐만 아니라 '혼인 중'에 인정되어야 할 것이다.

10. 여성의 국제협력

국가 및 지방자치단체는 국제기구나 국제회의에 있어서의 여성의 참여를 확대하고 여성의 국제적 평화증진 운동과 국제협력 강화를 위한 활동을 지원하여야 하고(동법 제27조 제1항), 여성 관련 조약의 체결 또는 이행에 노력해야 하며(동조 제2항), 국내·외에 거주하는 한민족(한민족) 여성 간의 교류 및 연대강화에 노력하여야 한다(동조 제3항).

11. 대중매체의 성차별 개선

국가 및 지방자치단체는 대중매체의 성차별적 내용이 개선되도록 지원하고 대중매체를 통한 남녀평등 의식을 확산하도록 하여야 한다(동법 제28조). 이것은 현대사회에서 매스미디어의 영향은 매우 크기 때문에 국가 및 지방자치단체가 양성평등정책을 긍정적인 방향으로 전개하기 위하여 대중매체를 활용할 것을 정한 것이다.

또, 여성자원봉사활동의 활성화를 위하여 필요한 지원을 할 수 있는 근거조항을 마련하고 있다(동법 제28조의2).

Ⅳ. 여성발전기금의 설치

여성의 발전을 위한 여러 정책을 집행하기 위하여 이를 실행할 수 있는 기금이 마련되어 있지 않으면 안 된다. 그러므로 이 법에서는 여성발전기금에 관한 규정을 두고 있다.

1. 기금의 재원

국가는 이 법의 목적을 실현하기 위한 사업 등의 지원에 필요한 재원을 확보하기 위하여 여성발전기금(이하 '기금'이라 한다)을 설치하고(동법 제29조 제1항), 기금은 ① 국가의 출연금, ② 국가 외의 자가 출연하는 현금·물품 기타 재산, ③ 기금의 운영으로 생기는 수익금, ④ 기타 대통령령이 정하는 수입금 등의 재원으로 조성하며, 여성가족부장관이 관리·운용한다(표 3-14).

<표 3-14> 연도별 여성발전기금 조성 현황

(단위: 백만 원)

조성내역	연도별	2000년	2001년	2002년	2003년	2004년	누 계
수입	○ 정부출연금	5,000	5,000	10,000	10,000	15,618	60,618
	○ 민간출연금	12	11	509	-	200	769
	○ 운용수익	1,719	1,927	2,210	2,140	2,798	13,452
	소 계	6,731	6,938	12,719	12,140	18,616	74,839
지출	○ 사업비 및 기타 기금관리비 등	591	1,323	2,714	4,521	10,827	20,358
순조성액		6,140	5,615	10,005	7,619	7,789	54,481

* 주1) 여성기술인창업 및 여성가장창업자금으로 대출된 융자금(21,175백만 원)은 사업비에 포함되지 않음

  2) 출처: 여성부, 2004 여성백서, p.419 참조.

2. 기금의 용도

기금은 ① 여성의 권익증진을 위한 사업의 지원, ② 여성단체사업의 지원, ③ 여성 관련 시설의 설치 및 운영의 지원, ④ 여성의 국제협력사업의 지원, ⑤ 그 밖에 남녀평등 실현, 여성발전 및 가족지원 등을 위하여 대통령령이 정하는 사업의 지원

등에 사용된다(동법 제30조). 이를 2006년과 2007년도로 구분하여 여성발전기금 현황을 살펴보면 <표 3-15>와 같다.

<표 3-15> 여성발전기금 현황 (2006~2007년)

(단위: 백만 원)

구 분	2006년 예산	2007년 예산
총 계	32,592	28,633
□ 기금관리비	14	13
□ 사업운영비	94	125
□ 주요사업비	32,484	28,495
[여성정책 및 인력개발]	5,265	6,379
여성취업 및 창업지원	2,065	2,599
여성기술인창업자금지원	165	149
여대생커리어개발지원	1,000	950
중소기업여성취업지원	900	1,500
여성자원활동지원	600	530
지역여성자원활동	371	341
여성자원활동활성화지원	229	189
양성평등교육진흥원운영지원	2,100	2,800
양성평등교육진흥원운영지원	2,100	2,800
전업주부재취업훈련지원	500	450
전업주부재취업훈련지원	500	450
[여성정책 및 인력개발(기금, 융자)]	3,000	—
여성취업및창업지원(기금, 융자)	3,000	—
여성가장창업자금지원	3,000	—
[가족기능강화]	2,700	4,648
국제결혼이주여성지원	200	200
결혼이민자 찾아가는 서비스	200	200
조손가족지원사업	500	—
조손가족지원사업	500	—

구 분	2006년 예산	2007년 예산
취약계층아동양육지원	-	4,448
결혼이민자가족아동양육지원	-	1,920
결혼이민자가족아동양육지원프로그램개발	-	128
장애아가족아동양육지원	-	2,334
장애아가족아동양육지원프로그램개발	-	66
중앙건강가정지원센터지원	2,000	-
중앙건강가정지원센터지원	2,000	-

*출처: 여성가족부, 국회 업무보고자료, 2007.2.

3. 기금의 회계기관

여성부장관은 기금의 수입과 지출에 관한 업무를 행하기 위하여 소속공무원 중에서 기금수입징수관·기금재무관·기금지출관 및 기금출납공무원을 임명하여야 한다(동법 제31조 제1항). <개정 2008.2.29.>

V. 여성단체의 지원 등

여성단체라 함은 남녀평등의 촉진·여성의 사회참여 확대 및 복지 증진을 주된 목적으로 설립된 법인 또는 대통령령이 정하는 단체를 말한다.

1. 여성단체의 지원

국가 및 지방자치단체는 여성단체가 추진하는 남녀평등의 촉진, 여성의 사회참여 확대 및 복지 증진을 위한 활동에 필요한 행정적인 지원을 할 수 있으며, 예산의 범위 안에서 그 활동 등에 필요한 경비의 일부를 보조할 수 있다(동법 제32조 제1항).

또한 비영리법인 또는 비영리단체가 남녀평등과 여성발전을 촉진하는 활동을 하는 경우에 필요한 지원을 할 수 있다(동법 제32조 제2항).

2. 여성 관련 시설의 설치·운영

국가 및 지방자치단체는 여성의 권익 및 복지 증진과 교육을 위한 여성과 관련된 시설을 설치·운영할 수 있다(동법 제33조 제1항).

여기서 '여성 관련 시설'이라 함은 남녀평등의 촉진, 여성의 사회참여 확대 및 복지 증진을 위한 대통령령이 정하는 시설을 말한다(동법 제3조 3호).

또한 여성부장관은 여성의 능력개발과 사회경제적 지위 향상을 위하여 여성을 대상으로 직업능력 개발훈련, 취업정보제공 및 취업알선, 남녀평등교육, 그 밖의 후생복지 및 문화활동의 지원 등의 업무를 행하는 시설을 운영하는 비영리법인 또는 비영리단체에 대하여 예산의 범위 안에서 그 경비의 전부 또는 일부를 보조할 수 있다(시행령 제34조의3).

서울특별시의 경우를 살펴보면, 시장이 설치·운영하는 여성 관련 시설로는 다음과 같다.[81]

(1) 여성플라자: 여성의 권익향상 및 복리증진 등을 위한 상호교류 및 활동지원
(2) 여성능력개발원: 여성인력 양성과 여성의 경제활동 참여를 위한 교육계획 수립·시행, 여성발전센터 및 여성인력 개발센터 총괄·조정 및 지원

---

81) 서울특별시 여성 관련 시설 설치 및 운영에 관한 조례(2007.05.29. 조례 제4529호) 참조.

(3) 여성발전센터: 여성의 능력개발 및 복리증진 등을 위한 교육·관련 사업 및
    부대시설의 운영

여성발전센터에서는 주로 직업교육·생활문화교육·특별교육·창업보육 및 아동
교실교육 과정으로 각각 구분하여 운영하고 있다.

(4) 여성인력 개발센터: 여성의 직업능력 개발훈련을 위한 교육·취업·창업사업
    및 복리증진을 위한 사업

한편 사회복지시설로 여성 관련 시설로는 영유복지법, 모부자복지법, 성매매방지
및 피해자보호 등에 관한 법률, 가정폭력방지 및 피해자보호 등에 관한 법률 등으
로 흩어져 있으며, 이를 정리하면 <표 3-16>과 같다.

<표 3-16> 여성 관련 사회복지시설의 종류

관련 법률	시설종류	세부종류	
		생활시설	이용시설
영유아복지법	보육시설		○ 보육시설
한부모가족지원법	모부자복지시설	○ 모(부)자보호시설 ○ 모(부)자자립시설, ○ 미혼모시설, ○ 일시보호시설	○ 여성복지관 ○ 모·부자 가정상담소
성매매방지 및 피해자보호 등에 관한 법률	성매매 피해지원시설	○ 일반지원시설 ○ 청소년지원시설 ○ 외국인여성지원시설	○ 자활지원센터
성폭력범죄의 처벌 및 피해자보호 등에 관한 법률	성폭력피해보호시설	○ 성폭력피해자보호시설	○ 성폭력피해상담소
가정폭력방지 및 피해자보호 등에 관한 법률	가정폭력보호시설	○ 가정폭력피해자보호시설	○ 가 정폭력상담소

* 저자가 단행 법률을 참조하여 정리함.

제4장

여성과 사법

제1절 부부관계의 형성

Ⅰ. 서 설

인류의 역사는 남녀의 결합관계로 이루어져서 인간의 종족보존의 본능에 기초하여 약혼·혼인·이혼 등 사회제도로 공인된 형태가 각 나라와 민족의 특유한 역사와 함께 변천되어 왔다.

우리나라의 경우에도 관습에 의하여 남계혈통(男系血統)을 근간으로 혼인제도가 형성되어 왔으나, 오늘날에는 혼인 당사자를 중심으로 '본인의 의사'를 존중하고 부부재산제, 이혼에 따른 재산분할 청구, 상속재산의 승인과 포기, 여성의 가사노동에 대한 평가, 인공수정과 대리모 문제 등의 새로운 이슈가 등장하여 상당한 변화를 가져오고 있다. 특히 호주를 중심으로 하는 호주제도는 양성평등이라는 헌법이념에 부합된다고 볼 수 없어 결국 이를 폐지하기에 이르렀다.

또한 '핵가족화'와 함께 개인적인 생활을 중심으로 하려는 경향에 따라 친족관계가 희박해지고 있는 것이 현실이다.

친족관계와 상속관계는 상호 밀접한 관계를 갖고 있으며 각각 친족법과 상속법으로 나뉘어 있는데, 이것을 통틀어서 가족법(또는 신분법)이라고 한다. 아래에서 그 특징을 간단히 살펴보기로 한다.

1. 현행 친족법의 특징

(1) 1990년의 친족법 개정

친족법은 몇 차례의 개정이 있었는바, 1990년 개정[82])에 개정된 내용은 다음과 같은 특징을 가지고 있다.

① 친족범위의 조정(민법 제777조), ② 계모자관계와 적모서자관계의 폐지(민법 제773조, 제774조 폐지), ③ 호주승계 제도, ④ 면접교섭권 제도(민법 제837조의 2), ⑤ 재산분할청구권 제도(민법 제839조의 2), ⑥ 상속에 있어서 기여분 제도(민법 제1008조의 2) 및 특별 연고자에 대한 분여제도(민법 제1057조의 2)의 신설 등이다.

(2) 2005년 개정

① 제안 이유

그동안 민법의 친족 편에 규정되어 있는 호주를 중심으로 가(家)를 구성하는 호주제도 및 자녀의 성(姓)과 본(本)에 관한 규정은 양성평등이라는 헌법이념과 시대변화에 부합하지 아니하다는 비판을 받아 왔다. 그리하여 이를 전면폐지 또는 개선하고, 동성동본금혼제도와 친생부인의 소의 제척기간을 헌법불합치결정의 취지에 따라 합리적으로 조정하며, 입양제도의 현실을 반영하고 양자의 복리를 증진시키기 위하여 양친과 양자에게 친족관계를 인정하면서 양친의 성과 본을 따르게 하는 친양자제도를 도입하였다.

한편 공동상속인 간의 실질적 형평 및 가족관계의 건전한 가치관 정립을 위하여 상당한 기간 동안 동거하면서 피상속인을 부양한 자에게도 기여분이 인정될 수 있도록 하려는 것이다.[83])

---

82) 1990년도 개정법은 1989년 12월 19일 국회 본회의에서 의결되어 1990년 1월 13일 법률 제4199호(관보 제11426호)로 공포된 개정법이다. 그 개정내용에는 동성동본불혼제도의 폐지를 제외하고는, 민법 개정과 관련하여 여성단체가 주장한 내용의 항목들이 대부분 개정되었다고 볼 수 있다.

② 주요내용

(가) 호주에 관한 규정과 호주제도를 전제로 한 입적·복적·일가창립·분가 등에 관한 규정을 삭제하는 한편, 호주와 가(家)의 구성원과의 관계로 정의되어 있는 가족에 관한 규정을 새롭게 규정함(제778조·제780조 및 제782조 내지 제796조 삭제, 제779조).

(나) 자녀의 성(姓)과 본(本)은 부(父)의 성과 본을 따르는 것을 원칙으로 하되, 혼인신고 시 부모의 협의에 의하여 모(母)의 성과 본도 따를 수 있도록 함(제781조 제1항).

(다) 자녀의 복리를 위하여 자녀의 성과 본을 변경할 필요가 있는 때에는 부(父) 또는 모(母) 등의 청구에 의하여 법원의 허가를 받아 이를 변경할 수 있도록 함(제781조제6항).

(라) 동성동본금혼제도를 폐지하고 근친혼금지제도로 전환하되, 8촌 이내의 부계혈족 또는 모계혈족 사이에서는 혼인을 금지하는 근친혼 제한의 범위를 조정함(제809조).

(마) 부성추정의 충돌을 피할 목적으로 여성에 대하여 6월의 재혼금지기간을 두고 있는 규정은 이를 삭제함(제811조 삭제).

(바) 친생부인의 소는 제소권자를 부(夫)뿐만 아니라 처(妻)까지 확대하고, 제소기간도 친생부인사유를 안 날부터 2년 내로 연장하는 등 친생부인제도를 합리적으로 개선함(제846조 및 제847조).

(사) 양친과 양자를 친생자관계로 보아 종전의 친족관계를 종료시키고 양친과의 친족관계만을 인정하며 양친의 성과 본을 따르도록 하는 친양자제도를 신설함(제908조의2 내지 제908조의8 신설).

(아) 부모 등 친권자가 친권을 행사함에 있어서는 자의 복리를 우선적으로 고려하여야 한다는 의무규정을 신설함(제912조 신설).

(자) 상당한 기간 동안 동거하면서 피상속인을 부양한 상속인에게도 공동상속인의

---

83) 민법일부개정법률안(2005.2. 법제사법위원장 제안)의 제안 이유 참조.

협의 또는 법원에 의하여 기여분이 인정될 수 있도록 함(제1008조의2).

(3) 2007년 개정

① 개정 이유

헌법상의 양성평등원칙 구현을 위하여 남녀의 약혼연령 및 혼인적령을 일치시키는 한편, 신중하지 못한 이혼을 방지하기 위하여 이혼숙려기간 제도를 도입하고, 이혼 가정 자녀의 양육 환경을 개선하기 위하여 협의이혼 시 자녀 양육사항 합의를 의무화하는 등 현행 규정의 운영상 나타난 일부 미비점을 개선·보완하려는 것이다.

② 주요내용

2007년에 개정된 내용을 살펴보면 다음과 같다.

(가) 기간계산 규정의 정비(법 제161조)

국민의 권리행사 및 의무이행이 용이하도록 기간의 말일이 토요일 또는 공휴일에 해당하는 경우에는 기간은 그 익일로 만료하도록 함.

(나) 남녀의 약혼연령 및 혼인적령 규정 정비(법 제801조 및 제807조).

- 현행 민법은 약혼연령 및 혼인적령에 관하여 남자는 만 18세, 여자는 만 16세로 달리 규정하고 있으나 이는 불합리한 차별로서 남녀평등에 반한다는 비판이 있음.

- 약혼연령 및 혼인적령을 남녀 모두 만 18세로 조정함.

(다) 이혼숙려기간 도입(법 제836조의2제2항 및 제3항 신설)

- 현행 협의이혼제도는 당사자의 이혼 의사 합치, 가정법원의 확인, 호적법에 의한 신고 등 간편한 절차만으로도 이혼의 효력이 발생함으로써 혼인의 보호보다는 자유로운 해소에 중점을 두고 있다는 문제점이 있음.

- 협의이혼 당사자는 일정 기간(양육하여야 할 자녀가 있는 경우는 3개월, 양육하여야 할 자녀가 없는 경우는 1개월)이 경과한 후 가정법원으로부터 이혼 의사 확인을 받아야만 이혼이 가능하도록 함.

(라) 협의이혼 시 자녀 양육사항 및 친권자 지정 합의 의무화(법 제836조의2제4항 신설)

- 현행 협의이혼제도는 당사자 사이에 자녀 양육사항 및 친권자 지정에 관한 합의 없이도 이혼이 가능함에 따라 이혼 가정 자녀의 양육환경이 침해되는 문제가 있음.

- 협의 이혼하고자 하는 부부에게 양육자의 결정, 양육비용의 부담, 면접교섭권의 행사 여부 및 그 방법 등이 기재된 양육사항과 친권자결정에 관한 협의서 또는 가정법원의 심판정본을 이혼 확인 시 의무적으로 제출하도록 함.

(마) 자녀의 면접교섭권 인정(법 제837조의2제1항)

- 현행법은 부모에게만 면접교섭권을 인정하고 있어 자녀는 면접교섭권의 객체로 인식되는 문제가 있음.

- 자녀에게도 면접교섭권을 인정함.

- 유엔아동권리협약상 '아동이익 최우선의 원칙'을 실현함과 아울러 아동의 권리가 강화될 것으로 기대됨.

(바) 재산분할청구권 보전을 위한 사해행위취소권 신설(법 제839조의3 신설)

- 재산분할청구권이 구체적으로 확정되기 전에 재산분할청구권을 피보전권리로 하는 사해행위취소권이 인정되는지 여부에 대하여 다툼이 있었음.

- 부부의 일방이 상대방 배우자의 재산분할청구권 행사를 해함을 알고 사해행위를 한 때에는 상대방 배우자가 그 취소 및 원상회복을 법원에 청구할 수 있도록 재산분할청구권을 보전하기 위한 사해행위취소권을 인정함.

2. 가족과 친족

(1) 가 족

가족(家族)이란 배우자, 직계혈족 및 형제자매를 말한다(민법 제779조 제1항). 그리고 생계를 같이하는 직계혈족의 배우자, 배우자의 직계혈족, 배우자의 형제·자매도 가족에 포함된다(제2항).

그래서 생계를 같이한다면, 장인, 장모, 시아버지, 시어머니, 처남, 처제, 사위, 며느리 등이 모두 가족이 되게 된다. 최근에는 전통적인 가족개념이 감소하고 한부모가족, 동거가족, 조손가족 등 다양한 가족형태가 나타나고 있다.

(2) 친 족

친족이라는 개념은 그 시대와 민족에 따라 다르므로 막연할 수도 있다. 그렇지만, 우리 민법은 친족의 범위를 규정하여 부양이나 상속 관계 등 가족법상의 권리와 의무를 가지게 하고 있다. 친족의 범위는 배우자, 혈족 및 인척으로 하고 있는데, 법률적으로는 ① 8촌 이내의 혈족, ② 4촌 이내의 인척, ③ 배우자 등이다(민법 제777조).

그러나 1990년 민법 일부개정 전에는 혈족의 범위를 보면, ① 8촌 이내의 부계혈족, ② 4촌 이내의 모계혈족, ③ 夫의 8촌 이내의 부계혈족, ④ 夫의 4촌 이내의 모계혈족, ⑤ 처의 부모, ⑥ 배우자 등이었다.

3. 성과 본의 의의

(1) 성의 의의

성(姓)이라 함은 출생의 계통을 표시하는 표지가 된다. 우리나라의 경우는 부계중심사회였기 때문에, 원칙적으로 자기의 부계혈통을 표시하는 표지이며, '성 불변의 원칙'으로 성의 변경은 특수한 경우 이외에는 인정되지 않는다.

(2) 본의 의의

본(本)은 소속 시조의 발상지명을 표시하는 것으로서 본관, 관적, 적관, 관향, 족본 등 여러 가지 명칭으로 불리고 있다. 그러므로 본은 혈족계통을 표시하는 데 있어서 성(姓)과 불가분의 관계가 있다. 그러나 성과 본이 동일하더라도 동족이 아닌 자가 있고 동족이면서도 성과 본이 다른 사람도 있다.[84]

(3) 성의 취득과 변경

① 성의 취득

부부의 성에 관하여 민법은 아무런 규정을 두고 있지 않으므로 부부는 각자의 성을 그대로 사용하게 되는 것으로 해석된다. 자(子)는 부의 성과 본을 따른다. 다만, 부모가 혼인신고 시 모의 성과 본을 따르기로 협의한 경우에는 모의 성과 본을 따른다(제781조 제1항).

또 부가 외국인인 경우에는 자는 모의 성과 본을 따를 수 있고(제781조 제2항), 부를 알 수 없는 자는 모의 성과 본을 따른다(제781조 제3항).

부모를 알 수 없는 자는 법원의 허가를 받아 성과 본을 창설한다. 다만, 성과 본을 창설한 후 부 또는 모를 알게 된 때에는 부 또는 모의 성과 본을 따를 수 있다(제781조 제4항).

혼인 외의 출생자가 인지된 경우 자는 부모의 협의에 따라 종전의 성과 본을 계속 사용할 수 있다. 다만, 부모가 협의할 수 없거나 협의가 이루어지지 아니한 경우에는 자는 법원의 허가를 받아 종전의 성과 본을 계속 사용할 수 있다(제781조 제5항).

---

84) 배경숙 외, 「여성과 법률」, 박영사, 2000, p.393 이하 참조.

② 성의 변경

자의 복리를 위하여 자의 성과 본을 변경할 필요가 있을 때에는 부, 모 또는 자의 청구에 의하여 법원의 허가를 받아 이를 변경할 수 있다. 다만, 자가 미성년자이고 법정대리인이 청구할 수 없는 경우에는 제777조의 규정에 따른 친족 또는 검사가 청구할 수 있다(제781조 제6항).[전문개정 2005.3.31.]

Ⅱ. 약 혼

1. 약혼의 의의

약혼(約婚)이란 장차 혼인할 것을 목적으로 하는 당사자인 남녀 사이의 혼인 계약이다. 이것은 혼인신고를 하지 않고 실질적으로 혼인생활을 하는 사실혼이라든가, 과거에 행하여졌던 혼인 양가의 부모(또는 조부모) 합의에 의한 정혼과도 다르다. 또 남녀가 정작 혼인할 의사가 없으면서 성적인 결합을 유지하는 동거와도 다르다.

2. 약혼의 성립

약혼이 성립하기 위해서는 다음과 같은 요건이 필요하다.

첫째, 약혼은 장차 혼인하려는 당사자의 '합의'로 성립한다. 따라서 오늘날 당사자의 의사를 무시하고 부모들 사이에 정혼이 이루어진다면 그 '정혼'은 '무효'가 된다.

둘째, 만 18세가 되어야 한다(제801조, 개정 2007.12.21.). 그러나 약혼연령에 이르렀으나 미성년자(未成年者, 만 20세 미만)인 경우에는 부모 또는 후견인의 동의를 얻어야 한다(민법 제801조). 성년과 청소년의 연령은 <표 4-1>과 같이 법률마다 차이가 있다.

부모 중 일방이 동의권을 행사할 수 없을 때에는 후견인의 동의를 얻어 약혼할 수 있으며(민법 제802조), 이때 부모 또는 후견인이 동의할 수 없을 때에는 친족회의 동의를 얻어야 한다.

<표 4-1> 성년과 청소년의 연령별 구분

구 분	정 의	관련법규
성 년	만 20세 이상	민법 제4조
청소년	9세 이상 24세 이하	청소년기본법 제3조
	만 19세 미만	청소년보호법 제2조
소 년	19세 미만	소년법 제2조
선거권자	19세 이상	선거법 제15조

* 저자가 관련 법령을 참조하여 정리함.

셋째, 약혼의 당사자는 근친관계가 아니어야 한다. 이러한 근친관계의 약혼은 무효가 된다.

넷째, 배우자가 있는 자의 약혼 또는 이중약혼이 아니어야 한다. 만약 이를 위반하면 선량한 풍속 기타 사회질서에 위반하는 것으로 무효가 된다.

다섯째, 약혼의 체결방식에는 일정한 형식이 필요 없다. 일반적으로 약혼식을 거행하고 예물을 교환하는 것이 관례이지만, 이러한 형식적인 절차 없이 대학 캠퍼스의 의자에 앉아 진지한 의사에 따라 '구두'로 한 약혼도 '유효'하다.

3. 약혼과 효과

약혼이 성립되면 남녀에게는 서로 혼인을 성립시킬 책임이 부여되고, 약혼자는 가까운 장래에 부부공동체를 성립시킬 의무를 진다.

만약 한쪽 약혼자가 약혼 후에 다른 이성과 정을 통하거나 별다른 이유 없이 계속 혼인을 연기하여 부부공동체를 성립시킬 의무를 위반한다면 어떻게 할 것인가? 이 경우에 상대방은 정신적·물질적 손해배상을 청구를 할 수 있다. 그렇지만 혼인의 강제이행은 청구하지 못한다(민법 제803조). 왜냐하면 약혼을 강제한다면 인간에게 부여된 '혼인의 자유'가 침해될 소지가 있기 때문이다. 한편 약혼 중에 자녀가 태어나면, 그 약혼 중의 자녀는 '혼인 외의 출생자'가 된다. 그렇지만 그 후 약혼 당사자가 혼인하면 그 자녀는 '혼인 중의 자녀'가 된다(準正: 민법 제855조 제2항).

4. 약혼의 해제

약혼 후에 약혼자가 일정한 사유가 있으면 당사자 일방은 언제나 약혼을 '해제'할 수 있다. 다만 정당한 사유 없이 약혼이 해제된 경우에는 '과실 있는 상대방'에 대하여 손해배상을 청구할 수 있게 된다.

약혼 당사자 일방에게 다음과 같은 약혼의 해제사유가 있으면, 상대방은 약혼을 해제할 수 있다(민법 제804조).

첫째, 약혼 후 자격정지 이상의 형의 선고를 받은 때,

둘째, 약혼 후 금치산[85] 또는 한정치산[86]의 선고를 받을 때,

셋째, 성병, 불치의 정신병, 기타 불치의 악질(惡疾)이 있는 때,

셋째, 약혼 후 타인과 약혼 또는 혼인을 할 때,

다섯째, 약혼 후 타인과 간음할 때,

---

85) 금치산자(禁治産者)는 심신상실의 상태에 있는 자로서 금치산 선고를 받은 자를 말한다. 금치산자는 의사능력이 없기 때문에 단독행위를 인정할 수 없고 모두 법정대리인으로 하여금 대리케 한다.

86) 한정치산자(限定治産者)란 심신이 박약하거나 재산의 낭비로 자기나 가족의 생활을 궁박하게 할 염려가 있는 자로서, 한정치산선고를 받은 자를 말한다. 심신박약이라 함은 판단력이 불완전한 상태를 말한다.

여섯째, 약혼 후 1년 이상 그 생사가 불분명한 때,

일곱째, 정당한 사유 없이 혼인을 거절하거나 그 시기를 지연하는 때,

여덟째, 기타 중대한 사유가 있는 때 등이 있다.

이와 같은 약혼의 해제사유가 있을 때, 약혼해제 사유를 가지고 있는 자에게 상대방은 의사표시로 약혼해제를 행사한다.

약혼이 해제되면 첫째로 '과실 있는 상대방'에 대하여 손해배상을 청구할 수 있는데, 그 손해배상의 범위는 재산상의 손해는 물론 정신상의 고통에 대해서도 배상을 청구할 수 있다(제806조 제2항). 그리고 과실 있는 상대방에 대하여 손해배상청구를 하려면, 가정법원에 우선 조정 신청을 하여야 한다. 둘째로 약혼 당시에 교환한 약혼예물은 반환하여야 한다.

그러나 일방 당사자에게 과실이 있는 경우의 약혼파기에 책임이 없는 사람은 약혼예물 반환청구권을 갖고 반환의무를 지지 않으나, 책임이 있는 사람은 반환의무를 지며 물건의 반환청구권은 가지지 못한다고 보아야 할 것이다(민법 제806조 제1항 참조).

Ⅲ. 혼 인

1. 혼인의 의미

혼인(婚姻)이란 남녀의 자유스러운 혼인 의사에 따라 가족을 형성하는 기초가 되고, 공동생활을 목적으로 남녀가 결합하는 관계를 말한다. 그래서 혼인은 당사자뿐만 아니라 가족과 사회에 영향을 끼친다.

2. 혼인의 성립 요건

혼인이 성립하기 위한 요건은 크게 형식적 요건과 실질적 요건으로 구분한다.

(1) 실질적 요건

① 당사자 사이에 '혼인 의사의 합치'가 있을 것

당사자 간에 혼인을 할 의사의 합치가 있어야 하며, 이 의사의 합치가 없으면 혼인은 '무효'가 된다(민법 제815조).

혼인 의사란 사회통념상 부부관계를 성립하려는 정신적·육체적 결합을 말한다. 한편 혼인 의사의 성립에는 당사자의 의사능력이 필요하다. 또한 일방 당사자가 일방적으로 혼인신고를 하게 되면 그 혼인은 무효가 되며, 사기 또는 강박에 의한 혼인은 혼인 취소의 문제가 따른다. 그리고 단지 호적상으로만 부부가 되는 것처럼 가장하는 소위 '가장혼인(假裝婚姻)'의 문제에 있어서는 실질적 혼인 의사가 없어서 무효라는 학설과 혼인신고에 의해서 유효라는 학설로 대립된다.[87]

② 당사자가 혼인적령에 이르렀을 것(민법 제807조)

만 18세가 된 사람은 혼인할 수 있다(전문개정 2007.12.21.). 이때 연령은 호적상의 혼인연령[88]을 말한다. 민법 개정 전에는 남자 만 18세, 여자 만 16세 이상이어야 했다.

③ 미성년자의 경우에는 부모의 동의, 금치산자인 경우에는 부모 또는 후견인의 동의가 있어야 한다(민법 제808조).

미성년자가 혼인할 때는 부모의 동의를 얻어야 하며, 부모 중 일방이 동의권을

---

87) 가장이혼이 유효라는 판례(대판 1975.11.25. 75 모 26)와 무효라는 판례(대판 1975.5.27. 므23)가 대립되다가 무효라는 판례(대판 1980.1.29. 72므62, 63)로 정착되었다.

88) 혼인연령에 대하여 각국의 입법례를 살펴보면, ① 남자의 경우에는 영국과 이탈리아가 16세, 독일·일본·싱가포르·프랑스 등이 18세, 중국은 20세로 규정하고 있다. ② 여자의 경우에는 이탈리아가 14세, 인도네시아와 프랑스가 15세, 일본·대만·홍콩은 16세로 되어 있다.

행사할 수 없을 때는 다른 일방에 동의를 얻어야 한다. 그러나 부모 모두 동의권을 행사할 수 없을 때는 친족회의 동의를 얻어야 한다(민법 제808조 제2항 및 제3항). 금치산자는 부모 또는 후견인의 동의를 얻어야 혼인할 수 있고, 그렇지 못할 경우에는 친족회의 동의를 얻어야 한다.

④ 근친혼이 아닐 것(민법 제809조)

(가) 민법 개정 전에는 '동성동본금혼조항(제809조제1항: 동성동본인 혈족 사이에는 혼인하지 못한다)은 헌법재판소의 헌법불합치결정(95헌가 6 내지 13)을 통해 1997.7.16.자로 사실상 그 효력을 상실하였다.

(나) 현행 개정법에서는 ① 8촌 이내의 혈족(친양자의 종전의 혈족을 포함), ② 6촌 이내의 혈족의 배우자, 배우자의 6촌 이내의 혈족, 배우자의 4촌 이내의 혈족의 배우자인 인척이거나 이러한 인척이었던 자, ③ 6촌 이내의 양부모계의 혈족이었던 자와 4촌 이내의 양부모계의 인척이었던 자 사이에는 혼인하지 못하도록 하고 있다. 이같이 근친자 사이에 혼인을 금지하는 이유는 우생학적·윤리적인 이유 때문이다.

결국 여계혈족(女系血族)의 배우자(형부, 고모부 등)와 처의 혈족(처제, 장모)과의 혼인은 금지된다. 종래 처제와 형부의 혼인 사례가 적지 않았으나 현행법 체제하에서는 금지된다고 할 것이다.

<참조: 민법 809조 제1항 위헌제청에 대한 헌법재판소 결정>

헌법재판소 1997.7.16. 선고, 95헌가6 결정, 헌공 23

(결정요지)

가. (1) 재판관 김용준, 재판관 김문희, 재판관 황도연, 재판관 신창언, 재판관 이영모의 단순위헌의견

중국의 동성금혼 사상에서 유래하여 조선시대를 거치면서 법제화되고 확립된 동성동본금혼제는 그 제도 생성 당시의 국가정책, 국민의식이나 윤리관 및 경제구조와 가족제도 등이 혼인제도에 반영된 것으로서, 충효정신을 기반으로 한 농경중심의 가부장적, 신분적 계급사회에서 사회질서를 유지하기 위한 수단의 하나로서의 기능을 하였다. 그러나 자유와 평등을 근본이념으로 하고 남녀평등의 관념이 정착되었으며 경제적으로 고도로 발달된 산업사회인 현대의 자유민주주의사회에서 동성동본금혼을 규정한 민법 제809조 제1항은 이제 사회적 타당성 내지 합리성을 상실하고 있음과 아울러 '인간으로서의 존엄과 가치 및 행복추구'를 규정한 헌법이념 및 '개인의 존엄과 양성의 평등'에 기초한 혼인과 가족생활의 성립, 유지라는 헌법규정에 정면으로 배치될 뿐 아니라 남계혈족에만 한정하여 성별에 의한 차별을 함으로써 헌법상의 평등의 원칙에도 위반되며, 또한 그 입법목적이 이제는 혼인에 관한 국민의 자유와 권리를 제한할 '사회질서'나 '공공복리'에 해당될 수 없다는 점에서 헌법 제37조 제②항에도 위반된다 할 것이다.

(2) 재판관 정경식, 재판관 고중석의 헌법불합치의견

민법 제809조 제①항이 헌법에 위반된다는 결론에는 다수의견과 견해를 같이한다. 그러나 동성동본제도는 수백 년간 이어져 내려오면서 우리 민족의 혼인풍속이 되었을 뿐만 아니라 윤리규범으로 터 잡게 되었고 혼인제도는 입법부인 국회가 우리 민족의 전통·관습·윤리의식 등 여러 가지 사정을 고려하여 입법정책적으로 결정하여야 할 입법재량사항이므로, 비록 위 조항에 위헌성이 있다고 하여도 헌법재판소가 곧바로 위헌결정을 할 것이 아니라 입법형성권을 가지고 있는 국회가 우리 민족의 혼인풍속·윤리의식·친족관념 및 그 변화 여부·동성동본금혼제도가 과연 사회적 타당성이나 합리성을 완전히 상실하였는지 여부·그 제도의 개선방법, 그리고 동성동본금혼제도를 폐지함에 있어 현행 근친혼금지규정이나 혼인무효 및 취소에 관한 규정을 새로 정비할 필요는 없는지 등을 충분히 고려하여 새로이 혼인제도를 결정할 수 있도록 헌법불합치결정을 하여야 한다.

나. 이 사건 법률조항이 헌법에 위반된다는 점에 있어서는 재판관 7명의 의견이 일치되었으나, 재판관 5명은 단순위헌결정을 선고함이 상당하다는 의견이고 재판관 2명은 헌법불합치결정을 선고함이 상당하다는 의견으로서, 재판관 5명의 의견이 다수의견이기는 하나 헌법재판소법 제23조 제2항 제1호에 규정된 '법률의 위헌결정'을 함에 필요한 심판정족수에 이르지 못하였으므로 헌법불합치의 결정을 선고한다.

재판관 이재화, 재판관 조승형의 반대의견

    동성동본금혼제는 중국에서 유래한 것이 아니라 단군국초부터 전래되면서 관습화된 우리 민족의 미풍양속으로서 전통문화의 하나이며, 비록 1970년대 이래 급속한 경제성장에 따라 우리의 사회환경이나 의식이 여러 면에서 변화하고 있지만 우리의 혼인관습이 본질적으로 변하였다고 볼 만한 자료는 없다. 가족법은 그 특성상 전통적인 관습을 반영할 수밖에 없는 것이며 그중 어느 범위에서 이를 입법화하여 강제할 것인가는 입법정책의 영역에 속하는 것으로 입법자의 판단이 명백히 비합리적이라고 판단되지 않는 이상 이를 위헌이라고 할 수는 없는 것인바, 민법 제809조 제①항은 전통적인 혼인관습을 법제화·강제화함으로써 사회질서를 유지하고자 함을 입법목적으로 하며, 전통문화라는 역사적 사실과 전통문화의 계승이라는 헌법적 이상에 부응한다. 그리고 국민의 행복추구권 즉, 혼인의 자유와 상대방을 자유롭게 선택할 수 있는 자유 등도 불가피한 경우에는 그 본질적 내용을 침해하지 않는 한도에서 법률로써 제한할 수 있으며, 또한 전통문화의 계승이라는 한계 내에서만 보장된다 할 것인데, 이 사건 법률조항의 입법목적의 정당성을 긍정하는 한 이 조항이 배우자 선택권을 지나치게 제한하여 그 본질을 침해한다고 할 수는 없으며, 그 입법수단이나 방법의 적절성 및 법익침해의 균형성도 문제 되지 아니하고, 전통관습의 법제화라는 입장에서 이 사건 법률조항을 둔 것이므로 이를 합리성이 없는 자의적 남녀차별이라고 할 수도 없다. 따라서 이 사건 법률조항은 과잉금지의 원칙이나 자의적 차별 금지의 원칙에 반하여 국민의 기본권을 제한한다거나 혼인과 가족생활에 관한 헌법 제36조 그 밖의 헌법원리에 반한다고 할 수 없다.

⑤ 중혼이 아닐 것(민법 제810조)

중혼(重婚)이란 법률상 혼인이 이중으로 성립하는 것을 말한다.

중혼에 해당되는 경우에는 호적신고서가 수리되지 않으나 ⅰ) 호적공무원이 잘못해서 이중으로 혼인신고를 수리한 경우, ⅱ) 이혼 후에 재혼하였는데 전혼(前婚)의 이혼이 무효·취소된 경우 ⅲ) 실종선고 후 재혼하였는데 실종선고가 취소된 경우 등이 있다. 중혼의 경우에는 후혼(後婚)을 취소할 수 있다(민법 제816조 제1호).

(2) 형식적 요건

① 혼인신고

혼인은 「가족관계의 등록 등에 관한 법률」에 정한 바에 의하여 '신고'함으로써 그 효력이 생긴다. 현행 민법은 법률혼주의를 취하고 있어서 혼인신고가 없으면 법률상 혼인으로 보지 않는다.

② 혼인신고의 방법

혼인신고는 혼인 당사자 쌍방과 성년자인 증인 2인이 연서한 서면으로 하여야 한다.

(가) 당사자가 서면 또는 구술로 신고할 수 있으며, 신분증명서를 제시해야 한다.[89]

혼인신고는 대리가 허용되지 않고 신고서의 대리제출만 가능하다. 또 말로 하는 '구술'로 간단히 '신고'할 수 있으나, 이때는 대리구술은 허용되지 않는다(제31조 제3항).

(나) 혼인서의 기재사항

혼인의 신고서에는 다음 사항을 기재하여야 한다. 다만, 제3호의 경우에는 혼인 당사자의 협의서를 첨부하여야 한다(「가족관계의 등록 등에 관한 법률」 제71조).

(ⅰ) 당사자의 성명·본·출생연월일·주민등록번호 및 등록기준지(당사자가 외국인인 때에는 그 성명·출생연월일 및 국적)

(ⅱ) 당사자의 부모와 양부모의 성명·등록기준지 및 주민등록번호

(ⅲ) 「민법」 제781조제1항 단서에 따른 협의가 있는 경우 그 사실

(ⅳ) 「민법」 제809조제1항에 따른 근친혼에 해당되지 아니한다는 사실

(다) 신고의 수리

혼인신고를 제출받은 공무원은 신고된 혼인이 혼인적령에 달했는지의 여부, 미성년자의 혼인인 경우 부모의 동의가 혼인신고서에 표시되었는지의 여부, 동성동본인 혈족 간의 혼인인지의 여부, 근친혼인지의 여부, 기혼자의 혼인인지의 여부를 심사할 수 있는 형식적 심사권만 갖는다.

---

89) 「가족관계의 등록 등에 관한 법률」 제23조(신고방법) ① 신고는 서면이나 말로 할 수 있다. ② 신고로 인하여 효력이 발생하는 등록사건에 관하여 신고사건 본인이 시·읍·면에 출석하지 아니하는 경우에는 신고사건 본인의 주민등록증·운전면허증·여권, 그 밖에 대법원규칙이 정하는 신분증명서(이하 이 항에서 '신분증명서'라 한다)를 제시하거나 신고서에 신고사건 본인의 인감증명서를 첨부하여야 한다. 이 경우 본인의 신분증명서를 제시하지 아니하거나 본인의 인감증명서를 첨부하지 아니한 때에는 신고서를 수리하여서는 아니 된다.

(라) 재외한국인의 혼인신고

외국에 있는 본국민 사이의 혼인은 그 외국에 주재하는 대사, 공사 또는 영사에게 신고할 수 있다(제814조). 이때 신고를 수리한 대사, 공사 또는 영사는 지체 없이 그 신고서류를 본국의 등록기준지를 관할하는 가족관계등록관서에 송부하여야 한다(개정 2007.5.17.).

또한 거주하는 외국의 법률이 정하는 방식을 이행함으로써 혼인은 유효하게 성립한다(판례).

③ 혼인신고의 수리와 효과

혼인신고가 수리되면 혼인은 성립한다. 비록 공무원이 혼인신고서를 등록부에 기재하지 않더라도 수리로 혼인이 성립되며, 그것이 법령에 위반하는 것이라도 마찬가지다. 다만, 이 경우에는 무효 또는 취소의 문제가 남게 될 것이다.

④ 조정·심판에 의한 수리와 효과

실질적으로 혼인생활을 하고 있으나 혼인신고를 할 수 없는 경우에 사실상 혼인관계존재확인청구를 통해 혼인신고를 할 수 있다. 이 경우에 먼저 '조정'을 신청하여 조정이 이루어지게 되면, 조정이 성립한 날로부터 1월 이내에 조정조서를 첨부하여 혼인신고를 해야 한다(가족관계의 등록 등에 관한 법률 제72조).

3. 혼인의 무효와 취소

(1) 혼인의 무효

혼인의 무효는 '혼인신고'로 인해 가족관계등록부에 부부로 등재되어 있지만, 혼인무효사유가 존재하여 혼인의 효력이 발생하지 않는 것이다. 혼인의 무효는 신분관계에 대한 변동으로 법적 안정성을 해칠 우려가 있어 재산법과는 달리 특수성이 인정된다.

① 혼인무효의 원인

혼인의 무효는 일정한 원인으로 처음부터 부부로서의 효과가 발생하지 않는데, 혼인이 무효가 되는 경우는 다음과 같다(개정 2005.3.31.).

첫째, 당사자 간에 혼인의 합의가 없는 때

동성혼, 가장혼인(假裝婚姻)이나 당사자 사이에 혼인의 합의 없이 이루어진 혼인신고는 무효이다.

둘째, 혼인이 8촌 이내의 혈족(친양자의 입양 전의 혈족을 포함한다) 사이에서 혼인(제809조제1항)한 때

셋째, 당사자 간에 직계인척관계(직계인척관계)가 있거나 있었던 때

넷째, 당사자 간에 양부모계의 직계혈족관계가 있었던 때

혼인신고가 되어 있는 것을 정정하려면 무효확인의 소를 가정법원에 제기해야 한다.

이때 혼인무효를 청구할 수 있는 자는 당사자·법정대리인·당사자의 4촌 이내의 방계혈족이 된다. 혼인무효는 당사자가 임의로 처분할 수 있는 사항이 아니므로 조정이나 화해의 대상이 되지 않으며 조정전치주의에 해당되지 않는다.

확정판결로 인하여 등록부를 정정하여야 할 때에는 소를 제기한 사람은 판결확정일로부터 1개월 이내에 판결의 등본 및 그 확정증명서를 첨부하여 등록부의 정정을 신청하여야 한다(가족관계의 등록 등에 관한 법률 제107조).

② 혼인무효의 효과

혼인이 무효가 되면 그 혼인은 처음부터 소급하여 아무런 혼인의 효과가 발생하지 않는다(소급효 인정).

그리고 판결의 효력은 제3자에게도 미치게 되어, 누구에게나 무효를 주장할 수 있게 된다. 따라서 상속과 그 밖의 권리 변동은 무효로 되고, 그 자녀는 혼인 외의 출생자가 된다. 과실이 있는 상대방에 대하여 손해배상청구를 하게 된다. 이 청구는 재산상 손해와 정신상의 고통에 대한 손해배상도 포함된다.

(2) 혼인의 취소

일정한 혼인취소 사유가 있으면, 취소권자가 가정법원(서울 이외의 지역은 지방법원)에 취소를 위한 조정을 먼저 신청하고, 조정이 성립되지 않으면 제소신청을 하여 재판을 받게 된다. 즉 혼인취소는 혼인취소의 소를 통해서만 가능하게 되는 것이다.

① 혼인의 취소 원인

혼인은 다음 각 호의 어느 하나의 경우에는 법원에 그 취소를 청구할 수 있다. <개정 1990.1.13, 2005.3.31. >

첫째, 혼인이 제807조 내지 제809조(제815조의 규정에 의하여 혼인의 무효사유에 해당하는 경우를 제외한다. 이하 제817조 및 제820조에서 같다) 또는 제810조의 규정에 위반한 때

혼인적령(만18세)을 위반하거나, 부모의 동의 없이 혼인한 경우(제808조), 근친혼 금지(제809조)를 위반한 때, 배우자 있는 자는 다시 혼인한 경우(제810조) 등은 취소할 수 있다.

둘째, 혼인 당시 당사자 일방에 부부생활을 계속할 수 없는 악질 기타 중대 사유 있음을 알지 못한 때,

심한 정신병, AIDS 등 치유가 어려운 질병에 걸린 것을 알지 못하고 혼인한 경우에는 혼인에 대한 취소의 소를 제기할 수 있다. 그러나 그 사유가 있음을 안 날로부터 6개월을 경과한 때에는 취소할 수 없다.

셋째, 사기 또는 강박으로 인하여 혼인의 의사표시를 한 때

사기란 학력·경력·직업·재산관계·채무관계·과거의 사실혼 관계·혼인 외의 자가 있는 사실 등을 속인 경우 등이 해당될 수 있다. 강박(强迫)이란, 상대방에게 해악(害惡)을 고지하여, 강제로 혼인의 의사를 표시하게 한 혼인을 의미한다.

사기 또는 강박으로 인하여 혼인의 의사 표시를 한 때에는 사기 또는 강박에 의한 혼인 의사의 표시자가 사기를 안 날 또는 강박을 면한 날로부터 3개월 이내에 취소를 청구할 수 있다.

② 혼인취소의 효력

혼인의 취소는 의사표시의 취소와 달리 소급하지 않는다(민법 제834조). 혼인취소는 조정전치주의로 규정하여, 먼저 가정법원의 조정을 거친 후에 재판을 제기할 수 있다. 또 재판이 확정되면 소를 제기한 자는 그 확정일로부터 1월 이내에 재판의 등본 및 확정증명서를 첨부하여 그 취지를 신고하여야 한다(가족관계의 등록에 관한 법률 제105조, 제106조).

혼인의 취소로 혼인관계는 해소되고, 혼인취소의 효력은 소급하지 않고 판결이 확정된 이후 장래에 향하여 혼인관계가 종료된다(소급효 없음). 처의 친가복적은 민법에서 삭제하였으므로 가족관계등록부에 혼인취소 등의 사유를 기재하면 된다.

4. 혼인의 효과

(1) 혼인의 일반적인 효과

① 친족관계의 발생

혼인을 함으로써 혼인 당사자는 배우자의 신분을 취득한다. 뿐만 아니라 부부 사이는 무촌(0촌)이 되고, 상대방의 혈족 사이에 서로 인척관계가 생긴다.

② 상속권·후견인이 될 수 있는 권리

혼인이 되면 배우자의 일방은 다른 일방이 사망할 때 재산상속권을 취득한다(민법 제1003조). 또 부부의 일방이 한정치산이나 금치산 선고를 받을 경우, 다른 일방은 그의 후견인이 된다(민법 제934조).

③ 동거·부양·협조의 의무

부부는 동거하며 서로 부양하고 협조하여야 한다. 그러나 정당한 이유로 일시적으로 동거하지 아니하는 경우에는 서로 인용하여야 한다(제826조).

(가) 동거의무

혼인을 하면 부부는 함께 살아야 할 동거의무가 생긴다.

여기서 동거란 부부로서 정신적·육체적·경제적인 동거를 의미하며, 단순히 한 지붕 밑에서 장벽을 쌓고 별도로 생활을 하는 것은 동거가 아니다. 부부의 동거 장소는 부부의 협의에 따라 정하게 되나, 협의가 이루어지지 아니하는 경우에는 당사자의 청구에 의하여 가정법원이 이를 정한다.

부당한 동거의무의 위반은 악의의 유기로서 이혼원인이 된다. 또한 부양의무의 이행을 거절할 수 있다. 그러나 정당한 이유(예컨대, 해외유학, 해외취업, 지방근무, 정신상, 육체상의 일시적 장애에 의한 입원이나 질병 등으로 인한 요양, 자녀 교육상의 필요 등)로 일시적으로 동거하지 아니하는 경우에는 서로 인용하여야 한다.

한편 부부의 일방이 징역·금고 등 실형을 선고받고 복역 중일 때, 심한 주벽, 폭행 등으로 동거하기 어려울 정도로 참을 수 없는 학대를 할 때, 이혼소송을 제기하였을 때, 남편이 다른 여자와 동거할 때 등에는 동거의무가 없다.

(나) 부양의무

부부는 서로 부양할 의무가 있다(제826조 제1항).

부양이란 부부일체로서의 공동생활에 필요한 것을 부부가 서로 제공하는 것을 말하며 상호간에 동일한 수준이 유지되도록 해야 한다.

부부의 공동생활에 필요한 비용(부양료)의 부담은 당사자 간에 특별한 약정이 없으면 부부가 공동으로 부담하는 것이 원칙이며, 만약 부부간의 부담 비율이나 부담액의 약정이 있으면 그에 의한다.

부양의무가 있는 사람이 이에 위반한 경우에는 상대방은 부양료를 청구할 수 있고 고의로 부양의무를 이행하지 아니하면 악의의 유기로 이혼의 원인이 될 수도 있다.

(다) 협조의무

부부의 공동생활은 부부의 분업에 기초한 협조에 의하여 이루어져야 하는바, 부부는 일상생활의 각 분야에서 분업·협동하고 서로 도와서 원만한 가정공동체를 영위할 협조 의무가 있다.

이 경우에도 당사자 일방이 정당한 사유 없이 이 의무를 이행하지 않은 때에는 다른 일방이 그 이행을 청구하는 조정 또는 소송을 청구할 수 있다.

(라) 정조의무

부부는 서로 정조를 지킬 의무가 있다.

정조의무에 위반한 경우에는 부정행위로서 이혼원인이 되며, 간통죄로 형사처분을 받게 될 수도 있다. 정조의무에 반하는 부정행위는 간통을 포함하는 보다 넓은 개념으로 간통에까지 이르지 않았다 하더라도, 일부일처제하에서 부부의 정조에 충실하지 않은 일체의 행위를 포함한다(대법원 1993.4.9. 선고 92므938 판결). 그래서 다른 이성과 격렬한 키스행위나 포옹하고 애무하는 행위는 정조의무 위반이 될 수 있다. 또한 고령이고 중풍으로 정교능력이 없어 실제로 정교를 갖지는 못하였다 하더라도 배우자 아닌 자와 동거한 행위는 배우자로서의 정조의무에 충실치 못한 부정한 행위에 해당한다고 한다(대법원 1992.11.10. 선고 92므68 판결).

정조의 의무에 위반하여 부정한 행위를 저지르게 되면 이혼의 원인이 되며(민법 제840조 제1호) 간통을 한 경우에는 이혼은 물론 2년 이하의 징역에 해당하는 형사처분까지 받도록 되어 있다(형법 제241조).

부정한 행위를 이유로 들어 이혼소송을 제기할 때에는 다른 일방이 사전동의나 사후용서를 한 때 또는 이를 안 날로부터 6월, 그 부정행위가 있은 날로부터 2년이 경과하기 전에 재판을 청구하여야 한다. 둘 중에 어느 한 기간만 경과하여도 이혼을 청구하지 못한다(민법 제841조).

④ 성년의제

미성년자가 혼인을 한 때에는 성년자로 본다(민법 제826조의 2). 이것이 성년의제(成年擬制)이다. 성년의제가 미치는 범위는 민법상의 효과에 대해서뿐이며 청소년보호법, 통합선거법, 미성년자보호법, 근로기준법 제62조 이하의 연소근로자보호규정 등에서는 여전히 미성년자로 취급된다.

일단 성년의제로 행위능력이 취득되면 그 뒤에 이혼이나 사망 등으로 인하여 혼인이 해소될지라도 그 효과는 소멸되지 않는다. 다시 말하자면 한 번 성년이 되고 나면 이혼을 하더라도 다시 미성년자로 돌아가지는 않는다.

⑤ 부부 사이의 계약취소권

부부간의 계약은 혼인 중 언제든지 부부의 일방이 이를 취소할 수 있다. 그러나 제삼자의 권리를 해하지 못한다(민법 제828조). 부부간의 계약을 혼인 중 아무 때라도 취소할 수 있게 한 것은, 부부간의 약속은 애정이나 인정에 의하여 다루어져야 하기 때문이다.

이 부부간 계약의 취소권은 혼인 중의 부부 사이에서만 적용된다. 따라서 혼인하기 전(前)에 약혼자 사이 또는 애인 사이에서 체결한 계약은 마음대로 취소할 수 없다.

그리고 이혼 등으로 혼인이 해소된 뒤에도 부부간 계약을 취소할 수 없다. 부부간의 계약이 취소되면 그 계약은 처음부터 성립하지 않았던 것으로 된다.

⑥ 부부의 성

부부는 결혼하더라도 성 불변의 원칙에 따라 처의 성이 부의 성으로 바뀌지 않는다. 즉 부부는 각자의 성을 가진다.

5. 부부에 대한 법률상 특별 취급

(1) 배우자가 사망한 경우의 위자료 청구

사고로 자기 배우자가 사망한 경우에 잔존 배우자는 그 사고를 낸 사람에게 자기의 정신상 고통에 대한 손해배상(위자료)을 청구할 수 있다(민법 제752조). 물론 자기 몫의 위자료 이외에 사망자의 유족으로서 장례비·병원비·유족배상·사망자 위자료 등을 별도로 받을 수 있다.

(2) 형법·형사소송법상의 특별취급

① 일방의 배우자가 다른 배우자를 위하여 범인은닉·증거인멸 등의 죄를 범하더라도 처벌되지 않는다.

② 부부간에 절도·사기·공갈·횡령·배임·장물 또는 권리행사방해죄 등을 범하더라도 그 형이 면제(免除)된다.

③ 배우자의 직계존속에 대하여 학대·유기·체포감금·협박·폭행·상해·살인죄 등을 범하면, 형이 가중(加重)되어 보통의 경우보다 무겁게 처벌된다.

④ 자기의 배우자가 형사소추, 공소제기 및 유죄판결을 받을 염려가 있는 사항에 관해서는 증언을 거부할 수 있다.

6. 사실혼

(1) 사실혼 개념

사실혼(事實婚)이란 사실상 혼인생활을 하고 있으면서도 '혼인신고'가 없기 때문에 법률상 혼인으로 인정되지 않는 부부관계이다.

'사실혼관계'는 혼인의 의사가 있고 또 현실적으로 부부 공동생활의 실체가 존재한다는 점에서, 일정한 경제적 원조로 이루어지는 원조교제(청소년성매매)나 '축첩(蓄妾)관계'와 다르고, 남녀가 은밀하게 정을 통하는 '사통(私通)관계'와도 구별된다.

(2) 사실혼의 성립요건

첫째, 사실상의 '혼인 의사'가 있어야 한다. 이 의사는 대개 신고를 하여 법률상으로도 부부가 되겠다는 합의가 있어야 하지만, 사회적·실질적으로 부부가 되겠다는 합의가 있어야 한다. 결혼식을 한 사실, 증인들의 확실한 증언 등은 두 남녀 사이에 사실상의 혼인 의사가 있었다는 인정을 받을 수 있는 증거가 된다.

둘째, 당사자 사이에 사회 관념상 부부공동생활이라고 인정될 만한 사회적 사실이 존재하여야 한다. 즉 동거·협조·부양의무를 다하고 의식주를 함께하는 등 혼인생활의 실체가 있어야 한다.

(3) 사실혼의 효과

① 부부공동생활에 대한 효과
사실혼 부부도 법률혼 부부와 마찬가지로 동거·협조·부양 및 정조의 의무가 있다.

따라서 혼인신고 없이 동거하고 있는 사실혼 부부일지라도 사실혼의 아내와 불법으로 정교를 맺은 정부에 대하여 사실혼의 남편은 불법행위로 인한 손해배상을 청구할 수 있다(대법원 61.10.19. 선고, 4293민상 531 판결).

② 재산적 효과
일상의 가사에 관하여 금전거래가 있었을 때 사실혼 부부에게도 서로 대리권이 있고, 그 가사대리권 행사로 인하여 빚을 졌을 경우 부부가 연대책임으로 갚아야 한다.

③ 사실혼의 효력과 법률혼의 효력과의 차이점
사실혼 부부는 법률혼 부부와는 달리 사실혼 부부 사이에서 출생한 자녀는 '혼인 외의 출생자'가 된다. 그래서 혼인 외의 자는 어머니의 성(姓)과 본(本)을 따르고 어머니 호적에 입적하여야만 할 것이다.

④ 사실혼 보호를 위한 특별법규
사실혼 부부를 법률혼 부부와 동일하게 취급하여 보호해 주고 있는 특별한 법규들이 있다. 즉 근로기준법시행령(제48조 제1항), 공무원연금법(제3조 제1항 제1호),

군인연금법(제3조 제1항 제4호), 범죄피해자구조법(제5조 제1항), 사립학교교직원연금법(제2조 제1항), 산업재해보상보험법(제5조 제3호) 등에서는 각각 '사실상 혼인관계에 있는 자'를 '배우자'로 보고 있다.

따라서 남편이 연금을 받다가 사망하였을 때에는 혼인신고 안 된 사실상 아내일지라도 그 50%에 해당하는 연금을 계속 수령할 수 있다. 그리고 주택임대차보호법에서는 임차인 사망 시 사실혼 배우자에게도 전세권의 승계를 인정하고 있다(동법 제9조, 제12조).

(4) 사실혼의 해소

사실혼 부부 중 한 사람이 사망이나 실종선고,[90] 사실혼 해소의 합의, 일방 당사자의 사실혼 관계의 파기로 사실혼이 해소된다.

사실 법률상의 혼인은 협의이혼 또는 조정 및 재판에 의한 이혼의 경우에도 일방적으로 혼인을 해소할 수 없도록 엄격히 규제되어 있다. 그러나 사실혼은 언제 어느 때라도 자유로이 혼인을 해소할 가능성이 있어서 어느 한쪽의 일방적인 파기에 의해 다른 상대방을 보호할 필요가 있다. 당사자 일방이 정당한 사유에 의하지 않고 사실혼관계를 부당하게 파기한 경우에는 상대방에 대하여 재산상 손해 및 정신상 고통을 포함하는 손해배상의 책임이 있다.

---

90) 부재자의 생사불명의 상태가 장기에 걸쳐 사망의 개연성은 크지만 그렇다고 사망의 확정도 없는 경우에 이를 방치하면 그 부재자의 법률관계의 불확정으로 이해관계자에게 불이익을 준다. 그러므로 이해관계인이나 검사의 청구에 의하여, 법원은 실종선고를 하는데, 실종기간이 만료한 때 사망으로 보고 있다. 실종기간은, 보통에 있어서는 5년간(보통실종), 특별한 경우에는 1년간(특별실종) 계속하여야 한다. 여기서 특별실종이라 함은 '전지에 임한 자', '침몰한 선박 중에 있던 자', '추락한 항공기 중에 있던 자', '기타 사망의 원인이 될 위난을 당한 자' 등을 말한다.

제2절 이혼제도와 여성

Ⅰ. 서 론

이혼(離婚)이란 부부의 생존 중에 혼인관계를 해소시키는 것으로서, 부부의 합의나 법원의 재판을 통해서 신분관계를 소멸시키는 것을 말한다.

혼인에 치유할 수 없는 하자가 있음에도 불구하고, 계속 유지하게 하는 것은 이혼보다 더 큰 비극을 가져올 수 있고 개인의 행복추구의 권리를 침해할 소지가 있다. 그러므로 대부분의 나라에서 이혼을 법률로 인정하고 있다.

우리나라도 예외는 아니어서 2007년 현재 하루 평균 370쌍의 부부가 헤어지고 있어 이혼율 세계 3위를 기록하고 있다.

통계청자료에 의하면, 2007년 이혼 건수는 12만 4600건으로, 전년보다 400건 가량 줄어들었지만 오히려 '청년이혼'과 '황혼이혼'이 급증하고 있다.[91]

---

91) 이혼 건수는 1997년 9만 1천 건에서 2003년 167만 1천 건까지 꾸준히 상승했으나 2004년부터 감소세를 유지했다. 이는 15~49세의 부부 인구가 감소하고 경제적 안정, 이혼숙려제 도입 등에 따른 것으로 통계청은 분석했다.

인구 1천 명당 이혼 건수인 조이혼율은 2.5로 전년보다 0.1포인트 감소했으며 부부 500쌍(유배우자 1천 명)당 이혼 건수인 유배우 이혼율도 5.2로 전년보다 0.1포인트 줄었다. 그러나 50세 이상 부부의 이른바 '황혼 이혼'은 증가세를 이어 갔다.

남자의 연령별 이혼 건수는 45세 이상에서만 전년보다 증가했고 나머지 연령대는 감소했다. 증가율은 55세 이상이 9.9%로 가장 높았고 50~54세(7.5%), 45~49세(4.1%) 등이 뒤를 이었다. 감소율은 20~24세(-10.7%), 30~34세(8.5%), 25~29세(5.2%) 등의 순이었다.

여자의 경우에도 55세 이상의 이혼 건수 증가율이 9.3%로 가장 높았고 50~54세도 3.2%를 기록한 반면 25~29세(-0.5%), 30~34세(-4.7%), 35~39세(-1.5%) 등은 감소세를 보였다.

이처럼 황혼 이혼이 늘고 초혼 연령도 높아지면서 지난해 평균 이혼 연령은 남자가 43.2세, 여자가 39.5세로 전년에 비해 각각 0.6세, 0.2세 상승했고 10년 전(1997년)에 비해서는 남녀 모두 4.2세 높아졌다. 연합뉴스 2008.04.21.

이혼의 원인으로는 부부 간 성격차이가 46.8%로 전체의 절반에 가까웠고 경제문제 13.6%, 가족 간 불화 8.0%, 배우자 부정 7.8%, 정신·육체적 학대 4.8% 등이었다.

우리 민법은 이혼에 관하여 협의상 이혼과 재판상 이혼의 두 가지 방법을 규정하고 있다.

협의상 이혼은 당사자 간의 자유로운 의사의 합치에 의하여 혼인관계를 장래에 향하여 해소시키는 행위로서 가정법원의 확인을 받아 신고함으로써 그 효력이 생긴다.

II. 협의이혼

협의이혼이란 부부가 협의에 의하여 이혼하는 것을 말한다(민법 제834조). 협의이혼은 협의만 한다면, 재판상 이혼과는 달리 법정이혼 원인 이외의 경우라도 가능할 것이다. 협의이혼은 가정법원의 확인을 받아 「가족관계 등록 등에 관한 법률」에 정한 바에 의하여 신고함으로써 그 효력이 생긴다.

1. 협의이혼의 요건

(1) 실질적 요건

① 당사자 간에 이혼 의사의 합치가 있어야 한다.

부부로서의 결합을 완전히 해소하는 것이므로 이혼에 관한 합의는 무조건이고 무기한이어야 한다. 따라서 실제로 이혼 의사가 없으면서 형식상 이혼으로만 신고하고 사실상 동거하는 협의이혼은 무효이다.

협의이혼은 이혼 신고가 되어야 효력이 발생하는데 이혼 신고서를 작성하는 때는 물론 수리되는 때에도 이혼 의사가 있어야 한다. 또, 이혼 의사가 합치하기만 하면

되고 이혼원인으로는 예컨대, 부정행위·성격불일치·부당한 대우·권태·애정상실·건강·금전문제 등 무엇이든지 상관없다.

② 금치산자가 협의이혼을 할 경우에는 부모 또는 후견인의 동의를 얻어야 한다. 만일 부모 또는 후견인이 없거나 또는 있더라도 동의할 수 없는 경우에는 친족회의 동의를 얻어 협의이혼을 할 수 있다(민법 제835조).

③ 외국에 거주하는 국민들의 경우에는, 그 지역을 관할하는 해외 공관의 장에게 이혼 의사 확인을 신청할 수 있다.

(2) 형식적 요건

① 협의상 이혼의 신고

협의상 이혼은 가정법원의 확인을 받아 「가족관계의 등록 등에 관한 법률」이 정한 바에 의하여 신고함으로써 그 효력이 생긴다(민법 제836조 제1항). 즉 협의상 이혼을 하고자 하는 사람은 등록기준지 또는 주소지를 관할하는 가정법원의 확인을 받아 신고하여야 한다. 다만, 국내에 거주하지 아니하는 경우에 그 확인은 서울가정법원의 관할로 한다.

그리고 이때 신고는 협의상 이혼을 하고자 하는 사람이 가정법원으로부터 확인서 등본을 교부 또는 송달받은 날부터 3개월 이내에 그 등본을 첨부하여 행하여야 한다(가족관계 등록 등에 관한 법률 제75조 제1항 및 제2항). 만일 3개월을 경과한 때에는 그 가정법원의 확인은 효력을 상실한다.

② 이혼의 절차

협의상 이혼을 하려는 자는 가정법원이 제공하는 이혼에 관한 안내를 받아야 하고, 가정법원은 필요한 경우 당사자에게 상담에 관하여 전문적인 지식과 경험을 갖춘 전문상담인의 상담을 받을 것을 권고할 수 있다(민법 제836조의2 제1항).

즉 이혼 전 일정기간 동안 상담 등을 통해 이혼을 다시 고려해 볼 수 있는 기회를 부여하는 '이혼숙려제도'를 도입[92]했다. 그리하여 가정법원에 이혼신청을 하고 자녀가 있으면 3개월, 없으면 1개월이 지나 이혼 의사를 확인받을 수 있으며, 가정법원은 폭력으로 인하여 당사자 일방에게 참을 수 없는 고통이 예상되는 등 이혼을 하여야 할 급박한 사정이 있는 경우에는 위의 기간을 단축 또는 면제할 수 있다.

2. 협의이혼의 무효와 취소

협의이혼이 무효가 되는 것은 이혼 신고가 수리되었으나 당사자 사이에 이혼합의가 없는 경우이다.

(1) 협의이혼 무효

협의이혼의 구체적인 경우는 다음과 같다.

① 채권자의 집행을 면하거나 또는 혼인 외의 출생자를 혼인 중의 출생자로 하기 위한 방편으로 부부가 가장이혼[93])을 한 경우

② 당사자의 일방 또는 쌍방이 모르는 사이에 이혼 신고가 된 경우

---

92) 민법 제836조의2(이혼의 절차) ① 협의상 이혼을 하려는 자는 가정법원이 제공하는 이혼에 관한 안내를 받아야 하고, 가정법원은 필요한 경우 당사자에게 상담에 관하여 전문적인 지식과 경험을 갖춘 전문상담인의 상담을 받을 것을 권고할 수 있다.
② 가정법원에 이혼 의사의 확인을 신청한 당사자는 제1항의 안내를 받은 날부터 다음 각 호의 기간이 지난 후에 이혼 의사의 확인을 받을 수 있다.
 1. 양육하여야 할 자(포태 중인 자를 포함한다. 이하 이 조에서 같다)가 있는 경우에는 3개월
 2. 제1호에 해당하지 아니하는 경우에는 1개월
③ 가정법원은 폭력으로 인하여 당사자 일방에게 참을 수 없는 고통이 예상되는 등 이혼을 하여야 할 급박한 사정이 있는 경우에는 제2항의 기간을 단축 또는 면제할 수 있다.
④ 양육하여야 할 자가 있는 경우 당사자는 제837조에 따른 자(자)의 양육과 제909조제4항에 따른 자(자)의 친권자결정에 관한 협의서 또는 제837조 및 제909조제4항에 따른 가정법원의 심판정본을 제출하여야 한다[본조 신설 2007.12.21.].
93) 가장이혼이란 어떤 목적달성을 위한 방편으로 이혼을 신고하는 이혼을 말한다. 가장이혼의 경우는 원칙적으로 무효이지만, 일단 유효한 이혼으로 추정하고, 이 추정은 강력한 반증에 의해 번복될 수 있다. 대판 1976.9.24. 참조.

③ 유효하게 이혼 신고서를 작성한 후에, 그 수리이전 이혼 의사를 철회한 경우 등에는 협의이혼이 원칙적으로 무효이다.

이혼 무효의 사유가 있는 경우에는 일방 당사자 또는 법정대리인, 4촌 이내의 친족이 언제든지 이혼 무효의 소를 제기할 수 있다.

이혼 무효의 소송에 의하여 이혼 무효가 판결로 확정된 경우에는 소를 제기한 자가 판결 확정일로부터 1개월 이내에 판결 등본 및 확정증명서를 첨부하여 호적정정의 신청을 한다(가족관계의 등록 등에 관한 법률 제107조).

(2) 협의이혼의 취소

사기 또는 강박으로 인하여 이혼의 의사표시를 한 자는 그 취소를 가정법원에 청구할 수 있다. '사기'란 허위의 사실을 고지하여 착오에 빠뜨림으로써 이혼 의사를 결정하게 하는 것을 말하고, '강박'이란 해악을 예고하여 공포에 몰아넣어 이혼 의사를 결정하게 하는 것을 말한다.

사기 또는 강박으로 이혼을 한 자는 사기를 안 날 또는 강박을 면할 날로부터 3개월을 경과한 때에는 그 취소를 청구하지 못한다. 이혼을 취소하려면 먼저 조정을 신청해야 하고, 조정이 성립되지 않으면 심판을 청구할 수 있다.

이혼을 취소하는 판결이 확정되면 이혼은 신고 당시로 소급하여 효력을 잃는다. 이혼 취소의 판결이 확정되면 1개월 이내에 판결등본과 확정증명서를 첨부하여 본적지에 호적 정정의 신청을 하여야 한다(가족관계의 등록 등에 관한 법률 제107조).

Ⅲ. 재판상의 이혼

재판상 이혼은 법정이혼 원인에 입각해서 부부 일방이 상대방에게 청구하는 이혼을 말한다.

가사소송법은 재판상 이혼을 법원에 청구하려면 먼저 조정을 신청하도록 하고 있다.

우선 재판상 이혼은 분쟁의 단계에 따라 조정이혼과 소송이혼으로 구별할 수 있다. 조정이혼이라 함은 ① 이혼청구인이 가정법원에 이혼조정 신청을 한 경우(가사소송법 제50조 제1항)와 ② 이혼청구인은 조정 신청을 거치지 않고 바로 가정법원에 이혼의 소를 제기하였으나 법원이 직권으로 조정에 회부한 경우(동법 제50조 제2항) 등 조정에 의하여 이혼 여부를 가리는 것을 말한다.

또 소송이혼이라 함은 ① 조정이혼을 신청하였으나 조정이 성립되지 않아 조정 신청인이 제소신청을 한 경우(동법 제61조 전단), ② 직권으로 조정에 회부했던 사건이 조정이 성립되지 않아 가정법원에 재회부하는 경우(동법 제61조 후단), ③ 가사소송에 회부한 경우 등 소송에 의하여 이혼 여부를 법원에서 판단하는 것을 말한다.

1. 재판상의 이혼사유

(1) 배우자의 부정행위가 있을 때(민법 제840조 1호)

여기서 부정행위(不貞行爲)란 부부의 정조의무에 위배되는 모든 행위를 의미[94]한다. 따라서 배우자 이외의 다른 이성과의 간통뿐만 아니라 다른 이성과의 포옹, 한 방에서 함께 밤을 지새우는 것, 사창가 출입 또는 성병(性病)에 감염되는 것도 모두 부정행위에 해당된다.

부정행위는 외형적으로는 혼인의 순결성에 반하는 사실이 본인의 자유로운 의사에 의한 것이어야 한다. 그러므로 심신상실하에서 이루어진 이성과의 성교나 강간 등은 부정행위에 해당되지 않는다.

---

[94] 무엇이 부정한 행위인지의 여부는 각 구체적 사안에 따라 그 정도와 상황을 참작하여 평가하여야 할 것이다. 예를 들면 고령이고 중풍으로 정교능력이 없어 실제로 정교를 갖지는 못하였다 하더라도 배우자 아닌 자와 동거한 행위는 배우자로서의 정조의무에 충실치 못한 것으로 '부정한 행위'에 해당한다. 대법원 1992.11.10. 선고 92므68, 대법원 1990.7.24. 선고 89므1115.

재판상 이혼원인이 되는 부정행위는 결혼 후의 행위를 말하므로 혼인하기 전에 이루어진 성경험이나 연애사실은 해당되지 않는다. 그러나 혼인 전 사통관계가 혼인 후에까지 계속되면 부정행위에 포함된다.

그러나 배우자의 부정행위를 사전에 동의하였거나, 사후용서를 한 때에는 이혼소송을 제기하지 못한다(제841조). 여기서 '사후용서' 한다는 의미는 배우자의 부정한 행위에 대해서 문책을 하지 않겠다는 감정의 표시이다.

부정행위는 배우자가 그것을 안 날로부터 6개월을 경과하거나 배우자가 그것을 전혀 알지 못한 채 부정행위가 있은 날로부터 2년을 경과하면 이혼을 청구하지 못한다.

(2) 배우자가 악의로 다른 일방을 유기한 때

악의의 유기(遺棄)란 정당한 이유 없이 부부로서의 동거·부양·협조의무를 이행하지 않는 행위를 말한다.[95] 정당한 이유가 있는 별거는 '악의의 유기'가 아니다. 즉 해외유학·지방 근무·질병·경제적 이유·자녀교육 등으로 인한 별거는 악의의 유기에 해당되지 않는다.

(3) 배우자 또는 그 직계존속에 의한 심히 부당한 대우

'심히 부당한 대우'란 인간으로서 견딜 수 없는 신체적·정신적으로 학대와 명예에 대한 모욕을 말한다.

직계존속으로부터의 배우자가 심히 부당한 대우를 받은 정도에 대해서는 그 직계존속과 공동생활 여부나 사회통념상 당사자의 사회적 지위가 고려되어야 할 것이다. 이 경우에는 배우자의 직계존속으로부터의 심히 부당한 대우로 인하여 부부관계를

---

95) 부부간의 동거, 부양, 협조의무는 애정과 신뢰를 바탕으로 일생에 걸친 공동생활을 목적으로 하는 혼인의 본질이 요청하는 바로서, 배우자가 정당한 이유 없이 서로 동거, 부양, 협조하여야 할 부부로서의 의무를 포기하고 다른 일방을 버린 경우에는 재판상 이혼사유인 악의의 유기에 해당한다. 대법원 1999.2.12. 선고 97므612, 대법원 1990.11.9. 선고 90므583, 590, 대법원 1986.6.24. 85므6 판결, 대법원 1984.7.10. 선고 84므27, 28, 대법원 1986.5.27. 선고 85므87.

유지하는 것이 불가능할 정도로 파탄에 이른 때에 이혼이 인정되고 있는데 판례[96]에서는 정신적 고통을 주는 욕설이나 외박, 남편이 아내를 폭행하는 경우, 결혼지참금의 문제로 학대한 사실 등을 지적하고 있다.

(4) 자기의 직계존속에 대한 심히 부당한 대우

자신의 직계존속이 배우자로부터 신체적·정신적으로 학대, 폭행을 당하거나 모욕을 당함으로써 부부로서의 공동생활을 계속할 수 없을 정도로 파탄에 이르게 된 경우[97]를 의미한다. 예를 들어 처가 시어머니를 구타하거나 남편이 장모를 폭행하는 경우가 해당될 것이다.

(5) 배우자의 생사가 3년 이상 분명하지 아니한 때

배우자의 생사가 3년 이상 불분명하고 현재도 생사가 불분명하여야 한다. 배우자의 생사불분명으로 인한 재판상 이혼은 공시송달에 의하게 된다. 이후에 생사불명자가 생존 귀환하더라도, 실종선고와는 달리 혼인은 부활하지 않는다.

(6) 기타 혼인을 계속하기 어려운 중대한 사유가 있을 때

이것은 상대적·추상적·개괄적 이혼 원인을 규정한 것으로서, '기타 혼인을 계속하기 어려운 중대한 사유'란 혼인관계가 심각하게 파탄되어 혼인생활이 회복할 수

---

96) 혼인 당사자의 일방이 배우자로부터 혼인관계의 지속을 강요하는 것이 가혹하다고 여겨질 정도의 폭행이나 학대 또는 중대한 모욕을 받았을 경우를 말한다(대법원 1999.2.12. 선고 97므612). 남편이 혼인 초부터 처가 아기를 낳을 수 없다는 트집을 잡아 학대를 하고 이혼을 요구하여 왔다면 심히 부당한 대우를 받은 경우에 해당한다(대법원 1990.11.27. 선고 90므484, 491). 남편이 처와 제3자와의 관계가 결백함을 알면서도 처를 간통죄로 고소하고 위 제3자 등으로 하여금 간통사실 등에 관한 거짓진술을 하도록 부탁함으로써 혼인관계가 파탄에 이르게 하였다면 배우자로부터 심히 부당한 대우를 받은 때에 해당한다(대법원 1990.2.13. 선고 88므504, 511). 대법원 1986.9.9. 선고 86므68, 대법원 1986.6.24. 선고 85므6, 대법원 1983.10.25 82므28.
97) 대판 1984.8.21. 84므49.

없을 정도로 심각하고 일방의 배우자에게 참을 수 없는 고통이 되는 것을 의미한다. 이 '중대한 사유'는 일반적인 기준이 정해져 있지 않고, 법원에서 구체적인 사안에 따라 개별적으로 판단해야 할 것이다.

판례에서는 배우자의 범죄로 인한 구속, 이유 없는 성교 거부, 성기능 불능,[98] 불치의 정신병,[99] 사실상의 별거, 극심한 의처증, 부부간의 애정 상실, 변태성욕, 동성연애, 광신,[100] 알코올중독, 마약중독, 배우자의 극심한 낭비벽, 계속적인 도박행위[101] 등을 '중대한 사유'로 인정하고 있다. 그러나 처의 임신불능에 대해서는 이혼을 인정하지 않고 있다.[102]

2. 유책 배우자의 이혼청구

'혼인 파탄에 대하여 책임 있는 배우자'가 이혼청구를 할 수 있느냐에 대해서는 현행법상 명문의 규정이 없다.

---

98) 남편이 성기능이 불완전함에도 불구하고 이를 숨긴 채 젊은 부부로서 약 6개월간에 걸친 신혼생활을 하는 동안 한 번도 성교가 없었다면, 정상적인 혼인생활을 원하는 처로서는 정신상 고통을 받았음이 인정된다며 이혼을 인정하고 있다(대판 1996.1.31. 65므65). 그러나 일시적으로 발기불능 또는 삽입불능의 상태에 있더라도 부부가 합심하여 전문의 치료와 조력을 받는 경우 정상적인 성생활로 돌아갈 가능성이 있다면, 이혼을 인정하지 않고 있다(대판 1993.9.14, 93므621).

99) 혼인 중 처에게 발생한 조울증이 장기간 지속되어 회복이 거의 불가능한 정신질환으로 그 증상이 가벼운 정도가 아니고, 그 질환이 단순히 애정으로 간호될 수 없는 경우, 남편에게 한없는 희생만 강요하기에는 너무 가혹하다고 보아 이혼사유에 해당된다고 하고 있다. 대판 1997.3.28. 96므608.

100) 처가 신앙생활에만 전념하면서 가사와 육아를 소홀히 한 탓에 혼인이 파탄에 이르렀다면, 파탄의 주된 책임은 처에게 있다고, 남편의 이혼청구를 인용하고 있다. 대판 1996.11.15, 96므851.

101) 처가 외박을 하면서 빚을 지고, 앞으로는 도박을 청산하겠다는 각서를 작성하고서도 계속 도박을 하며 가사와 자녀를 돌보지 아니한 경우 재판상 이혼사유에 해당된다고 한다. 대판 1991.11.26. 91므559.

102) 대판 1991.2.26. 89므365.

대법원 판례는 가정파탄의 책임이 있는 배우자에 대해서는 이혼청구를 제한[103]하려는 입장이다. 그러나 유책자(有責者)의 이혼청구를 무조건 인정하지 않는다면 인간의 존엄이나 혼인제도의 본질에 비추어 볼 때 불합리한 점이 나타나게 된다.

그래서 '무책(無責) 배우자'가 내심으로는 혼인을 계속할 의사가 없으면서 오기나 보복감정에서 이혼에 불응할 경우에는 유책 배우자의 이혼청구도 인정해야 할 것이다(대법원 2004.9.24. 선고 2004므1033 판결 참조).

3. 재판상 이혼절차

(1) 조정에 의한 이혼절차

재판상 이혼을 하려는 사람은 가정법원에 이혼조정 신청을 하여야 한다.[104] 이것을 '조정전치주의(調停前置主義)'라고 하는데, 가정문제는 재판보다는 당사자들의 협의가 중요하기 때문에 협의를 유도하기 위한 절차라고 볼 수 있다.

물론 조정을 먼저 신청하지 아니하고 곧바로 이혼소송을 제기할 수도 있는데 이 경우에는 법원이 직권으로 조정에 회부하기도 한다. 공시송달에 의하여 당사자를 소환하여야 하거나, 조정에 의하여 해결될 수 없다고 인정되는 사건은 조정에 회부하지 않고 바로 이혼소송을 진행시킬 수 있다.

이혼조정 신청서는 인지대가 이혼소송 사건의 1 / 5 정도로 저렴하다. 경제적으로

---

103) 유책배우자의 이혼청구를 배척하고 있다. 즉, 혼인생활의 파탄에 대하여 주된 책임이 있는 배우자는 그 파탄을 사유로 하여 이혼을 청구할 수 없는 것이 원칙이다. 대법원 1997.5.16. 97므155 참조.

104) 가사소송법 제50조(조정전치주의) ① 나류 및 다류 가사소송사건과 마류 가사비송사건에 대하여 가정법원에 소를 제기하거나 심판을 청구하고자 하는 자는 먼저 조정을 신청하여야 한다.
② 제1항의 사건에 관하여 조정을 신청하지 아니하고 소를 제기하거나 심판을 청구한 때에는 가정법원은 그 사건을 조정에 회부하여야 한다. 다만, 공시송달에 의하지 아니하고는 당사자의 일방 또는 쌍방을 소환할 수 없거나 그 사건이 조정에 회부되더라도 조정이 성립될 수 없다고 인정할 때에는 그러하지 아니하다.

저렴한 비용으로 조정을 받고, 조정이 성립되면 확정판결과 동일한 효력이 있다. 만약 조정이 성립되지 아니해도 조정 담당 판사와 조정위원회에서 직권으로 강제조정 결정을 하기도 한다.

조정은 재판상 화해와 동일한 효력이 있으며, 조정이 성립되거나 강제조정이 확정되면 당사자는 조정조서 성립일로부터 1개월 이내에 본적지에 이혼 신고를 하여야 한다.

(2) 재판에 의한 이혼절차

이혼조정이 성립되지 않을 경우에 당사자는 조서등본이 송달된 날로부터 2주일 이내에 서면으로 이혼소송을 제기할 수 있다. 즉 법원에서 소송에 의하여 해결할 수 있다(가사소송법 제49조).

재판에 의한 이혼소송에 대해서는 자신의 주장 사실을 입증할 증인·증거서류 등을 법원에 제출해야 하고, 1심 판결에 불복할 경우에는 판결문 송달일로부터 14일 이내에 항소법원에 항소할 수 있고, 항소심 판결에 불복할 경우에도 역시 판결문 송달일로부터 14일 이내에 대법원에 상고할 수 있다. 재판상 이혼 판결이 확정되면 확정일로부터 1개월 이내에 판결등본과 확정증명서를 첨부하여 본적지에 신고하여야 한다.

4. 이혼의 효과

(1) 이혼의 일반적인 효과

이혼하면 부부관계는 소멸한다. 따라서 부부 사이의 동거·부양·협조·정조의 의무·부부재산관계 등 모든 권리의무는 소멸한다. 다만 일상가사 채무만은 이혼 후에도 연대책임이 있다.

배우자의 혈족과의 사이에 생겼던 인척관계도 이혼에 의하여 소멸한다(민법 제

775조 제1항). 이혼을 하면 재혼이 가능하게 된다.

(2) 이혼의 자녀에 대한 효과

이혼으로 가정의 평화가 깨어지면 가장 큰 문제로 대두하는 것이 자녀들의 양육에 관한 문제이다. 이러한 자녀의 양육에 관한 부담은 부모뿐만 아니라 사회적인 문제로 받아들여지고 있어 자녀의 보호와 복리에 대해 법원이 관여하고 있다.

① 자녀에 대한 친권행사자의 결정

부모가 이혼을 하게 되면 사실상 자녀에 대한 공동양육이 어렵게 되므로 부모 일방을 친권자로 정해야 한다. 따라서 부모가 이혼을 한 경우에는 부모의 협의로 친권을 행사할 자를 정하고 협의를 할 수 없거나 협의가 이루어지지 않는 경우에는 당사자의 청구에 의하여 가정법원이 결정[105]하게 된다(민법 제909조).

② 자녀에 대한 양육책임(신설 2007.12.21.)

이혼하는 부부 당사자는 그 자의 양육에 관한 사항을 협의에 의하여 정하는데, 이때 양육자의 결정, 양육비용의 부담, 면접교섭권의 행사 여부 및 그 방법 등이 포함되어야 한다(민법 제837조 제1항 및 제2항).

그리고 만일 이 협의가 자의 복리에 반하는 경우에는 가정법원은 보정을 명하거나 직권으로 그 자의 의사·연령과 부모의 재산상황, 그 밖의 사정을 참작하여 양육에 필요한 사항을 정한다.

또한 양육에 관한 사항의 협의가 이루어지지 아니하거나 협의할 수 없는 때에는 가정법원은 직권으로 또는 당사자의 청구에 따라 이에 관하여 결정하게 된다. 한편

---

105) 민법 909조(친권자) ④ 혼인 외의 자가 인지된 경우와 부모가 이혼하는 경우에는 부모의 협의로 친권자를 정하여야 하고, 협의할 수 없거나 협의가 이루어지지 아니하는 경우에는 가정법원은 직권으로 또는 당사자의 청구에 따라 친권자를 지정하여야 한다. 다만, 부모의 협의가 자(자)의 복리에 반하는 경우에는 가정법원은 보정을 명하거나 직권으로 친권자를 정한다. <개정 2005.3.31., 2007.12.21. >

가정법원은 자의 복리를 위하여 필요하다고 인정하는 경우에는 부·모·자 및 검사의 청구 또는 직권으로 자의 양육에 관한 사항을 변경하거나 다른 적당한 처분을 할 수 있도록 하였다(본조 신설 2007.12.21.).[106]

③ 자녀에 대한 면접교섭권

부모가 이혼하더라도 부모와 자녀 관계가 단절되지 않기 때문에 인륜의 정(情)을 막을 수는 없다. 따라서 자를 직접 양육하지 아니하는 부모의 일방과 자녀는 상호 면접 교섭할 수 있는 권리를 가진다(개정 2007.12.21.). 그래서 자녀를 직접 양육하지 않은 부모 중 일방과 그 자녀는 직접 만나서 면접·교통·방문·숙박·서신교환 또는 접촉하는 권리가 있는 면접교섭권이 있다(민법 제837조의2).

면접교섭권의 행사방법과 범위에 대해서는 부모가 협의에 의하여 정하여야 하며, 만약 협의가 되지 않거나 협의할 수 없을 때에는 가정법원에 청구하여 법원이 면접교섭권의 행사방법과 범위를 결정하게 될 것이다.

또 가정법원은 자의 복리를 위하여 필요한 때에는 당사자의 청구 또는 직권에 의하여 면접교섭을 제한하거나 배제할 수 있다(민법 제837조의2 제2항).

---

106) 법원은 그동안 이혼 재판에서 부부 중 어느 한쪽만을 자녀의 친권자 및 양육자로 지정해 왔다. 서울가정법원 가사10단독 판사는 A씨가 남편 B씨를 상대로 낸 이혼 및 친권자지정 청구소송에서 이혼하게 해 달라는 A씨의 청구는 받아들였지만 세 자녀에 대한 친권자 및 양육자로는 A씨와 B씨 둘 다 지정했다고. 공동 친권과 공동 양육을 인정한 것이다.
재판부는 "A씨 부부의 세 자녀들은 현재 어려운 가정형편 때문에 아동보호시설에서 양육되고 있는데 A씨와 B씨는 이혼 후에도 자녀들을 직접 양육할 것으로 보이지 않는다."며 "자녀들을 정기적으로 방문해 양육 상황을 확인하는 것이 부모로서의 최소한의 도리이고 자녀들의 성장과 복리를 위해서도 두 사람을 공동 친권자 및 공동 양육자로 정할 필요가 있다."고 밝혔다.
같은 법원 가사4부도 최근 1명의 미성년 자녀를 둔 C씨 부부의 이혼소송에서 "친권은 아버지가 갖되 월요일 오후부터 금요일 오전까지는 아버지가, 금요일 오후부터 월요일 오전까지는 엄마가 자녀를 돌보도록 하라"며 공동 양육의 조정안을 냈고 이를 부부가 모두 받아들여 조정이 성립됐다. 동아일보 2008.3.7. 참조.

(3) 이혼으로 인한 재산분할청구권

이혼하면 그동안의 재산에 대해 분할 여부, 그 액수와 방법은 당사자가 협의 또는 조정하여 정하게 된다. 협의는 자유이지만 사실상 협의가 안 될 때에는 가정법원이 관여하게 된다.

즉 협의상 이혼한 자의 일방은 다른 일방에 대하여 부부 공동재산의 청산을 위해 재산분할을 청구할 수 있다. 재산분할에 관하여 협의가 되지 아니하거나 협의할 수 없는 때에는 가정법원은 당사자의 청구에 의하여 당사자 쌍방의 협력으로 이룩한 재산의 액수 기타 사정을 참작하여 분할의 액수와 방법을 정한다. 재산분할청구권은 이혼한 날로부터 2년을 경과한 때에는 소멸한다(민법 제839조의 2).(후술)

(4) 이혼으로 인한 손해배상청구권

이혼을 할 경우에는 유책 배우자에 대하여 그 불법행위로 인한 재산상·정신상의 손해배상을 청구할 수 있다(민법 제806조, 제843조).

Ⅳ. 이혼제도의 개선방향

1. 빈곤탈피를 위한 제도적 장치 필요

이혼에 있어서 여성에게 가장 큰 어려움은 경제적 생활을 도모하기가 어렵다는 것이다. 즉 이혼과 함께 안정된 경제생활이 어렵기 때문에 이혼가구에 대한 불안한 경제적 지위를 개선하는 것이 필요하다.

우리나라의 경우 여성가구주의 증가와 이들이 빈곤층에서 차지하는 높은 비율은 이혼녀의 빈곤한 삶을 여실히 보여 주고 있다. 2006년 기준으로 총 가구 중 여성가

구주가 차지하는 비율은 약 19.7%이며, 이혼 등으로 여성가구주 비율은 급속도로 증가하고 있다.[107]

이렇게 우리나라의 홀로 살아가는 여성의 빈곤화 현상은 매우 심각하다. 특히 이혼한 여성의 빈곤 경험은 그 여성뿐만 아니라 그 자녀들에게도 상당한 영향을 미치고 있다. 빈곤 경험은 경제적인 어려움뿐만 아니라 이혼 후의 스트레스·무기력·사회적 고립·건강 상태의 부실까지의 경험을 의미한다.

따라서 이혼한 여성들의 보다 나은 삶을 위해서 정부나 사회의 적극적인 개입이 필요하다. 즉 이혼여성의 빈곤탈피를 위한 제도적 장치가 요구된다고 할 것이다.

2. 이혼 배우자에 대한 사회보장제도

(1) 공적 부조

이혼한 당사자와 그 자녀를 위한 공적 부조는 국민기초생활보장법이나 의료보호법을 통한 생활 보호대상자로 지정하여 정부로부터 생계보호·의료보호·자활보호·교육보호·해산보호·장제보호 등의 생계비 지원을 받을 수 있다. 그러나 이들 제도들이 보호 수준이 낮고 보호 기준이 불합리하며, 이혼 배우자의 편모가족을 위한 지원체계로서는 매우 미흡한 실정이다.

(2) 사회보험

사회보험 형태로서 국민연금, 건강보험, 고용보험, 산업재해보상보험 등이 있다. 그런데 이러한 사회보험도 그 특성상 실제로 보호받아야 할 사람이 보호받지 못하고 있고, 저소득 편모가정에 있어서는 경제적 형편상 보험료 납부가 오히려 큰 부담이 될 수 있다.

---

107) 통계청 자료, 매일경제, 2008.03.09. 참조.

그래서 이러한 사회보험료의 해결이 대단히 어려운 실정에 있으나 정책적으로 접근하여 수혜 대상의 폭을 확대하고, 경제적 문제가 심각한 편모가정에 부담을 경감시키는 조치가 마련되어야 할 것이다.

(3) 사회복지 서비스

사회복지 서비스 부문에서는 모자보호시설, 모자자립시설, 직업보도시설, 여성복지상담소를 통해서 지원받을 수 있다.

그리고 편모여성에 대한 서비스의 실천적 대안으로서 부모교육 및 훈련, 가족상담 및 치료, 지지적 관계망 형성 등의 서비스가 동시에 제공되어야 할 것이다.

3. 이혼녀에 대한 사회적 인식 변화

배우자와의 이혼으로 이혼여성이 증가하고, 이와 더불어 편모여성(偏母女性)이 매년 증가하고 있다. 이 편모여성에게 있어서 가장 큰 어려움은 생계를 유지하기조차 힘들고, 이들이 노동시장에서 주로 주변부에 위치해 있다는 것이다. 생계를 유지하기 위해 더 많은 시간을 노동에 투여해야 하는 이유로 자녀들을 제대로 돌볼 시간적·경제적 여유를 갖기 힘든 실정이어서, 이혼여성가정은 빈곤의 세습화로 이어질 가능성이 높아지고 있다.

이러한 경제적인 문제와 함께 이혼여성에게 가장 힘든 부분이 편모여성에 대한 사회적 낙인이다. 예를 들면 '이혼녀', '과부'란 비정상적인 인식과 사회적 편견으로 여성들을 함부로 대하고 있다.[108] 이것은 곧바로 자신감 결여·절망감·우울과 불안 등으로 이어져 인간관계에서 소외되는 현상을 나타내기도 한다. 그러므로 편모여성

---

108) '여자는 죽을 때까지 한 남편만 섬겨야 한다(從一而終)'라는 유교적 윤리로 인해, 아내를 버렸거나 사별한 남편은 재혼하는 것이 당연시됐지만 남편으로부터 버림받았거나 남편이 먼저 죽은 아내는 평생을 수절하면서 멸시와 업신여김을 당한다.

에 대한 사회적 편견을 제거하려는 노력이 국가정책적인 차원에서 필요하다.

제3절 부부재산제

Ⅰ. 서설

혼인을 하면서 부부의 공동생활에 필요한 비용의 부담, 재산관리 그리고 귀속에 관하여 정해 놓은 것이 부부재산제이다. 이것은 여성의 경제적·사회적 지위 향상으로 과거와는 달리 여성이 자신의 재산을 인정받고, 부부평등주의에 입각하여 독립된 인격과 재산을 관리 지배하려는 경향에 따라 나타나게 되었다.

부부재산제에는 크게 '계약재산제'와 '법정재산제' 등 두 가지의 유형이 있다.

우리나라에서는 이러한 두 가지 유형을 병행하고 있어서 부부가 혼전(婚前)에 미리 재산에 관한 약정을 할 수 있고, 약정을 하지 않은 재산관계는 획일적으로 법률의 규정에 따라 '법정재산제'가 적용될 것이다.

Ⅱ. 부부재산계약

1. 부부재산제의 발전

부부재산계약은 가정 내에서 부부가 실질적 평등을 추구하고 서로 존경·부양하며 부부의 재산을 수익·처분하는 데 재산적 다툼의 소지를 없애기 위한 것이다.

과거 부권적 가족제도하에서 처는 별도로 독립적인 재산을 관리할 필요가 없이 남편의 지배하에 있었기 때문에 처의 독립된 재산을 가질 수 없었다. 그 후 여성의 지위가 향상됨에 따라 여성에게 특유 재산을 인정하여 우리 민법(제829조)에 '부부재산계약제도'를 규정하게 되었다.

이러한 부부재산약정제도에도 불구하고, 부부관계에서 '재산권'을 터부시하는 문화로 인해 이 제도를 활용하는 사례는 거의 없어 사문화되어 오다가, 최근 이혼과 재혼이 증가함에 따라 부부재산계약에 대한 관심이 증가하게 되었다.

2001년 우리나라에서는 최초로 부부재산계약을 체결하는 예비부부가 등장하였다. 그리고 계약 체결에서 더 나아가 등기하려는 부부가 나타나 우리 법원에서 부부재산계약 등기부를 인천(남동등기소)에 비치하였고, 서울에서 부부재산계약 체결자가 등기를 신청(2001.6.19.)하여 화제를 불러일으켰다.[109]

앞으로 부부재산계약 관계는 부부 서로에게 독립된 인격을 유지하도록 하는 데 많은 역할을 할 것으로 기대된다.

---

109) 부부재산약정 등기가 본격적으로 이용되지 못하고 있는 것으로 보인다. 예비부부들의 등기신청 이용은 극히 저조하여, 2001~2002년까지 전국적으로 모두 7건이 접수됐으며, 법원행정처 등기호적국에서 본격적으로 통계를 파악하기 시작한 2003년부터 2005년 각각 1건씩 접수됐으며 2006년에는 모두 3건의 등기신청이 접수됐다. 법률신문 2007.09.11 참조.

2. 부부재산계약의 체결과 그 내용

혼인 당사자는 '혼인 성립 전'에 재산계약을 체결할 수 있다(민법 제829조 제1항). 혼인 후에도 부부 각자에게 고유재산을 확보할 수 있는 근거가 되는 것으로서 부부평등주의가 확대될 것이다. 이렇게 계약 체결을 '혼인 성립 전'으로 규정한 이유는 혼인 후에는 남편의 위압이나 연정 등에 이끌려서 재산에 관한 자유로운 결정을 하기 어렵기 때문이다.

또 제3자와의 관계에서 부부재산계약을 대항하려면 혼인신고를 할 때 이를 등기(登記)하여야 한다(민법 제829조 제4항). 그 등기절차는 관할등기소의 부부재산약정 등기부의 등기에 의한다.

3. 부부재산계약의 방법

부부재산계약은 혼인신고 전인 예비부부 상태에서 약정해야 한다. 왜냐하면 혼인신고 후에 맺는 부부간의 계약은 '혼인 중'에 언제든지 취소할 수 있기 때문이다.

약정의 내용과 방법은 자유이다. 구두에 의한 약정일 경우에도 부부간에는 유효하지만, 그 약정을 혼인신고 때까지 등기하지 않으면 그 약정이 있다는 것을 제3자 또는 부부의 승계인(상속인)에게 대항하지 못한다. 다만, 약정의 내용은 혼인의 본질적인 내용이나 남녀평등의 이념을 훼손할 수 없으며 사회질서에 반하는 경우에는 무효이다.

부부재산계약을 할 때에는 몇 가지 유의해야 할 사항이 있는데, ① 혼인 성립 전에 당사자 간의 합의로 작성한다. ② 계약내용이 혼인의 본질적인 요소에 반하거나 사회상규·기타 선량한 풍속에 반하는 경우 그 약정은 무효이다. ③ 부부재산에 관한 내용이어야 한다는 것이다.

4. 부부재산계약의 변경

부부재산계약은 '혼인 중'에는 원칙적으로 이를 변경하지 못한다(민법 제829조 제2항 전단). 이는 처의 이익과 재산계약을 믿고 거래한 선의의 제3자를 보호하기 위한 것이다.

그러나 약정에 의하여 부부의 일방이 다른 일방의 재산을 관리하는 경우가 있는데, 다음과 같은 사유가 있는 경우에는 가정법원의 허가를 얻어 부부재산계약을 변경할 수 있으며, 이 변경을 제3자에게 대항하기 위해서 등기하여야 한다(민법 제829조 제2항 후단, 제3항, 제5항).

(1) 정당한 사유가 있는 때: 부부재산계약은 정당한 사유가 있는 때에는 '법원의 허가'를 얻어서 이를 변경할 수 있다.

(2) 부적당한 관리의 경우: 부부의 일방이 재산을 관리하는 경우에 부적당한 관리로 인하여 그 재산이 위태롭게 된 때에는 다른 일방은 자기가 직접 관리할 것을 법원에 청구할 수 있다.

(3) 약정에 의한 재산계약의 변경(등기는 대항 요건): 관리자를 변경하거나 공유재산을 분할할 경우 계약변경이 가능하다. 그러나 등기가 없으면 계약의 체결을 부부의 승계인 또는 제3자에게 대항할 수 없다(민법 제829조 제5항).

5. 부부재산계약의 등기 절차

부부재산계약은 이미 설명한 바와 같이 혼인신고 전에 하여야 하는데, 그 계약을 등기하고자 할 때에는 부(夫)가 될 자의 주소지를 관할하는 지방법원, 그 지원, 또는 등기소에 신청110)해야 한다.

---

110) 등기를 하고자 할 때에는 ① 부부재산약정서 ② 인감증명서 ③ 주민등록증(초)본 ④ 호적등(초)본 ⑤ 등기대리인이 있을 경우에 위임장을 작성하여 첨부하여야 한다. 등기 실비는 1만 원 내외이다. 즉 등기 수수료(1,000원)와 등록세(6,000원), 교육세(1,200원) 등

6. 부부재산계약의 문제점

부부재산계약은 혼인 전 일정한 교제기간을 거쳐 혼인에 이른 때에는 연애감정에 치우쳐서 당사자 일방이 불리한 조건을 수용할 우려가 있다는 문제점이 있다. 그리고 부부재산계약을 빌미로 오히려 부부간에 분쟁이 유발될 수 있고, 다른 한편으로는 이혼에 대한 부담이 적어 이혼을 경시할 수도 있다.

부부재산계약이 앞으로 활성화되기 위해서는 계약이 정형화될 수 있도록 계약 내용을 표준화하고, 외국의 입법례 연구를 통해서 관계 법령이 입법되어야 하며 적절한 계약의 해석기준도 마련되어야 할 것이다.

Ⅲ. 법정재산제

부부가 혼인하기 전에 부부재산계약을 체결해 놓지 않았을 경우에는 법정재산제(法定財産制)에 의해서 규율된다. 법정재산제는 부부별산제에 그 뿌리를 두고 있다.

1. 부부별산제

부부의 일방이 혼인 전부터 가진 고유재산과 혼인 중 자기 명의로 취득한 재산은 그의 특유재산으로 하여 각자가 관리·사용·수익한다(민법 제830조 제1항).

혼인 전부터 자기의 소유였던 재산은 혼인 후에도 자기의 재산이다(민법 제830조 제1항 전단). 예컨대 혼인 전 자신의 예금이나 부모로부터 상속받은 재산, 혼인으로

을 관할 법원(등기소) 소재지 구청 세무과에서 납부하고 납부영수증을 받아 등기신청 시 제출한다.

지참한 자동차나 아파트 등은 자기의 특유재산인 것이다.

혼인생활 중에 자기의 명의로 취득한 재산도 자기 특유의 소유이다(민법 제830조 제1항 후단). 예컨대 맞벌이 부부의 경우에 각자가 벌어들이는 소득은 각자의 것이다.

부부의 누구에게 속한 것인지 분명치 아니한 재산은 부부의 '공유'재산으로 추정한다(민법 제830조 제2항). 예를 들면 가정 가재도구는 부부 중 일방의 수입으로 구입한 것이라도 부부의 공동소유로 추정하여 이혼할 때에는 절반씩 나누어 가질 수 있다.

그런데 소유권등기는 부부 일방으로 되어 있지만 실질적으로는 부부의 공유에 속한다고 보아야 할 재산들이 있다. 예컨대 남편의 단독명의의 토지나 건물, 아파트 등도 부부가 함께 근검절약하고 협력하여 취득한 경우에는 부부의 공유라고 하여야 할 것이다.

현행법에서는 각자의 재산은 각자의 소유로서 그 재산에 관한 관리·사용·수익도 부부 각자가 한다(민법 제831조). 그러므로 문제가 되는 채무의 경우에 부부공동생활의 일상 가사채무를 제외하고는, 남편 개인의 채무는 아내가 변제할 의무가 없다.

2. 부부생활비용의 부담

부부의 공동생활에 필요한 비용은 당사자 간에 특별한 약정이 없으면 부부가 공동으로 부담한다(민법 제833조).

여기서 부부의 공동생활에 필요한 비용이라 함은 의식주의 비용을 비롯해서 문화생활비·의료비·조세 등을 포함할 뿐만 아니라, 미성숙 자녀의 양육비·교육비까지를 모두 포함한다고 하겠다. 또 부부가 별거하는 동안의 생활비의 부담은 자녀교육상의 별거 등 별거에 정당성이 있으면 생활비 공동부담원칙이 적용되어야 할 것이다. 그리고 별거가 부당한 경우에도 상대방이 어린 자녀를 양육하고 있다면 최소한의 양육비용은 부담하여야 할 것이다.

3. 부부의 일상가사 대리권 및 일상가사채무의 연대책임

(1) 부부의 일상가사 대리권

부부는 일상의 가사에 관하여 대리권이 있다(민법 제827조 제1항). 그리고 일상적인 가사에 관하여 부부 일방이 법률행위부터 생기는 채무에 대하여 연대책임이 있다고 규정하고 있다(민법 제832조).

여기서 '일상의 가사'란 부부의 공동생활에서 발생하는 통상의 사무를 뜻하며, 그 내용과 범위 및 그 정도는 그 부부의 사회적 위치·직업·재산·수입 등을 고려해서 각 가정에서 개별적·구체적으로 결정하여야 한다.

일반적으로 판례[111]와 학설에서 인정하는 일상가사의 범위를 살펴보면 다음과 같다.

① 일상가사라고 보는 것: 부부공동생활에 통상 필요로 하는 쌀·소금·부식류 등 식료품의 구입, 주방기구·생활용구 등 일용품의 구입(고가품을 제외), 의복류·침구류 등의 구입, 전세나 사글세 등 가옥의 임차, 집세·방세를 지급이나 접수, 전기·수도·전화요금을 지급하는 일, 세금 납부 등 가족의 의식주에 관한 사무와 가족의 보건에 관한 지출, 자녀의 양육비, 수업료 등 교육비의 지출 등이 일상가사에 속한다.

② 일상가사가 아니라고 보는 것: 부부 일방의 순수한 직업상의 사무처리, 어음에 배서를 하는 행위, 남편의 출장 중에 아내가 남편의 인감을 사용하여 타인의 빚보증을 서 주는 행위, 부동산매도행위, 근저당설정행위 등은 일상가사에 해당되지 않는다.

③ 정당한 사유가 있을 때 일상가사가 되는 것: 치과 진료 중 고액의 금니를 해 넣는 일은 재산 상태에 따라 판단해야 할 것이다. 또 아내가 남편과 상의 없이 병원에 장기 입원하는 행위까지는 긴급성 여부에 따라 일상가사가 되는지를 판단해야 할 것이다.

---

111) 대법원 1999.3.9. 선고 98다 46877 판결, 대법원 1997.11.28. 선고 97다 31229 판결, 대법원 1993.9.28. 선고 다 16369 판결, 대법원 1985.3.26. 선고 84다카 1621 판결 참조.

(2) 일상가사채무의 연대책임

일상가사로 인하여 생긴 채무는 부부가 연대하여 책임을 지도록 되어 있다(민법 제832조).

여기서 '연대책임'을 진다는 의미는 민법상의 '연대채무'로 이해하는 것이 통설이다. 그러나 일상가사로 인한 부부의 연대책임을 제삼자에게 '지지 않겠다.'고 미리 명시한 경우에는 연대책임이 생기지 않는다(민법 제832조 단서).

한편 부부 중 한 사람이 무분별한 낭비자나 가사에 대하여 무경험자에게 대리권을 인정한다면 상대 배우자는 불이익을 입게 될 우려가 있으므로 일상가사 대리권을 제한할 수 있다. 배우자의 일방이 타방의 일상가사 대리권을 제한하더라도 제3자가 그 제한을 알지 못한 경우에는 그 제한으로써 제3자에게 대항하지 못한다(제827조 ②항).

(3) 일상가사 대리권과 권한을 넘은 표현대리 문제

일반인들이 일상가사라고 여기고 법률행위를 했지만 일상가사가 아니라고 할 경우에 부부 중 일방과 거래한 상대방은 예측할 수 없는 손해를 입게 되고, 거래의 신속성과 거래의 안전을 해치게 되는 결과가 된다. 따라서 제삼자가 일상가사라고 믿을 만한 정당한 사유가 있는 때에는, '권한을 넘은 표현대리(表見代理, 민법 제126조)'로 인정하여 제삼자를 보호해 주어야 한다.[112] 즉 대리권이 없음에도 불구하고 다른 사람들이 볼 때는 마치 한쪽 배우자에게 어떤 대리권이 주어져 있는 것과 같은 외관이 있는 경우에는, 그 외관을 믿고 거래한 제삼자를 보호하자는 취지이다.

---

112) 대법원 1981.6.23. 선고 80다609 판결, 대법원 1993.9.28. 선고 93다16369 판결 참조.

4. 여성의 가사노동가치

여성의 가사노동가치는 부부재산계약과 법정재산제가 민법에 규율되고, 여성의 가사노동에 대한 구체적인 평가가 이루어지면서 여성의 재산보유를 뒷받침하려는 움직임이 나타나면서 등장하였다.

특히 「건강가정기본법」은 "국가 및 지방자치단체는 가사노동의 가치에 대한 사회적 인식을 제고하고 이를 관련 법·제도 및 가족정책에 반영하도록 노력하여야 한다."라는 규정(제22조 제2항)을 두었다(2004.2.9. 제정, 2005.1.1. 시행).

우리나라에서는 '혼인 중'에 취득한 재산은 남편의 재산이라는 전통이 지배적이며, 또한 일부의 재산을 아내의 명의로 하고자 하여도 증여세 등 세제의 문제점으로 대부분의 재산은 경제활동을 하는 남편의 명의로 취득하는 것이 일반적이다.

한국 전업주부 한 명의 월평균 가사노동가치는 현행 보험제도나 이혼 시 재산분할에서 가치를 저평가받고 있는 실정이다.

여성가족부와 유엔개발계획(UNDP)의 발표에 따르면,[113] 전업주부 가사노동 평가액은 평가방식에 따라 차이가 있으나, 연간 60~70조 원에 이른다고 한다. 이것은 전체 국내총생산(GDP)의 13~15% 수준이며, 우리나라 임금총액의 30~35%에 해당한다는 것이다.[114]

여성의 가사노동가치를 평가하는 방법은 대체로 다음과 같은 세 가지 방법이 있다.

첫째, 대체비용법으로 주부가 가사노동을 수행할 수 없는 경우에 시장의 서비스나 물자로 대체함으로써 소요되는 비용으로 산정하는 방법이다.

---

113) 국민생활 시간조사보고서 가운데 여성의 가사노동시간 통계를 토대로, 전업주부의 가사노동 평가액을 산출했다. 여성개발원의 '여성의 무급노동평가와 정책화 방안'이라는 보고서, 조선일보 2001.4.25. 참조.

114) 전업주부 한 명의 가사노동 월평균 가치를 최저 85만 6천 원에서 최고 102만 6천 원으로 산출하고 있다. 현재 전업주부가 교통사고로 노동력을 상실하거나 사망했을 때 보상받는 금액은 도시 일용직 근로자와 같은 수준인 월평균 73만 3천103원으로, 월평균 가사노동가치 액수의 71.4~85.6%에 불과하다. 또, 국내 10세 이상 남녀가 임금을 받지 않고 하는 가사노동, 자원봉사 등 생산적 무급노동의 가치는 최소 144조 원에서 최대 256조 원으로 GDP의 30~50%에 달한다고 한다. 조선일보, 2001.4.25. 참조.

둘째, 기회비용법으로, 이는 주부가 취업을 하였을 때 벌어들일 수 있는 잠재소득을 가사노동의 가치로 산출하는 방법이다. 즉 주부가 취업을 포기하고 가사노동을 수행하는 것이므로 기회비용으로 산출할 수 있다.

셋째, 전문가 대체비용법으로, 이는 가사노동의 작업 영역을 각기 전문적 영역으로 구분하고 각 영역에 소비된 시간에 대체직종의 시장임금률을 적용시켜서 산출하는 방법이다.

이러한 산출방법에도 불구하고, 아직 확고하게 정립된 평가방법은 있지 않은 듯 싶다. 우리 법원에서는 가사노동가치의 평가에 대하여 개별적인 사례에 따라 구체적으로 적용하고 있어서, 가사노동의 가치를 적절하게 평가할 수 있는 측정단위를 세분화해야 할 것이다.

제4절 이혼에 따른 재산분할청구권

I. 재산분할청구권의 의미

이혼한 당사자의 일방이 다른 일방에 대하여 재산분할을 청구할 수 있는 권리를 이혼 시 재산분할청구권이라 한다(민법 제839조의2).

협의상 이혼한 자의 일방은 다른 일방에 대하여 재산분할을 청구할 수 있다. 만약 재산분할에 관하여 협의가 되지 아니하거나 협의할 수 없는 때에는 가정법원은 당사자의 청구에 의하여 당사자 쌍방의 협력으로 이룩한 재산의 액수 기타 사정을 참작하여 분할의 액수와 방법을 정한다.

그리고 이 재산분할청구권은 이혼한 날부터 2년을 경과한 때에는 소멸하게 된다.

혼인 중에 형성된 재산은 남편이 경제적 능력이 뛰어나서 재산형성에 많은 기여를 했다 할지라도 아내의 봉사와 희생을 바탕으로 경제활동에 전념한 결과일 것이다. 즉 혼인생활 중에 취득한 재산은 배우자의 상당한 기여가 있었기 때문이며 이 기여분을 배우자와 이혼할 때에 반환하는 것은 당연하다.

그래서 이러한 청구권을 인정한 것은 경제적으로 상대적 약자인 아내가 이혼 후의 생계를 염려하여 이혼을 해야 할 상황임에 불구하고 이혼하지 못하는 폐단을 방지하고, 남녀평등원칙을 실현하기 위한 것이다.

Ⅱ. 재산분할의 대상

재산분할에 있어서 부부 '각자의 특유재산'은 원칙적으로 청산의 대상이 되지 않는다. 그러나 부부의 공동재산, 부부공동명의로 취득한 재산, 혼인 중 증식된 재산 등은 분할의 대상이 된다.

혼인 후에 '상속 또는 증여'에 의하여 각자 취득한 재산도 부부간의 협력에 의하여 그 재산이 증식되었다면 그 부분은 분할의 대상이 될 수 있을 것이다. 한편 재산분할청구권의 재산은 토지·건물·금전 등과 같은 유형재산뿐만 아니라 무형재산도 포함한다.

1. 부부간 협력을 통해 형성한 재산

재산분할청구권은 부부 생활 중에 자기들이 협력을 통해 재산형성에 기여한 경제활동과 가사노동에 대한 자신의 '지분(持分)'을 돌려받는 의미를 가지고, 당사자 일방의 명의로 되어 있는 재산이라도 실질적으로 부부의 협력을 통해 이루어진 것이

라면 모두 재산분할의 대상이 될 수 있다.[115)]

재산분할청구권은 가사노동도 평가되어야 한다는 의미에서, 부부 중 일방이 상속받은 재산이거나 이미 처분한 상속재산을 기초로 형성된 부동산이더라도 이를 취득하고 유지함에 있어 상대방의 가사노동 등이 직·간접으로 기여한 것이라면 재산분할의 대상이 된다.[116)]

이혼 시의 재산분할은 혼인 중에 증식한 재산에 대한 자신의 몫을 이혼을 통하여 되돌려 받는다는 의미이고, 부부의 일방이 상대방에게 증여한 것이 아니라는 것이 헌법재판소의 증여세 부과규정의 위헌 결정을 통해서 뒷받침되었다. 이 결정에 따라 대법원은 이혼 시 분할받은 부동산에 대한 증여세 부과처분의 취소를 인용하였다.[117)]

2. 장래의 수입

저작권, 특허권 등 무체재산권, 장래의 퇴직금, 연금, 보험금, 손해배상금, 재해보상금과 같이 장래의 수입이나 부부 일방이 장차 고액의 수입을 얻을 수 있는 의사, 변호사, 교수 등 전문적 자격 취득이나 직업에 대한 공헌 등 무형재산인 신재산(新財産)[118)]도 재산분할의 대상이 된다는 것이 세계적인 추세라고 할 수 있다.

판례는 박사학위를 소지한 경제학 교수로서의 재산취득능력을 참작하고 있다(출처: 대법원 1998.6.12. 선고 98므213 판결).

---

115) 혼인 중에 쌍방의 협력에 의하여 이룩한 부부의 실질적인 공동재산은 부동산은 물론 현금 및 예금자산 등도 포함하여 그 명의가 누구에게 있는지 그 관리를 누가 하고 있는지를 불문하고 재산분할의 대상이 되는 것이고, 부부의 일방이 별거 후에 취득한 재산이라도 그것이 별거 전에 쌍방의 협력에 의하여 형성된 유형·무형의 자원에 기한 것이라면 재산분할의 대상이 된다고 할 것임(출처: 대법원 1999.6.11. 선고 96므1397 판결).

116) 대법원 1998.4.10. 선고 96므1434 판결

117) 대법원 1997.11.28, 96므4725 판결

118) 서울가정법원 1991.6.13. 선고 91드 1220 판결, 대법원 1998.6.12. 선고 98므 213 판결, 대법원 1997.3.14. 선고 96므 1533, 1540 판결 참조.

3. 특유재산

부부 일방이 혼인 전부터 가진 고유재산, 상속이나 증여받은 재산 등은 특유재산으로 재산분할의 대상에서 제외되는 것이 원칙이지만, 부부 일방의 특유재산의 유지에 협력하여 재산이 줄지 않게 하였거나 재산을 늘리는 데 협력했다고 인정될 경우에는 재산분할의 대상이 될 수 있을 것이다(대법원 1998.4.10. 선고 96므1434 판결).

Ⅲ. 재산분할의 기준 및 액수와 비율

재산분할에 대해 협의가 없거나 협의할 수 없을 때는 가정법원이 관여하여 분할의 액수와 방법을 정한다.

그렇지만 실제로는 자녀의 양육비, 혼인생활 정도 등을 종합적으로 고려하게 되는데, 재산분할 비율이 법관의 재량에 맡겨져 주부들의 가사노동이 제대로 평가받지 못하는 경우가 많다. 우리나라는 판례상 가사노동의 가치는 30%가량 정도[119]를 인정하고 있는 것이 현재의 추세라고 볼 수 있다.[120]

부부 각자에게 어느 정도의 비율이 적당한지에 대해서는 국가에 따라 차이가 있지만 부부 각자에게 50% 정도를 분할하고 있다.

외국의 경우, 부부의 노동에 대해 동일 가치로 평가하고 있는 추세이며, 이혼할 때 혼인 중에 취득한 재산에 대해 명의에 관계없이 부부 쌍방에게 동일한 지분을 인정하는 판결이 대부분이다(영국, 미국, 독일). 즉 혼인기간 증가된 재산을 공평하게 분할하고 있는데, 이는 배우자가 소득을 창출했는지에 대한 여부, 가사노동 전념

---

119) 이혼 시 처에게 분할되는 재산은 부부의 재산에서 '처의 기여분 정도'가 되고 있음. 남편의 부정행위나 폭행에 대해 청구하는 위자료와 합쳐 여성이 이혼 시 차지하게 되는 액수는 전체 재산의 50%에 훨씬 못 미치는 경우가 보통임.
120) 가사노동가치는 얼마나-"갈라설 땐 재산도 반반으로", 동아일보, 2004.08.10. 참조.

여부 등에 관계없이 서로 협력하여 혼인생활을 했던 그 자체의 상황을 존중하는 의미라고 생각된다.

Ⅳ. 재산분할청구권의 행사

재산분할은 먼저 당사자 간의 '협의'를 거치고, 협의가 되지 않을 경우에는 '가정법원의 조정'을 거친다. 그 후 가정법원의 '결정'에 따르게 된다.

재산분할을 할 것인가의 여부와 그 액수 및 재산분할의 방법은 먼저 당사자가 협의로 정한다(가사소송법 제2조 제1항 마류 4호).

그러나 재산분할에 관하여 협의가 되지 아니하거나 협의할 수 없는 때에는 가정법원은 당사자의 청구에 의하여 당사자 쌍방의 협력으로 이룩한 재산의 액수 기타 사정을 참작하여 분할의 액수와 방법을 정한다(민법 제839조의2 제2항).

재산분할에 관해서는 법원의 직권탐지주의가 적용되어, 법원은 당사자의 주장에 구애받지 않고 재산분할의 대상을 직권으로 조사할 수 있다. 이때 가정법원은 당사자의 재산상태, 재산형성에 대한 기여도, 가사노동의 정도·연령·건강상태 등을 참작할 수 있지만, 구체적인 판단은 법관의 재량에 속한다고 본다. 한편 재산분할청구권은 이혼한 날로부터 2년이 경과하면 소멸되며, 이 기간은 제척기간이다.

V. 재산분할청구권과 관련된 문제

1. 위자료와의 문제

이혼 시 위자료청구권은 이혼의 '무책자'가 '유책자'에 대하여 정신상 고통에 대한 손해배상을 청구하는 권리이다. 그런데 재산분할청구권은 자기의 재산형성에 대한 몫을 반환받는 것이며 그 외에 부양료로서의 의미도 있다. 그러므로 재산분할청구권은 이혼에 대한 책임의 유무에 관계없이 손해배상청구권과는 별개의 문제로 처리해야 할 것이다.

비송절차에 의해 처리되는 재산분할청구권의 행사기간은 2년이고, 소송절차에 의해 처리되는 위자료청구권의 행사기간은 3년으로 각각 다르다.

2. 유책자의 재산분할청구와의 문제

앞에서 설명한 바와 같이, 재산분할은 부부가 혼인 중에 형성한 공동재산을 분할하고 이혼 후 일방 당사자의 부양을 목적으로 한다는 점에서, 혼인관계의 파탄에 책임이 있는 이혼의 유책자라 할지라도 재산분할을 인정해야 할 것이고 우리나라 판례도 이를 인정[121]하고 있다.

3. 재산분할에 대한 증여세 부과문제

이혼 시 재산분할에 대하여 증여세를 부과하도록 규정된 구상속세법 제29조의 2

---

121) 대법원 1994.4.26. 선고 93므1273, 대법원 1994.4.26. 선고 92므1280 판결 참조.

제1항 제1호의 일부 내용에 대하여 이는 증여에 해당하지 아니한다고 헌법재판소의 위헌결정을 내렸다.

헌법재판소는 결정을 통해서 ① 이혼 시의 재산분할제도는 본질적으로 혼인 중 쌍방의 협력으로 형성된 공동재산의 청산이라는 성격에, 경제적으로 곤궁한 상대방에 대한 부양적 성격이 보충적으로 가미된 제도이다. 그러므로 이혼 시 재산분할을 청구하여 상속세 인적공제액을 초과하는 재산을 취득한 경우 그 초과부분에 대하여 증여세를 부과하는 것은, 증여세제의 본질에 반하여 증여라는 과세원인 없음에도 불구하고 증여세를 부과하는 것이어서 현저히 불합리하고 자의적이며 재산권보장의 헌법이념에 부합하지 않으므로 실질적 조세법률주의에 위배된다. ② 증여세의 상속세 보완세적 기능을 관철하는 데에만 집착한 나머지 자신의 실질적 공유재산을 청산받는 혼인 당사자를 합리적 이유 없이 불리하게 차별하는 것이므로 조세평등주의에 위배된다는 것이다(헌법재판소 1997.10.30. 96헌바14 구 상속세법 제29조의2 제1항 중 이혼한 자의 재산분할에 대한 증여세 규정부분 위헌소원).

4. 재산분할청구권 보전을 위한 사해행위취소권

부부의 일방이 다른 일방의 재산분할청구권 행사를 해함을 알면서도 재산권을 목적으로 하는 법률행위를 한 때에는 다른 일방은 그 취소 및 원상회복을 가정법원에 청구할 수 있다(민법 제839조의3).

이는 재산분할의 청구 여부 및 이혼심판의 청구 여부와는 상관없이 '부부의 일방이 상대방 배우자의 재산분할청구권 행사를 해함을 알고 재산권을 목적으로 한 법률행위를 한 때'에는 사해행위 취소소송을 제기할 수 있는 것으로 규정한 것이다. 이것은 재산 명의자가 아닌 배우자의 부부재산에 대한 잠재적 권리를 보호하기 위한 것으로 해석될 수 있다.

제5절 부모와 자녀

I. 총 설

1. 호주제도의 폐지와 가족관계 등록

2005년 민법 개정으로 호주제가 폐지되고 대체법으로 「가족관계 등록 등에 관한 법률」(2007.4.27. 제정, 2008.1.1. 시행)이 공포되어 가부장제적 호주제도가 폐지되었다.

가부장적 가족제도를 기초로 하고 있는 우리나라는 한 가족집단 간에 부부, 친자, 가족 이외에 호주와 가족의 신분을 인정하고 있었다.

호주권을 규정하여 가족원의 자유를 구속하고 호주는 남자가 되는 것을 원칙으로 하고 있어서 가족 간에 남녀불평등의 소지가 있을 수 있다.

종래 민법은 가족의 우두머리에 해당하는 호주를 두어 그 가(家)를 계승하게 하고 있었고, 이러한 호주제도는 남성우위 가부장제 가족제도를 기초로 하고 있기 때문에 '직계비속장남자'가 상속을 받는 것이 원칙으로 되어 있었다.

이렇게 우리나라에서 상당히 오랫동안 지속된 호주제도는 전통적인 가족제도를 유지·계승한 측면도 있지만, 다양한 가족형태가 등장하고 노동시장이 변화하고 있는 현실을 법률에 반영하지 못하는 측면이 있다는 비판과 함께 가족의 평등한 경제생활의 기반을 마련하여 개개인의 '삶의 질'을 향상시키자는 논의 끝에 결국 호주제도를 폐지하게 되었다.

〈참고〉

여성부, 「호주제의 사회·문화적 영향에 관한 연구」 결과 발표

여성가족부가 서울대학교 여성연구소(서울대 인류학과 김광억 교수)에 의뢰하여 「호주제의 사회·문화적 영향에 관한 연구」를 실시(2004년 4월부터 8월까지 진행)한 결과를 보면 다음과 같다.

이번 연구는 호주제로 인해 발생한 한국사회의 문제점과 개인적 부담을 다각적으로 밝히고 호주제 폐지로 나타날 사회적 결과를 예측·전망하고자 실시된 것으로 ① 중국·일본과 비교한 호주제의 가족관계 및 가족문화적 측면 ② 한국 남성이 경험하는 호주제의 의미 ③ 호주제가 노동시장·조세제도 및 복지제도에 미친 영향 등을 조사·분석하였다.

연구결과에 의하면
① 한국과 같은 유교문화권 국가인 중국과 일본의 경우 호주제가 없음으로 인해 가족의 법적인 구성이 다양해질 뿐 가족이 와해되거나 사회질서 체제가 혼란에 빠지지는 않는다.
② 12명의 남성들을 대상으로 심층면접을 실시한 결과 대부분의 남성들은 호주제를 고유의 미풍양속 정도로 생각하고 있었으나 구체적인 피해사례를 가지고 물었을 때에는 폐지에 호의적으로 나타났으며, 호주제가 상징하는 가부장적 가족문화와 관련하여, 장남은 장남으로서의 책임감과 동시에 부담감을 느끼고 있는 것으로 보아 호주의 지위를 부여받은 남성들 역시 피해자임을 알 수 있다.
③ 또한 호주제는 남성가장에게 우선적으로 고임금의 일자리를 보장해야 한다는 남성생계부양자 가족모델의 제도적 기반이 되고 있으며 이는 여성 우선 정리해고 및 저임금 등으로 나타나 여성의 경제활동을 제한하고 있다.

마지막으로 부계혈통 및 가계계승의 우위를 내용으로 하는 호주제적 가족제도는 모자가정의 복지를 요보호 여성정책으로만 봄으로써 낮은 복지수준을 초래하며 배타적 혈통주의적 호주제에 기초한 한국복지체계는 소년소녀가장 및 입양아동의 온전한 가족구성원으로서의 삶을 어렵게 하고 있다.

연구결과를 종합하여 볼 때
호주제 폐지는 양성 평등한 가족문화 증진과 같은 직접적인 기대효과뿐 아니라 가족의 평등한 경제생활 기반을 마련함으로써 국민 개개인의 삶의 질을 향상하는 데도 기여할 것으로 예상되며, 아울러 호주제 폐지 이후 다양한 가족과 구성원들의 복지를 총괄하는 종합적인 가족·복지정책이 요구된다.

* 출처: 여성부, 보도자료(2004.8.25. 배포)

호주제 폐지와 함께 제정된 '가족관계 등록에 관한 법률'(가족관계 등록법)에 따라 새로운 '가족관계등록부'가 사용되게 되었다(2008.1.1. 시행). 기존의 '호주' 개념이 사라지고, 개인별로 가족관계 등이 등록되는 '1인(人) 1적(籍)' 형태로 가족관계가 표시되게 되는 것이다.

가족관계등록부에는 등록기준지, 성명·본·성별·출생연월일 및 주민등록번호, 출생·혼인·사망 등 가족관계의 발생 및 변동에 관한 사항이 기재된다.

2. 가족관계 등록제도와 특징

(1) 목적에 따른 공시

등록된 가족관계는 5개 증명서로 구분돼 목적에 따라 발급되는 것이 특징이다.

'가족관계증명서'에는 본인의 등록기준지·성명·성별·본·출생연월일 및 주민등록번호가 기록돼 있고, 부모와 배우자, 자녀의 성명·성별·본·출생연월일 및 주민등록번호가 함께 기재된다.

① '기본증명서'에는 본인에 관한 사항 및 본인의 출생, 사망, 국적 상실·취득 및 회복 등에 관한 사항이 기재되고, ② '혼인관계증명서'에는 본인과 배우자의 성명·성별·본·출생연월일 및 주민등록번호 외에 혼인 및 이혼에 관한 사항이 표시된다. 따라서 지금까지 문제가 되어 왔던 '이혼'에 관한 경력은 '혼인관계증명서'에만 나타나게 되는 것이다.

③ '입양관계증명서'에는 본인 및 양부모에 관한 기본사항에 입양 및 파양에 관한 사항이, ④ '친양자입양관계증명서'에는 본인과 친생부모·양부모 또는 친양자의 성명·성별·본·출생연월일 및 주민등록번호, 입양 및 파양에 관한 사항 등이 기재된다.

(2) 친양자제도, 재혼가정 자녀 '친자식' 등록 가능

친양자입양제도가 도입되어 재혼가정 자녀들의 '부모와 다른 성(姓)' 문제가 해결될 수 있게 되었다.

친양자입양제도는 만 15세 미만자에 대해 가정법원의 재판을 통해 양자를 친자녀로 등록할 수 있게 하는 제도인데, 친양자가 된 자는 새 부모의 혼인 중 출생한 자녀로 간주돼 새 부모와 친족관계를 이루고 성과 본을 따르게 되며, 친생부모와의 가족관계는 완전히 단절된다.

예를 들면 양육권을 가진 여성이 재혼을 할 경우, 친양자입양제도에 의해 자녀들이 새 아버지의 성을 따르는 것은 물론 새 아버지와 친족관계를 형성하게 돼 서류상으로도 완전한 '자녀'가 될 수 있는 것이다. 지금까지는 가정법원에 신청해 자녀의 성과 본을 새 아버지와 같게 바꿀 수는 있지만, 이 경우 가족관계는 친생부에게 남게 되기 때문에 완전한 가족관계의 형성으로 보기는 어려웠다.

또 친양자의 경우 비밀보호를 위해 '친양자입양관계증명서'의 발급이 엄격히 제한된다. 친양자 본인이 성인이 되거나 혼인 당사자가 혼인의 무효 또는 취소사유에 해당하는 친족관계를 파악하고자 하는 경우에 한해 법원의 사실조회 촉탁 등으로 발급받을 수 있다.

(3) 자녀가 어머니 성과 본을 따를 수도 있게 됨

가족관계등록부는 기존에 전산 입력된 호적을 기초로 재작성되기 때문에 별도로 신고할 필요가 없고, 2008년부터 태어난 사람은 출생신고로 등록부가 작성된다.

기존의 호적에는 호주를 중심으로 호주의 가족들이 표시되고 출생·혼인·입양 등에 관한 모든 사항이 기재돼 있다. 그래서 '남성' 호주를 중심으로 가족관계를 규정한다는 비판과 함께, 가족의 신분사항에 관한 정보 노출이 문제점으로 지적되어 왔었다. 그렇지만 가족등록법은 혼인 시 합의에 따라 자녀가 어머니의 성(姓)을 따를 수도 있도록 하였다.

3. 「가족관계 등록 등에 관한 법률」의 내용

(1) 목적

이 법은 국민의 출생·혼인·사망 등 가족관계의 발생 및 변동사항에 관한 등록과 그 증명에 관한 사항을 규정함을 목적으로 한다(제1조).

(2) 주요내용

① 가족관계 등록사무의 국가사무화

가족관계 등록사무를 국가사무로 하여, 가족관계의 발생 및 변동사항에 관한 등록과 그 증명에 관한 사무를 대법원이 관장하도록(제2조) 하였고, 그 등록사무 처리에 관한 권한을 시·읍·면의 장에게 위임한 등록사무에 드는 비용은 국가가 부담하도록 하였다(제7조).

② 개인별 편제와 전산에 의한 관리

가족관계 등록사무는 '개인별'로 구분하여 작성하고, 신분등록부에 개인에 관한 사항만을 기록하게 하였다. 그리고 등록부에는 등록기준지, 성명·본·성별·출생연월일 및 주민등록번호, 출생·혼인·사망 등 가족관계의 발생 및 변동에 관한 사항, 그 밖에 가족관계에 관한 사항으로서 대법원규칙이 정하는 사항 등을 구분하여 작성하게 된다.

③ 목적별 증명서 발급

증명하려는 목적에 따라 다양한 증명서를 발급받을 수 있다.

가족관계증명서, 기본증명서(본인의 등록기준지·성명·성별·본·출생연월일 및 주민등록번호, 본인의 출생, 사망, 국적상실·취득 및 회복 등에 관한 사항), 혼인관계증명서, 입양관계증명서, 친양자입양관계증명서 등을 발급받을 수 있다.

Ⅱ. 부모와 자

1. 친자관계

부부는 자녀가 출생하면 부모로서의 지위를 얻는다. 부모와 자식 간의 관계는 자연적 혈연에 의한 친생자관계와 노후의 보장을 위해 관계를 맺는 법정친자관계(양친자관계)가 있다.

민법상에서 친자관계의 중요한 효과로는 친권 부양, 상속 등이 있다. 친자관계는 가족구성의 기본적인 최소단위인데 거의 운명에 의하여 주어지게 된다(양친자관계는 제외).

이하에서 우리 민법이 다루는 친자관계에 대하여 살펴보기로 한다.

2. 친생자

친생자에는 혼인 중에 출생한 자와 혼인 외에 출생한 자로 구별할 수 있다. 전자를 '혼인 중의 자'라고 부르고, 후자를 '혼인 외의 자'라고 부른다. 또 민법상 계약에 의하여 '양자'를 맞이할 수도 있는데 이러한 친자관계는 때때로 법적 분쟁을 일으켜서 매우 복잡한 문제를 파생시키기도 한다.

'혼인 중의 자'에 대해서는 친생추정·친생부인의 소의 문제가 있고, '혼인 외의 자'에 대해서는 인지·준정·친생자관계존부확인의 소가 문제된다.

(1) 혼인 중의 출생자

혼인 중의 출생자는 혼인관계에 있는 부모로부터 출생한 자녀를 말한다. 따라서 사실혼의 자녀는 혼인 중의 자가 아니다.

① '혼인 중의 자'의 친생자 추정

우리의 민법은 자가 혼인 중에 부의 친생자인지 입증하기가 곤란한 경우에 이러한 어려움을 해소하기 위한 두 가지 규정이 마련되어 있다. 첫째, 처가 혼인 중에 포태한 자는 부의 자로 추정한다. 둘째, 혼인 성립의 날로부터 2백일 후 또는 혼인관계 종료의 날로부터 3백일 내에 출생한 자는 혼인 중에 포태한 것으로 추정한다(민법 제844조제2항). 이와 같이 혼인 성립일로부터 200일 후로 한 것은 자의 포태로부터 출생에 이르기까지 최단기간을 정한 것이고, 혼인관계 종료일로부터 300일 이내로 한 것은 그 최장기간을 정한 것이다.

이렇게 부부 사이에 처가 부의 자식이라고 인정하는 객관적이고 명백할 정도의 결여가 있지 않다면, 부의 자로 추정을 받고 있다.[122] 한편 이러한 추정규정은 강행규정이므로 추정된 사실에 관하여 다투고자 하는 측에서 반증을 들어야 하며, 추정을 부인하기 위해서는 반드시 '친생부인의 소'에 의하여야 한다(제846조). 그래서 이 추정의 부인은 엄격히 제한되고 있다.

추정규정은 부부의 정상적인 동거상태를 예정하여 인정한 것이므로 ⅰ) 부가 장기간 외국에 나가 있거나, ⅱ) 부부 일방이 장기간 입원하고 있을 때, ⅲ) 사실상의 이혼으로 부부가 별거하고 있을 때, ⅳ) 1년 이상 교도소에서 복역하고 있을 때 등 객관적으로 명백하게 부에 의한 포태라고 보기 힘든 경우에는 적용될 수 없다고 보아야 한다.

② 법원에 의한 부의 결정

재혼한 여자가 해산한 경우에 그 자의 부를 정할 수 없는 때에는 법원이 당사자의 청구에 의하여 이를 정한다(제845조).

다시 말하면, 재혼금지기간(민법 제811조)에 위반하여 혼인이 이루어지게 되어 후혼의 성립 후 200일 이내이고, 전혼(前婚)의 종료 후 300일 이내일 경우에, 부성추정의 경합이 일어나게 되므로, 가정법원의 소송에 의하여 자의 부를 결정하도록 하

---

122) 대법원 1990.12.11. 선고 90므637 판결.

고 있다.

소의 제기권자는 자, 모. 모의 배우자, 또는 모의 전 배우자이다(가사소송법 제27조 제1항).

판결의 효력에 의하여 자는 친생자로서의 효력을 가지게 되며, 출생 시에 소급하게 된다.

③ 친생부인의 소

처가 혼인 중에 포태한 자녀는 부의 자로 추정되나 실제 그 부부 사이의 자가 아닌 경우에, 부부의 일방은 그 자가 친생자임을 부인하는 소를 제기할 수 있다(제846조).

친생부인의 소는 부 또는 처가 다른 일방 또는 자를 상대로 하여 그 사유가 있음을 안 날부터 2년 내에 이를 제기하여야 한다(제847조 제1항). 이 경우에 상대방이 될 자가 모두 사망한 때에는 그 사망을 안 날부터 2년 내에 검사를 상대로 하여 친생부인의 소를 제기할 수 있다.

(가) 소의 주체(원고)

소송을 제기하는 주체로는 부부의 일방, 후견인,[123] 유언집행자,[124] 부(夫) 또는 처(妻)의 직계존속이나 직계비속[125]이 될 수 있다.

후견인이 친생부인의 소를 제기하지 아니한 때에는 금치산자는 금치산 선고의 취소가 있는 날로부터 2년 내에 친생부인의 소를 제기할 수 있다.

---

123) 제848조(금치산자의 친생부인의 소) ① 부 또는 처가 금치산자인 때에는 그 후견인은 친족회의 동의를 얻어 친생부인의 소를 제기할 수 있다.
124) 제850조(유언에 의한 친생부인) 부 또는 처가 유언으로 부인의 의사를 표시한 때에는 유언집행자는 친생부인의 소를 제기하여야 한다.
125) 제851조(부의 자 출생 전 사망 등과 친생부인) 부가 자의 출생 전에 사망하거나 부 또는 처가 제847조제1항의 기간 내에 사망한 때에는 부 또는 처의 직계존속이나 직계비속에 한하여 그 사망을 안 날부터 2년 내에 친생부인의 소를 제기할 수 있다.

(나) 소의 상대방(피고)

소의 상대방으로는 부부의 일방, 부 또는 처, 모 또는 검사[126] 등이다.

(다) 절차와 방법

친생부인의 소는 부 또는 처가 다른 일방 또는 자를 상대로 하여 '그 사유가 있음을 안 날부터 2년 내'에 이를 제기하여야 한다(제847조제1항).

친생부인의 방법은 조정을 거쳐 가정법원의 판결로 한다(나류 가사소송사건).

(2) 혼인 외의 자와 인지

혼인하지 않은 남녀 간에 출생한 자를 '혼인 외의 자'라고 한다. 예컨대 사통관계에 있는 자라든가, 사실혼관계의 자, 첩관계·무효혼인으로부터 출생한 자(혼인 외의 출생자)는 부의 인지가 있기 전까지는 생부와 아무런 관계가 없다.

① 인지

인지(認知)는 혼인 외의 출생자를 그 생부 또는 생모가 자기의 자라고 인정하는 행위를 말한다. 혼인 외의 출생자와 그 부의 법률상의 부자관계는 반드시 '인지'에 의하여서만 성립된다. 그러므로 인지가 없는 한 혼인 외의 출생자는 '아버지'를 가질 수 없다. 모자관계는 분만에 의하므로 모는 별다른 인지를 필요로 하지 않는다. 기아(棄兒)와 같은 경우에만, 모(母)의 인지가 필요하지만 이때도 모자관계의 확인이라고 보아야 할 것이다. 우리나라 현행법상의 인지에는 임의인지와 강제인지가 있다.

(가) 임의인지

임의인지란 사실상의 부 또는 모가 혼인 외의 자를 임의로 인지하는 것을 말한다. 인지권자는 부(또는 모)만이 할 수 있다. 즉 부 또는 모는 인지할 수 있다.[127] 인

---

126) 제849조(자 사망 후의 친생부인) 자가 사망한 후에도 그 직계비속이 있는 때에는 그 모를 상대로, 모가 없으면 검사를 상대로 하여 부인의 소를 제기할 수 있다.

127) 민법 제855조(인지) ① 혼인 외의 출생자는 그 생부나 생모가 이를 인지할 수 있다. 부

지는 사실의 승인이므로 인지를 하기 위해서는 의사능력이 있어야 하고, 의사능력만 있으면 미성년자나 한정치산자라도 누구의 동의도 필요 없이 인지를 할 수 있다. 그러나 부가 금치산자인 경우에는 후견인의 동의를 얻어야 한다(민법 제856조).

인지를 받은 자는 혼인 외의 자, 포태 중인 자(민법 제858조), 타인의 가족관계등록부상 친생자(제864조), 사망한 자(제857조)[128] 등이다.

피인지자는 생존하고 있는 것이 원칙이지만 두 경우에 한하여 예외가 인정된다. 즉 하나는 사망한 자에게 직계비속이 있는 경우에 그 사망한 자를 인지할 수 있고(민법 제857조), 다른 하나는 아직 포태 중에 있는 자를 인지할 수 있는 것이다(민법 제858조).

인지의 신고는 생전인지, 유언인지의 두 경우가 있다. 즉, 생전인지는 요식행위이므로 「가족관계의 등록 등에 관한 법률」에 정한 바에 의하여 인지신고를 함으로써 효력이 생긴다(민법 제859조 제1항).

인지는 유언으로도 할 수 있는데 이것을 유언인지라고 한다. 이 경우에는 유언집행자가 그 취임일로부터 1개월 이내에 인지에 관한 유언서 등본 또는 유언녹음을 기재한 서면을 첨부하여 신고하여야 한다(민법 제859조 제1항 후단, 가족관계의 등록 등에 관한 법률 제59조).

인지에 대해서도 이의를 제기할 수 있다.

인지된 자녀 기타 이해관계인은 인지에 관하여 이의가 있는 경우에는 '그 신고가 있는 것을 안 날로부터 1년 내'에 인지에 대한 이의를 제기할 수 있다(민법 제862조).

(나) 강제인지

강제인지란 부 또는 모가 임의인지를 하지 않는 경우에 부 또는 모의 의사와 관계없이 재판에 의하여 부자 또는 모자관계의 존재에 대한 확인을 청구하는 것이다

모의 혼인이 무효인 때에는 출생자는 혼인 외의 출생자로 본다. ② 혼인 외의 출생자는 그 부모가 혼인한 때에는 그때로부터 혼인 중의 출생자로 본다.
128) 민법 제857조(사망자의 인지) 자가 사망한 후에도 그 직계비속이 있는 때에는 이를 인지할 수 있다.

(민법 제863조). 인지자의 의사와 관계없이 법원의 판결에 의해서 강제로 인지토록 하여 생부나 생모의 가족관계등록부에 자로 등록하게 된다.

'인지청구의 소'는 조정을 신청한 이후에 해야 하고, 만일 조정절차에서 조정이 성립되면 재판상 화해와 동일한 효력을 가진다.

소를 제기할 수 있는 자는 ① 혼인 외의 자, ② 그 직계비속, ③ 자 또는 직계비속의 법정대리인 등이다(민법 제863조).

태아에게는 인지청구권이 없다. 다만 임의인지의 경우에는 생부에 의해 임의인지가 가능하다(가족관계의 등록 등에 관한 법률 제56조).

(다) 인지의 효력

인지판결이 확정되면, 법률상 친자관계가 성립되어 그 자의 '출생 시로 소급'하여 발생한다. 또한 부양의무를 부담하게 되며, 상속권 등이 보장된다.

② 준정

준정(準正)이란 법률상 혼인관계가 없는 부모 사이에 출생한 자가 그 부모의 혼인을 원인으로 하여 혼인 중의 출생자의 신분을 취득하는 것을 말한다.

준정은 크게 세 가지로 나눌 수 있다. 첫째, 혼인에 의한 준정, 이는 혼인 전에 출생하여 부로부터 인지를 받은 자가 부모의 혼인에 의하여 준정되는 것이다(민법 제855조 제2항). 둘째, 혼인 중의 준정, 이는 혼인 전의 출생자가 생부모가 혼인하고 인지신고를 하면 그 신고할 때로부터 혼인 중 출생자의 신분을 갖게 된다. 셋째, 혼인해소 후의 준정, 이는 혼인 전의 출생자가 그 부모의 혼인 중에 인지되지 않고 있다가 그 부모의 혼인 해소 또는 취소된 후에 인지됨으로써 준정되는 것이다.

준정으로 혼인 외의 출생자는 '혼인 중의 출생자'가 된다. 즉 준정의 효과로 부모가 혼인한 때부터 혼인 중의 출생자로 된다고 본다.

③ 친생자관계존부확인의 소

(가) 의의

'친생자관계존부확인의 소'란, 청구권자의 청구에 의해 특정인(부와 자) 사이의 친생관계의 존부를 주장하는 소를 말한다. 이는 친생자관계가 가족관계등록부와 다르게 기재되어 있을 때, 이를 바로잡기 위한 필요에 의한 것이다.

(나) 제소절차

친생자관계존부확인의 소는 조정절차를 거칠 필요 없이 소를 제기할 수 있다(가사소송법상 가류사건). 소의 이익이 존재하는 한 당사자가 생존하는 동안 언제든지 제기할 수 있다. 다만 당사자의 일방이 사망한 때에는 그 사망을 안 날로부터 2년 내에 한하여 검사를 상대로 소를 제기할 수 있다.

(다) 당사자 적격

(i) 원고적격

친생자관계존부확인의 소를 제기할 수 있는 자는 부를 정하는 소(제845조), 친생부인의 소, 인지에 대한 이의의 소와 인지청구의 소의 규정에 의하여 소를 제기할 수 있는 자[129])이다(제865조제1항). 따라서 부, 부의 후견인, 부의 유언집행자, 부의 직계존속, 부의 직계비속, 모, 자, 자의 법정대리인, 자의 직계비속 및 기타의 이해관계인이다.

(ii) 피고적격

피고적격자는 가족관계등록부상 자, 부나 모, 부모와 자이다.

---

129) 민법 제865조(다른 사유를 원인으로 하는 친생자관계존부확인의 소) ① 제845조, 제846조, 제848조, 제850조, 제851조, 제862조와 제863조의 규정에 의하여 소를 제기할 수 있는 자는 다른 사유를 원인으로 하여 친생자관계존부의 확인의 소를 제기할 수 있다. ② 제1항의 경우에 당사자 일방이 사망한 때에는 그 사망을 안 날로부터 2년 내에 검사를 상대로 하여 소를 제기할 수 있다. <개정 2005.3.31.>

(라) 판결의 효력

판결의 효력은 당사자들 사이는 물론 제3자에게도 미친다(가사소송법 제21조).

3. 인공수정자

(1) 인공수정의 의의

인간의 종족본능으로 자녀를 출산할 수 없는 불임부부들에게 의학의 발달에 따라 변칙적인 방법이 도입된 것이 인공수정이다. 인공수정(人工授精)이란, 남녀 간의 자연적 성교섭에 의하지 않고 인공적인 특수방법에 의하여 정액을 여성의 체내에 주입함으로써 정자와 난자를 결합(수정)시켜 수태를 하게 하는 것을 말한다. 이러한 인공수정의 시술에 의하여 포태되어 출생한 자가 인공수정자[130]이다.

인공수정은 부의 불임원인을 치료하기 위한 목적으로 시작되었고, 많은 사람들의 관심 속에 정자은행이 운영되기도 한다. 최근에는 처가 부의 정액을 사용해서 행하는 경우(Artificial Insemination by the Husband's Seman, A.I.H)와 처가 부 이외의 제3자의 정액을 공급받아서 행하는 행위(Artificial Insemination by a Donor's Semen, A.I.D)도 있다.[131]

(2) 인공수정자의 법적 지위

① A.I.H.에 의한 인공수정자

부의 정액에 의하여 처가 출산한 인공수정자는 부와 자연적 혈연관계가 존재하므

---

130) 2005년 한 해 동안 배우자가 아닌 사람의 정자와 난자가 사용된 불임시술은 971건으로 나타났다. 또 우리나라 불임부부는 2000년 기준 약 140만 쌍이고 기혼여성 불임률도 해마다 늘어 2003년 9만 8,325명, 2004년 10만 4,699명, 2005년 11만 1,164명으로 증가 추세를 보이고 있다. 불임증 남성 수도 2003년 1만 7,675명, 2004년 2만 2,166명, 2005년 2만 1,201명으로 늘어나는 현상을 보이고 있다. 법률신문, 2006.09.18. 참조.
131) 배경숙 외, 전게서, p.263 이하.

로 혼인 중의 출생자와 동일하게 다루어야 할 것이다. 즉, 남편의 동의를 받아 아내가 남편의 정자로 인공수정을 한 경우에는 친생추정을 인정하여야 한다고 본다. 따라서 출생의 시기에 따라서 문제가 될 수 있는데, 예컨대, 냉동 보존된 정액에 의한 인공수정의 경우가 문제 될 수 있다. 따라서 '친생자의 추정을 받은 혼인 중의 출생자' 혹은 '친생자의 추정을 받지 않은 혼인 중의 출생자'가 된다. 그러나 부의 사망후 300일 이상이 된 후에 출생한 경우에 혼인 중의 출생자가 되느냐의 문제가 집중적으로 연구되어야 할 것이다.

② A.I.D.에 의한 인공수정자
처가 제3의 남자의 정액을 제공받아 인공수정을 하는 경우이기 때문에 남편의 동의 여부가 법적 문제로 등장될 수 있다.

(가) 부(夫)의 동의가 있는 경우
부의 동의하에 제3자의 정액을 사용하여 인공수정을 한 때에는 부의 자로 추정받는 '혼인 중의 자'로 보아야 한다. 그 이유는 두 가지이다. 첫째 인공수정자에 대하여 부가 친생부인권을 행사하는 것은 신의칙상 허용되지 않기 때문이고, 둘째 인공수정자를 보호하기 위함이다. A.I.D.에 의한 인공수정의 경우는 부의 동의를 받았다 할지라도 부부가 이혼을 한다든지, 처가 사망한 경우에 문제 될 수 있다.
부(夫)의 동의의 흠결 등이 있는 경우(착오, 사기, 강박 등)에 친생부인의 소를 제기할 수 없게 하는 장치도 필요하다. 여기에서 유전자상의 부와 인공수정자와의 관계에서 나타날 수 있는 문제를 미연에 방지하기 위하여 정책적·입법적 고려가 있어야 할 것이다. 그것은 다음과 같다.
첫째, 유전자상의 부와 자 간의 친생자관계 '존재' 확인의 소를 제기할 수 있는지가 문제 되는데, 이 경우에는 소를 제기할 수 없는 것을 원칙으로 해야 한다.
둘째, 정자제공자의 의사가 보호되어야 한다. 즉 실험이나 의학적인 다른 이유로 정자를 제공하였는데, 정자제공자의 의사와는 달리 병원이 그 정자로 인공수정을 하였을 때에는 정자제공자를 보호하고 그와 같이 위법한 행위를 행한 자를 처벌하는 입법이 마련되어야 할 것이다.

셋째, 부부가 이혼하게 되는 등의 경우에는 모(母) 또는 자(子)에게 '모의 부(夫)'와 자(子) 간의 관계에 관하여 친생자관계부존재확인의 소를 제기할 수 있는 권리를 인정하여야 할 것이다.

(나) 부(夫)의 동의가 없는 경우

부의 동의 없이 제3자의 정액을 사용하여 인공수정을 한 때에는 사정에 따라 친생자추정이 미치지 않는 혼인 중의 출생자가 될 것이다. 그 이유는 통상의 부부관계에서 모의 불륜에 의한 자의 포태의 경우에도 친생추정이 인정되므로, A.I.D.의 경우에도 역시 친생추정이 인정된다고 보기 때문이다.

따라서 부는 친생부인권을 행사할 수 있으며, 이해관계인도 친생자관계부존재확인의 소를 제기할 수 있다고 본다. 또 경우에 따라서는 혼인을 계속하기 어려운 중대한 사유로서의 이혼원인은 될 수 있다고 해석된다.

(3) 부와 모의 확정의 문제

유전자 과학과 의학기술이 발전하여 정자뿐만 아니라 난자, 수정란의 냉동보존이 가능하게 되었다.

2005년부터 「생명윤리 및 안전에 관한 법률」이 시행되고 있지만 생식세포 매매금지, 배아보호 등에 관한 규정만 있을 뿐 태어난 아이의 가족관계, 대리모계약의 유무효나 허용되는 대리모 출산 형태에 관한 규정은 아직 마련되어 있지 않다. 우리 민법도 이런 문제를 예상치 못해 관련 규정이 없는 상황이어서, 인공수정자의 법적 지위에 관해서는 전적으로 법원의 판단에 맡겨져 있다.

(ⅰ) 외국의 입법례

외국의 입법례를 살펴보면, 영국에서 입법을 통해 인공수정자에 대한 법적 지위를 해결하고 있다. 영국은 1990년에 인간수정 및 배아연구에 관한 법률을 제정해 인공수정으로 태어난 자녀에 관한 법적 지위를 명확히 하였다. 아이를 출산한 여성은 유전적인 관계를 떠나 무조건 법률상 어머니의 지위가 되도록 하였으며, 또 제3자의 정자를 이용한 인공수정에 동의한 남편의 경우 특별한 사정이 없는 한 태어난 아이의 아버지(父)로 취급되도록 하고 있다. 그러나 인공수정 시술에 동의하지 않았다면 유전적인 아버지가 유전학적인 증거제시를 통해 자신이 법률상 아버지임을 주장할 수 있도록 하였다.

(ii) 판례

법률상 부모의 정자와 난자를 이용한 인공수정의 경우는 문제 될 것이 없다. 그렇지만 제3자의 정자나 난자를 이용해 아이가 태어났을 경우 관련 규정이 없기 때문에 결국 법원의 판단에 따를 수밖에 없다.

하급심은 견해가 일치되지 않고 있으며 대법원 판례는 아직 없다.

인공수정과 관련하여 판시한 내용을 보면, 무정자증인 남편이 처가 다른 사람의 정자를 공여받아 인공수정을 통하여 자를 출산하는 것에 동의한 경우, 그 후 처와 이혼하였다고 하여 그 자에 대한 친생을 부인하는 것은 신의칙에 반한다고 한 사례(출처: 대구지법 가정지원 2007.8.23. 선고 2006드단22397 판결)가 있다.

서울가정법원은 2002년 이혼을 앞둔 A씨가 "정자은행에서 제공받은 정자로 인공수정을 통해 낳은 아들에 대해 남편은 친권이 없다."며 B씨를 상대로 낸 친생자관계존부확인소송(2002드단53028)에서 부인 A씨의 손을 들어 줬다.[132]

그러나 서울가정법원은 2000년 비슷한 사례에서 정반대의 판결을 내렸다. 재판부는 인공수정으로 아들을 낳은 이혼녀 A씨가 전남편을 상대로 낸 친생자관계부존재확인소송에서 원고패소 판결을 내렸다. '처가 혼인 중 포태한 자는 부의 자로 추정한다'는 민법 제844조 제1항의 규정에 따라 남편의 아이로 봐야 한다는 것이 이유였다.

이렇게 하급심 법원의 판단이 엇갈리는 것은 인공수정에 관한 규정이 없기 때문

---

132) 재판부는 "원·피고가 장차 태어날 아이에 대해 서로 친자로 인정했다고 하더라도 민법상 친생자관계는 자연적 혈연을 기초로 하는 것이며 당사자 의사와는 무관하다."고 밝혔다. 남편 이 씨는 제3자의 정자를 이용해 태어난 아이와 '유전적 연결관계'가 없기 때문에 친생자관계를 인정할 수 없다는 것이다. 법률신문, 2006.9.18.

일 것이다.

(iii) 입법의 필요성

민법상 친지관계를 어디까지 인정할 것인지는 친생자존부확인의 소의 제기 여부 등은 종래의 법이론과 해석으로 대응하기에는 한계가 있으므로, 입법적으로 해결할 필요가 있다고 본다.[133]

4. 대리출산(대리모)

대리모(代理母) 출산은 '처'에게 불임이 있는 경우에, 처의 난자와 남편의 정자를 제3의 여자(대리모) 체외에서 수정시켜 10개월의 임신을 거친 후에 '자'를 출산하여 의뢰인 부부에게 인도한다. 이 같은 배우자 간의 체외수정은 A.I.H.와 같으므로 법적으로는 큰 문제가 없다. 그러나 부(夫)와 처(妻) 사이의 체외수정란을 제3자인 여성(대리모)의 체내에 착상하는 경우에는 모자관계를 둘러싸고 난처한 문제가 발생할 수 있다. 대리모가 모자관계를 주장할 경우 난자제공자(난자의 모)와 자궁제공자(자궁의 모) 중 어느 쪽을 모라고 볼 것인가 하는 것은 난제가 아닐 수 없다. A.I.D. 의 법리에 따르면 '자궁의 모(대리모)'가 체외수정자의 모[134]가 될 가능성이 많다.

---

133) 미국에서는 많은 소송이 제기되고 있으며, 영국은 1985년에 금전거래를 통한 대리모계약의 금지를 내용으로 하는 대리모법을 제정하였다. 프랑스는 인체의 존중에 관한 1994년 7월 29일 법률을 제정하여, 입법에 의하여 문제를 처리하고 있다. 배경숙·최금숙, 전게서, p.477.

134) 대리모에 의해서 출산해도 유전적 부모(난자의 모)가 법적 부모가 된다는 판결이 미국에서 나왔다. 즉, 대리모를 통해 태어난 아이라 하더라도 수정란의 주인인 유전의 부모가, 출생 시부터 아이의 부모로 인정돼야 한다고 미국 매사추세츠 주 대법원이 2001년 10월 12일 판결했다.

이번 판결은 대리모를 통해 태어난 아이에 대해 유전적 부모에게 출생 시부터 법적 부모의 권리를 부여한 것으로 이제까지 대리모에게 우선 부모의 권리를 부여한 매사추세츠 주의 현행법을 뒤집은 것이어서 주목된다.

주 대법원은 전원일치 판결로 원고이자 유전적 부모인 컬리틴 부부가 대리모를 통해 태어난 아이에 대해 출생 시부터 법적인 부모의 권리를 가지며 이에 따라 최초 출생증 그러나 이와 같이 되면 난자의 모와 그의 부의 의사와는 반대되는 결과가 되기 때문에 법률적으로 어려운 문제가 생긴다.

오늘날 대리모는 성적 교섭에 의하지 않고, 정자를 인공 주입하여 포태하여 출산한다는 점에서, 우리의 '씨받이'와는 차이가 있다. 대리모 출산은 대부분 '대리모계약'에 기초하여 이루어지게 되는데, 우리나라의 경우 이러한 계약은 '선량한 풍속 기타 사회질서'에 반하는 법률행위로서 '무효'로 된다.

그러면 대리모를 통한 인공수정에서는 대리모와 유전자상의 모(母)와의 '모성 충돌'이 있게 될 때 어떻게 해결할 것인가? 그것은 '자(子)의 복리'에 기초하여 합리적으로 해결해야 한다고 생각한다.

또 모성 충돌의 경우에는 가정법원에 친생자관계존부확인의 소를 제기하여 모(母)를 정할 수 있도록 해야 한다. 아직 우리 민법에는 이런 부분을 해결하기 위한 규정은 없지만 입법이 있을 때까지는 일반적인 확인청구의 방법에 의하여 모자관계의 존재를 확인할 수 있을 것이다.135)

명서에도 아이의 성(姓)을 유전적 부모의 성을 따라 기재해야 한다고 판결했다.
주 대법원은 또 현행법이 대리출산과 같은 새로운 환경을 제대로 반영하지 못하고 있다면서 새로운 출산 형태에 대한 의학적, 법적, 윤리적 측면을 반영한 법률 제정을 입법부에 촉구했다.
2001년 7월 대리모를 통해 쌍둥이를 얻은 컬리틴 부부는 대리모를 통해 얻은 아이에 대한 유전적 부모의 법적 권리를 출생 시부터 인정하지 않는 것은 부당하다며 소송을 제기했다. 매사추세츠 주의 현행법은 최초 출생증명서에 대리모의 성을 따라 아이의 성을 기재한 뒤 소송을 통해 성을 바꾸거나 나중에 입양형식을 통해 아이에 대한 부모의 권리를 얻도록 규정하고 있다. 한국일보, 2001.10.13. 참조.
135) 대법원 1993.7.16. 92므372.

Ⅲ. 양 자

1. 서 설

양자제도는 혈연적인 관계가 없는 자들 사이에 인위적으로 친자관계를 맺는 것으로 고대부터 오늘날에 이르기까지 대다수의 국가에서 인정하고 있는 제도이다. 우리나라도 본래 조상의 제사를 모시고 혈통의 승계를 위한 '가(家)를 위한 양자'에서 발달하였으나, 1990년 민법 일부개정에 의하여 이성양자도 호주승계를 할 수 있으며, 호주의 직계비속장남자도 타가에 입양할 수 있게 되었고, 호주가 된 양자라도 파양을 할 수 있게 되었으며, 사후양자와 유언양자, 서양자를 폐지하였다.

민법(2005.3.31. 개정, 2008.1.1. 시행)에서는 친양자제도를 신설하여, 양자제도를 유지하면서 친양자와 양친부모 사이를 친생자처럼 더욱 긴밀하게 하려는 완전양자제도를 기초로 하고 있다.

외국에서는 일찍이 가부장제가족제도를 탈피하였기 때문에 양자법은 '자의 복리와 보호'를 목적으로 하는 입장으로 바뀌었다.[136) 그래서 고아나 사생자의 구제를 위하여 양자제도가 이용되는 경우가 많았다.

2. 양친자관계의 성립

양친자관계는 입양의 '합의'에 의하여 성립된다. 입양이 성립하기 위한 실질적 요건과 형식적 요건을 보면 다음과 같다.

---

136) 근래에 프랑스(1966년, 1976년), 이탈리아(1967년), 영국(1969년, 1976년), 스위스(1972년) 및 서독(1976년)이 각각 양자법을 개정하였다. 그런데 생가(生家) 부모와 단절하고 완전양자를 도입하고 있다.

(1) 실질적 성립요건

① 당사자 간에 입양의사가 있어야 한다. 입양의사는 진실해야 하고 당사자에게 입양의사가 없는 경우는 무효가 된다(민법 제883조 1호).

② 양친은 성년자라야 한다(민법 제866조).

기혼·미혼, 남·여, 유자·무자의 구별 없이 성년자이면 양친이 될 수 있다.

③ 양자로 되는 자가 15세 미만인 경우에는 그 법정대리인에 갈음하여 입양의 승낙을 할 수 있다(민법 제869조 본문). 이러한 양자를 대락입양이라고 한다. 다만 후견인이 입양을 승낙하는 경우에는 가정법원의 허가를 받아야 한다. 이는 양자로 된 자가 유아인 경우가 많기 때문에 법정대리인의 대락규정을 두었다.

④ 양자가 될 자는 부모의 동의를 얻어야 한다(민법 제870조 제1항). 양자가 될 자는 아무리 성년자라 하더라도 ⅰ) 부모의 동의를 얻어야 하며 ⅱ) 부모가 사망 또는 행방불명, 그 밖의 사유로 인하여 동의를 할 수 없을 때에는 다른 직계존속이 있으면 그의 동의를 얻어야 한다. 이때 직계존속이 여러 사람이 있는 경우에는 최근친존속을 선순위로 하고 동순위가 수인 있는 경우에는 연장자를 선순위로 한다(민법 제870조 제2항).

⑤ 양자가 될 자가 미성년자인 경우에는 부모 또는 다른 직계존속의 동의를 얻어야 하고 직계존속도 없으면 후견인의 동의를 얻어야 한다(민법 제871조).

이때 미성년자라는 것은 15세 이상의 미성년자를 말한다. 다만 후견인이 동의를 할 경우에는 가정법원의 허가를 얻어야 한다(민법 제871조 단서).

⑥ 후견인이 피후견인을 양자로 하는 경우에는 가정법원의 허가를 얻어야 한다(민법 제872조).

이것은 양자의 이익을 보호하고자 한 것이다.

⑦ 배우자가 있는 자가 양자를 할 때에는 배우자와 공동으로 하여야 하며, 배우자 있는 자가 양자가 될 때에는 다른 일방의 동의를 얻어야 한다(민법 제874조).

배우자가 있는 자가 양자를 할 때에는 배우자와 공동으로 하여야 하고(민법 제874조 제1항), 양자가 되는 자가 부부인 경우에는 공동으로 할 필요는 없고 다른 일방의 배우자의 동의를 얻어야 한다(민법 제874조 제2항).

⑧ 양자는 양친의 존속 또는 연장자가 아니어야 한다(민법 제877조 제1항). 양자는 항렬이나 동갑은 상관없다. 그러나 양자는 연장자가 아니어야 한다.

(2) 형식적 성립요건

입양은 「가족관계의 등록 등에 관한 법률」에 정한 바에 의하여 신고함으로써 그 효력이 생긴다(민법 제878조 제1항). 신고는 당사자 쌍방과 성년자인 증인 2명이 연서한 서면으로 함으로써 효력이 생긴다(민법 제878조 제2항). 대락입양(代諾入養)은 대락한 자(민법 제869조 15세 미만자의 입양 승낙)와 양친이 될 자가 입양신고를 하여야 한다(가족관계의 등록 등에 관한 법률 제62조 제1항).

실제로 양자인데 친생자로 출생 신고하는 경우가 많다. 이는 영유아를 양자로 삼으면서 양자에게 친생자와 동일한 애정을 쏟고 양자의 사회활동에 지장을 주지 않기 위함이다. 이에 대해 판례는 그 효력을 인정하다가, 이를 부정하였고 최근에는 다시 입양의 효력을 인정[137]하고 있다.

3. 입양의 무효와 취소

입양의 무효와 취소는 다음과 같은 사유로 한다.

(1) 입양의 무효사유

입양은 다음의 사유가 있을 때 무효로 한다.

---

137) 당사자 사이에 양친자관계를 창설하려는 명백한 의사가 있고 기타 입양의 실질적 성립요건이 모두 구비된 경우 입양신고 대신 친생자 출생신고가 있다면 형식에 다소 잘못이 있더라도 입양의 효력이 있다(출처: 대법원 2001.8.21. 선고 99므2230 판결, 대법원 1997.7.11. 선고 96므1151 판결 참조).

① 당사자 사이에 합의가 없는 때(민법 제883조 제1호)

② 15세 미만의 자의 입양에 대하여, 대락권자의 승낙을 받지 못하거나, 양자가 양친의 존속이거나 연장자인 경우에도 무효이다(민법 제883조 제2호).

입양의 무효는 절대적 무효로서 당사자는 '무효확인의 소'를 제기할 수 있으며, 다른 소송에서도 주장할 수 있다.

(2) 입양의 취소사유

다음의 경우에는 가정법원에 그 취소를 청구할 수 있다.

① 미성년자가 양친이 되어 입양을 한 때(제884조 제1호)

미성년자가 양자를 한 경우에 양부모, 양자와 그 법정대리인 또는 직계혈족이 그 취소를 청구할 수 있으나(민법 제855조 전단), 양친이 성년에 달하게 되면 취소청구권이 소멸한다(민법 제889조).

② 양자가 될 자가 부모 또는 직계존속의 동의를 얻지 않았거나 동의권자의 순위를 위반하였을 때

양자가 될 자는 그의 부모 또는 직계존속의 일정한 순위에 따른 동의가 있어야 하는데, 이러한 동의를 받지 못한 경우에는 동의권자에 해당하는 자가 입양을 취소할 수 있다. 취소권자가 그 사유가 있음을 안 날로부터 6개월 또는 취소사유가 생긴 날로부터 1년이 경과하면 취소권은 소멸된다(민법 제894조).

③ 미성년자에게 요구되는 부모나 다른 직계존속 또는 후견인의 동의를 얻지 않았을 때

미성년자를 양자로 할 때에 부모나 직계존속이 없으면 후견인이 가정법원의 허가를 받은 후 동의해야 하는데, 후견인의 동의를 얻지 못한 경우에 취소할 수 있다(민법 제887조).

④ 가정법원의 허가를 얻지 않고 후견인이 피후견인을 양자로 하였을 때

⑤ 금치산자가 후견인의 동의 없이 양자로 하였거나 양자가 되었을 때(민법 제887조)

⑥ 부부가 공동으로 하지 않고 양자를 하였거나 배우자가 있는 자가 다른 일방의 동의를 얻지 않고 양자가 되었을 때(민법 제888조)

⑦ 입양 당시에 양친자의 일방에게 악질 기타 중대한 사유가 있음을 알지 못한 때(민법 제884조 2호)

⑧ 사기 또는 강박으로 인하여 입양하였을 때에는 취소할 수 있다(민법 제884조 제3호).

입양의 효력은 취소에 의하여 소멸하며, 취소의 효과는 소급하지 않는다.

4. 입양의 효과

입양은 입양한 날로부터 법정친자관계가 창설되므로, 양자는 양친의 혼인 중의 출생자로 된다. 그러므로 양자와 양부모 및 그 혈족, 인척 사이의 친계와 촌수는 입양한 때로부터 혼인 중의 출생자와 동일한 것으로 본다(민법 제772조 제1항).

5. 파양

파양(罷養)은 양친자관계를 해소하여 법정혈족관계를 소멸시키는 것을 말한다. 입양은 혼인과 달리 파양에 의해서만 해소되며, 당사자 일방의 사망만으로 해소되지 않는다. 파양에는 협의상 파양과 재판상 파양이 있다.

(1) 협의상 파양

협의파양이 인정되기 위해서는 다음과 같은 요건을 필요로 한다.

① 당사자 사이에 파양의사의 합치가 있어야 한다(민법 제898조 제1항).

협의파양은 파양 당사자 자신의 합의에 의한 것이 원칙이므로, 15세 미만의 자나 미성년자 또는 금치산자를 제외하고는 누구나 동의 없이 파양에 대한 의사표시를 할 수 있다.

② 양자가 15세 미만인 경우에는 입양을 대락한 자가 양자에 갈음하여 대락을 하여야 한다(민법 제899조).

③ 15세 이상인 미성년자의 파양: 양자가 15세 이상인 미성년인 경우에는 생가부모의 동의를 얻어야 한다(민법 제900조). 생가부모가 동의할 수 없으면 생가의 다른 직계존속의 동의를 얻어야 한다.

④ 금치산자의 협의파양: 금치산자는 후견인의 동의를 얻어야 한다(민법 제902조). 즉 양친이나 양자가 금치산자인 경우에는 후견인의 동의를 얻어야 한다.

협의상의 파양이 유효하게 성립하기 위해서는, 「가족관계의 등록 등에 관한 법률」에 정한 바에 의하여 서면이나 말로 신고하여야 한다(제23조 제1항). 파양신고서는 당사자 쌍방과 증인 2인이 연서가 필요하다.

(2) 재판상 파양

입양 당사자는 법률에 정한 일정한 원인이 있으면, 법원의 조정을 거쳐 심판에 따라 파양하는 것이 재판상 파양이다. 재판상 파양 원인에는 다음과 같은 것이 있다(민법 제905조).

① 가족의 명예를 오독하거나 재산을 경도한 중대한 과실이 있을 때
② 다른 일방 또는 그 직계존속으로부터 심히 부당한 대우를 받았을 때
③ 자기의 직계존속이 다른 일방으로부터 심히 부당한 대우를 받았을 때
④ 양자의 생사가 3년 이상 분명하지 아니한 때
⑤ 기타 양친자관계를 계속하기 어려운 중대한 사유가 있을 때

위의 재판상 파양원인 중 제1호 내지 제3호와 제5호의 사유는 다른 일방이 이를 안 날로부터 6월, 그 사유가 있는 날로부터 3년을 경과하면 파양청구권이 소멸된다(민법 제907조).

(3) 파양의 효과

① 친족관계의 소멸: 파양에 의해 입양으로 인한 친족관계는 소멸한다(민법 제776조).
② 가족관계등록부의 정리: 가족관계등록부에 기재하는 것으로 충분하다.
③ 양친자관계의 소멸: 양친자관계에서 생겼던 부양, 상속, 친권관계 등이 소멸한다.
④ 친권의 부활: 양자가 미성년자이면 친생부모의 친권은 부활한다.
⑤ 손해배상권: 재판상 파양을 한 때에 당사자 일방은 과실 있는 상대방에게 이로 인한 손해배상을 청구할 수 있다(민법 제908조, 제806조).

Ⅳ. 친양자

1. 의의

친양자는 양부모가 법률상 친생부모가 되고, 양자는 친생부모로부터 완전히 독립하여 양부모의 친생자로서 지위만을 갖게 되는 양자이다.

'친양자제도'는 아동의 권리를 최대한 우선하는 '국가 선언형 양자제'와 '완전 양자제'라는 국제적 추세를 따른 것이다. 즉 '국가 선언형 양자제'란 국가가 양부모의 자격을 따져 '허가'함으로써 아이의 행복권을 보호하는 것을 뜻한다. 또 기존 친족관계의 완전한 단절을 통해 미래의 분쟁 소지를 없애는 것이 '완전 양자제'다.

프랑스 · 독일 · 영국 · 미국 등의 경우 오래전부터 이 추세를 따랐지만 우리나라는 '부계 혈통'을 중시하는 전통적 가족관 때문에 친족관계를 그대로 두는 '보통 양자'만 인정해 오다가, 2005년 민법을 개정하여 2008년 1월부터 시행하게 됐다.

이는 부부 3쌍 중 1쌍이 이혼하고, 이혼 커플의 3분의 1이 재혼하는 등 가족 형태가 다양해지는 현실을 뒤늦게 반영한 것이라고 볼 수 있다.[138]

보통 재혼한 부부들이 새로 가족이 된 아이들의 '친부모'가 되길 원하거나, 입양한 아이를 친자녀처럼 키우고 싶어 하는 사람들이 증가[139]하고 있다.

2. 친양자의 성립요건

(1) 3년 이상 혼인 중인 부부로서 공동으로 입양

법률상 부부가 혼인한 후 3년 이상 혼인 중인 부부로서 공동으로 입양할 수 있다. 다만, 1년 이상 혼인 중인 부부의 일방이 그 배우자의 친생자를 친양자로 하는 경우에는 그러하지 아니하다(민법 제908조의2 제1항제1호).

(2) 친양자로 될 자가 15세 미만일 것

친양자로 입양되는 자를 15세 미만인 경우로 제한하고 있다(제908조의2 제1항제2호). 이는 여러 국가에서 친양자를 유아로 한정하고 있는 점을 감안하면 매우 이례적이라고 할 수 있다. 재혼부부의 경우 발생하는 인척관계만 성립하고 친생관계가 성립하지 않음으로 해서 발생하는 여러 가지 가정문제를 해결하는 데 도움이 되도록 한 것이며, 입양자의 성도 바꿀 수 있도록 하였다.

(3) 친양자로 될 자의 친생부모가 친양자 입양에 동의할 것.

친양자관계가 성립하게 되면 친생부모와의 친생관계가 소멸하게 된다. 그래서 친

---

138) 조선일보, 2008.3.21. 참조, 15년간 고모를 친엄마로 알고 살아온 소연(15·가명)이는 지난 2월 고모와 '법적인 모녀(母女)관계'가 됐다. 고모는 소연이 엄마가 세상을 뜨자 남동생을 대신해 소연이를 친딸처럼 키웠다. 유치원이나 학교에 갈 때마다 미리 아이의 '본명'을 속여 달라고 부탁해야 했다. 그러나 이제 소연이 '친부'는 아이의 행복을 위해 아버지로서의 권리와 의무를 모두 포기했고, 고모는 법적으로도 소연이의 당당한 '친엄마'가 됐다.

139) 대법원에 따르면 2008.3.13.까지 전국에 접수된 친양자 신청은 1202건이며, 처리된 456건 중 84%인 382건이 받아들여졌다고 한다.

양자로 될 자의 친생부모가 친양자 입양에 동의하도록 하고 있는 것이다. 다만, 부모의 친권이 상실되거나 사망 그 밖의 사유로 동의할 수 없는 경우에는 동의 없이 할 수 있다(제908조의2 제1항제3호).

(4) 법정대리인의 입양승낙이 있을 것(제908조의2 제1항제4호).

친생자가 될 자가 15세 미만인 경우에는 법정대리인의 입양승낙이 있어야 하고, 후견인이 입양승낙을 할 경우에는 가정법원의 허가를 얻어야 한다(민법 제869조).

3. 친양자 입양절차

친양자제도는 선고형 양자제도, 복지형 양자제도이므로 친양자를 하려는 자는 가정법원에 친양자의 입양을 청구하여야 한다.

이때 가정법원은 친양자로 될 자의 복리를 위하여 그 양육상황, 친양자 입양의 동기, 양친의 양육능력 그 밖의 사정을 고려하여 친양자 입양이 적당하지 아니하다고 인정되는 경우에는 친양자입양청구를 기각할 수 있다(제980조의2 제2항).

4. 친양자 입양의 효력

친양자는 부부의 혼인 중 출생자로 본다(제908조의3 제1항). 따라서 양자로서의 지위를 갖는 것이 아니라, 혼인 중의 출생자로서 지위를 갖게 된다. 친양자가 가정법원의 재판에 의해 확정되면 그때부터 친양자의 입양 전의 친족관계는 종료한다. 다만, 부부의 일방이 그 배우자의 친생자를 단독으로 입양한 경우에 있어서의 배우자 및 그 친족과 친생자 간의 친족관계는 그러하지 아니하다.

예를 들면 재혼한 어머니를 따라 친양자가 된 자는 생부와의 친생자관계 및 그의 친족관계의 친족관계는 소멸하나, 어머니와의 친모자관계 및 어머니의 친족과의 관계는 그대로 유지된다.

5. 친양자 입양의 취소 등

(1) 동의할 수 없었던 부득이한 사유가 있었던 때

친양자로 될 자의 친생의 부 또는 모는 자신에게 책임이 없는 사유로 인하여 동의를 할 수 없었던 경우에는 친양자 입양의 사실을 안 날부터 6월 내에 가정법원에 친양자 입양의 취소를 청구할 수 있다(제908조의4 제1항).

(2) 계약형 양자의 입양취소원인이 있는 경우

친양자는 가정법원의 허가처분이라는 재판에 의해 입양의 효력이 생기므로 계약형 양자의 입양취소원인은 친양자의 입양취소원인이 되지 않는다. 즉 제883조(입양무효) 및 제884조(입양취소)의 규정은 친양자 입양에 관하여 이를 적용하지 아니한다.

(3) 입양취소의 효력

친양자 입양이 취소되면 친양자관계는 소멸하고 입양 전의 친족관계는 부활한다(제908조의7 제1항). 그리고 친양자 입양의 취소의 효력은 장래에 향해서만 효력이 있을 뿐 소급하지 아니한다.

6. 친양자의 파양

양친, 친양자, 친생의 부 또는 모나 검사는 다음 각 호의 어느 하나의 사유가 있는 경우에는 가정법원에 친양자의 파양(파양)을 청구할 수 있다(제908조의5 제1항).

(1) 양친이 친양자를 학대 또는 유기하거나 그 밖에 친양자의 복리를 현저히 해하는 때

(2) 친양자의 양친에 대한 패륜행위로 인하여 친양자관계를 유지시킬 수 없게 된 때

협의상 파양(제898조) 및 재판상 파양원인(제905조)의 규정은 친양자의 파양에 관하여 이를 적용하지 아니한다.

V. 친권과 후견

1. 친권제도

오늘날 친권(親權)의 이념은 '자(子)의 이익과 복리증진'을 위해 있으므로, 친권자의 권리 측면보다 자의 보호와 교양에 중점을 둔 의무측면이 더 강조되고 있다. 부모가 자녀를 보호·교양하는 의무는 친권자의 의무인 동시에 국가와 사회에 대한 의무이기도 하다.

미성년의 자녀에 대해 권리와 이익을 옹호하는 측면에서 국가와 사회에서 상당한 노력을 하고 있는바 이러한 사상은 「아동복지법」, 「근로기준법」 등에 반영되어 친권에 대한 국가적 감독을 강화하고 있다.

2. 친권자와 친권에 복종하는 자

(1) 친권자

① 혼인 중의 출생자에 대한 친권자

친권은 부모가 혼인 중인 때에는 부모가 공동으로 이를 행사한다. 그러나 부모의 의견이 일치하지 아니하는 경우에는 당사자의 청구에 의하여 가정법원이 이를 정한다(민법 제909조 제2항).

여기서 부모가 친권을 '공동으로 행사한다'라는 것은 친권행사가 부모 쌍방 의사에 따라 행사되어야 한다는 뜻이다. 그리고 부모의 일방이 친권을 행사할 수 없을 때, 즉 금치산 선고, 한정치산선고, 장기 부재 등으로 인하여 친권을 사실상 또는 법률상 행사할 수 없는 때에는 다른 일방이 이를 행사한다(민법 제909조 제3항). 친권에 복종하는 자는 미성년자이지만, 혼인한 미성년자는 성년에 달할 것으로 보므로(민법 제826조의 2) 친권에 복종하지 않는다.

② 부모가 이혼한 경우

혼인 외의 자가 인지된 경우와 부모가 이혼하는 경우에는 부모의 협의로 친권자를 정하여야 하고, 협의할 수 없거나 협의가 이루어지지 아니하는 경우에는 가정법원은 직권으로 또는 당사자의 청구에 따라 친권자를 지정하여야 한다. 다만, 부모의 협의가 자의 복리에 반하는 경우에는 가정법원은 보정을 명하거나 직권[140]으로 친

---

140) 법원이 부부의 이혼을 허가하면서 자녀에 대한 친권자와 양육권자를 각각 아기 어머니와 조부모로 따로 정해 주목된다. 그동안 법원은 원칙적으로 부부가 이혼할 경우 어느 한쪽을 자녀의 친권자 및 양육자로 정해 왔기 때문에 이번처럼 친권자와 양육권자를 분리해 지정하는 것은 매우 이례적으로 받아들여지고 있다.
서울가정법원 가사8단독 이현영 판사는 지난달 27일 이 모(25) 씨가 남편 장 모(35) 씨를 상대로 낸 이혼 등 청구소송(2007드단71731)에서 이혼을 허가하면서 7살 난 아들의 친권자로 이 씨를 지정했다. 그러나 이 판사는 양육자를 아이의 조부모로 정하고 이들에게 양육을 맡겼다.
이 씨 부부는 남편인 장 씨가 도박과 외박을 일삼고 가정에 소홀하면서 불화를 겪다가

권자를 정한다(민법 제909조 제4항).

③ 양자와 친권자

양부모가 친권자이며 생부모는 친권자가 되지 못한다(민법 제909조 제1항). 양부모 쌍방이 사망하였을 경우에는 친생부모가 있더라도 후견이 개시된다. 그러나 양부모 쌍방과 파양한 때에는 친생부모의 친권이 부활한다.

3. 친권의 효력

(1) 신분에 관한 권리의무

① 보호·교양권리의무

친권자는 자(子)를 보호하고 교양할 권리의무가 있다(민법 제913조).

이 의무에는 양육비, 부양료 등의 지급 의무가 포함되는데, 자녀의 신체를 보호하고 건전한 사회인으로 양육하기 위한 권리의무다. 따라서 그 금액은 친권자의 생활 수준에 따라 결정되고, 보통 외국 유학비, 성형수술비용 등은 포함되지 않는다고 보아야 할 것이다.[141]

한편 친권자는 책임능력 없는 자(子)가 제3자에 대하여 불법행위를 저지른 경우에 감독의무자로서 그 의무를 해태한 때에는 손해배상의 책임이 있다(민법 제755조).

2003년 남편이 가출하자 이 씨마저 아들을 시부모에게 맡기고 집을 나가 버리면서 파경에 이르렀다. 이 씨는 작년 이혼을 청구하면서 "이제 직장도 생겼고 충분히 아이도 돌볼 수 있다."며 이혼소송을 제기했다.
재판부는 판결문에서 "남편인 장 씨가 아이의 양육에 무관심하고 수년째 행방도 알 수 없어 이 씨를 아이의 친권자로 지정한다."고 밝혔다. 법률신문 2008.07.14. 참조.
141) 서울고등법원, 1996.10.17. 선고 96나 10449 판결.

② 거소지정권

자(子)는 친권자가 지정한 장소에 거주하여야 한다(민법 제914조).

③ 징계권

친권자는 필요한 범위 내에서 자(子)의 보호 또는 교양을 위하여 필요한 징계를 할 수 있고 법원의 허가를 얻어 감화 또는 교정기관에 위탁할 수 있다(민법 제915조). 징계행위는 징계목적을 달성하기 위한 최소한에 그쳐야 하고 그 범위를 넘는 징계는 친권의 남용으로써 친권상실의 원인이 될 수 있다(민법 제924조 참조).

④ 자의 인도청구권

의사능력이 없는 자(子)를 위법하게 억류한 자에 대해 자(子)의 인도청구권을 갖는다. 명문의 규정은 없지만 학설과 판례에 의해 인정되고 있다.

인도의무자가 정당한 이유 없이 인도의무를 이행하지 않을 때에는 가정법원이 당사자의 신청에 의하여 그 의무의 이행을 명할 수 있다.

(2) 재산에 관한 권리의무

① 특유의 재산관리

자(子)가 자기의 명의로 취득한 재산을 그 자의 특유재산으로 하여 법정대리인인 친권자가 그것을 관리한다(민법 제916조). 여기서 관리란 재산의 보존·이용·개량행위이나 이러한 목적범위 내의 처분행위도 무방하다. 또 재산의 권리는 자기 재산에 대한 관리 행위와 동일한 주의로서 하여야 한다(민법 제922조). 친권자가 이 정도의 주의를 하지 않아서 자에게 손해를 주면 손해배상의 책임을 진다. 그뿐만 아니라, 부적당하게 관리할 때에는 대리권과 재산관리권의 상실원인이 된다(민법 제925조).

② 재산관리권의 제한

제3자가 무상으로 자에게 재산을 수여하고 친권자의 권리에 반대하는 의사를 표시한 때에는 친권자는 그 재산을 관리하지 못한다(민법 제918조제1항). 친권자의 관리권이 배제된 결과 그 재산을 관리하는 자가 없으면 제3자는 관리인을 지정할 수 있다. 만약 그 제3자가 관리인을 지정하지 않을 때에는 수증자 또는 친족(민법 제777조)의 청구에 의하여 가정법원이 관리인을 선임한다(민법 제918조제2항, 제3항).

③ 재산관리의 계산

법정대리인인 친권자의 권한이 소멸한 때에는 그 자(子)의 재산에 관한 관리의 계산을 하여야 한다(민법 제923조제1항). 다만 그 자의 재산으로부터 수취한 과실은 그 자(子)의 양육, 재산관리의 비용과 상계한 것으로 본다(민법 제923조제2항).

④ 근로계약의 체결과 임금청구

친권자는 미성년인 자를 대리하여 근로계약을 체결하지 못한다(근로기준법 제67조). 따라서 미성년인 자는 친권자의 동의를 얻어 직접 근로계약을 체결하여야 한다. 그리고 미성년자가 체결한 근로계약이 미성년자에게 불리하다고 인정되는 경우에는 이를 해제할 수 있다.

미성년자는 독자적으로 임금을 청구할 수 있으므로, 친권자에게 자(子)를 대리하여 임금을 청구할 수 있는 법정대리권은 없다.

4. 친권의 소멸과 상실

(1) 친권의 소멸

친권의 소멸에는 절대적 소멸과 상대적 소멸이 있는데, 소멸원인을 살펴보면 다음과 같다.

① 절대적으로 친권관계가 소멸하는 경우에는, 자가 사망(실종선고 포함)한 때, 자가 성년자가 된 때, 자(子)가 혼인할 때(민법 제826조의2) 등이다.

② 상대적으로 친권관계가 소멸하여 자가 다른 친권자 또는 후견인 밑에 서게 되는 경우로서, 친권자가 사망(실종선고도 포함)한 때, 자가 타인의 양자로 된 때(제909조 제5항), 입양이 무효·취소되거나 양자가 파양된 때(제786조), 부모의 이혼·혼인무효·이혼취소 후 부모 중 일방만이 친권자가 된 때(제909조 제4항), 친권자가 금치산·한정치산선고를 받은 때, 친권자가 강한 정신병이나 행방불명 등으로 친권을 행사할 수 없을 때, 친권자가 친권상실의 선고를 받은 때(제924조), 친권자가 대리권·재산관리권을 사퇴한 때(제927조 제1항) 등이다. 그러나 자가 분가한 경우 이해상반행위는 친권의 소멸사유가 아니다.

(2) 친권의 상실

친권은 자의 보호와 교양을 위하여 인정한 제도이므로, 친권자가 친권행사에 적합하지 않거나 친권행사를 남용한 경우에는 친권을 강제적으로 박탈하는 것을 인정하고 있다. 이것은 친권상실의 제도로서 친권상실의 원인으로는 친권남용, 현저한 비행, 기타 친권을 행사시킬 수 없는 중대한 사유 등이 있다(민법 제924조).

친권자가 친권남용을 한 경우는 일반적으로 친권의 내용인 권리를 불법적으로 행사하거나 또는 그 권리 행사를 게을리 하는 것을 말한다. 예컨대 친권자가 자의 재산을 자기의 이익을 위하여 처분할 경우를 말한다.

현저한 비행이란 부의 방탕, 상습적 도박, 과부인 모의 사통 등 심한 소행불량을 말한다.

친권상실은 부모와 자의 공동생활이 파괴되고, 자의 복지가 침해될 정도가 되어야 구체적인 사정에 따라 친권상실이 인정된다.[142]

친권상실선고는 민법 제777조의 규정에 의한 친족·검사·서울특별시장 또는 도지사의 청구에 의해서 가정법원이 한다(민법 제924조).

---

142) 대법원 1991.12.10. 선고 91므 641 판결.

5. 후견

(1) 후견의 의의

후견(後見)이란 미성년자·금치산자 또는 한정치산자 등 행위무능력자를 보호·교양하고 그 사람의 행위를 대리하여 재산을 관리하는 것이다. 이것은 행위무능력자가 최소한의 사회생활이 가능하도록 하기 위하여 국가의 감독하에 그 자의 신분·재산에 관한 사항을 돌봐 주는 제도라고 할 수 있다.

미성년자에게 친권자가 있는 경우에는 후견인이 필요치 않다. 따라서 친권자가 없거나 대리권·재산관리권이 없을 때 후견이 개시된다(민법 제928조). 후견의 사무 자체를 집행하는 후견인이 있고, 후견인을 감독하는 기관은 친족회와 법원이 있다. 후견인은 1인을 둔다(민법 제930조).

(2) 후견인의 순위

후견은 미성년자 후견과 금치산자 또는 한정치산자 후견으로 나누어 볼 수 있다.

① 미성년자의 후견인
미성년자의 후견인은 제1순위가 지정후견인, 제2순위가 법정후견인, 제3순위가 선임후견인이다. 후견인의 수는 1인으로 하여야 한다.

(가) 지정후견인
미성년자에 대하여 최후로 친권을 행사하는 부모는 유언으로 후견인을 지정할 수 있다. 그러나 법률행위의 대리권과 재산관리권이 없는 친권자는 그 지정을 하지 못한다(민법 제931조).

(나) 법정후견인
최후로 친권을 행사하는 자가 유언으로 후견인을 지정하지 않았을 때에는 미성년자의 직계혈족, 3촌 이내의 방계혈족 순위로 후견인이 된다(민법 제932조).

법정후견인이 될 직계혈족 또는 방계혈족이 수인인 때에는 최근친을 선순위로 하고 동순위가 수인인 때에는 연장자를 선순위로 한다(민법 제935조 제②항).

(다) 선임후견인

법정후견인이 없을 때에는 가정법원이 피후견인의 친족 기타 이해관계인의 청구에 의하여 선임후견인을 선임한다. 후견인이 사망·결격 기타 사유로 인하여 흠결된 때에 법정후견인이 될 자가 없는 경우에도 마찬가지다(민법 제936조).

② 금치산자·한정치산자의 후견인

금치산자 및 한정치산자의 후견인도 1인에 한하며(민법 제930조), 지정후견인은 없고 법정후견인과 선임후견인만 있다.

법정후견인이 될 수 있는 자는 금치산자 또는 한정치산자의 직계혈족, 3촌 이내의 방계혈족 순위로 후견인 된다(민법 제933조). 기혼자가 금치산 또는 한정치산선고를 받은 때에는 배우자가 후견인이 되며, 배우자도 금치산 또는 한정치산선고를 받은 때에는 제933조 순위에 따르도록 하였다(민법 제934조).

법정후견인이 될 자가 없는 때에는 미성년자의 선임후견인의 경우와 같이 선임후견인이 선임된다(민법 제936조).

(3) 후견인의 임무

후견인의 임무에는 피후견인의 신상에 관한 임무와 재산에 관한 임무의 두 가지가 있다.

후견은 친자관계와 같이 밀착된 애정이 없기 때문에 민법에서는 후견인의 임무를 엄격히 규정하고 있으며, 그 책임을 중요하게 여기고 있다. 그리고 신상에 관한 임무에는 미성년자 후견의 경우와 금치산자·한정치산자 후견의 경우로 나눌 수 있다. 후견의 임무는 신분에 관해서는 각각 다르지만, 재산에 관해서는 거의 비슷하다.

① 후견인 취임 시의 사무

후견인은 지체 없이 피후견인의 재산을 조사하여 2월 내에 그 목록을 작성하여야 한다. 그러나 정당한 사유가 있는 때에는 법원의 허가를 얻어 그 기간을 연장할 수 있다(제941조 제1항). 이때 재산조사와 목록작성은 친족회가 지정한 회원의 참여가 없으면 효력이 없다.

그리고 후견인과 피후견인 사이에 채권, 채무의 관계가 있는 때에는 후견인은 재산목록의 작성을 완료하기 전에 그 내용을 친족회 또는 친족회가 지정한 회원에게 제시하여야 한다(제942조 제1항).

② 미성년자의 후견인의 임무

(가) 미성년자의 신상에 관한 후견

미성년자의 후견인은 미성년자의 신상에 관하여 친권자의 경우와 동일한 보호 · 교양의 권리의무(민법 제913조), 거소지정권(민법 제914조), 징계권(민법 제915조) 등을 가진다. 그러나 거기에는 일정한 제한을 받는다. 즉 친권자가 정한 교양방법을 변경하거나, 피후견인의 거소를 변경하거나, 피후견인을 감화기관 또는 교정기관에 위탁하거나, 친권자가 허락한 영업을 취소 또는 제한하기 위해서는 친족회의 동의를 얻어야 한다(민법 제945조 단서).

(나) 미성년자의 재산에 관한 후견

미성년자의 후견인은 피후견인의 법정대리인이 되어(민법 제938조) 피후견인의 재산을 관리하고, 그 재산에 관한 법률행위에 대하여 피후견인을 대리한다(민법 제949조).

③ 금치산 · 한정치산자의 후견인의 임무
(가) 금치산 · 한정치산자의 신상에 관한 후견
금치산자의 후견인은 금치산자의 요양, 감호에 관하여 일상의 주의를 기울여야 한다(민법 제947조제1항). 그런데 후견인이 금치산자를 사택에 감금하거나 정신병원 그 밖에 다른 장소에 감금하여 치료하고자 하는 경우에는 사전에 가정법원의 허가를 얻어야 하고 긴급을 요하는 상태에 있는 경우에는 사후에 가정법원의 허가를 청구할 수 있다(민법 제947조제2항).

(나) 금치산자 후견인도 법률에 정하는 일정한 경우에는 피후견인의 신분상의 행위에 대하여 대리권과 동의권을 가진다. 즉 대리권을 가지는 경우는, 예컨대 혼인의 취소, 인지청구의 소, 입양의 취소, 상속의 승인·포기 등이 있으며, 동의권이 있는 경우는 약혼·혼인·협의이혼·인지·입양·파양 등이다.

한정치산자의 후견인은 한정치산자의 신상에 관하여 미성년자나 금치산자의 경우와 같은 권리의무를 가지지 않는다.

(다) 금치산·한정치산자의 재산에 관한 관리권과 대리권

금치산·한정치산자의 후견인도 금치산·한정치산자에 대하여 재산관리권과 대리권이 있음은 미성년자 후견인과 동일하다(민법 제949조, 제952조, 제956조). 다만 금치산자에게는 동의권이 없다.

(4) 후견의 종료

후견의 종료원인은 절대적 종료로서 피후견인의 사망, 피후견인인 미성년자의 성년도달·혼인, 친권자가 있게 된 때, 피후견인이 양자가 되어서 양친의 친권에 복종하게 된 경우 등이 있고, 상대적 종료로서 금치산·한정치산자 혼인(배우자가 후견인이 됨)·이혼(배우자가 후견인이었을 때)·후견인 사퇴·해임·결격사유의 발생·사망 등이다.

제6절 상속과 유언

Ⅰ. 상속

1. 서 설

종래 우리 상속법은 신분상속제도(제사상속, 호주상속)와 재산상속제도가 있었기 때문에, 상속종류를 제사상속, 호주상속, 재산상속의 세 가지[143]로 보고 있다.

그 후 제사상속은 1933년 3월 3일 고등법원이 "제사상속의 관념은 선대를 봉사하며 또 조상의 제사를 봉행하는 도의상의 지위를 승계함에 불과하다."고 판시한 것을 계기로, 상속의 형태는 신분상속인 호주상속과 재산상속의 2종으로 전래되었다.

그러다가 1990년 민법 일부개정에 의해 호주상속은 '호주승계'로 개정하면서 이제 상속이라 함은 재산상속만을 의미하게 되었다.

그래서 상속이란 피상속인의 사망으로 인하여 상속인이 피상속인의 재산에 관한 모든 권리의무를 포괄적으로 승계하는 것이다.

2. 상속의 개시

(1) 상속개시의 원인

상속(相續)은 자연인의 사망에 의하여 개시된다(민법 제997조). 실종선고도 사망

---

143) 이희봉, 「제사상속의 존재와 호주상속 및 재산상속의 3개 상속이 병립함은 한국 상속이 한 특징이다」, 『호대 50주년 기념논문집』, P.197.

으로 간주되기 때문에 이 경우에도 상속은 개시된다. 상속의 개시라 함은 상속에 의한 법률효과가 발생하는 것을 말한다.

상속개시의 시기는 상속원인이 발생한 때, 즉 피상속인이 사망한 때이다.

이 시기는 실종선고의 경우에는 보통실종의 경우 '실종기간 만료 시'이고, 특별실종의 경우는 '위난이 종료한 때'이며, 인정사망의 경우에는 이를 조사한 '관공서가 인정한 사망의 시기'가 상속개시 시기가 된다.

(2) 상속개시의 장소와 상속에 관한 비용

① 상속개시의 장소

상속은 피상속인의 주소지에서 개시된다(민법 제998조).

피상속인의 주소를 알 수 없거나 한국에 주소가 없을 경우에는 최후의 거소를 주소로 보고(민법 제19조, 제20조), 거소가 없을 때에는 그 사망지를 상속개시의 장소로 보아야 할 것이다.

② 상속재산에 관한 비용

상속재산에 관한 비용은 상속재산 중에서 지급한다(민법 제998조의2). 그 비용의 내용은 재산목록 작성비용, 유언 집행비용, 청산비용, 관리비용, 조세, 기타 공과비용 등이다.

(3) 상속회복청구권

상속회복의 청구권은 상속인 또는 그의 법정대리인이 상속권이 침해된 사실을 안 때로부터 3년간, 상속권의 침해행위가 있은 날부터 10년을 경과하면 소멸되는 권리를 말한다.

상속회복청구권(相續回復請求權)은 고의로 또는 과실로 사실상 상속의 효과를 향유하고 있는 부진정상속인에 대하여 상속권을 박탈당한 진정상속인이 상속의 회복을 청구하는 권리이다. 즉 상속권이 참칭상속권자로 인하여 침해된 때에는 상속권자 또는 그 법정대리인은 상속회복의 소를 제기할 수 있다(민법 제999조 제1항). 부진정상속인에는 흠격자, 제적자, 상속차순위자, 호적상 표현의 상속인(허위적출자) 등이 상속하고 있는 경우와 같이 참칭상속인, 차칭상속인, 표현상속인 등이다. 이 외에도 상속분을 초월해서 상속재산을 점유하는 공동상속인도 이에 포함된다고 본다.

상속회복청구권의 당사자에는 상속의 회복을 청구하는 진정상속인과 상속권을 침해하고 있는 참칭상속인, 그리고 참칭상속인으로부터 상속재산을 전득한 제3자 등이다.

상속회복청구권자는 상속권자 또는 그 법정대리인이다(민법 제999조 제1항).

참칭상속인(僭稱相續人)이라 함은 상속인인 것을 신뢰시키는 외견을 지닌 자나, 상속인이라고 참칭하여 상속재산의 전부 또는 일부를 점유하는 자를 말하고, 이 참칭상속인은 상속회복청구의 상대방이 된다. 그러나 상속재산을 점유하지 않고, 상속권만을 다투는 자는 상속회복청구의 상대방이 되지 않는다.

또 참칭상속인으로부터 상속재산을 전득한 제3자에 대해서는 회복청구권을 행사할 수 있다.

청구인의 승소판결이 확정된 경우에는 참칭상속인은 진정상속인에서 그가 점유하는 상속재산을 반환하여야 한다.

참칭상속인이 선의의 경우에는 그 받은 이익이 현존하는 한도에서 반환할 수 있고, 악의의 경우에는 취득재산의 전부를 반환함과 동시에 과실과 사용이득에 대해서도 반환해야 한다(민법 제201조 제2항).

3. 상속인

(1) 상속의 순위

① 혈족의 우선순위

민법상 상속인은 모두 법정상속인인데 피상속인의 사망에 의해서 민법의 정해진 순위에 따라서 상속인이 된다. 상속의 순위를 모두 법률에 의하여 획일적으로 정하고 있는데, 민법이 정하는 상속순위는 다음과 같다.

(가) 제1순위의 상속인은 피상속인의 직계비속이다(민법 제1000조제1항제1호).

피상속인의 직계비속의 경우에는 적출자·비적출자·실자·양자, 또는 여자·남자에 관계없다. 서자라도 상속에 참여하고 상속에서 배제되지 않는다. 그리고 적서간에 상속분의 차이도 없다. 그러나 직계비속이 수인 있는 경우에 촌수가 같으면 그 직계비속들은 동순위로 상속인이 되고(민법 제1000조제2항 후단), 촌수가 다르면 촌수가 가까운 직계비속이 먼저 상속인이 된다(민법 제1000조제2항 전단).

태아는 상속순위에 관해서는 이미 출생한 것으로 본다(민법 제1000조제3항).

(나) 제2순위의 재산상속은 피상속인의 직계존속이다(민법 제1000조 제1항 제2호).

부모와 조부모가 있으면 부모가 선순위가 된다. 또 부모가 없고 조부모가 있으면 조부모가 상속인이 된다.

(다) 제3순위의 재산상속인은 피상속인의 형제자매이다(민법 제1000조 제1항 제3호).

피상속인의 형제자매에는 기혼·미혼, 남자·여자, 친생자·양자 등 이 모두 포함된다. 그래서 자연혈족과 법정혈족에 따르는 차별이라든가, 동복·이복에 따르는 차별, 남녀 등의 차별은 인정하지 않는다.

(라) 제4순위의 상속인은 피상속인의 4촌 이내의 방계혈족이다(민법 제1000조 제1항 제4호).

피상속인의 4촌 이내의 방계혈족이면 성별·기혼·미혼의 여부 등은 상관없다.

② 배우자의 상속순위

피상속인의 배우자는 언제나 상속인이 된다. 즉 배우자는 그 직계비속과 동순위로 되고, 직계비속이 없으면 직계존속과 동순위로 공동상속인이 된다. 직계비속은 물론 직계존속도 없는 경우에는 비로소 단독상속인이 된다.

(2) 대습상속

대습상속(代襲相續)은 상속인이 될 직계비속 또는 형제자매가 상속개시 전에 사망하였거나 실종선고 또는 결격사유로 인하여 상속권을 상실한 경우에, 그 자에게 직계비속이 있으면 그 직계비속이 갈음하여 그 직계존속(피대습자)과 동순위로 상속인이 된다.

상속에 있어서 대습상속은 처에게뿐만 아니라 부(夫)에게도 인정된다(민법 제1003조 제2항). 그리하여 처가 장인 또는 장모보다 먼저 사망한 경우에, 부는 직계비속과 함께 또는 직계비속이 없을 때에는 단독으로 처가 받은 상속분을 처의 순위로 상속받을 수 있게 되었다. 결국 대습상속자는 피대습인의 직계비속, 자 또는 부이다.

대습자는 피대습자에게 예정되어 있던 상속분을 받는다.

(3) 상속인의 자격

① 상속능력

상속능력이라 함은 상속인이 될 수 있는 자격을 말한다. 따라서 권리능력이 있는 자는 모두 상속능력이 인정된다. 태아는 상속순위에 있어서 이미 출생한 것으로 본다.

② 상속의 결격

상속인에게 결격한 사유가 있으면, 재판상의 선고 없이 법률상 당연히 그 상속인이 피상속인을 상속하는 자격을 잃는 것을 상속결격이라고 한다. 상속 결격사유는 다음과 같다.

(가) 고의로 직계존속, 피상속인, 그 배우자 또는 상속의 선순위나 동순위에 있는 자를 살해하거나 살해하려 한 자(민법 제1004조 제1호).

여기서는 고의의 살인인 경우에 한하기 때문에 살인죄의 기수·미수, 예비 음모와 자살의 교사·방조도 해당되고 선순위자, 동순위자가 태아인 경우에 낙태죄도 이에 해당된다고 본다(민법 제269조 제270조 참조).

(나) 고의로 직계존속, 피상속인과 그 배우자에게 상해를 가하여 사망에 이르게 한 자(민법 제1004조 제2호)

고의의 상해로 인한 치사에 한한다. 피해자는 가해자의 '직계존속, 피상속인과 그 배우자'여야 한다.

(다) 사기 또는 강박으로 피상속인의 상속에 관한 유언 또는 유언의 철회를 방해한 자(민법 제1004조 제3호)

상속에 관한 유언으로서, ⅰ) 상속재산 분할방법의 지정, 위탁 등과 같이 상속 자체에 관한 것, ⅱ) 유증(遺贈, 민법 제1034조)을 포함한 유언, ⅲ) 상속인의 범위에 영향을 미치는 인지(민법 제859조 제2항)를 포함하는 유언, ⅳ) 재단법인의 설립(민법 제47조 제2항)의 유언이 있다.

(라) 사기 또는 강박으로 피상속인의 상속에 관한 유언을 하게 한 자(민법 제1004조 제4호)

상속에 관한 유언은 사기·강박을 이유로 취소될 수도 있지만(민법 제110조), 이러한 경우에도 이 규정이 적용된다고 해석하여야 한다.

(마) 피상속인의 상속에 관한 유언서를 위조·변조·파기 또는 은닉한 자(민법 제1004조 제5호)

③ 상속결격의 효과

결격사유가 발생하면 특정의 상속인이 상속할 자격을 상실한다. 상소개시 후에 결격사유가 발생한 경우에는 일단 유효하게 개시된 상속도 그 개시 시로 소급하여 무효가 된다.

4. 상속의 효과

(1) 포괄적 권리·의무의 승계

포괄적 권리·의무의 승계에는 상속인이 상속이 개시된 때부터 피상속인의 재산에 관한 포괄적 권리의무를 승계한다(민법 제1005조 본문). 그러나 피상속인의 일신에 전속한 것을 승계하지 않는다.

① 포괄승계

상속인은 상속이 개시된 때로부터 피상속인의 재산에 속했던 일체의 권리·의무를 승계한다. 즉 현실적인 채권·채무에 국한하지 않는다. 예컨대 계약의 청약을 받은 지위, 매주로서의 담보책임과 같은 재산법상의 법률관계를 승계한다. 그리고 승계되는 것은 재산에 속한 권리의무이므로 친권과 같은 신분상의 권리·의무가 승계되는 것은 아니다.

② 일신전속권

피상속인의 일신에 전속한 것은 승계될 수 없다.

(2) 제사의 승계

제사의 승계란 분묘에 속한 1정보 이내의 금양임야와 600평 이내의 묘토인 농지, 족보와 제구의 소유권은 제사를 주재하는 자가 이를 승계한다(민법 제1008조의3). 이와 같이 제사를 실질적으로 주재하는 자에게 승계하도록 함으로써 가족 중 누구나 제사를 주재할 수 있도록 한 것이다.

헌법재판소는 "제사용 재산의 승계제도는 조상숭배와 제사봉행이라는 우리 전통을 보존하고, 제사용 재산을 둘러싼 분쟁이 발생할 경우 권리를 명확히 함으로써 '법적 안정성'을 도모하므로 입법목적의 정당성이 인정된다."는 판시를 통해 합헌성을 인정[144]했다(2008.03.02.).

---

144) "제사 주재자에 '제사용 재산' 상속은 합헌"-헌법재판소 전원재판부(주심 송두환 재판관)는 A씨와 자녀들이 "제사용 재산을 제사 주재자가 상속받도록 한 조항은 목적의 정당성을 상실했고, 대개 장남이 제사를 주재하기 때문에 성별에 의한 차별"이라고 낸 헌법소원을 기각했다.
1998년 남편을 여읜 A씨는 2001년 시아버지가 서울 강남구에 3필지의 토지를 유산으로 남기고 숨지자 다른 친척들과 함께 법정상속분에 따라 땅을 일부 상속받았고, 2003년 3월 소유권 이전등기도 마쳤다.
하지만 시아주버니 B씨는 "호주를 승계해 제사를 주재하게 됐는데, 아버지가 남기신 땅은 조부모, 증조부모 등의 묘지를 관리하기 위한 금양임야(禁養林野)이거나 묘토이기 때문에, 내가 단독으로 소유하는 게 맞다."며 지분소유권 이전등기를 말소하는 소송을 이는 제사용 재산을 '호주상속인'이 아닌 '제사 주재자'가 승계토록 해 호주제에 의한 위헌성을 제거했고, 유교적 제례방식으로 제사를 행할 의무를 부여하지 않아 종교의 자유를 침해하지 않는 것으로 보인다.

(3) 공동상속

공동상속인은 일단 공동으로 상속재산을 승계한다. 그래서 공동상속인은 각자의 상속분에 응하여 피상속인의 권리의무를 승계하나(민법 제1007조) 분할을 할 때까지는 상속재산을 공유로 한다(민법 제1006조).

(4) 상속분

상속분은 보통 공동상속을 하는 경우 상속재산 전체에 대한 각 공동상속인의 배당비율을 말한다. 그러므로 각 상속인은 각자의 상속분에 따라서 피상속인의 권리의무를 승계한다(민법 제1007조). 또 지정상속분은 법정상속분에 우선한다.

① 지정상속분
지정상속분은 피상속인의 유언에 의하여 상속분을 지정하는 경우를 지정상속분이라고 한다. 그러나 상속분의 지정은 유언으로 할 수 있고 생전행위로는 할 수 없다. 또 유류분에 어긋나는 지정을 할 수 없다
그런데 상속채무는 그것을 부담할 비율을 유언으로 지정할 수 없다.

② 법정상속분
법정상속분은 피상속인이 유언으로 상속분을 지정하지 않았을 경우 민법의 규정에 따른다(민법 제1009조, 제1010조).

내 일부 승소했다.
A씨와 자녀들은 위헌법률심판제청을 신청했으나 법원이 기각하자, 헌법소원을 냈다. 연합뉴스 2008.03.02.

(가) 동순위 상속인 사이의 상속분

동순위의 상속인이 수인인 경우에는 그 상속분은 '균분'으로 한다(민법 제1009조 제1항 본문). 그렇지만 제사용 재산의 경우 '제사를 주재하는 자'가 단독으로 승계토록 하고 있다.

(나) 배우자의 상속분

피상속인의 배우자의 상속분은 직계비속과 공동으로 상속하는 때에는 직계비속의 상속분의 5할을 가산하고, 직계존속과 공동으로 상속하는 때에는 직계존속의 상속분의 5할을 가산한다(민법 제1009조 제2항).

(다) 대습상속인의 상속분

대습상속인의 상속분은 사망 또는 결격된 자에 가름하여 상속인이 된 자의 상속분은 사망 또는 결격된 자의 상속분에 의한다(민법 제1010조 제1항). 대습상속인이 수인인 때에는 그 상속분은 피대습상속인의 상속분의 한도에서 법정상속분에 의하여 정한다(민법 제1010조 제2항 전단).

(라) 특별수익자의 상속분

상속분을 산정함에 있어서 공동상속인 중에 피상속인으로부터 재산의 증여 또는 유증을 받은 자가 있는 경우에 그 공동상속인은 수증재산이 자기의 상속분에 달하지 못한 때에는 그 부족한 부분의 한도에서만 상속분을 받을 수 있다(민법 제1008조). 예컨대 혼인비용, 대학 또는 대학원에 다닐 학비 등을 이미 받은 자가 있는 경우에, 상속분을 산정함에 있어서 받은 이익이 상속분에 부족한 부분의 한도에서 상속분을 받게 된다.

(마) 법정상속분의 비율에 대한 예

ⅰ) 부(夫)가 사망할 때 유족으로는 유처·장남·차남·3남·미혼녀·출가녀 등이 있다.

이 경우에 상속분의 비율은 유처: 1.5, 장남: 1, 차남: 1, 3남: 1, 미혼녀: 1, 출가녀: 1, 비율이다.

ⅱ) 처(妻)가 사망할 때 유족에는 부·장남·처남·미혼녀·출가녀 등이 있다.

이 경우 상속분의 비율은 부: 1.5, 장남: 1, 차남: 1, 미혼녀: 1, 출가녀: 1의 비율로 나눈다.

iii) 혼인한 장남이 사망할 때 유족에는 부·모·처가 있다.

이 경우 상속분의 비율은 부: 1, 모: 1, 처: 1.5로 계산된다.

(바) 기여상속인의 상속

공동상속인 중에 상당한 기간 동거·간호 그 밖의 방법으로 피상속인을 특별히 부양하거나 피상속인의 재산의 유지 또는 증가에 특별히 기여한 자가 있을 때에는 상속개시 당시의 피상속인의 재산가액에서 공동상속인의 협의로 정한 그 자의 기여분을 공제한 것을 상속재산으로 보고 제1009조 및 제1010조에 의하여 산정한 상속분에 기여분을 가산한 액으로써 그 자의 상속분으로 한다(민법 제1008조의 2).

여기서 '특별히 기여한 자'라 함은 상당한 기간 동거·간호 그 밖의 방법으로 피상속인을 특별히 부양하거나 피상속인의 재산의 유지 또는 증가에 특별히 기여한 자를 말하는데 구체적인 사례에 따라 정해야 할 것이다.[145]

기여분의 산정방법에는 기여의 시기·방법 및 정도와 상속재산의 액 기타의 사정을 고려하여 정한다(민법 제1008조의 2 제2항). 그리고 기여분을 결정하기 위해서는 공동상속인의 전원이 협의하여야 한다.

---

145) "효도한 자식에 상속재산 더 줘라", 법원 '기여분' 첫 인정 – 어머니를 대신해 병든 아버지를 모신 딸에게 법원이 다른 자식들보다 유산을 더 상속받을 수 있도록 '효도상속 기여분'을 인정하는 결정이 내려졌다.
　　서울가정법원 가사3부는 이혼한 아버지(1996년 사망)를 13년간 헌신적으로 봉양해 온 장녀 L씨가 동생을 상대로 낸 상속재산분할 심판청구사건에서 이같이 판시, "장녀 L씨에게 먼저 1억 5천만 원을 기여분으로 주고 나머지 상속재산 10억 9천여만 원을 4형제가 나눠 가지라"고 결정했다.
　　그동안 상속 기여분은 재산형성에 직접적으로 기여한 자식에게만 인정돼 왔으나 이번 결정은 부모를 봉양함으로써 재산유지에 기여한 자식에게도 효도상속으로 기여분을 인정했다는 점에서 주목된다.
　　재판부는 결정문에서 "청구인 L씨가 출가한 후에도 아버지가 이혼하자 친정으로 들어와 살면서 투병 중인 아버지와 동생들을 돌보는 등 통상적인 기대 수준 이상의 부양 및 간호를 해 온 만큼 추가상속을 받을 정도의 기여도가 인정된다."고 밝혔다. 한국경제신문 1998.09.30. 참조.

(5) 상속재산의 분할

① 의의

상속재산의 분할이란 상속개시로 인하여 발생한 공동상속인 사이에 상속관계를 종료시키고, 상속분에 따라 상속재산을 각 공동상속인에게 배분·귀속을 확정시키는 일종의 청산행위를 말한다.

② 요 건

상속재산의 분할이 발생하기 위해서는 첫째, 상속재산에 있어서 공유관계가 존재할 것, 둘째, 공동상속인이 확정될 것, 셋째, 분할의 금지가 없을 것 등의 요건이 존재해야 한다.

한편 피상속인은 유언으로 상속개시의 날로부터 5년을 초과하지 않는 기간 내에 상속재산의 분할을 금지할 수 있다(민법 제1012조 후단).

③ 분할방법

상속재산의 분할 방법은 유언에 의한 방법, 협의에 의한 방법, 조정이나 심판에 의한 방법 등이 있다.

(가) 유언에 의한 분할

피상속인은 유언으로 상속재산의 분할방법을 정하거나 이를 정할 것을 제3자에게 위탁할 수 있다(민법 제1012조 전단). 우선적으로 협의에 의해 분할하고, 협의가 이루어지지 않을 때에는 가정법원의 조정 또는 심판에 의하여 분할할 수 있다.

(나) 협의에 의한 분할

유언에 의한 분할방법의 지정이 없거나 분할금지가 없는 한, 분할요건이 갖추어지면 협의에 의해 상속재산을 분할할 수 있다(민법 제1013조 제1항). 협의가 성립하기 위하여 모든 공동상속인의 합의가 있어야 되며, 그 합의에 하자가 있으면 무효이다.

(다) 조정 또는 심판에 의한 분할

공동상속인 사이에 상속재산분할의 협의가 없을 때에 가정법원에 분할을 청구해야 되며, 이에 앞서 조정이 선행되어야 한다. 상속재산의 평가는 상속재산의 분할 시를 표준으로 한다. 한편 상속재산 중 현물로 분할할 수 없거나 분할로 인하여 현저히 그 가액이 감소될 염려가 있을 때에는 법원에 해당 물건의 경매를 신청할 수 있다.

④ 분할의 효과

상속재산의 분할은 상속이 개시된 때에 소급하여 그 효력이 있다. 그러나 제삼자의 권리를 해하지 못한다(민법 제1015조).

5. 상속의 승인과 포기

상속이 개시(피상속인의 사망)되면 상속인은 그 의사와 관계없이, 또는 상속인이 모른다고 할지라도 법률상 피상속인의 재산상 지위가 상속인에게 승계된다. 이때 상속재산 중에는 채권뿐만 아니라 채무도 상속재산에 포함되므로, 채무가 채권액을 초과할 경우에는 상속은 오히려 부담이 될 수 있다. 그래서 상속인을 보호하기 위하여 상속의 승인과 포기를 제도로서 규정하게 된 것이다.

상속의 포기는 상속의 효력을 부인하여 피상속인의 권리·의무가 자기에게 승계되는 상속의 효력을 상속개시 시까지 소급하여 소멸시키는 의사표시이다.

또한 상속의 승인은 상속의 포기를 하지 않는다는 의사표시이다. 상속의 승인에는 단순승인과 한정승인이 있다. 또한 상속의 승인 또는 포기는 그 자체가 재산상의 행위이므로 승인 또는 포기를 하려면 행위능력이 있는 자여야 한다. 상속의 승인·포기는 '상속개시 후'에만 할 수 있다. 따라서 상속개시 전의 승인·포기는 무효이다.

상속의 승인과 포기를 할 수 있는 기간은 상속인이 상속개시 있음을 안 날로부터 3개월 이내이다(민법 제1019조 제1항 본문).[146]

(1) 단순승인

단순승인이란 피상속인의 권리·의무를 무제한·무조건으로 승계하는 상속형태 또는 이것을 승인하는 상속방법을 말한다. 단순승인은 적극재산에 한하지 않고 소극재산(채무와 같이 부담이 되는 재산)도 승계한다. 상속채무가 적극재산을 초과하면 그 부족분은 고유재산으로 무한책임을 부담하게 된다. 단순승인은 불요식의 의사표시이고 호적상의 신고도, 가정법원에 신청도 필요하지 않다.

그런데 상속인이 한정승인도 포기도 하지 않고 3개월의 고려기간이 지나면 단순승인을 한 것으로 본다(민법 제1026조 제2호).

(2) 법정단순승인

그런데 일정한 사유가 있을 때에는 당연히 단순승인을 한 것으로 본다(민법 제1026조). 즉 ① 상속인이 상속재산에 대한 처분행위를 한 때, ② 상속개시를 안 날로부터 3개월 내에 한정승인 또는 포기를 하지 아니한 때, ③ 상속인이 한정승인 또는 포기를 한 후에 상속재산을 은닉하거나 부정 소비하거나 고의로 재산목록에 기입하지 아니한 때에는 당연히 단순승인으로 된다.147)

---

146) 민법 제1019조(승인, 포기의 기간) ① 상속인은 상속개시 있음을 안 날로부터 3월 내에 단순승인이나 한정승인 또는 포기를 할 수 있다. 그러나 그 기간은 이해관계인 또는 검사의 청구에 의하여 가정법원이 이를 연장할 수 있다. ② 상속인은 제1항의 승인 또는 포기를 하기 전에 상속재산을 조사할 수 있다. ③ 제1항의 규정에 불구하고 상속인은 상속채무가 상속재산을 초과하는 사실을 중대한 과실 없이 제1항의 기간 내에 알지 못하고 단순승인(제1026조제1호 및 제2호의 규정에 의하여 단순 승인한 것으로 보는 경우를 포함한다)을 한 경우에는 그 사실을 안 날부터 3월 내에 한정승인을 할 수 있다.
147) 96헌가22, 97헌가2·3·9, 96헌바81, 98헌바24·25(병합) 1998.8.27.
  1. 민법 제1026조제2호(1958.2.22. 법률 제471호)는 헌법에 합치되지 아니한다. 2. 위 법률조항은 입법자가 1999.12.31.까지 개정하지 아니하면 2000.1.1.부터 그 효력을 상실한다. 법원 기타 국가기관 및 지방자치단체는 입법자가 개정할 때까지 위 법률조항의 적용을 중지하여야 한다.

(3) 한정승인

상속인은 상속에 의하여 취득한 재산의 한도에서만, 피상속인의 채무와 유증을 변제한다는 것을 조건으로 상속을 승인하는 상속의 형태를 말한다(민법 제1028조). 그러므로 한정승인의 방식은 상속인이 수인인 때에는 각 상속인은 그 상속분에 따라서 취득한 재산의 한도에서 그 상속분에 따라 피상속인의 채무와 유증을 변제할 것을 조건으로 상속을 승인할 수 있다(민법 제1029조). 따라서 상속인이 한정승인을 함에는 제1019조제1항 또는 제3항의 기간 내에 상속재산의 목록을 첨부하여 법원에 한정승인의 신고를 하여야 한다(민법 제1030조).

한정승인을 한 상속인은 상속에 의해서 얻은 재산의 한도에서만 피상속인의 채무와 유증을 변제하면 된다. 또 한정승인을 한 상속인이 피상속인에 대하여 가졌던 권리의무는 소멸하지 않는다(민법 제1031조).

상속인은 한정승인을 한 후 5일 내에 상속채권자와 유증을 받은 자에 대하여 한정승인을 한 사실 및 2개월 이상의 기간을 정하고 그 기간 내에 채권 또는 수증을 신고할 것을 공고하여야 한다(민법 제1032조 제1항).

청산에 의하여 채무를 변제한 후 적극재산이 남은 때에는 그것은 한정승인자의 소유가 된다. 그러나 오히려 채무가 남은 때에는 한정승인자는 자기의 고유재산으로 변제하지 않아도 된다.

(4) 상속의 포기

상속의 포기는 상속인이 자기를 위해 발생한 상속의 효력을 부인하고 처음부터 상속인이 아니었던 것으로 효과를 생기게 하는 의사표시이다. 그러나 이 의사표시는 포기를 하려는 자가 3개월의 고려기간 내에 가정법원에 포기의 신고를 하여야 한다(민법 제1041조).

상속을 포기한 자는 그 상속에 관해서는 처음부터 상속인이 아니었던 것으로 된다(민법 제1042조). 그러므로 상속재산에 관한 적극·소극의 일체의 재산은 처음부터 승계하지 않았던 것으로 된다. 포기는 '상속개시 시'에 소급하여 그 효력이 발생한다.

어느 특정인에게 주려고 자기의 상속분을 포기하는 것은 허용되지 않는다. 그리고 상속을 포기한 자는 그 포기로 인하여 상속인이 된 자가 상속 재산을 관리할 수 있을 때까지 그 재산의 관리를 계속하여야 한다(민법 제1044조 제1항). 이때에 관리는 자기의 고유재산에 대하는 것과 동일한 주의로 관리하여야 한다(민법 제1022조, 제1044조 제2항).

6. 상속인의 부존재

(1) 상속인의 부존재의 의의

상속인의 부존재란 상속인의 존부가 분명하지 않은 상태, 즉 우선은 상속인 또는 이와 동일시되어야 할 포괄적 수증자가 나타나지 않으나 어딘가에 상속인이 있을 것이라는 상태를 말한다.

상속인의 부존재 제도란 한편으로는 상속인을 수색하는 동시에 다른 한편으로는 상속인이 출현할 때까지 상속재산을 관리하고 상속채권자와 유증받은 자에게 변제 등 그 청산을 목적으로 하는 제도이다.

(2) 상속재산의 관리

① 관리인의 선임

상속인이 있는 것이 명백하지 않을 때에는 가정법원은 피상속인의 친족(민법 제777조), 기타 이해관계인 또는 검사의 청구에 의하여 상속재산관리인을 선임하여야 하고, 지체 없이 이를 공고하여야 한다(민법 제1053조 제1항)(1차 공고).

② 상속재산 관리인의 권리·의무

관리인은 상속채권자나 유증받은 자의 청구가 있는 때에는 언제든지 상속재산의 목록을 제시하고 그 상황을 보고하여야 한다(민법 1054조 제1항).

③ 상속재산의 청산절차

관리인의 전임을 공고한 후 3개월 내에 상속인이 있는 것이 명백하지 않을 때에는 관리인은 청산을 위한 공고를 하여야 한다. 이 공고는 일반채권자와 유증받은 자에 대하여 2개월 이상의 기간 내에 채권 또는 수증을 신고할 것을 공고하는 것이다(민법 제1056조 제1항)(2차 공고).

또한 관리인은 알고 있는 채권자와 유증받은 자에 대해서는 각각 그 채권과 수증액을 신고할 것을 최고하여야 하며 알고 있는 채권자와 유증받은 자는 청산에서 제외하지 못한다(민법 제89조, 제1055조 제2항).

상속관리인은 제1회, 제2회의 공고기간이 경과해도 상속인의 존부를 알 수 없으면, 변제절차를 밟은 동시에 또한 상속인의 수색의 공고를 하여야 한다. 이것이 연 3회 공고이다.

제1056조제1항의 기간이 경과하여도 상속인의 존부를 알 수 없는 때에는 법원은 관리인의 청구에 의하여 상속인이 있으면 일정한 기간 내에 그 권리를 주장할 것을 공고하여야 한다. 그 기간은 1년 이상이어야 한다. <개정 2005.3.31.>(민법 제1057조)

④ 특별연고자에 대한 상속재산분여

"제1057조의 기간 내에 상속권을 주장하는 자가 없는 때에는 가정법원은 피상속인과 생계를 같이하고 있던 자, 피상속인의 요양간호를 한 자 기타 피상속인과 특별한 연고가 있던 자의 청구에 의하여 상속재산의 전부 또는 일부를 분여할 수 있다."고 규정하였다(민법 제1057조의 2, 개정 2005.3.31.).

상속재산의 요건을 보면 다음과 같다.

여기서 '생계를 같이한 자'란 사실혼 배우자, 사실상의 양자, 계친자로서 가족적 공동생계를 누리고 있는 자 등이며 생계동일의 동지 내지 형태를 이를 묻지 않는다. 또 '요양·간호한 자'란 가정부, 간호사로서 보수를 받았다 하더라도 특별히 간호에 힘을 쏟은 자는 그 요양, 간호에 이르게 된 동기는 묻지 않는다.

'기타 피상속인과 특별연고가 있던 자'는 자연인에 한하지 않고 법인, 권리능력 없는 사단, 그 밖에 단체도 특별연고가 될 수 있다.

제1057조의2의 규정에 의하여 분여(분여)되지 아니한 때에는 상속재산은 국가에 귀속한다. <개정 2005.3.31.>

Ⅱ. 유언과 유류분

1. 유언의 의의

유언은 유언자의 사후에 법적 효과를 발생할 목적으로 일정한 사항에 대하여 표시한 사자의 최종적 의사이다.

유언은 이 사자(死者)의 최종적 의사를 존중하여 법률상의 효력을 인정해 주고 있는 상대방 없는 단독행위이다. 그러므로 유언은 그 효력이 발생하기까지는 언제든지 철회할 수 있는 행위이다. 대리는 허용되지 않고 또한 법정대리인의 동의도 필요하지 않다. 요식행위이기 때문에 이 방식이 결여된 유언은 법률상 효력이 없는 것이 원칙이다.

2. 유언의 능력

유언은 의사표시이기 때문에 의사능력이 없는 사람의 유언은 무효이다. 그러나 유언은 사자의 최종의사를 존중하는 뜻에서 무능력자라 하더라도 자기가 한 유언이 어떤 결과를 가져올 것이라는 것에 대한 판단능력만 있으면 된다. 그러므로 미성년자일지라도 17세 이상이면 유언능력이 있다(민법 제1061조). 금치산자에 대해서는 의사가 심신회복 상태를 유언서에 부기하고 서명 날인하여야 한다(민법 제1063조).

3. 유언의 방식

유언은 유언자의 사망 후에 그 효력이 발생하므로 유언의 위조 및 변조를 막고 유언자의 진의를 확실히 보장하기 위하여 엄격한 방식을 요구하고 있다.

유언방식에는 다섯 가지가 있다(민법 제1065조). 자필증서, 녹음증서, 공정증서, 비밀증서 중에서 하나를 선택해서 유언서를 작성하여야 한다. 다만, 질병 기타 급박한 사유가 있을 때는 예외적으로 구수증서에 의하는 것을 허용하고 있다.

(1) 자필증서에 의한 유언

자필증서로 유언을 할 때는, 유언자가 스스로 작성한 것으로 전문, 연월일, 주소, 성명을 자필(自筆)하고 날인하여야 한다(민법 제1066조 제1항). 자필이므로 형식에는 제한이 없으나, 연월일이 없으면 무효가 된다. 성명의 기재는 그 유언서가 누구의 것인가를 알 수 있는 정도이면 충분하고, 날인은 인장 또는 모인을 사용한다. 한편 문자의 삽입·삭제·변경을 할 때에는 유언자가 자서하고 날인해야 한다(민법 제1066조 제2항).

(2) 녹음에 의한 유언

녹음으로 유언을 할 때는, 유언자가 유언의 취지, 그 성명, 연월일을 구술하고, 참석한 증인이 유언의 정확함과 그 성명을 구술한다(민법 제1067조).

(3) 공정증서에 의한 유언

공정증서에 의한 유언은 유언자가 증인 2인이 참여한 공인인 면전에서 유언의 취지를 구수하고 공증인이 이를 필기·낭독하여 유언자와 증인이 그 정확함을 승인한 후, 각자 서명 또는 기명날인하여야 한다(민법 제1068조).

보통 공증인은 그 사무소에서 직무를 행하는 것이 원칙이지만, 유언의 경우에는 적용하지 않는다. 따라서 공정증서에 의한 유언을 작성하는 경우에는 출장을 요구할 수도 있다.

(4) 비밀증서에 의한 유언

유언자가 필자의 성명을 기입한 증서를 엄봉 날인하고 이를 2인 이상의 증인의 면전에 제출하여 자기의 유언서임을 표시한 후, 그 봉서 표면에 제출 연월일을 기재하고 유언자와 증인이 각각 서명 또는 기명날인하여 작성한 것을 비밀증서에 의한 유언이라 한다(민법 제1069조). 이때 유언봉서는 그 표면에 기재된 날로부터 5일 내에 공증인 또는 법원서기에게 제출하여 그 봉인상에 확정일자인을 받아야 한다(민법 제1069조 제2항).

(5) 구수증서에 의한 유언

구수증서는 질병 기타 급박한 사유로 인하여 위의 네 가지 유언방식을 할 수 없을 때에, 유언자가 2인 이상의 증인이 참여하여 그 1인에게 유언의 취지를 구수하고, 그 구수를 받은 자가 이를 필기·낭독하여 유언자와 증인이 정확한 것을 인정한 이후, 각자 서명 또는 기명날인하여 작성한 것을 말한다(민법 제1070조 제1항).

이 방식에 의한 유언은 그 증인 또는 이해관계인이 급박한 사유의 종료한 날로부터 7일 내에 법원에 그 검인을 신청하여야 한다.

4. 유언의 효력발생 시기

유언의 성립은 유언했을 때이지만, 그 효력은 유언자가 '사망한 때'이다(민법 제1073조 제1항). 그러나 유언에 정지조건이 있는 때에는 그 조건이 유언자의 사망한 후에 성취한 경우에는 그 조건이 성취한 때로부터 유언의 효력이 발생한다(민법 제1073조 제2항).

5. 유언의 철회

유언자는 언제든지 유언 또는 생전행위로써 유언의 전부나 일부를 철회할 수 있다(민법 제1108조 제1항).

6. 유증

유증(遺贈)이라 함은 유언에 의한 재산의 무상증여를 말한다. 유증은 사인행위라는 점에서 사인증여와 같으나 단독행위라고 하는 점에서 사인증여와 다르다.

유증의 주요내용은 재산상속에 대하여 그 전부나 또는 일부를 포괄 또는 특정의 명의로써 유증하는 경우이지만 반드시 상속재산에 관해서만 유증하는 것은 아니다(민법 제1087조). 따라서 적극재산 이외에 채무면제도 포함된다.

7. 유류분

(1) 유류분 제도의 의의

사유재산제도하에서는 자유롭게 개인의 소유물을 사용·수익·처분할 수 있는 것이 원칙이다. 그러나 사자의 유산 전체가 타인에게 유증된다면, 생존가족의 생계가 위협받을 수 있으므로 우리 민법은 유언자유의 절대화를 조절하고 합리화하기 위하여 유언사항을 법정하고 유류분 규정을 두어 망자(亡者)의 가족을 보호하려는 사회정책적인 입장을 취하고 있다.

유류분은 피상속인을 중심으로 한 유족들의 정신적·육체적인 공헌으로 인한 공동산물이라고 보는 것이 합리적이다.

(2) 유류분의 내용

유류분이라 함은 민법상 일정한 상속인을 위하여 법률상 반드시 보유해야 되는 유산의 일정부분을 말한다(민법 제1112조 내지 제1118조).

① 유류분권리자

민법상 유류분권리자는 반드시 상속인을 전제로 하지만 상속인이라고 모두 유류분권리자가 되는 것은 아니다. 민법은 유류분권리자로서 피상속인의 직계비속, 배우자, 직계존속 및 형제자매만으로 한정하였다(민법 제1112조). 따라서 피상속인의 4촌 이내의 방계혈족은 상속인으로는 될 수 있으나(민법 제1000조 제1항 제4호) 유류분권리자는 될 수 없다.

② 유류분권

유류분권이란, 상속이 개시될 때 일정한 범위의 상속인이 피상속인 재산의 일정비율을 취득할 수 있는 법률상의 권리를 말한다.

③ 유류분의 비율

우리 민법은 직계비속과 배우자의 유류분은 각자의 법정상속분의 2분의 1로(민법 제1112조 제1호, 제2호) 직계존속과 형제자매의 유류분은 각자의 법정상속분의 3분의 1로(민법 제1112조 제3호, 제4호) 각각 개별적으로 추정하고 있다. 즉

(가) 피상속인의 직계비속은 그 법정상속분의 2분의 1

(나) 피상속인의 배우자는 그 법정상속분의 2분의 1

(다) 피상속인의 직계존속은 그 법정상속분의 3분의 1

(라) 피상속인의 형제자매는 그 법정상속분의 3분의 1이다.

(3) 유류분의 산정

유류분은 피상속인의 상속개시 시에 있어서 가진 재산의 가액에 증여재산의 가액을 가산하고 채무의 전액을 공제하여 이를 산정한다(민법 제1113조 제1항). 이와 같은 산정방법은 법정상속분을 산정하는 경우와 다른데 상속채무를 공제하여 적극재산만으로써 기초로 삼는 입장이다.

제7절 북한가족법의 내용

Ⅰ. 북한의 가족법 개관

북한은 1948년 제정 헌법에서 "혼인 및 가정에 대한 법관계는 없다."(제 23조)고 규정한 이후로 '후견인 선정 및 감독 규정'(1949년), '입양설정 규정'(1949년) 등을

통해 결혼, 이혼, 후견, 입양 등의 가족관계를 규율해 왔다.[148]

이렇게 개별법령을 통해 가족관계를 규율해 오다 1990년에 6장 54개 조문으로 구성된 「조선민주주의 인민공화국가족법」을 제정해서, 결혼 및 이혼의 자유, 재산상속권 등을 규정하고 있지만, 우리의 친족상속법과 많이 차이가 있다.

북한은 「민법」과는 별도의 「가족법」을 구비하고 있으며 「기본원칙·결혼·가족·후견·상속·벌칙」 등 총 6장 54개 조항으로 구성되어 있다.

(1) 제1장 <기본원칙>

－가족법의 규제대상과 사명, 가족법의 기본원칙(결혼의 보호, 가정의 공고화, 후견제도, 상속제도, 모자보호제도)

북한은 가족법 제1조에서 "조선민주주의 인민공화국가족법은 사회주의적 결혼, 가족제도를 공고 발전시켜 온 사회를 화목하고 단합된 사회주의 대가정으로 되게 하는 데 이바지한다."고 규정하여, 가정을 '사회주의 혁명이론의 실습장이며 생산의 최저 단위'로 만들고 있다. 우리의 가족개념과는 달리 현실적으로 가정생활을 공동으로 영위하는 일정한 범위 내의 친족으로 규정하여 놓고 있다. 그래서 부모와 형제자매라 하더라도 공동생활을 하지 않으면 가정구성원에 해당하지 않는 것으로 해석한다.

(2) 제2장 <결혼제도>

－결혼자유, 일부일처제, 결혼나이, 근친결혼의 범위, 결혼형식, 결혼무효

북한가족법 제8조는 "공민은 자유결혼의 권리를 가진다."고 선언하고 있다. 그러나 북한사회는 성분상 결혼이 제한되고 있다. 즉 아무리 당사자 간에 정이 들어 결혼을 하려고 해도 그들이 속해 있는 조직에서 성분 문제를 들어 반대하면 결혼할 수가 없다. 또 결혼에 있어서 지역적 제한정책을 펴고 있어서, 평양의 인구증가를 막고 농촌의 노동력을 확보하기 위해 농촌처녀와 도시남자가 결혼하면 남자가 농촌

---

148) 북한연구소, 「북한 가족법과 가정실태」, 은창문화사, 1991.9. 참조.

으로 이주해야 하는 결혼정책을 펴고 있다.

결혼연령은 남자 만 18세, 여자 만 17세로 하고 있으며, 8촌 이내 혈족, 4촌 이내 인척간의 결혼은 금지한다. 그렇지만 동성동본금혼조항은 없다.

(3) 제3장 <가족제도>

부부관계, 부모와 자녀관계, 입양규정, 친인척간 인격 및 재산관계

남녀평등권에 대한 법령에서 재판상 이혼과 협의이혼을 모두 인정했지만, 1956년에 협의이혼제를 폐지하고, 현행 가족법은 재판상 이혼만 허용하고 있다.

이혼을 함부로 하는 것을 막기 위해 2회 이상 이혼소송을 청구할 경우에는 도재판소가 1심을 관할하며 벌금을 내야 한다. 부모와 자녀 관계에서는 부모가 자녀에 대한 친권을 행사하고 부성추종 원칙을 유지하고 있다.

계부모와 계자녀의 관계에서는 우리와는 다르다. 우리 민법은 법정친자관계가 아닌 인척관계로 규정하지만, 북한의 가족법은 법정친자관계로 인정하고 있다.

한편 북한은 호주제를 "남녀평등을 해치는 봉건적 잔재"라며 호적제도와 함께 55년에 폐지하였다.

(4) 제4장 <후견제도>

－후견의 목적과 후견인, 후견인의 의무, 후견인에 대한 감독

(5) 제5장 <상속제도>

－법정상속의 순위와 몫·거부조건, 유언상속, 상속기관에 관한 규정

상속제도는 민법규제 대상임에도 북한은 가족법으로 규제하며 법정상속과 유언상속을 모두 인정한다.

법적상속인으로 제1순위는 배우자, 자녀, 부모, 2순위는 손자녀와 조부모 및 형제자매, 3순위 상속인으로는 가까운 친척으로 규정하고 있지만 가까운 친척의 개념이

불확정적이다.

상속재산은 개인소유 재산 중 개별재산에 국한하고 있기 때문에 실제적으로는 소비품으로 한정된다. 따라서 가정재산은 상속되지 않고 나머지 가족들이 소유하게 된다는 점이 우리와 다른 점이다.

(6) 제6장 <벌칙>

－가족법 위반자에 대한 제재 규정

Ⅱ. 이산가족 재결합 시 문제점

우리나라의 남북 이산가족이 재결합할 경우 호적문제, 중혼, 상속, 부모 자녀 관계 문제가 야기될 수 있다. 그리고 분단 이후에 형성된 중혼과 상속문제가 사회문제로 등장할 수 있다.

(1) 상속문제

상속문제는 남북한 경제수준 차이와 개인소유제도 차이로 인해 북한 거주 상속인이 일방적으로 경제적 이득을 얻을 것이 명백하다. 따라서 법적 안정성을 위해서 재결합 이전에 이미 상속이 이뤄진 경우 북한 상속인의 상속권을 인정하지 않거나 상속권을 인정하더라도 상속대상과 가액을 일정범위로 제한해야 할 것이다.

(2) 중혼문제

중혼문제는 상당한 혼란을 가져올 수 있기 때문에, 전혼의 부활을 인정하지 않거나 중혼상태를 유지하되 전혼과의 관계에서는 상속이나 부양청구를 허용하는 범위 내에서만 혼인의 효력을 인정해야 할 것이다.

(3) 특별법 제정과 문제해결

특별법을 제정해야 할 필요성이 있다. 왜냐하면 우리 민법을 적용할 것이 아니라 이미 형성된 새로운 가족관계의 법적 안정성을 보호하고 이산가족의 의사를 존중할 필요가 있기 때문이다.

제5장

여성과 사회법

제1절 노동관계의 기본원칙과 남녀고용평등

Ⅰ. 노동관계의 기본 이념

많은 근로자들이 경제적으로 빈곤하여 사회문제화되었고, 여성과 아동의 경우는 질병과 빈곤에 처하여 근대적인 적자생존의 원리에 의해서는 이런 사회문제를 해결할 수가 없었다.

그래서 자본가와 노동자가 대등한 위치에서 계약을 체결하고, 이런 계약을 바탕으로 노동자들이 근로조건을 개선하기 위하여 이들이 서로 단결하여 노동조합을 만들고 일정 기준의 근로조건을 제시하였다. 만일 이들이 제시한 근로조건이 사용자에게 받아들여지지 않을 경우에는 집단적으로 노동을 거부하기도 하였다.

근로자들의 집단적인 행동은 민사·형사상 책임을 추궁당하고, 심지어는 그 직장에서 추방되기까지 하였다. 이러한 근로자들의 저항은 '생존권의 확보' 차원에서 이루어졌고, 이런 역사를 통하여 노동조합의 기능이 사회적으로 승인되었다. 근로자들의 투쟁 산물인 피와 눈물의 대가로 우리 헌법상 근로자의 인권이 구체적으로 인정되어 있고, 민법의 수정원리가 법체계상 인정되고 있는 것이다.

그러면 현대자본주의 체제하에서 여성 근로자의 보호를 위하여 인정되고 있는 근로조건의 내용 중에서 여성들이 알아야 할 노동관계의 기본이념과 원칙에 대하여 살펴보기로 한다.

1. 노동법의 기본이념

(1) 노동인격의 보호와 실현

원래 노동법은 공장 근로자를 보호하기 위해서 출발하였는데, 이러한 보호가 모든 근로자에게 확대되었다.

근로자들은 사용자의 지시에 복종하여 각종 급부 의무를 부담하고 있다. 이런 사용자에 대한 급부에 있어서, 필연적으로 보호되어야 할 대상이 노동력의 급부이다.

근로자들은 자신의 노동력을 사용자에게 제공하지 않고서는 도저히 생활을 유지할 수 없는 처지에 있기 때문에, 생산수단의 소유자인 사용자에게 불리한 근로조건을 감수하면서까지 노동력을 팔지 않을 수 없는 것이다.[149] 따라서 노동법은 이와 같은 근로자들의 인적 또는 경제적 약점을 보호하는 것을 가장 중요한 임무로 하고 있다.

근로자에 대한 보호와 배려는 근로관계의 핵심적인 부분(근로의 급부와 임금의 수령)에만 한정되는 것은 아니며, 근로자의 '인격 전반'에 걸쳐서 요청된다. 근로자들의 건강의 보호와 경제생활의 확보라는 노동법의 목적은 '노동인격'의 보호와 실현이라는 부분까지 확대되고 있다.

적정한 고용과 근로조건을 보호하는 것은 우리 사회의 시대정신과 부합되고 결국, 근로자의 인간존엄과 행복추구권과 연결될 것이다.

(2) 공익과 사익의 조화

근로자들을 보호하는 것은 무제한적으로 인정될 수는 없고, 일정한 범위에서 제한받아야 하는데 그 범위의 기준이 공익과 사익의 균형 있는 조화가 이루어져야 할 것이다.

근로자들의 보호가 요청되고 그들의 경제적 지위향상이 필요하다고 하더라도 국

---

149) 김형배, 「노동법」(제12판), 박영사 p.105 이하 참조.

가경제력의 부담능력의 한계 내에서 허용되어야만 할 것이다. 결국 노동조합의 임금 향상요구는 국가경제의 경쟁능력의 범위 안에서 근로자들의 기본생활을 보장하고 근로자의 경제적·사회적 지위를 향상시키는 것이라고 생각된다.

(3) 노동조합의 설립과 활동의 민주화

오늘날의 노동법은 근로자의 단결을 통한 근로자들의 자조를 그 바탕으로 이루어져 있다. 즉 근로자 개인적으로는 약자의 지위를 면치 못하기 때문에 근로자들이 단결을 통하여 노동조합을 조직하고, 단체교섭을 통해서 그들의 근로조건을 규율하는 것은 집단적 노동법의 보편적 원리이다. 이와 같은 집단적 노사관계에 관한 법이 발전하기 위해서는 노동조합의 설립과 활동의 민주화가 이루어져야 한다. 이런 기업과 노동조합의 민주화는 노동조합 내부의 조직 강제와 통제처분을 통해서 이루어지고 있다.

집단적 노동단체의 구성이나 활동에 있어서 개개 근로자의 이익과 인격을 존중하는 방향으로 이루어져야 하고, 개인보다도 집단을 강조한다 하더라도 개인 근로자의 억압을 정당화해서는 안 될 것이다.

2. 노동관계의 기본원칙

근로자의 근로기준의 수준을 보장하고 현대사회의 경제발전에 맞게 과거 봉건적인 요소를 배제하기 위하여, 우리 근로기준법에서는 몇 가지 기본원칙을 제시하고 있는데, 이하에서 그 중요한 원칙들을 설명하기로 한다.

(1) 근로자의 기본적 생활 보장 원칙

「근로기준법」 제1조는 "이 법은 헌법에 따라 근로조건의 기준을 정함으로써 근로자의 기본적 생활을 보장, 향상시키며 균형 있는 국민경제의 발전을 꾀하는 것을 목적으로 한다."고 규정하여, 근로자의 기본생활의 보장원칙을 밝히고 있다. 근로조건의 기준을 확보하는 것은 근로자의 인간다운 생활을 영위하기 위하여 매우 중요하다. 그러므로 근로관계의 당사자는 근로기준법상의 근로조건이 최저기준이라는 것을 이유로 근로조건을 저하시킬 수 없으며(동법 제3조), 언제나 그 향상에 노력하지 않으면 안 된다.[150] 또한, 헌법 제32조 제3항이 "근로조건의 기준은 인간의 존엄성을 보장하도록 법률로 정한다."고 규정한 의미가 있는 것이다.

(2) 근로조건 자치적 결정의 원칙

「근로기준법」은 "근로조건은 근로자와 사용자가 동등한 지위에서 자유의사에 따라 결정하여야 한다."고 규정하고 있다(동법 제4조). 이것은 현실적으로 노사관계에 있어서 사용자가 사회·경제적으로 우월할 수밖에 없는데, 이를 이용하여 근로자의 의사를 무시·억압하여 근로조건을 결정하여서는 안 된다는 것이다. 동시에 근로조건은 근로계약의 당사자 사이에 자유로이 결정할 사항임을 밝힌 것이다. 그리고 근로기준법은 "근로자와 사용자는 각자가 단체협약, 취업규칙과 근로계약을 지키고 성실하게 이행할 의무가 있다."고 규정하고 있다(동법 5조).

단체협약이 당사자가 '동등한 지위에서 자유의사'로 근로조건을 결정하는 최고의 자치규범인 점은 확실하지만, 취업규칙이나 근로계약도 근로조건을 '동등한 지위에서 자유의사'로 결정한 자치규범이기 때문에 근로조건을 결정함에 있어서 성실하게 해야 한다는 것이다.

(3) 평등대우의 원칙

사용자는 근로자에 대하여 남녀의 성(性)을 이유로 차별적 대우를 하지 못하고, 국적·신앙 또는 사회적 신분을 이유로 근로조건에 대한 차별적 처우를 하지 못한다(동법 제6조).

---

150) 대판 1990.12.2. 90 다카 24496.

① 차별대우의 의의

'차별적 대우'란 특정 종류의 근로자를 다른 근로자와 구별하여 다른 대우를 하는 것을 말한다. 대체로 불리한 대우를 하는 경우에 본조 위반이 문제 되겠지만, 차별대우는 유리·불리를 불문한다.

'근로조건에 대한' 차별대우가 금지되므로, 근로조건 이외의 것에 대한 차별대우는 본조 위반은 아니다. 임금·근로시간은 물론 재해보상·안전보건·복리후생의 조건 및 노동관계의 계속 또는 해고의 기준도 근로조건에 포함된다.[151] 그러나 본조는 채용 이후의 노동관계를 규제하려는 것이라는 점에서 '채용'에 관한 기준·조건은 근로조건에 포함되지 않는다고 할 것이다.

② 차별의 이유

첫째, 남녀의 차별적 대우 즉 성별을 이유로 한 차별대우가 금지된다. 명시되어 있지는 않지만 이 경우에도 '근로조건'에 대한 차별대우로 한정된다고 해석된다.

여성을 남성보다 불리하게 대우하여 온 관행이 있다는 점에서 여성이라는 것을 이유로 하는 차별대우가 금지되는 데 실질적 의의가 있다.

여성에 대한 임금의 차별을 비롯하여 여자의 혼인·임신·출산 등을 이유로 하는 퇴직·해고제도, 여자에 대한 정년의 차별 등이 본조 위반으로 된다. 특히 정리해고의 기준 설정 및 대상자 선정에 있어서 '남녀의 성(性)을 이유로 차별'을 하여서는 안 된다는 점을 강조하고 있다.

판례에서는 직종이나 업무의 성질에 따라 근로조건을 달리하는 것은 평등대우의 원칙에 어긋나지 않는다고 한다. 즉 합리적인 이유 없이 여성 근로자의 정년을 낮게 정한 회사의 인사규정은 균등대우규정에 반하여 '무효'이지만,[152] 근로자가 제공하는 근로의 성질·내용·근무형태 등 제반 여건에 따라 합리적인 기준을 두어 직책 또는 직급에 따라 정년을 달리 정한 경우에는 이를 무효라고 할 수 없다.[153]

---

151) 임종률, 「노동법」(제2판), 박영사, 2001. p.329, 김형배, 전게서 p.263, 참조.
152) 대판 1988.12.27, 85 다카 657.
153) 대판 1991.4.9. 90 다 16245.

「남녀고용평등과 일·가정 양립 지원에 관한 법률」은 여자라는 것을 이유로 하는 이들 차별대우의 대표적인 유형을 구체적으로 예시하여 이를 금지하고 있다(남녀 간의 차별대우에 관해서는 후술함).

둘째, '국적'을 이유로 한 차별대우도 금지된다. '국적'을 이유로 하는 국내기업이 외국인 근로자에 대하여 합리적 근거 없이 내국인보다 낮은 임금을 지급하거나 퇴직금 지급대상에서 제외한다면 본조 위반이 된다.

법무부 통계에 의하면, 국내 체류 외국인이 100만 명을 넘었다(2007년 8월 현재). 이 가운데 합법적으로 외국인 근로자로 등록된 이들(40만 명) 이외에 미등록 외국인 근로자에 대해서는 산업재해보험 등 각종 사회적인 복지 서비스에 대한 차별이 심한 실정이다.[154] 미등록 외국인 근로자의 차별에 대한 시정책이 마련되어야 할 것이다.

셋째, '신앙'을 이유로 한 차별대우가 금지된다. 신앙이란 사상·신조 기타 사람의 내심에 있어서의 사고방법을 의미하고 종교적 신앙뿐만 아니라 정치적 신조·사상도 포함된다. 금지되는 것은 신앙·사상 그 자체를 이유로 하는 차별대우에 한정된다.

근로자가 사업장 내에서는 특약을 맺는 것은 직장 내지 근무의 성질 등에 비추어 합리적 이유가 있는 경우에는 기본권 침해라 볼 수 없다.

예컨대 정당이나 종교단체와 같이 사업목적이 특정의 신앙과 본질적으로 불가분의 관계를 가지는 사업, 즉 '경향사업'의 경우에는 그 신앙을 지지·신봉하지 않은 것을 이유로 근로자를 해고하는 것은 허용된다고 보아야 할 것이다.

넷째, '사회적 신분'에 의한 차별대우도 금지된다. 사회적 신분이란 자기 마음대로 벗어날 수 없는 사회적 분류를 말한다. 문벌·출생지·인종 등 선천적인 것뿐만 아니라 수형자·파산자 등 후천적인 것도 포함된다고 보아야 할 것이다.

---

154) 외국인 근로자 문제 대부분은 20만 명을 넘어선 불법체류자와 연관된다. 이들은 고용주나 주변 한국인에게 약점이 잡혀 일방적으로 당하는 경우가 많다. 중앙일보 2008.05.22. 참조.

③ 위반의 효과

사용자가 평등대우의 원칙에 위반하는 차별대우를 한 경우에는 벌칙이 적용된다. 또 이 원칙은 강행규정이므로 이에 위반하는 차별대우는 법률행위로서는 '무효'가 되고, 사실행위로서는 불법행위(민법 제750조)의 위법성을 가지게 되어 '손해배상책임'을 지게 된다. 따라서 임금 등에 관한 차별대우에 대해서는 과거의 차별액과 위자료를 손해배상으로 청구할 수 있다.

(4) 강제근로의 금지

근로기준법 제7조는 "사용자는 폭행, 협박, 감금, 그 밖에 정신상 또는 신체상의 자유를 부당하게 구속하는 수단으로써 근로자의 자유의사에 어긋나는 근로를 강요하지 못한다."고 규정하고 있다. 이것은 근로자의 인격존중이라는 관점에서 당연한 일이며, 헌법의 강제노역을 받지 않을 권리가 구체화된 것이라고 볼 수 있다.

근로강제의 수단으로서 폭행·협박·감금 등은 형법상의 개념(형법 제260조, 제283조, 제276조 및 제277조 참조)으로 이해하면 될 것이다. 즉 급식중단, 해고위협, 여권, 외출복 등 중요한 물품의 보관이나 반환거부 등으로 근로를 강요하면 본조의 위반이 된다. 근로자가 근로계약에 의하여 덤프트럭 운전사로 고용되었음에도 불구하고 사용자가 근로자를 일방적으로 잡부노동에 종사하도록 하는 것은 근로기준법에 위배된다[155]는 판례가 있다.

또 정신적·신체적 자유를 부당하게 구속하는 수단으로서 장기근로계약을 체결하는 경우나 사표수리의 거부 등도 본조에 위반된다 할 것이다.

이 조항의 위반에 대해서는 벌칙의 적용이 있다(동법 제110조). 이 외에 근로계약의 위약예정의 금지(동법 제20조 참조)·전차금 상계의 금지(동법 제21조 참조)·강제저금의 금지(동법 제22조 참조) 등도 근로자의 의사를 구속하는 한 부당한 구속방법으로서 강제근로와 관련하여 문제가 되기도 한다.

---

155) 서울민지판 1979.7.12, 79 가합 373.

(5) 폭행금지

근로기준법 제8조는 "사용자는 사고의 발생이나 그 밖의 어떠한 이유로도 근로자에게 폭행을 하지 못한다."고 규정하고 있다. 이 규정은 강제근로의 금지와 전근대적 규정이라고 볼 수 있다.

(6) 중간착취의 배제

근로기준법 제9조는 "누구든지 법률에 따르지 아니하고는 영리로 다른 사람의 취업에 개입하거나 중간인으로서 이익을 취득하지 못한다."고 규정함으로써 근로자의 취직 시 또는 취직 후에 사용자와 근로자의 중간에 개입하여 중간착취를 하는 것을 금지하고 있다.

여기서 '다른 사람의 취업에 개입하여'라는 것은 근로기준법이 적용되는 근로관계의 개시 및 존속 등에 관여하여 알선 또는 소개행위를 하는 것을 말한다.

근로관계의 성립에 관여하는 것으로는 직업소개·근로자모집·근로자공급의 등의 형태가 있는데 이를 업으로 하여 이익을 취득하면 중간착취가 된다. 동시에 직업안정법의 여러 규정(허가받지 않은 유료직업소개사업의 금지, 겸업 금지, 모집자의 보수수령의 금지, 근로자공급사업의 금지)에도 위반된다.

'이익을 취득'한다는 것은 근로자나 사용자로부터 취득하는 것을 말하고, 그 형태는 수수료·보상금 기타 금전 이외의 재물 등 유형·무형의 것을 가리지 않는다.

이 조항의 위반에 대해서는 벌칙의 적용이 있다(근로기준법 제110조).

위의 개입 또는 중개행위가 법률에 근거하여 행하여지는 경우에는 이 조항의 적용을 받지 않는다(「직업안정법」 제19조).

(7) 공민권행사의 보장

근로기준법 제10조는 "사용자는 근로자가 근로시간 중에 선거권, 그 밖의 공민권 행사 또는 공의 직무를 집행하기 위하여 필요한 시간을 청구하면 거부하지 못한다.

다만, 그 권리 행사나 공의 직무를 수행하는 데에 지장이 없으면 청구한 시간을 변경할 수 있다."고 규정하고 있다. 이것은 근로자가 공민권의 행사 또는 공의 직무집행을 위하여 직장을 떠날 수 있는 것을 보장한 것이며, 사용자에 의한 방해를 금지한 것이다.

Ⅱ. 고용보장과 고용정책

1. 고용보장

(1) 고용보장의 의미

현대사회에서는 실업의 반대의미로 고용이라는 용어가 사용된다. 그런데 고용보장이라는 고용보장법적 의미는 실업뿐만 아니라 개인의 적정한 직업에 대한 결여도 포함한다고 볼 수 있다.[156]

실업과 임의퇴직을 포함하여 '이직'이라고 한다. 그러면 문제가 되는 것이 임의퇴직자에 대해서도 고용보장에 입각하여 소득을 보장해 주고 직업훈련과 같은 고용지원을 해야 할 것이다. 한편 사회보장법은 '실업'이라는 사회적 위험에 대한 문제해결에 관심을 두고 있는 데 비하여 고용보장법은 '적정한 직업 보장'이라는 이념문제까지 확대되고 있다.

따라서 우리의 고용정책기본법이나 「남녀고용평등과 일·가정 양립 지원에 관한 법률」은 고용정책의 선언에만 그치고 있고, 강행규정의 결여로 충분한 고용보장이 이루어지지 못하는 한계점이 있다.

---

156) 박홍규, 「노동법론」, 삼영사, 1995. p.215 이하 참조.

(2) 고용법의 권리주체

고용법의 권리주체는 실업자를 의미하는 것이 아니라 취업근로자를 포함하는 근로자 전체를 의미한다. 현대의 고용문제는 단순히 마찰적 및 경기적 실업에 대해서 사후적이고 개별적인 실업대책만으로는 해결될 수 없는 것이다. 국가가 노동시장 전체를 규제대상으로 하여 경제 및 재정정책과 관련된 적극적인 고용정책이 필요하다. 특히 경영과 기술의 혁신은 보통 산업구조와 취업구조의 변동과 근로자의 직업변동을 초래하게 되는데, 이 과정에서 많은 근로자들이 사용자의 경영전략에 의하여 희생당할 가능성이 많아지고 있다.

이러한 의미에서 고용법의 권리주체는 실업자만이 아니라 적정직업을 추구하는 취업근로자도 포함되어야 할 것이다.

(3) 고용보장의 요건

고용보장은 국가의 의무[157]로 다음과 같은 요건을 제시한다.

① 고용보장의 원칙

사회보장법의 경우 생활위험과 생활 장애의 존재가 보장요건이나, 고용법의 경우에는 근로의 의사와 능력이 보장요건이다. 이것은 고용법이 완전한 기능을 다하기 위해서는 실업급여와 같은 소득보장, 직업훈련과 같은 고용지원이 철저하게 이루어져야 한다.

---

157) 1993년에 고용정책기본법과 고용보험법이 제정되고 직업안정법이 개정되어 고용법의 전면적 개편이 이루어졌으나, 그 내용에는 많은 문제점이 있고, 그 효율적인 시행에 대해서도 우려되는 점이 적지 않다. 또한, 고용정책의 부재로 인하여 대졸자의 실업률은 증가되고 있으며, 임금억제로 인하여 저임금 근로자가 늘어나고 있다. 그리고 정부의 노동단체에 대한 통제로 인하여 근로자의 불만은 더욱 원시적인 분규만을 낳고 있다. 박홍규, 전게서 p.217.

② 고용보장과 근로의 의사

근로의 의사는 구직신청에 의해 추정되어야 하고, 실질적으로 근로의 의사가 결여되어 있음은 행정관청이 입증하여야 한다. 곧 구직신청자에게 근로의 의사가 있음을 구직자에게 입증하도록 요구하여서는 안 된다. 왜냐하면 '적직선택권'을 이념으로 하는 근로의 권리의 보장은 구직자가 납득할 수 없는 직장을 행정관청이 재량으로 강제할 수 없음을 그 내용으로 하기 때문이다. 이로써 행정관청의 구직자에 대한 각종 지원체제를 강화하고 있는 것이다.

③ 고용보장과 근로의 능력

근로의 능력은 인간인 이상 누구에게나 있는 것으로 추정되어야 한다. 따라서 연령이나 성별, 신체조건 등을 이유로 판단해서는 안 된다.

장애자의 경우에도 보호고용시설, 직업훈련, 일반기업의 직장환경 개선 없이 근로능력이 없다고 해서는 안 된다. 마찬가지로 유아를 갖는 여성에 대해서도 기업에 보육시설 등의 설치노력을 요구하지 않고 그 근로능력을 부인해서는 안 된다. 따라서 국가는 근로자들이 근로할 수 있는 작업환경이 개선되도록 노력하여야 할 것이다. 국가정책에 의한 선언이나 구호에만 그쳐서는 안 되며, 적극적인 규정으로 입법되어야 하고, 이것에는 근로자의 구체적인 권리가 포함되어야 할 것이다.

(4) 활력 있는 고용정책

최근 실업이 증가하고 취업애로를 겪고 있는 청년층이 증가하고 있으며, 여성들의 재취업지원과 취업지원이 새로운 고용문제로 등장하고 있다.

취업애로를 겪고 있는 청년들이 노동시장에 진입할 수 있도록 하는 적극적인 노동시장정책을 실시해야 할 것이다.

2007년 말 현재 청년실업률은 7.2%(실업자 수 33만 명)이며, 취업준비생·실망실업자 등 포함하여 취업애로층은 99만 명이며, 취업소요기간은 11개월로 나타나고 있다(노동부 자료).

국가에서는 취업취약 청년층에 대해 보다 더 종합적인 고용서비스를 제공하고 민간고용서비스 기관과 협력하여 적극적인 고용정책이 추진되도록 해야 한다.

한편 일과 가정을 양립할 수 있도록 '여성 일자리'를 확대해야 한다. 우리나라 여성경제활동참가율은 54.8%로 OECD 평균 60.8%보다 낮은 현실이다.

그래서 일·가정을 양립할 수 있는 단시간 근로 등이 확대될 수 있도록 하며, 재택근로 등 새롭게 등장하고 있는 일자리에 대해서도 그 모델을 개발해 나가야 한다. 우리나라 여성 근로자 중 파트타임 비중은 12.3%로 OECD 주요 선진국의 40∼50%에 비해 상당히 낮다는 점을 감안하여, 질병이나 육아 등 특수한 사정으로 인해 시간제 근로를 원할 경우 이를 사용자 측에 요구할 수 있는 제도도 마련되어야 할 것이다.

예를 들면 육아와 학습 등을 위한 '근로시간 단축 청구권' 등의 도입을 검토해야 할 것이다.

2. 고용보장에 관한 국제적 기준

(1) 초기단계의 고용정책

제1차 대전 직후에 전 세계적으로 관심을 가진 분야가 실업문제를 해결하기 위한 것이었고, 이것은 ILO(국제노동기구)를 통하여 구체적으로 선언되었다. 즉 ILO헌장의 전문에서 '노동력공급의 조정, 실업의 방지'를 중요목표로 선정하였고, 1919년의 제1회 총회에서 '실업에 대한 예방과 구제의 건'이 의제로 대두되어, 제2호 실업 조약 및 제1호 실업 권고가 채택되었다.[158]

---

158) ILO 제2호 조약과 제1호 권고의 내용은 다음과 같다.
　　제2호 조약 제1조는 실업에 관한 일체의 정보를 국제노동사무국에 통보할 것을 요구하며, 제2조는 중앙관청의 관리하에 있는 공공의 무료 직업소개소제도를 설치하고, 그 경영자문위원을 노사대표의 참가하에 임명하여야 하며, 또한 공사의 무료 직업소개소가 병존하는 경우에는 그것들을 국가의 규모에서 조정하는 조치를 취할 것을 정하고 있다.

(2) 고용보장정책의 세 가지 방향

위의 조약과 권고가 채택된 이후 ILO의 고용보장정책은 다음 세 가지 방향으로 전개되었다.

① 직업지도와 직업소개

고용보장을 강화하기 위한 첫 번째 조건이, 직업지도와 직업소개에 관한 것이다. 그래서 구직자와 구인자의 연결을 종합네트워크를 통하여 이루어질 수 있도록 해야 하는 것이다.

② 실업보상

실업보상은 비자발적인 실업자에게 일정한 급부 또는 수당을 보장한다는 것이다. 우리나라에서는 1993년 고용보험법의 제정으로 실업급여를 실시하고 있다.

③ 공공사업

각국이 가능한 한 실업이 다수 발생하는 시기에 공공사업을 행하여야 한다고 규정하고 있다. 실업이 발생했을 때 국가의 공공사업에 의해서 해결해야 한다는 것인데 노동력 수요의 변동을 가능한 한 완화하기 위해서 공공사업의 시기도 적절하게 조정하도록 규정하고 있다. 그래서 국가가 적극적인 고용정책을 실시하여 실업자를 구제하도록 하고 있다.

한편 제1호 권고는 유료 또는 영리 목적의 직업소개소 설립을 금지하는 조치를 취하고, 어떤 나라에서 사용하기 위한 타국의 근로자 모집을 허가제로 할 것, 그리고 유효한 실업보험제도를 설치하고 국가기관의 경영에 관한 일체의 사업 실시에 대하여 실업의 시기와 실업에 의해 가장 영향을 심각하게 받는 지방을 위하여 최대한으로 사업을 유보하여야 할 것 등을 권고하고 있다.

(3) 현재의 고용보장정책

① 완전고용 달성

1944년의 필라델피아선언은 '완전고용'을 목표로 하고 있으며, 이 목표 달성을 위하여 직업지도와 직업소개를 강화한다는 것이다.[159]

② 적극적 고용정책 실시

세계경제가 고도로 성장하는 시기에는 산업구조와 노동시장이 크게 변동하므로 이에 대한 노동력의 육성과 확보, 노동력에 대한 합리적인 평가, 노동력을 재배치하는 등 국가가 적극적인 고용정책을 실시해야 할 것이다.[160]

③ 고령자·여성 등에 대한 배려

세계경제가 고도로 발달하는 성장기에는 언제나 성장에 대한 그늘이 있게 마련인데 이것이 '빈곤'과 '기아' 문제다. 그래서 국제적으로 국제인권규약이 채택(1966년)됨과 동시에 청년근로자, 여성 근로자, 고령자, 장애자, 외국인근로자 등과 같이 약한 입장에 있는 자에 대한 배려가 있어야 할 것이다.[161]

---

159) 이와 관련된 조약에는 1948년의 제88호 '직업안정조직의 구성에 관한 조약', 1952년의 제102호 사회보장 최저기준조약, 1944년의 제73호 '공공사업의 국가적 계획에 관한 권고' 등이 있다.
160) 이와 관련된 조약에는 1958년의 제111호 '고용 및 직업상의 차별대우에 관한 조약'과 제112호 동 권고, 1962년의 제117호 직업훈련 권고, 1963년의 제119호 '사용자의 발의에 의한 고용의 종료에 관한 권고', 그리고 고용정책의 기본원칙을 정한 1964년의 제122호 고용정책 조약과 제122호 등 권고 등이 있었다.
161) 이와 관련한 조약에는 1981년의 제156호 '남녀근로자의 기회균등과 평등대우에 관한 조약', 1975년의 제142호 '인적자원의 개발에 있어서의 직업지도 및 직업훈련에 관한 조약', 1981년의 제158호 '사용자의 발의에 의한 고용의 종료에 관한 조약', 1984년의 제169호 '고용정책 권고' 등이 있다.

3. 우리나라의 고용정책기본법

고용정책기본법은 노동력정책의 기본방침을 밝히면서 직업안정법, 직업훈련기본법, 고령자고용촉진법, 고용보험법 등의 고용법령 등의 개별법에 공통된 사항을 규정하는 고용법의 기본법이다.

(1) 고용정책기본법의 목적

「고용정책기본법」은 최근 개정을 통해, 취업기회의 균등한 보장을 위하여 국가고용정책에 관한 기본방향을 규율하는 기본법적인 성격을 지니고 있는 이 법에서 근로자의 모집·채용 시 차별 금지 사유로 신체조건을 추가하였다. 또한 실업대책사업 재원 마련을 위하여 인정되는 근로복지공단의 채권발행 근거조항은 향후 기관 운영의 부실 및 방만 경영의 단초를 제공할 우려가 있으므로 이를 삭제하고 있다(일부개정 2007.12.27. 법률 제8813호).

고용정책기본법의 목표는 "국가가 고용에 관한 정책을 종합적으로 수립·시행함으로써 국민 개개인이 그 능력을 최대한 개발하여 발휘할 수 있도록 하고, 노동시장의 효율성 향상과 인력 수급의 균형을 도모하여 고용의 안정, 근로자의 경제적·사회적 지위의 향상 및 국민경제와 사회의 균형 있는 발전에 이바지함"에 있다(동법 제1조, 전문개정 2007.12.27.).

(2) 고용보장에 관한 국가의 시책

국가는 제1조의 목적을 달성하기 위하여 국가종합정책을 실시하도록 하고 있다. 즉 ① 국민 각자의 능력과 적성에 알맞은 직업에의 취업, 산업에 필요한 인력의 확보를 지원하기 위한 직업소개, 직업지도, 고용정보의 수집·제공에 관한 사항, ② 근로자의 직업능력을 개발하고 향상시키며 산업에 필요한 숙련된 인력을 양성하고 확보하기 위한 직업능력 개발훈련 및 기술자격 검정에 관한 사항, ③ 근로자의 실업의 예방, 고용의 촉진, 고용기회의 확대 및 사업주의 일자리 창출, 고용조정, 인력의 확보 지원, 그 밖에 고용안정에 관한 사항, ④ 인력 부족의 예방과 노동시장의 통상적인 조건에서 취업이 특히 곤란한 자의 취업을 촉진하기 위한 근로자의 직업전환, 지역 간의 이동 및 직장에의 적응 등의 지원에 관한 사항, ⑤ 근로자의 직업능력을 개발하고 발휘시키며 근로자의 능력을 효율적으로 활용하기 위한 기업의 고용관리 개선 및 고용평등 증진 등의 지원·촉진에 관한 사항, ⑥ 주거를 옮겨 취업하는 근로자 등을 위한 숙소, 그 밖에 근로자의 고용촉진 및 고용안정에 필요한 시설의 설치나 그 지원에 관한 사항, ⑦ 고용보험과 그 밖에 고용안정과 직업능력 개발 등에 관한 사항(동법 제4조제1항).

이때 국가는 시책을 수립·시행할 때에 경제·사회의 균형 있는 발전, 기업경영기반의 개선, 국토의 균형 있는 개발 등의 시책을 종합적으로 고려하고, 고용기회를 늘리고 지역 간 불균형을 시정하며 중소기업에 대한 우대 등을 할 수 있도록 하여야 하며, 차별적 고용관행 등 근로자가 능력을 발휘하는 데에 장애가 되는 고용관행을 개선하도록 노력하여야 한다.

그리고 지방자치단체는 수립된 국가의 시책에 따라 지역 노동시장의 특성을 고려하여 근로자의 고용촉진과 고용안정 등에 관한 시책을 강구하도록 노력하도록 하고 있다.

(3) 고용정책 기본계획의 수립과 시행

① 기본계획의 수립

노동부장관은 관계 중앙행정기관의 장과 협의하여 고용정책에 관한 중·장기 기본계획(이하 '기본계획'이라 한다)을 수립·시행하여야 하는데, 이 기본계획에는 ① 인력의 수요와 공급에 영향을 미치는 경제·산업·교육 또는 인구정책 등의 동향에 관한 사항, ② 고용 동향과 인력 수급의 전망에 관한 사항, ③ 제4조제1항 각 호의 시책에 기본이 되는 사항, ④ 그 밖에 고용에 관련된 주요 시책에 관한 사항 등이 포함되어야 한다(동법 제5조 제1항 및 제2항).

② 고용정책심의회

고용에 관한 주요 사항을 심의·조정하도록 하기 위하여 노동부에 고용정책심의회를 두고, 특별시·광역시·도 및 특별자치도에 지방고용심의회를 둔다(동법 제6조 제1항). 이때 정책심의회는 위원장 1명을 포함한 30명 이내의 위원으로 구성하고, 위원장은 노동부장관이 되며, 위원은 근로자와 사업주를 대표하는 자, 고용문제에 관하여 학식과 경험이 풍부한 자 중에서 노동부장관이 위촉하는 자와 대통령령으로 정하는 관계 중앙행정기관의 차관이 되도록 하고 있다(동 조 제3항).

③ 고용안정기관

지역별로 직업안정기관의 설치를 하는 것을 국가의 의무로 하고 있다(고용정책기본법 제7조). 이 직업안정기관은 직업안정법상의 공공 직업소개 및 직업지도(직업안정법 제2장), 고용보험법상의 실업인정기관(고용보험법 제33조 이하) 등의 기능을 한다.

④ 고용정보 등의 수집과 제공

고용정책기본법은 고용정보 등의 수집과 제공을 위하여 구인자 및 구직자에 대한 정보의 수집 및 제공(제8조), 직업에 관한 조사와 연구(제9조), 노동력 수급동향 등을 작성(제10조)하여야 하는데, 이것을 노동부장관의 의무로 규정하고 있다.

⑤ 직업능력의 개발 등

국가는 직업능력의 개발 등을 위하여 직업능력 개발체제의 확립(동법 제11조), 학생 등에 대한 직업지도(제12조), 직업능력 개발의 지원(제13조), 직업능력 평가제도의 개선(14조) 등을 하여야 한다.

⑥ 근로자 등의 고용촉진의 지원

국가는 고용촉진을 지원하기 위하여 구직자에 대한 지도(제15조), 고령자 등의 고용촉진의 지원(제16조), 여성의 고용촉진의 지원(제17조), 청소년의 고용촉진의 지원(제18조), 취업기회의 균등한 보장(제19조), 고용촉진훈련의 실시(제20조), 고용촉진시설의 설치와 운영(제21조)을 하여야 한다.

여기에서 여성의 고용촉진과 관련하여 "국가는 고용에 있어서 남녀의 균등한 기회 및 대우의 확보와 직업에의 적응을 용이하게 하기 위한 직업능력의 개발·향상과 복지시설의 확충 등을 통하여 여성의 취업기회의 확대에 노력하여야 한다."(동법 제17조 제1항)고 한다.

또 남녀의 고용평등과 여성의 취업기회의 확대에 관하여 필요한 사항은 법률로 정하도록 하고 있다.

⑦ 사업주의 인력확보의 지원

사업주가 인력을 확보할 수 있도록 구인자에 대한 지원(제22조), 기업의 고용관리에 대한 지원(제23조), 중소기업의 노동력 확보의 지원계획의 수립과 지원(제24조 및 제25조)을 규정하고 있다.

⑧ 고용조정지원 및 고용안정대책

고용조정지원 및 고용안정대책으로서 사업주의 고용조정의 지원(제26조), 대량고용변동의 신고 등(제27조, 위반 시 제32조의 벌칙이 있음), 실업대책의 수립과 시행(제28조), 관계기관의 협력(제29조), 사업주의 보고의무(제30조, 위반 시 제32조에 의한 벌칙이 있음) 등을 규정하고 있다.

(4) 국가의 고용지원과 서비스 체계

고용지원과 서비스 체계를 살펴보면, 국가(고용지원센터), 지자체(취업정보센터), 유관기관(NGO, 학교 등), 민간고용서비스 기관 등이 있다. 그런데 이들 각 기관이 각기 고유의 영역에서 고용서비스를 제공하는 것과 병행하여 이들 기관이 유기적으로 연결될 수 있는 '고용지원망'이 체계적으로 구축되어야 할 것이다.

또한 취업을 지원하는 민간위탁을 확대하고, 직업교육과 훈련을 지원할 수 있도록 여러 기관과 연계할 필요가 있다. 그리고 취업지원 프로그램 보급 등을 통해 민간고용서비스 시장을 육성하는 한편, 지역 차원에서는 워크넷(지역별 고용지원센터)과 대학, 지자체, 협력센터, 훈련기관을 온라인으로 연결하는 체제가 이루어져야 한다.

Ⅲ. 남녀고용평등과 일·가정 양립 지원

1. 고용차별의 원인과 고용평등의 필요성

(1) 고용차별의 원인

여성들이 우리 노동시장에서 느끼는 성차별은 매우 심각하다.

저임금, 고용조정, 임시고용 등 고용형태의 다양화 등으로 인하여 노동시장에서 여성의 고용차별은 관행적으로 또는 묵시적으로 행해져 왔다. 이러한 성차별적 관행을 여성운동을 통하여 '기회의 평등'으로, 그리고 '결과의 평등'으로 그 성차별을 시정하려고 노력하였다.

그러나 남성중심의 직장분위기는 실질적인 남녀평등을 실현하는 데 많은 한계가 있었다.

여성들은 취업을 하는 데 있어서 여러 가지 장애가 존재하고 있는 것이 사실이다. 대외적으로 국제경쟁력을 높이려는 변화 속에서 노동력의 설감을 추구하기 위하여 여성들의 '희생'이 강요되었고, 그중에서도 노동시장에 진출하려는 고학력, 사무직 여성들의 고통이 많았다.

뿐만 아니라, 노동시장에서는 사무직·생산직·남성·여성 간의 신분을 현저하게 구분하여 생산직과 여성 근로자의 근로의욕을 꺾고 있으며, 그렇게 됨으로써 조직 내에서 갈등이 심화되고 있다.

더구나 전문대졸 또는 대졸 여학생들이 취업을 하려고 할 때 취업률이 낮고, 최근에는 단지 여성이라는 이유로 취업 시 면접시험에서 탈락되는 경우가 많다. 최근 확산되고 있는 인턴사원제 등 고용형태의 변화와 함께 기업에서 일류대 남학생을 '입도선매'하는 경우가 많이 있어 여성은 갈수록 취업에 어려움을 겪고 있다.

더군다나 어렵게 취업경쟁의 관문을 통과한 여성들은 직장에서 심한 성차별을 경험하게 되는 경우가 많은데, 이것은 이윤을 추구하는 기업의 입장에서 그동안 지속되어 온 노동현장의 현실적인 상황을 도외시할 수 없는 것도 큰 원인일 것이다.

기업에서 취업 여성들을 평가할 때는 직장에서 비연속적 노동이 될 것이라고 예측한다. 즉 취업 여성들에게 교육과 각종 직업훈련 등에 대한 투자가 많이 이루어지고 있으나, 상대적으로 투자에 대한 효율은 낮고 오히려 출산·육아들의 부담으로 기업의 이익에 부합하지 않다는 것이다.

이러한 시각은 일반인들 사이에서도 마찬가지다. 여성 근로자들은 어려운 일을 기피하는 경향이 있고, 야근이나 특근 시 여성이 맡은 임무를 제대로 수행하지 못하는 경우가 많고 남성과 같은 부서에 배치되어 동일한 업무를 수행함에 있어서도 업무성취도의 차이가 많다고 생각한다. 게다가 여성들은 출근하여 직장의 일에 매달리기보다는 가정의 크고 작은 일을 챙기며, 조기 퇴직하는 경우가 많다는 것이다. 이러한 여성에 대한 비판적이고 부정적인 편견은 고용차별을 불러오는 커다란 원인으로 작용한다.

(2) 고용평등의 필요성

여성의 고용에 있어서의 패러다임의 변화가 요청되고 있다. 여성에 대한 소극적 보호개념에서 탈피하여 적극적 의미에서 고용평등의 실천이 필요한 시점이 되었다. 그리하여 고용평등의 실현을 위한 법 제도적 기반 구축이 구축되고 있다.

예를 들면 정부에서는 '적극적 고용개선조치'로 고용상 기회균등 촉진, 고용촉진을 위한 모성보호사업 활성화, 일·가정 양립지원을 위한 법적 기반 구축 등이 제시되고 있는바, 여성이 경제활동에 참여할 수 있는 기회를 촉진하기 위하여 법과 제도가 변화해야 하며, 고용평등이 아직 미약한 사업장에 대해서는 고용평등 관련 정책의 이행실태를 지도·점검하는 등 여성 친화적 직장문화가 되도록 해야 할 것이다.

(3) 남녀고용평등정책의 변화

남녀고용평등정책이 1953년 근로기준법의 제정과 함께 변화되고 발달되어 왔다고 볼 수 있는데, 이를 시기별로 나누어 정리하면 다음과 같다(노동부 자료 참고).

① 특별보호기(1953~1960년대)

1953년 근로기준법 제정과 함께 신체적·생리적 특성에 대한 보호와 여성보호 제도 도입과 함께 여성을 특별히 보호했던 시기라고 볼 수 있으며, 주로 산업화 초기에 해당하는 시기로서 특별학급, 기숙사 설치 등 특별보호에 치중하였다.

② 복지수혜기(1970~1980년대 중반)

경제발전에 따른 인력부족으로 여성인력의 필요성이 증대하여 여성 근로자의 인격권과 육아지원 문제가 크게 나타나게 된 시기라고 볼 수 있다.

시혜적 모성보호 등 여성고용의 기반이 마련되고 남녀고용평등법이 제정(1987년)되어 남녀차별 해소에 역점을 두었다고 볼 수 있다.

③ 평등기반 구축기(1987~2000년)

남녀고용평등법의 3차례 개정으로 고용평등의 제도적 기반이 마련되고 여성실업대책을 적시에 추진하였으나, 실질적 평등 구현에는 미흡했던 시기로서, 여성고용 확대를 위한 제도가 정비되는 시기라고 볼 수 있다.

④ 고용평등 실현기(2001~)

남녀고용평등법, 근로기준법, 고용보험법 개정으로 21세기 지식정보화 사회에 필요한 여성이 능력을 발휘할 수 있는 제도적 기반을 마련했다고 볼 수 있다.

주로 이 시기에는 산전·후 휴가 확대 등 모성보호 수준의 확대와 그 비용의 사회화, 법 적용이 1인 이상 사업장으로 확대, 여성보호조항의 폐지 등이 이루어졌으며, 여성의 경제활동 참여가 비교적 증가하였다고 볼 수 있다.

⑤ 고용평등 정착 및 일·가정 양립지원 구축기(2008~)

모성보호 부담의 전면 사회화, 적극적 고용개선조치, 양질의 단시간 근로개발 등을 위한 재정조세정책 마련 등 '일·가정 양립' 지원이 정착되고 있는 시기라고 볼 수 있다.

2. 남녀고용평등과 일·가정 양립 지원에 관한 법률의 내용

(1) 목적과 이념

「남녀고용평등과 일·가정 양립 지원에 관한 법률」은 「대한민국헌법」의 평등이념에 따라 고용에서 남녀의 평등한 기회와 대우를 보장하고 모성보호와 여성 고용을 촉진하여 남녀고용평등을 실현함과 아울러 근로자의 일과 가정의 양립을 지원함으로써 모든 국민의 삶의 질 향상에 이바지하는 것을 목적으로 한다(전문개정 2007.12.21.).

종래 '일 중심'이라는 사고에서 최근에는 '가정과의 균형'을 중시하는 풍조가 확산되고 근로자들의 의식도 크게 변화하고 있다. 그래서 이에 대응하고 저출산·고령화 시대에 여성인력의 경제활동 참여를 늘리기 위하여 일·가정의 양립을 위한 정책을 강화할 필요가 있게 되었다. 이에 따라 법제명을 「남녀고용평등법」에서 「남녀고용평등과 일·가정 양립 지원에 관한 법률」로 변경하고, '일과 가정' 생활을 양립할 수 있는 내용을 크게 강화하게 되었다.

이 법은 근로기준법상의 차별대우금지규정에 비하여 이미 고용된 근로자는 물론, 모집·채용에서부터 근로관계 전체에 걸친 차별 금지를 구체적으로 규정하고 있다. 만일 「남녀고용평등과 일·가정 양립 지원에 관한 법률」 위반행위에 대해서는 '처벌'이 가해지며 강행법규 위반으로 '무효'가 된다.

(2) 국가와 사용자 등의 책무

① 정책의 수립

국가와 지방자치단체는 이 법의 목적을 실현하기 위하여 국민의 관심과 이해를 증진시키고 여성의 직업능력 개발 및 고용 촉진을 지원하여야 하며, 남녀고용평등의 실현에 방해가 되는 모든 요인을 없애기 위하여 필요한 노력을 하여야 한다(동법 제4조제1항).

그래서 구체적으로 노동부장관은 남녀고용평등과 일·가정의 양립을 실현하기 위하여 다음 정책을 수립·시행하도록 하고 있다(동법 제6조제1항).

(가) 남녀고용평등 의식 확산을 위한 홍보

(나) 남녀고용평등 우수기업(제17조의4에 따른 적극적 고용개선조치 우수기업을 포함한다)의 선정 및 행정적·재정적 지원

(다) 남녀고용평등 강조 기간의 설정·추진

(라) 남녀차별 개선과 여성취업 확대를 위한 조사·연구

(마) 모성보호와 일·가정 양립을 위한 제도 개선 및 행정적·재정적 지원

(바) 그 밖에 남녀고용평등의 실현과 일·가정의 양립을 지원하기 위하여 필요한 사항

② 기본계획 수립

노동부장관은 남녀고용평등 실현과 일·가정의 양립에 관한 기본계획을 수립하여야 하며(동법 제6조의2 제1항), 이 기본계획에는 다음 사항이 포함되어야 한다.

(가) 여성취업의 촉진에 관한 사항

(나) 남녀의 평등한 기회 보장 및 대우에 관한 사항

(다) 동일 가치 노동에 대한 동일 임금 지급의 정착에 관한 사항

(라) 여성의 직업능력 개발에 관한 사항

(마) 여성 근로자의 모성보호에 관한 사항

(바) 일·가정의 양립 지원에 관한 사항

(자) 여성 근로자를 위한 복지시설의 설치 및 운영에 관한 사항

(차) 그 밖에 남녀고용평등의 실현과 일·가정의 양립 지원을 위하여 노동부장관이 필요하다고 인정하는 사항

[본조 신설 2007.12.21.]

③ 근로자 및 사업주의 책무

근로자와 사업주에 대해서 서로 노력해야 함을 강조하고 있는데, 이를 살펴보면 다음과 같다.

근로자는 상호 이해를 바탕으로 남녀가 동등하게 존중받는 직장문화를 조성하기 위하여 노력하여야 한다(동법 제5조제1항). 사업주 역시도 해당 사업장의 남녀고용평등의 실현에 방해가 되는 관행과 제도를 개선하여 남녀근로자가 동등한 여건에서 자신의 능력을 발휘할 수 있는 근로환경을 조성하기 위하여 노력하여야 한다.

또한 사업주는 일·가정의 양립을 방해하는 사업장 내의 관행과 제도를 개선하고 일·가정의 양립을 지원할 수 있는 근무환경을 조성하기 위하여 노력하여야 한다(동법 제5조제2항 및 제3항).

(3) 사업주의 차별 금지

「남녀고용평등과 일·가정 양립 지원에 관한 법률」은 근로기준법상 남녀차별 금지를 구체화하여 임금, 정년·해고·퇴직, 생활보조금 및 교육·배치·승진의 차별 등 여러 분야에 걸쳐 '여성인 것을 이유로 남성과 차별대우'하는 것을 금지하고 있다.

① 차별의 정의

'차별'이란 사업주가 근로자에게 성별, 혼인, 가족 안에서의 지위, 임신 또는 출산 등의 사유로 합리적인 이유 없이 채용 또는 근로의 조건을 다르게 하거나 그 밖의 불리한 조치를 하는 경우(사업주가 채용조건이나 근로조건은 동일하게 적용하더라도 그 조건을 충족할 수 있는 남성 또는 여성이 다른 한 성에 비하여 현저히 적고

그에 따라 특정 성에게 불리한 결과를 초래하며 그 조건이 정당한 것임을 증명할 수 없는 경우를 포함한다)를 말한다(동법 제2조제1호).

다만, 다음 어느 하나에 해당하는 경우는 제외한다.

(가) 직무의 성격에 비추어 특정 성이 불가피하게 요구되는 경우

(나) 여성 근로자의 임신·출산·수유 등 모성보호를 위한 조치를 하는 경우

(다) 그 밖에 이 법 또는 다른 법률에 따라 적극적 고용개선조치를 하는 경우

② 차별 금지의 구체적 내용

(가) 모집과 채용에 있어서 차별 금지

자본주의 사회에서는 당사자 쌍방에게 계약 체결의 자유가 있고 이를 사용자 측면에서 보면 '채용의 자유'로 된다. 그리고 노사관계의 전개 및 종료에 있어서는 사용자의 계약의 자유가 노동법상 인정되어 왔다. 즉 채용의 자유가 기본적으로 유지되어 왔다. 그러나 채용의 자유에 대해서도 법률에 의한 제한이 점차 증가하고 있다.

사용자는 남녀근로자를 채용함에 있어서 어떤 자질을 가진 근로자를 채용할 것인가를 결정할 자유(선발의 자유)를 가진다. 채용기준으로서는 가족관계·자격·학력·연령·경험·키·성격·결혼 여부·건강·용모 등 여러 가지 조건 중에서 어느 것을 중시할 것인가는 원칙적으로 사용자의 자유인 것이다. 그러나 용모·키·체중 등의 신체적 조건, 미혼 조건 등에 있어서의 차별을 명시적으로 금지(동법 제7조 제2항)하고, 사업주의 이러한 '선발의 자유'를 제한하고 있다.

(나) 임금에서의 차별 금지

사업주는 동일 가치 노동에 대해서는 동일한 임금을 지급하여야 한다. 여기서 동일 가치 노동의 기준은 직무 수행에서 요구되는 기술, 노력, 책임 및 작업 조건 등으로 하고, 사업주가 그 기준을 정할 때에는 노사협의회의 근로자를 대표하는 위원의 의견을 들어야 한다(동법 제8조).

남녀동일임금의 원칙에 위반하여 남녀 간의 임금을 차별하는 전형적 형태로서는 남녀별 임금표를 설정하는 것, 여성에 대한 연공급의 삭감, 주택수당·가족수당 등

의 지급을 남성으로 한정하는 것, 남성은 월급제로 하는 데 대하여 여성은 일급제로 하는 것 등이 있다.[162]

차별은 반드시 불이익한 대우로 한정하는 것은 아니므로 여성을 임금에 관하여 남성보다 유리하게 취급하는 것(예를 들어, 여성의 조기퇴직에 대한 퇴직금의 우대조치)도 차별대우에 해당한다.

(다) 임금 외의 금품 등에서의 차별 금지

사업주는 임금 외에 근로자의 생활을 보조하기 위한 금품의 지급 또는 자금의 융자 등 복리후생에서 남녀를 차별하여서는 아니 된다(동법 제9조).

(라) 교육·배치 및 승진에서의 차별 금지

사업주는 근로자의 교육·배치 및 승진에서 남녀를 차별하여서는 아니 된다(동법 제10조).

(마) 정년·퇴직 및 해고에서의 차별 금지

사업주는 근로자의 정년·퇴직 및 해고에서 남녀를 차별하여서는 아니 된다. 또한 사업주는 여성 근로자의 혼인, 임신 또는 출산을 퇴직 사유로 예정하는 근로계약을 체결하여서는 아니 된다(동법 제11조).

이것은 여성조기정년제나 결혼퇴직제 등 악습을 제거하려는 것이다. 여성전문직종인 전화교환직종에 대하여 특별히 낮은 정년을 정하는 것,[163] 같은 부서의 근로자가 남녀에 따라 시력감퇴의 정도에 차이가 있다는 근거로 단체협약 등에서 남녀의 정년을 달리 정한 것[164]은 본조에 반한다.

(4) 여성의 직업능력 개발 및 고용 촉진

① 직업 지도

「직업안정법」에 따른 직업안정기관은 여성이 적성, 능력, 경력 및 기능의 정도에 따라 직업을 선택하고, 직업에 적응하는 것을 쉽게 하기 위하여 고용정보와 직업에

---

162) 임종률, 전게서, p.333 참조.
163) 대판 1988.12.27, 85 다카 657.
164) 대판 1993.4.9, 92 누 15765.

관한 조사·연구 자료를 제공하는 등 직업 지도에 필요한 조치를 하여야 한다(동법 제15조).

② 직업능력 개발
국가, 지방자치단체 및 사업주는 여성의 직업능력 개발 및 향상을 위하여 모든 직업능력 개발 훈련에서 남녀에게 평등한 기회를 보장하여야 한다(동법 제16조).

③ 여성 고용 촉진
노동부장관은 여성의 고용 촉진을 위한 시설을 설치·운영하는 비영리법인과 단체에 대하여 필요한 비용의 전부 또는 일부를 지원할 수 있다. 또한 여성의 고용촉진을 위한 사업을 실시하는 사업주 또는 여성휴게실과 수유시설을 설치하는 등 사업장 내의 고용환경을 개선하고자 하는 사업주에게 필요한 비용의 전부 또는 일부를 지원할 수 있도록 하고 있다(동법 제17조).

④ 경력단절 여성의 능력개발과 고용촉진 지원
노동부장관은 임신·출산·육아 등의 이유로 직장을 그만두었으나 재취업할 의사가 있는 경력단절 여성(이하 '경력단절 여성'이라 한다)을 위하여 취업유망 직종을 선정하고, 특화된 훈련과 고용촉진프로그램을 개발하여야 한다. 그리고 노동부장관은 「직업안정법」 제4조에 따른 직업안정기관을 통하여 경력단절 여성에게 직업정보, 직업훈련정보 등을 제공하고 전문화된 직업지도, 직업상담 등의 서비스를 제공하여야 한다(동법 제17조의2).

(5) 적극적 고용개선조치

① 적극적 고용개선조치 시행계획의 수립·제출
「남녀고용평등과 일·가정 양립 지원에 관한 법률」은 여성 근로자에 대한 적극적인 고용으로 개선조치에 대한 내용을 신설하여, 여성의 고용정책에 대해 관여하고

있다.

적극적 고용개선조치는 동종산업 내 타 기업과 비교하여 여성고용이 미흡한 기업에 개선계획을 수립하도록 하는 제도라고 볼 수 있다.

즉 노동부장관은 일정 규모 이상의 사업주로서 고용하고 있는 직종별 여성 근로자의 비율이 산업별·규모별로 노동부령이 정하는 고용기준에 미달하는 사업주에 대해서는 차별적 고용관행 및 제도 개선을 위한 적극적 고용개선조치 시행계획(이하 '시행계획'이라 한다)을 수립하여 제출할 것을 요구할 수 있도록 하고 있다(동법 제17조의2).

시행계획을 제출하여야 하는 곳은 대통령령이 정하는 공공기관·단체의 장, 대통령령이 정하는 규모 이상의 근로자를 고용하는 사업의 사업주를 말하며, 제출의무 기업은 정부투자기관 및 정부산하기관, 상시근로자 1,000인 이상 고용사업체가 해당된다.

② 이행실적의 평가 및 지원

여성의 고용을 늘리기 위한 노력은 기업과 정부가 함께 해야 한다. 그중에서도 기업이 남녀고용평등을 자율적으로 실천하는 것이 중요하다.

그래서 노동부장관은 이를 평가하여 그 결과 이행실적이 우수한 기업(이하 '적극적 고용개선조치 우수기업'이라 한다)에 대하여 표창을 할 수 있도록 하였으며, 정책적으로도 기업이 남녀고용평등계획을 자율적으로 수립하여 이행하면, 정부는 이를 평가하여 세제감면 등에 대한 혜택을 주고 있다.

③ 적극적 고용개선조치에 관한 협조

노동부장관은 적극적 고용개선조치의 효율적 시행을 위하여 필요하다고 인정하는 경우에는 관계 행정기관의 장에게 차별의 시정 또는 예방을 위하여 필요한 조치를 취하여 줄 것을 요청할 수 있다. 이 경우 관계 행정기관의 장은 특별한 사유가 없는 한 이에 응하여야 한다(동법 제17조의5).

④ 적극적 고용개선위원회

적극적 고용개선조치에 관한 중요 사항을 심의하기 위하여 노동부장관 소속하에 적극적 고용개선위원회(이하 '위원회'라 한다)를 둔다(동법 제17조의6 제1항).

위원회는 여성 근로자 고용기준에 관한 사항, 시행계획의 심사에 관한 사항, 적극적 고용개선조치 이행실적의 평가에 관한 사항, 적극적 고용개선조치 우수기업의 표창 및 지원에 관한 사항, 그 밖에 적극적 고용개선조치에 관하여 노동부장관이 부의하는 사항을 심의하도록 하고 있다.

이 위원회는 위원장을 포함하여 10인 이내의 위원으로 구성하는데, 위원장은 노동부차관이 된다. 그리고 위원은 근로자를 대표하는 자, 사업주를 대표하는 자, 여성을 대표하는 자 및 공익을 대표하는 자로 구성하고 노동부장관이 위촉 또는 임명한다. 이 경우 공익을 대표하는 위원은 고용평등에 관한 학식과 경험이 풍부한 자와 관계 중앙행정기관의 3급 이상 공무원 중에서 위촉 또는 임명한다.

⑤ 적극적 고용개선조치의 조사·연구

노동부장관은 적극적 고용개선조치에 관한 업무를 효율적으로 수행하기 위하여 조사·연구·교육·홍보 등의 사업을 실시할 수 있다(동법 제17조의7).

적극적 고용개선조치가 빨리 정착되기 위해서는 사업주의 인식 개선과 참여가 가장 중요하다고 볼 수 있다.

(6) 모성보호

① 산전·후 휴가에 대한 지원

국가는 「근로기준법」 제74조에 따른 산전·후 휴가 또는 유산·사산 휴가를 사용한 근로자 중 일정한 요건에 해당하는 자에게 그 휴가기간에 대하여 통상임금에 상당하는 금액(이하 '산전·후 휴가급여 등'이라 한다)을 지급할 수 있다.

이에 따라 지급된 산전·후 휴가급여 등은 그 금액의 한도에서 사업주가 지급한 것으로 보도록 하였으며, 산전·후 휴가급여 등을 지급하기 위하여 필요한 비용은 재정이나 「사회보장기본법」에 따른 사회보험에서 분담할 수 있도록 하였다(동법 제18조).

② 배우자 출산휴가

사업주는 근로자가 배우자의 출산을 이유로 휴가를 청구하는 경우에 3일의 휴가를 주어야 한다. 이 휴가는 근로자의 배우자가 출산한 날부터 30일이 지나면 청구할 수 없다(동법 제18조의2).

(7) 일·가정의 양립 지원

① 육아휴직

사업주는 생후 3년 미만 된 영유아(유아)가 있는 근로자가 그 영유아의 양육을 위하여 휴직(이하 '육아휴직'이라 한다)을 신청하는 경우에 이를 허용하여야 한다. 다만, 대통령령으로 정하는 경우에는 그러하지 아니하다.

육아휴직의 기간은 1년 이내로 하며, 사업주는 육아휴직을 이유로 해고나 그 밖의 불리한 처우를 하여서는 아니 되며, 육아휴직 기간에는 그 근로자를 해고하지 못한다. 다만, 사업을 계속할 수 없는 경우에는 그러하지 아니하다.

그리고 사업주는 육아휴직을 마친 후에는 휴직 전과 같은 업무 또는 같은 수준의 임금을 지급하는 직무에 복귀시키도록 하고 있다(동법 제19조).

② 육아기 근로시간 단축

사업주는 육아휴직을 신청할 수 있는 근로자가 육아휴직 대신 근로시간의 단축(이하 '육아기 근로시간 단축'이라 한다)을 신청하는 경우에 이를 허용할 수 있다.

사업주가 육아기 근로시간 단축을 허용하지 아니하는 경우에는 해당 근로자에게 그 사유를 서면으로 통보하고 육아휴직을 사용하게 하거나 그 밖의 조치를 통하여 지원할 수 있는지를 해당 근로자와 협의하여야 한다.

사업주가 해당 근로자에게 육아기 근로시간 단축을 허용하는 경우 단축 후 근로시간은 주당 15시간 이상이어야 하고 30시간을 넘어서는 아니 된다.

육아기 근로시간 단축의 기간은 1년 이내로 한다(동법 제19조의2).

③ 육아기 근로시간 단축 중 근로조건 등

사업주는 육아기 근로시간 단축을 하고 있는 근로자에 대하여 근로시간에 비례하여 적용하는 경우 외에는 육아기 근로시간 단축을 이유로 그 근로조건을 불리하게 하여서는 아니 된다.

또한 육아기 근로시간 단축을 한 근로자의 근로조건(육아기 근로시간 단축 후 근로시간을 포함한다)은 사업주와 그 근로자 간에 서면으로 정하도록 하고 있다(동법 제19조의3).

(8) 분쟁의 예방과 해결

① 상담지원

노동부장관은 차별, 직장 내 성희롱, 모성보호 및 일·가정 양립 등에 관한 상담을 실시하는 민간단체에 필요한 비용의 일부를 예산의 범위에서 지원할 수 있다.

② 명예고용평등감독관

노동부장관은 사업장의 남녀고용평등 이행을 촉진하기 위하여 그 사업장 소속 근로자 중 노사가 추천하는 자를 명예고용평등감독관(이하 '명예감독관'이라 한다)으로 위촉할 수 있다(동법 제24조).

명예감독관은 다음 업무를 수행한다.

(가) 해당 사업장의 차별 및 직장 내 성희롱 발생 시 피해 근로자에 대한 상담·조언

(나) 해당 사업장의 고용평등 이행상태 자율점검 및 지도 시 참여

(다) 법령위반 사실이 있는 사항에 대하여 사업주에 대한 개선 건의 및 감독기관에 대한 신고

(라) 남녀고용평등 제도에 대한 홍보·계몽

(마) 그 밖에 남녀고용평등의 실현을 위하여 노동부장관이 정하는 업무

③ 입증책임

이 법과 관련한 분쟁해결에서 입증책임은 사업주가 부담한다(동법 제30조).

3. 고용평등의 실현방안

(1) 국민과 기업의 인식변화

최근 구조조정으로 배치전환, 전직, 전출, 정리해고 등이 행해지고 있다. 특히 정리해고는 많은 근로자가 한꺼번에 대량적으로 행해진다는 점에서 사회문제로 발생할 수 있는데 이런 정리해고의 대상자의 제1순위로 여성이 고려되고 있다. 이렇게 고용조정 과정에서 여성, 특히 여성가구주들이 정리해고 등 불이익을 당하는 사례가 빈번히 발생하고 있다.

여기에서 고용평등을 이루기 위하여 실현할 수 있는 방안을 모색해 보기로 한다. 양성차별이 없는 사회가 보편적으로 '사회적 이익'을 최대화할 수 있다고 연구되고 있는데, 여성인력의 효율적인 활용을 위해서는 다음과 같은 노력과 인식변화가 있어야 할 것이다. 첫째로, 정부의 적극적인 역할이 중요하다. 즉 고용할당제, 영·유아 교육에 대한 지원 정책 강화, 채용상의 여성차별 철폐 등 각종 제도가 정착되도록 해야 한다. 그래서 여성정책을 집행하는 여성부와 노동부의 노력이 절실히 요구된다.

둘째로, 기업의 최고경영자를 설득하여 여성인력을 활용하도록 하는 경영기법을 터득할 수 있게 하고, 실제로 노동현장에서 여성들을 활용할 수 있도록 해야 할 것이다.

만약에 이러한 여성인력을 기피하는 기업이 있다면 일정한 제재가 가해질 수 있

도록 해야 할 것이다. 현재 우리 대부분의 기업이 「남녀고용평등과 일·가정 양립 지원에 관한 법률」을 지키지 않고 있지만 몇몇 기업들은 여성인력의 효율적 활용을 위해 상당한 노력을 기울이고 있는 것도 사실이다. 이 법을 위반하는 기업에는 적절한 제재를 가할 필요가 있다.

셋째로, 여성인력자원의 효율적 활용을 저해하는 요인을 찾아내어 빨리 제거해야 할 것이다. 그리고 여성 자신들 스스로가 맡은 역할을 잘 수행하여 가정·학교·직장·사회 모든 분야에서 평등사회 실현을 위한 노력과 함께 사회에서 여성에 대한 편견이 제거되고 남녀가 함께 일할 때, 사회적 이익이 최대로 배분된다는 사실을 통하여 인식변화가 있어야 할 것이다.

(2) 여성정책에 의한 실현 과제

우리나라의 여성들이 직장 내에서 남성과 대등한 지위에서 업무를 수행하기 위해서는 「여성발전기본법」에 의하여 여성정책기본계획을 수립하여 실시하고 「남녀고용평등과 일·가정 양립 지원에 관한 법률」에 의한 고용이 이루어질 수 있도록 정책적 차원에서 배려가 있어야 할 것이다.

여성고용의 촉진 및 안정을 위한 사회와 직장에서의 고용기회균등을 확립하기 위해서는 남녀고용평등에 대한 인식제고와 고용상 차별제도 개선을 위하여 수행해야 할 과제가 있다. 이 과제에는 고용평등을 인식시키기 위한 홍보 및 감시·모니터링 실시, 여성고용의 촉진을 위한 공기업 여성고용 우대조치 확산, 여성 경제인 지원, 여성재고용의 활성화, 취업알선기능 강화 및 여성의 직업능력 개발 등이 있는데, 여성부에서 이미 중점 추진과제로 선정하고 있음을 살펴보았다.

한편 직장·가정 양립지원체제 확립을 위한 과제에는 육아휴직제의 정착, 가족간호휴직제도 도입, 직장보육시설 설치 확대, 직장·가정 병존적 근무형태의 확산 및 내실화가 포함되어 있으며 세제지원 및 관련법 개정이 필요하다고 한다. 또 비정규 근로자의 근로여건 개선을 위해서는 단시간근로자의 근로여건 개선과 가내근로자의 근로여건 개선 등이 정책과제로 선정되어 있다. 이 외에도 여성의 고용과 관련된 여성인력 양성을 위한 교육 분야로는 여학생진로지도 강화 및 여학생의 이공계열 진학기회 확대, 여성에 대한 정보화 교육지원 등을 정책적으로 수행할 계획이라고 한다.165)

제2절 모성보호와 직장 내 성희롱의 예방

Ⅰ. 모성보호제도

1. 서 설

모성보호는 임신, 출산 및 육아 등 국민재생산활동을 보호하는 것을 말하며, 이런 모성보호 관련 법률로는 「근로기준법」, 「남녀고용평등과 일·가정 양립 지원에 관한 법률」, 「고용보험법」 등이 있다.

우리나라에서 근로여성에 대한 모성보호 책임은 그동안 근로자 자신과 사업주의 책임으로 인식되어 왔다. 그래서 모성보호를 위한 재정적 투자나 국민재생산활동에 대한 노력이 없었던 것이 사실이다. 그런데 이제는 모성보호와 국민재생산활동이 '개인 차원'의 영역이 아니라 '사회적인 차원'에서 접근해야 할 것으로 생각된다. 이러한 사회보장제도를 통해서 국민재생산활동이 이루어질 수 있도록 하고 국민의 인식이 변화되도록 해야 할 것이다. 한편 가정 내에서 평등부부의 역할이 정착되어야 하고 직장 내에서 모성보호기능도 더욱 활발하게 이루어지도록 해야 할 것이다.

---

165) 여성부, 「업무보고자료」, 2000.

세계적으로 볼 때 국가나 사업주가 출산휴가 비용을 직접 부담하여 출산을 장려해 왔다. 그리고 모성보호수당을 상병수당 또는 실업보험제도의 일환으로 시행하여 일정부분 출산근로자에 대한 보호와 혜택을 주는 경향이 있다. 또 일부 국가에서는 모성보호제도를 연금제도나 가족수당제도에 포함시켜서 실시하는 국가들도 있다.

그러나 우리나라의 경우에는 사회보험 재정여건이 어려운 상황에 있기 때문에 아직 출산 근로자에 대한 적극적인 지원책이 미흡한 실정이다. 따라서 출산휴가, 유아휴직과 관련된 다양한 각도에서 지원책이 마련되어야 할 것이다.

우리나라의 경우 모성보호 비용을 사회화하는 과제는 여성의 사회적 지위 향상과 관련된 중요한 이슈이다. 현재 사업주의 책임으로 되어 있는 출산휴가와 유아휴직 기간 동안의 소득보장도 사회공동체 몫으로 전환하는 것이 필요할 것이다.

2. 여성차별철폐조약에서의 모성보호제도

고용상의 여성차별 금지와 국민의 기본권 보장을 위하여 여성차별철폐조약을 마련하고 있고, 체약국은 체약국으로서의 의무를 이행하도록 하고 있다.

차별철폐조약은 여성 근로자의 일할 권리와 양성평등의 확보를 위해 고용 분야에서의 여성에 대한 차별을 철폐하는 데 적절한 모든 조치를 요구하면서 특히 다음과 같은 권리를 열거하고 있다(제11조 제1항).[166]

① 모든 인간의 불가양(不可讓)의 권리로서의 근로의 권리
② 동일한 채용기준의 적용을 포함한 동일한 고용기회를 보장받을 권리
③ 직업과 고용의 자유로운 선택권, 승진·직장 안정 및 서비스에 관련된 모든 혜택과 조건을 누릴 권리, 견습·고등직업훈련 및 제 훈련을 포함한 직업훈련 및 제 훈련을 받을 권리
④ 연금을 포함하여 동등한 보수를 받을 권리 및 노동의 질의 평가에 있어 동등

---

166) 윤후정 외, 전게서, p.65 참조.

한 처우와 동등한 가치의 노동에 대한 동등한 처우를 받을 권리

⑤ 유급휴가를 받을 권리 및 사회보장 특히 퇴직, 실업, 질병, 병약, 노령 및 기타 노동 무능력의 경우에 사회보장에 대한 권리

⑥ 건강보호에 대한 권리 및 생식기능의 보호조치를 포함한 노동조건의 안전에 대한 권리

또한 당사국은 결혼 또는 모성을 이유로 한 여성에 대한 차별을 방지하고 여성의 근로에 대한 유효한 권리를 확보하기 위하여 다음과 같은 적절한 조치를 취하여야 한다(제11조 제2항).

① 임신 또는 출산휴가를 이유로 한 해고 및 혼인 여부를 근거로 한 해고에 있어서의 차별을 금지하고, 위반 시 제재를 가하도록 하는 것.

② 종전의 직업, 선임순위 또는 사회보장 수당을 상실함이 없이 유급 또는 이에 상당하는 사회보장 급부를 포함하는 출산휴가제를 도입하는 것

③ 특히 아동보육 시설망의 확립과 발전의 촉진을 통하여, 부모가 직장에서의 책임 및 사회생활에의 참여를 가사의 의무와 병행시키는 데 도움이 될 필요한 사회보장 혜택의 제공을 장려하는 것.

④ 임신 중의 여성에게 유해한 것이 증명된 유형의 작업에는 여성에 대한 특별한 보호를 제공하는 것 등을 제시하고 있다.

그리고 본조에서 취급된 문제와 관련한 보호적 입법은 과학적 및 기술적 지식에 비추어 정기적으로 검토되어야 하며 필요하다면 개정, 폐기 또는 연장되어야 한다.

한편, 여성차별철폐위원회가 채택한 권고에는 여성에 대한 잠정적인 특별조치[167]가 포함되어 있다.

---

167) 법률상의 장해 제거는 필요하지만 그것만 가지고는 충분치 못하다. 공적 영역의 남성지배를 극복하기 위하여 여성에게는 충분하고 실효적인 참가를 획득하기 위하여 사회의 모든 분야에서 격려와 지원도 필요하다. 그러한 장려를 당사국이나 정당, 행정이 실행하지 않으면 안 된다. 당사국은 잠정적 특별조치가 평등원칙을 뒷받침하고 따라서 모든 시민의 평등을 보장하는 헌법의 원칙에 합치하도록 명확하게 책정·확보할 의무를 가진다. 신용자 외, 전게서, p.50 참조.

3. 여성 노동자의 현실

모성보호를 위한 법적·제도적인 장치에도 불구하고 근로기준법과 남녀고용평등법이 노동현장에서 제대로 지켜지지 않고 있을 뿐만 아니라 많은 여성 근로자가 4인 이하 사업장에 종사하고 있어서 근로기준법의 여러 조항을 적용받지 못하고 있는 실정이다.

1999년 1월부터 4인 이하 사업장에도 해고예고, 4시간 근무당 30분 휴게, 요양보상, 주휴일과 산전·후 휴가 등 일부 조항이 적용되고 있지만, 해고제한 규정과 노동위원회 구제신청, 퇴직금 수령 등은 여전히 노동기본법상의 보호 혜택을 받지 못한다.

특히 최근에는 정규직 여성 근로자의 '비정규직'으로의 전환, 인건비 절감과 노무관리 전략에 따른 '불안정한 고용형태'의 증가, 실질적인 단시간 근로보다는 전일제와 거의 비슷하게 일하는 명목 시간제의 증가 등은 '노동시장의 유연화'와 함께 여성 근로자가 처한 상황을 그대로 보여 주는 것이다.

여성 근로자를 남성 근로자와 비교해 보면, 차별을 해소하고 보호해야 하는 당위성이 증가함을 알 수 있다.

예를 들면 <표5-1>과 같이 지난 10년간 여성 임금근로자는 25% 증가했지만, 증가분의 55%가 임시 및 일용근로자로 구성되어 있는 것을 볼 수 있다.[168]

<표 5-1> 여성임금근로자 변화('97~'06)

구 분		1997	2006	변화
여성임금근로자(천 명)		5,259	6,573	1,314천 명 증가
	상용근로자(천 명)	2,020	2,616	596천 명 증가
	임시·일용근로자(천 명)	3,239	3,957	718천 명 증가

* 자료: 통계청, 각 년도 통계연보

---

168) 여성부, 「제3차 여성정책기본계획」, pp.81-83 참조.

특히 여성 근로자 중 비정규직 비율은 35.3%('01)에서 42.7%('06)로 점점 증가하는 추세이며, 2006년을 기준으로 비교해 보면 여성(42.7%)은 남성(30.4%)과 비교하여 상당히 높게 나타나고 있다.

또한 여성 근로자의 경우에는 노동조합 조직률이 5~6%에 불과하여 사용자에게 조직적으로 대항하기 어려운 상황이다. 그래서 여성 근로자들로 구성된 노동조합이 구성되어 있지 않음으로 해서, 회사 내 생리휴가, 산전·후 휴가, 육아휴직 등에 있어서 많은 불이익을 당하는 것으로 나타나고 있다.

여성취업자의 직종별 편중 및 낮은 종사상 지위는 남녀 간 임금격차로 나타나고 있는 것을 알 수 있다. 여성은 남성보다 임금이 낮은 계층에 약 두 배 많이 종사하고 있다.

따라서 기업의 성차별적 고용관행과 저임금의 여성인력 활용이나 단순 보조업무 인력으로 사용되고 있는 상황이 하루속히 개선되어야 하며, 정규직과 비슷한 시간과 업무를 수행하면서도 차별임금과 변칙적인 고용형태가 확산되고 있는 상황을 더 이상 방치해서는 안 될 것이다. 여성 근로자가 임시 일용 고용 상황에서 모성보호의 필요는 더욱 절실하다고 생각한다.

Ⅱ. 노동현장에서 연소자와 여성의 특별보호

1. 서 설

여성은 남성과 달리 임신·출산이라는 생리적 특징과 신체적 열세라는 특징 때문에 특별한 보호가 요청된다. 그럼에도 불구하고 산업화가 진전되면서 현실적으로 여성들은 직장에서의 노동과 함께 가사노동이라는 이중적인 부담으로 남성 근로자에 비하여 차별적인 대우가 행해져 왔다.

여성 근로자에 대한 보호는 '모성보호'라는 관점에서 임신·출산·수유라는 기능을 생리적 특성상 요구하고 있고, 연소근로자 역시 성인근로자에 비해 육체적·정신적으로 미성숙하기 때문에 이들 연소근로자에 대한 건강과 건전한 성장을 보장할 필요가 있는 것이다. 연소근로자는 사업장에서 강제노동을 당할 소지가 있어 연소근로자의 보호는 현대사회의 노동현장에서 특별한 의의를 지닌다.

이하에서는 여성과 연소자의 공통된 보호를 먼저 살펴보고, 연소자와 여성만의 특별보호에 대하여 알아보기로 한다.

2. 여성과 연소 근로자의 공통된 보호

(1) 유해·위험사업에의 사용 금지

사용자는 임신 중이거나 산후 1년이 지나지 아니한 여성(이하 '임산부'라 한다)과 18세 미만자를 도덕상 또는 보건상 유해·위험한 사업에 사용하지 못한다(근로기준법 제65조 제1항).

이것은 신체적·생리적으로 약한 여성 근로자와 일반적으로 경험이나 주의력이 약한 연소근로자에 대하여 안전·위생 및 복지의 측면을 고려하여 보호하기 위한 것이다.

※ 근로기준법 시행령 제40조[별표4] 중 '18세 미만자의 사용 금지직종'

1. 「산업보건기준에 관한 규칙」 제69조제2호 및 제3호에 따른 고압작업 및 잠수작업
2. 「건설기계관리법」, 「도로교통법」 등에서 18세 미만인 자에 대하여 운전·조종면허 취득을 제한하고 있는 직종 또는 업종의 운전·조종업무
3. 「청소년보호법」 등 다른 법률에서 18세 미만 청소년의 고용이나 출입을 금지하고 있는 직종이나 업종
4. 교도소 또는 정신병원에서의 업무
5. 소각 또는 도살의 업무
6. 유류(주유업무를 제외한다)·양조의 업무
7. 2-브로모프로판을 취급하거나 노출될 수 있는 업무
8. 그 밖에 노동부장관이 정책심의위원회의 심의를 거쳐 지정하여 고시하는 업무

---

(2) 야업·휴일근로 금지

사용자는 18세 이상의 여성을 오후 10시부터 오전 6시까지의 시간 및 휴일에 근로시킬 수 없으며, 근로를 시키려면 그 근로자의 동의를 받아야 한다(동법 제70조 제1항).

사용자는 임산부와 18세 미만자를 오후 10시부터 오전 6시까지의 시간 및 휴일에 근로시키지 못한다. 다만, 다음 각 호의 어느 하나에 해당하는 경우로서 노동부장관의 인가를 받으면 그러하지 아니하다.

(ⅰ) 18세 미만자의 동의가 있는 경우

(ⅱ) 산후 1년이 지나지 아니한 여성의 동의가 있는 경우

(ⅲ) 임신 중의 여성이 명시적으로 청구하는 경우

(3) 갱내 근로 금지

사용자는 여성과 18세 미만인 자를 갱내에서 근로시키지 못한다. 다만, 보건·의료, 보도·취재 등 대통령령으로 정하는 업무를 수행하기 위하여 일시적으로 필요한 경우에는 그러하지 아니하다(동법 제72조).

갱내근로는 그 특수한 작업환경으로 인하여 위해하기 때문에 신체적·생리적으로 약한 여성과 연소근로자를 보호하기 위한 것이다.

(4) 탄력적 근로시간제도의 적용배제

탄력적 근로시간제도는 15세 이상 18세 미만의 근로자와 임신 중인 여성 근로자에 대해서는 적용하지 아니한다(제51조제3항).

이것은 성장 과정에 있는 연소근로자와 임신 중인 여성 근로자의 모성을 보호하기 위한 것이다.

3. 연소근로자의 특별보호

(1) 취업최저연령의 제한

15세 미만인 자(「초·중등교육법」에 따른 중학교에 재학 중인 18세 미만인 자를 포함한다)는 근로자로 사용하지 못한다. 다만, 대통령령으로 정하는 기준에 따라 노동부장관이 발급한 취직인허증을 지닌 자는 근로자로 사용할 수 있다(근로기준법 제64조 제1항). 이것은 근로자의 최저연령을 제한하여 연소자의 건강한 성장과 의무교육을 고려한 조치라고 할 수 있다.

(2) 취직인허증의 발행 및 연소자증명서 비치

취직인허증은 본인의 신청에 따라 의무교육에 지장이 없는 경우에는 직종을 지정하여서만 발행할 수 있다.

또한 사용자는 18세 미만인 자에 대해서는 그 연령을 증명하는 가족관계기록사항에 관한 증명서와 친권자 또는 후견인의 동의서를 사업장에 갖추어 두어야 한다(근로기준법 제66조, 개정 2007.5.17.).

이것은 사용자로 하여금 연소자를 사용할 때 연소자 보호에 대한 국가의 감독을 위한 조치이다.

(3) 미성년자의 근로계약 체결의 대리 금지와 해지

친권자나 후견인은 미성년자의 근로계약을 대리할 수 없다. 이것은 친권자 등이 권리를 남용하여 미성년자에게 강제근로를 시키는 폐단을 방지하기 위한 것이다.

친권자, 후견인 또는 노동부장관은 근로계약이 미성년자에게 불리하다고 인정하는 경우에는 이를 해지할 수 있다.

사용자는 18세 미만인 자와 근로계약을 체결하는 경우에는 제17조에 따른 근로조건을 서면으로 명시하여 교부하여야 한다(제67조제3항, 신설 2007.7.27.).

친권자 또는 후견인은 미성년자의 근로계약을 대리할 수 없다.

(4) 미성년자의 독자적인 임금청구

미성년자는 독자적으로 임금을 청구할 수 있다(근로기준법 제68조). 이것은 친권자 등에 의해 연소자의 임금이 중간 착취당하는 폐단을 막기 위한 것이다. 그리고 임금의 대리수령도 금지된다.

(5) 근로시간의 특례

연소근로자에 대해서는 기준근로시간의 특례, 시간 외 근로의 제한, 선택적 근로시간제의 적용제외가 인정된다. 이것은 성장단계에 있는 연소자의 건전한 신체적·정신적 성장을 도모하기 위한 것이다.

15세 이상 18세 미만인 자의 근로시간은 1일에 7시간, 1주일에 40시간을 초과하지 못한다. 다만, 당사자 사이의 합의에 따라 1일에 1시간, 1주일에 6시간을 한도로 연장할 수 있다(제69조).

〈참고〉

청소년이 단시간 근로할 때 유의해야 할 사항

청소년이 아르바이트 과정에서 임금을 제때 지급받지 못하거나 최저임금 미만의 임금을 받는 등의 피해를 입은 경우, 사업장 관할 지방노동관서(근로감독과)를 방문하거나 인터넷 노동부 홈페이지(www.molab.go.kr)상의 '전자민원창구'를 통해 신고하면 된다.

◇일을 할 수 있는 나이는=원칙적으로 만 15세 이상이어야 한다. 만 15세 이상이지만 중학교 재학 중이거나 만 13~14세까지의 청소년들은 노동부에서 취직인허증을 받아야 한다.

◇일을 시작할 때 어떤 서류가 필요한지=부모님 또는 후견인이 일을 해도 좋다는 동의서와 나이를 증명할 수 있는 호적증명서 또는 주민등록 등·초본을 사용자에게 제출하고 근로계약을 맺어야 한다.

◇아무 일이나 할 수 있나=도덕·보건 측면에서 유해하거나 위험한 일은 할 수 없다. 독성물질을 취급하거나 노출될 수 있는 업무와 고압작업 및 잠수작업, 주유업무를 제외한 유류·양조 업무 등이 그렇다.

◇하루에 몇 시간 일할 수 있나=하루 7시간을 넘을 수 없고 근로자가 동의한다면 1일 1시간, 1주일 6시간 이내로 초과근로를 할 수 있다.

◇밤에도 일할 수 있나=밤 10시부터 아침 6시까지(야간근로)는 일할 수 없다. 그러나 연소자가 밤 10시 이후에 일하는 것을 동의하고 노동부에서 야간에 일해도 좋다는 인가를 받은 경우는 예외다.

◇휴일이 있나=1주일에 15시간 이상 일하고 1주일간 일하기로 정한 날에 개근했으면 하루의 유급 휴일을 받을 수 있다. 연소근로자가 휴일에 일하는 것을 동의하고 노동부 인가를 받은 경우에는 휴일에도 일할 수 있다.

◇임금은 얼마나 받을 수 있나＝근로계약 시 임금을 정하되 법정 최저임금(시급 3480원, 2007년 기준) 이상 지급해야 한다.

◇일하다가 다친 경우에는 어떻게 하나＝일을 하다가 다쳤을 경우는 산재보험에서 치료와 보상을 받을 수 있다. 사업주는 산재보험에 가입해야 하고 미가입 시에도 이를 이유로 산재처리를 거부할 수 없다.

◇임금을 못 받거나 그 외 부당한 피해를 받으면 어떻게 하나＝임금을 받지 못할 경우 등 권리침해를 받은 경우에는 노동부를 통해 권리구제를 받을 수 있다. 상담은 국번 없이 1350이고 신고는 각 지방노동관서나 노동부 홈페이지 전자민원창구를 이용하면 된다.

*자료: 노동부, 청소년 알바 구계명

4. 여성 근로자의 특별보호

(1) 시간 외 근로의 제한

사용자는 산후 1년이 지나지 아니한 여성에 대해서는 단체협약이 있는 경우라도 1일에 2시간, 1주일에 6시간, 1년에 150시간을 초과하는 시간 외 근로를 시키지 못한다(근로기준법 제71조). 이것은 장시간 근로로부터 근로자의 건강과 모성을 보호하기 위한 것이다.

(2) 생리휴가의 보장

사용자는 여성 근로자가 청구하면 월 1일의 생리휴가를 주어야 한다(동법 제73조). 이것은 우리나라의 열악한 근로조건을 감안한 것인데 우리나라에만 있는 특유한 제도로서, 모성보호를 이유로 한 것이기 때문에 상용근로자뿐 아니라 임시직 근로자·일용직 근로자·단시간근로자에게도 부여된다. 생리휴가는 근로자의 소정근로일

수의 개근을 불문한다.

(3) 임산부의 보호

사용자는 임신 중의 여성에게 산전과 산후를 통하여 90일의 보호휴가를 주어야 한다. 이 경우 휴가 기간의 배정은 산후에 45일 이상이 되어야 한다(동법 제74조제1항). 이것은 산모와 태아의 건강을 도모하는 모성보호 휴가이며, 나아가 차세대의 건강한 사회구성원의 확보라는 점에서 큰 의미를 갖는다.

사용자는 임신 중인 여성이 임신 16주 이후 유산 또는 사산한 경우로서 그 근로자가 청구하면 대통령령으로 정하는 바에 따라 보호휴가를 주어야 한다. 다만, 인공임신중절 수술(「모자보건법」 제14조제1항에 따른 경우는 제외한다)에 따른 유산의 경우는 그러하지 아니하다(동법 제74조제2항).

이때에 휴가 중 최초 60일은 유급으로 한다. 다만, 「남녀고용평등과 일·가정 양립 지원에 관한 법률」 제18조에 따라 산전·후 휴가급여 등이 지급된 경우에는 그 금액의 한도에서 지급의 책임을 면한다. <개정 2007.12.21. >

사용자는 임신 중의 여성 근로자에게 시간 외 근로를 하게 하여서는 아니 되며, 그 근로자의 요구가 있는 경우에는 쉬운 종류의 근로로 전환하여야 하며, 사업주는 보호휴가 종료 후에는 휴가 전과 동일한 업무 또는 동등한 수준의 임금을 지급하는 직무에 복귀시켜야 한다(동법 제74조제3항 및 제4항, 신설 2008.3.28.).

(4) 태아검진 시간의 허용 등

사용자는 임신한 여성 근로자가 「모자보건법」 제10조에 따른 임산부 정기건강진단을 받는 데 필요한 시간을 청구하는 경우 이를 허용하여 주어야 한다. 그리고 사용자는 이에 따른 건강진단 시간을 이유로 그 근로자의 임금을 삭감하여서는 아니 된다(동법 제74조의2).[본조 신설 2008.3.21.]

이 조항이 신설되게 된 동기는 저출산 문제가 심각한 현실에서 임신한 여성 근로자와 태아에 대한 보호 필요성이 더욱 증가하고 있으며, 한편으로는 일반 여성 근로자에게 매월 1회 생리휴가(무급)를 부여하는 것과의 형평 차원에서 법률에 규정되게 되었다.

사용자는 건강진단을 이유로 근로자의 임금을 삭감해서는 아니 되며, 2008.7.1. 현재 임신 중인 여성 근로자부터 적용된다.

한편 모자보건법 시행규칙 제5조제1항<별표>에 의한 임산부·영유아 및 미숙아 등의 정기건강진단 실시 기준은 다음과 같다.

① 임신 7월까지는 매 2월에 1회
② 임신 8월에서 9월까지는 매 1월에 1회
③ 임신 10월 이후에는 매 2주에 1회

(5) 육아시간

생후 1년 미만의 유아(유아)를 가진 여성 근로자가 청구하면 1일 2회 각각 30분 이상의 유급 수유 시간을 주어야 한다(동법 제75조).

Ⅲ. 직장 내 성희롱

1. 성희롱의 개념

성희롱(性戱弄, Sexual Harassment)이란, '성적 괴롭힘'으로 해석되는데 실제로는 '원하지 않는 성적 행위를 가하는 것'을 의미한다. 이것은 단순한 말에서부터 포옹이나 육체적 접촉, 강간에 이르기까지 다양한 행위들이 있다.

우리나라에서 '성희롱' 문제에 대한 사회적 관심은 1993년 발생한 소위 '서울대 조교 성희롱 사건'이 있는데, 성희롱 가해자는 피해자에게 불법행위에 의한 손해배상을 하여 사회적인 경각심을 불러일으켰고, 그 후 「여성발전기본법」에 성희롱이 명시됨으로써 법률용어가 되었다.

우리나라에서 '성희롱'이라 함은 업무, 고용 그 밖의 관계에서 국가기관·지방자치단체 또는 대통령령이 정하는 공공단체(이하 '국가기관 등'이라 한다)의 종사자, 사용자 또는 근로자가 그 지위를 이용하거나 업무 등과 관련하여 성적 언동 등으로 상대방에게 성적 굴욕감 또는 혐오감을 느끼게 하거나 성적 언동 그 밖의 요구 등에 대한 불응을 이유로 고용상의 불이익을 주는 것을 말한다(여성발전기본법 제3조 제4호).

또, 「남녀고용평등과 일·가정 양립 지원에 관한 법률」에서는 '직장 내 성희롱'이란 사업주·상급자 또는 근로자가 직장 내의 지위를 이용하거나 업무와 관련하여 다른 근로자에게 성적 언동 등으로 성적 굴욕감 또는 혐오감을 느끼게 하거나 성적 언동 또는 그 밖의 요구 등에 따르지 아니하였다는 이유로 고용에서 불이익을 주는 것을 말한다(제2조 제2호).

성희롱은 종래에 성희롱 가해자와 피해자만의 문제에서 벗어나, 최근에는 법적·정책적인 문제로서 인식하고 있다. 그리고 사용자가 부담해야 할 '근로자보호'의 유형으로 이해되고 있다. 즉 사용자는 임금지급 의무 이외에 근로자의 인격을 존중하고 근로자가 그 의무를 이행하는 데에 손해를 받지 아니하도록 필요한 조치를 강구해야 한다는 측면에서 접근하고, 근로자의 생명, 건강 등은 물론 '성희롱'을 당하지 않게 근로자를 보호해야 한다고 생각한다.

2. 성희롱의 유형

성희롱의 유형은 상황에 따라 달리 나타날 수 있는데 '직장 내 성희롱 판단을 위한 기준'을 보면 다음과 같다.

(1) 성적인 언어나 행동에 의한 성희롱 예시

① 육체적 행위
  ○ 입맞춤이나 포옹, 뒤에서 껴안는 등의 신체적 접촉행위
  ○ 가슴, 엉덩이 등 특정 신체부위를 만지는 행위
  ○ 안마나 애무를 강요하는 행위
② 언어적 행위
  ○ 음란한 농담을 하거나 음탕하고 상스러운 이야기를 하는 행위(전화통화를 포함한다)
  ○ 외모에 대한 성적인 비유나 평가를 하는 행위
  ○ 성적인 사실관계를 묻거나 성적인 내용의 정보를 의도적으로 유포하는 행위
  ○ 성적인 관계를 강요하거나 회유하는 행위
  ○ 회식자리 등에서 무리하게 옆에 앉혀 술을 따르도록 강요하는 행위
③ 시각적 행위
  ○ 음란한 사진, 그림, 낙서, 출판물 등을 게시하거나 보여 주는 행위(컴퓨터 통신이나 팩스 밀리 등을 이용하는 경우를 포함한다)
  ○ 성과 관련된 자신의 특정 신체부위를 고의적으로 노출하거나 만지는 행위
④ 기타 사회통념상 성적 굴욕감을 유발하는 것으로 인정되는 언어나 행동

(2) 고용상의 불이익을 주는 것

채용탈락, 감봉, 승진탈락, 전직, 정직, 휴직, 해고 등과 같이 채용 또는 근로조건을 일방적으로 불리하게 하는 것

(3) 고용환경을 악화시키는 것

위협적, 절대적인 고용환경을 형성하거나 성적 굴욕감으로 업무능률을 저해하는 것

3. 대법원 판례와 성희롱

우리나라 대법원의 판례는 성희롱에 대해서 종합적으로 접근하고 있다. 즉 소위 '서울대 여성조교 성희롱 관련 민사소송' 1998년 2월 10일 손해배상 판결에서 '직장 상사의 성적 치근거림'에 대해 불법행위로 판단하고 있다.

성희롱은 상대방의 인격권을 침해하여 인간으로서의 존엄성을 훼손하고 정신적 고통을 주는 정도에 이른 불법행위로 정의하고 있다. 따라서 성희롱에 대한 불법행위의 근거는 헌법 제10조에서 규정된 인격권에 두고 있다.

그러면 불법행위가 성립된다고 대법원이 판시한 요건을 살펴보기로 한다.

(1) 가해자의 고의 또는 과실

조건적 성희롱은 고용, 승진, 평가 등과 같은 보상 또는 처벌을 조건으로 성적 행위를 요구하는 것이므로 가해자의 고의에 해당하며, 환경형 성희롱은 상대방의 성(性)을 비하할 목적으로 언행을 반복하는 것이므로 가해자의 고의에 해당한다. 설사 가해자가 상대방을 비하할 목적을 갖고 있지 않다고 하더라도 피해자가 이로 인해 어떤 손해를 입었다면 가해자의 과실에 해당한다.

(2) 가해자의 책임능력

대학교수로서 활동을 해 왔으므로 가해자의 책임능력이 인정된다.

(3) 위법성

성희롱이란 인격권 및 근로권을 침해하는 성차별이므로 위법행위이다.

대법원 판례[169]에 의하면, 성적 표현행위의 위법성 여부는, 쌍방 당사자의 연령이나 관계, 행위가 행해진 장소 및 상황, 성적 동기나 의도의 유무, 행위에 대한 상대

---

169) 대법원 1998.2.10. 선고 95다39533 판결.

방의 명시적 또는 추정적인 반응의 내용, 행위의 내용 및 정도, 행위가 일회적 또는 단기간의 것인지 아니면 계속적인 것인지 여부 등의 구체적 사정을 종합하여 판단해야 한다고 명시하고 있다.

또한 그것이 사회공동체의 건전한 상식과 관행에 비추어 볼 때 용인될 수 있는 정도의 것인지 여부, 즉 선량한 풍속 또는 사회질서에 위반되는 것인지 여부에 따라 결정되어야 한다고 판시하고 있다(출처: 대법원 1998.2.10. 선고 95다39533 판결).

(4) 손해

고용·승진·평가 등에서 손해(조건적 성희롱의 경우)가 발생하고, 다른 한편으로는 분노, 작업능률 저하, 이직 등과 같은 정신적·신체적 손해가 발생한다.

대법원 판례는, 이때 피해자로서는 가해자의 성희롱으로 말미암아 단순한 분노, 슬픔, 울화, 놀람을 초과하는 정신적 고통을 받았다는 점을 주장·입증할 필요는 없다고 판시한다(출처: 대법원 1998.2.10. 선고 95다39533 판결).

(5) 인과관계

성희롱은 성적 행위를 조건으로 보상 또는 처벌을 가하거나 성적 언동 등으로 적대적·굴욕적 작업환경을 조성하므로 가해행위와 손해발생과는 인과관계가 있다.

서울대 여성조교 성희롱 민사소송재판은 1심(서울민사지방법원)에서 3천만 원 배상판결(원고 승소), 2심(고등법원)에서 원고 패소, 3심(대법원)에서 원고 일부승소로 진행되었다.

대법원 판례: 서울대 여성조교 성희롱 관련 민사소송

대법원 1998.2.10. 선고 95다39533 판결 【손해배상(기)】
[집46(1)민, 1, 공1998.3.15.(54), 652]

【판시사항】

[1] 성적 표현행위의 위법성 판단 기준
[2] 대학교수의 조교에 대한 성적인 언동이 불법행위를 구성한다고 본 사례
[3] 이른바 성희롱의 불법행위 성립 여부를 판단함에 있어 이를 고용관계에 한정하거나 조건적 성희롱과 환경형 성희롱으로 구분하여 판단하는 방법의 합리성 여부(소극)
[4] 사용자 책임의 요건인 '사무집행에 관하여'의 의미와 그 판단 기준
[5] 직장 내에서 발생한 성희롱 행위가 직무 관련성 없이 은밀하고 개인적으로 이루어진 경우, 사용자에게 고용계약상 보호의무 위반을 이유로 한 손해배상책임이 있는지 여부(소극)

【판결요지】

[1] 성적 표현행위의 위법성 여부는, 쌍방 당사자의 연령이나 관계, 행위가 행해진 장소 및 상황, 성적 동기나 의도의 유무, 행위에 대한 상대방의 명시적 또는 추정적인 반응의 내용, 행위의 내용 및 정도, 행위가 일회적 또는 단기간의 것인지 아니면 계속적인 것인지 여부 등의 구체적 사정을 종합하여, 그것이 사회공동체의 건전한 상식과 관행에 비추어 볼 때 용인될 수 있는 정도의 것인지 여부 즉 선량한 풍속 또는 사회질서에 위반되는 것인지 여부에 따라 결정되어야 하고, 상대방의 성적 표현행위로 인하여 인격권의 침해를 당한 자가 정신적 고통을 입는다는 것은 경험칙상 명백하다.

[2] 피해자가 엔엠알기기 담당 유급조교로서 정식 임용되기 전후 2, 3개월 동안, 가해자가 기기의 조작 방법을 지도하는 과정에서 피해자의 어깨, 등, 손 등을 가해자의 손이나 팔로 무수히 접촉하였고, 복도 등에서 피해자와 마주칠 때면 피해자의 등에 손을 대거나 어깨를 잡았고, 실험실에서 "요즘 누가 시골 처녀처럼 이렇게 머리를 땋고 다니느냐."고 말하면서 피해자의 머리를 만지기도 하였으며, 피해자가 정식 임용된 후에는 단둘이서 입방식을 하자고 제의하기도 하고, 교수연구실에서 피해자를 심부름 기타 명목으로 수시로 불러들여 위아래로 훑어보면서 몸매를 감상하는 듯한 태도를 취하여 피해자가 불쾌하고 곤혹스러운 느낌을 가졌다면, 화학과 교수 겸 엔엠알기기의 총책임자로서 사실상 피해자에 대하여 지휘·감독관계에 있는 가해자의 위와 같은 언동은 분명한 성적인 동기와 의도를 가진 것으로 보이고, 그러한 성적인 언동은 비록 일정 기간 동안에 한하는 것이지만 그 기간 동안만큼은 집요하고 계속적인 까닭에 사회통

념상 일상생활에서 허용되는 단순한 농담 또는 호의적이고 권유적인 언동으로 볼 수 없고, 오히려 피해자로 하여금 성적 굴욕감이나 혐오감을 느끼게 하는 것으로서 피해자의 인격권을 침해한 것이며, 이러한 침해행위는 선량한 풍속 또는 사회질서에 위반하는 위법한 행위이고, 이로써 피해자가 정신적으로 고통을 입었음은 경험칙상 명백하다고 한 사례.

[3] 이른바 성희롱의 위법성의 문제는 종전에는 법적 문제로 노출되지 아니한 채 묵인되거나 당사자 간에 해결되었던 것이나 앞으로는 빈번히 문제 될 소지가 많다는 점에서는 새로운 유형의 불법행위이기는 하나, 이를 논함에 있어서는 이를 일반 불법행위의 한 유형으로 파악하여 행위의 위법성 여부에 따라 불법행위의 성부를 가리면 족한 것이지, 불법행위를 구성하는 성희롱을 고용관계에 한정하여, 조건적 성희롱과 환경형 성희롱으로 구분하고, 특히 환경형의 성희롱의 경우, 그 성희롱의 태양이 중대하고 철저한 정도에 이르러야 하며, 불법행위가 성립하기 위해서는 가해자의 성적 언동 자체가 피해자의 업무수행을 부당히 간섭하고 적대적 굴욕적 근무환경을 조성함으로써 실제상 피해자가 업무능력을 저해당하였다거나 정신적인 안정에 중대한 영향을 입을 것을 요건으로 하는 것이므로 불법행위에 기한 손해배상을 청구하는 피해자로서는 가해자의 성희롱으로 말미암아 단순한 분노, 슬픔, 울화, 놀람을 초과하는 정신적 고통을 받았다는 점을 주장·입증하여야 한다는 견해는 이를 채택할 수 없다. 또한 피해자가 가해자의 성희롱을 거부하였다는 이유로 보복적으로 해고를 당하였든지 아니면 근로환경에 부당한 간섭을 당하였다든지 하는 사정은 위자료를 산정하는 데에 참작사유가 되는 것에 불과할 뿐 불법행위의 성립 여부를 좌우하는 요소는 아니다.

[4] 민법 제756조에 규정된 사용자 책임의 요건인 '사무집행에 관하여'라는 뜻은 피용자의 불법행위가 외형상 객관적으로 사용자의 사업활동 내지 사무집행 행위 또는 그와 관련된 것이라고 보일 때에는 행위자의 주관적 사정을 고려함이 없이 이를 사무집행에 관하여 한 행위로 본다는 것이고, 외형상 객관적으로 사용자의 사무집행에 관련된 것인지의 여부는 피용자의 본래 직무와 불법행위와의 관련 정도 및 사용자에게 손해 발생에 대한 위험 창출과 방지조치 결여의 책임이 어느 정도 있는지를 고려하여 판단하여야 한다.

[5] 고용관계 또는 근로관계는 이른바 계속적 채권관계로서 인적 신뢰관계를 기초로 하는 것이므로, 고용계약에 있어 피용자가 신의칙상 성실하게 노무를 제공할 의무를 부담함에 대하여, 사용자로서는 피용자에 대한 보수지급 의무 외에도 피용자의 인격을 존중하고 보호하며 피용자가 그 의무를 이행하는 데 있어서 손해를 받지 아니하도록 필요한 조치를 강구하고 피용자의 생명, 건강, 풍기 등에 관한 보호시설을 하는 등 쾌적한 근로환경을 제공함으로써 피용자를 보호하고 부조할 의무를 부담하는 것은 당연한 것이지만, 어느 피용자의 다른 피용자에 대한 성희롱 행위가 그의 사무집행과는 아무런 관련이 없을 뿐만 아니라, 가해자의 성희롱 행위가 은밀하고 개인적으로 이루어지고

피해자로서도 이를 공개하지 아니하여 사용자로서는 이를 알거나 알 수 있었다고 보이지도 아니하다면, 이러한 경우에서까지 사용자가 피해자에 대하여 고용계약상의 보호의무를 다하지 아니하였다고 할 수는 없다.

【참조조문】
[1] 민법 제750조 / [2] 민법 제750조 / [3] 민법 제750조 / [4] 민법 제756조 / [5] 민법 제390조, 제655조, 근로기준법 제17조

4. 사업주의 직장 내 성희롱 예방과 피해자보호조치

사업주는 직장 내 성희롱을 예방하고 근로자가 안전한 근로환경에서 일할 수 있는 여건을 조성하기 위하여, 직장 내 성희롱의 예방을 위한 교육을 실시할 것과 직장 내 성희롱을 한 자에 대한 부서 전환, 징계 기타 이에 준하는 조치를 취할 의무를 부담한다.

(1) 직장 내 성희롱 예방을 위한 교육

사업주는 직장 내 성희롱을 예방하고 근로자가 안전한 근로환경에서 일할 수 있는 여건을 조성하기 위하여 직장 내 성희롱의 예방을 위한 교육(이하 '성희롱 예방교육'이라 한다)을 실시하여야 한다.

그리고 성희롱 예방교육의 내용·방법 및 횟수 등에 관하여 필요한 사항은 대통령령으로 정한다(남녀고용평등과 일·가정 양립 지원에 관한 법률 제13조제1항, 전문개정 2007.12.21.).

(2) 직장 내 성희롱 예방을 위한 교육의 내용과 방법

사업주는 직장 내 성희롱 예방을 위한 교육을 연 1회 이상 하여야 한다(남녀고용

평등과 일·가정 양립 지원에 관한 법률 시행령 제3조제1항). 그리고 예방교육에는 다음 내용이 포함되어야 한다.

① 직장 내 성희롱에 관한 법령

② 해당 사업장의 직장 내 성희롱 발생 시의 처리 절차와 조치 기준

③ 해당 사업장의 직장 내 성희롱 피해 근로자의 고충상담 및 구제 절차

④ 그 밖에 직장 내 성희롱 예방에 필요한 사항

또한 예방교육은 사업의 규모나 특성 등을 고려하여 직원연수·조회·회의, 인터넷 등 정보통신망을 이용한 사이버 교육 등을 통하여 실시할 수 있다. 다만, 단순히 교육자료 등을 배포·게시하거나 전자우편을 보내거나 게시판에 공지하는 데 그치는 등 근로자에게 교육 내용이 제대로 전달되었는지 확인하기 곤란한 경우에는 예방교육을 한 것으로 보지 아니한다.

(3) 직장 내 성희롱 발생 시 조치

사업주는 직장 내 성희롱 발생이 확인된 경우 지체 없이 행위자에 대하여 징계나 그 밖에 이에 준하는 조치를 하여야 한다(남녀고용평등과 일·가정 양립 지원에 관한 법률 제14조 제1항).

또한 사업주는 직장 내 성희롱과 관련하여 피해를 입은 근로자 또는 성희롱 피해 발생을 주장하는 근로자에게 해고나 그 밖의 불리한 조치를 하여서는 아니 된다(동조 제2항, 전문개정 2007.12.21.).

(4) 고객 등에 의한 성희롱 방지

사업주는 고객 등 업무와 밀접한 관련이 있는 자가 업무수행 과정에서 성적인 언동 등을 통하여 근로자에게 성적 굴욕감 또는 혐오감 등을 느끼게 하여 해당 근로자가 그로 인한 고충 해소를 요청할 경우 근무 장소 변경, 배치전환 등 가능한 조치를 취하도록 노력하여야 한다(남녀고용평등과 일·가정 양립 지원에 관한 법률 제14조의2).

또 사업주는 근로자가 피해를 주장하거나 고객 등으로부터의 성적 요구 등에 불응한 것을 이유로 해고나 그 밖의 불이익한 조치를 하여서는 아니 된다[본조 신설 2007.12.21.].

(5) 대법원 판례의 흐름

성희롱에 대해 대법원에서는 사용자의 성희롱방지의무를 명확하게 제시하고 있다. 사용자의 성희롱의 방지의무를 근로계약에 내재된 의무라고 보는 것이다.

따라서 가해근로자가 저지른 성희롱에 대해 '회사나 사용자'가 책임져야 한다는 것이다. 종래에 성희롱 가해자와 피해자만을 중심으로 따져 물었던 손해배상의 책임을 회사나 사용자에게 묻고 있는 것이 판례의 흐름이다. 즉 직장 내 성희롱 사건에 대해 '가해자'뿐만 아니라, '회사' 역시 책임이 있다고 인정한 판례[170]도 있다(L호텔 성희롱사건에 관한 판례, 서울지방법원 2002.11.26. 선고, 2000가합57462 손해배상).

---

170) 서울지법 민사합의18부는 롯데호텔 여성 노동자 46명이 여직원에게 습관처럼 성희롱을 일삼은 김 아무개 이사 등 7명과 대표이사 및 L호텔을 상대로 낸 2억 2000여만 원의 손해배상 청구소송에서 "회사는 송 아무개 씨 등 피해자 9명에게 각각 100~300만 원씩 1300만 원을, 최 아무개 씨 등 가해자 4명은 또 다른 피해자 10명에게 100~300만 원씩 1400만 원을 각각 지급하라"고 원고 일부 승소 판결함.
재판부는 "피고회사는 성희롱 예방교육을 통해 주의의무를 이행했다고 주장하나 성희롱 위험이 상존하는 피고회사의 경우 단순히 성희롱 예방교육을 정례적으로 실시한 것만으로 의무를 다했다고 보기 힘들다."며 "회사로서는 고용 계약상 보호의무를 다하지 못한 책임을 면할 수 없다."고 했음. 또 "사용자의 보호의무 범위는 직장 내 근무시간은 물론 회사가 비용을 지원한 공식 행사에까지 미친다."며 책임범위를 회사가 비용을 지원한 야유회 회식 자리까지 넓혔음.

서울지법 동부지원 2002.5.3. 선고 2001가합6471 판결: 항소, 화해
【손해배상(기)】 [하집2002 −1,176]

【판시사항】
[1] 근로자의 다른 근로자에 대한 직장 내 성희롱으로 인한 사용자의 손해배상책임 여부 (적극)
[2] 근로계약이 장기간에 걸쳐서 반복하여 갱신된 경우가 아니라 최초의 계약갱신의 경우라고 하더라도 기간을 정하여 채용된 근로자를 사실상 기간의 정함이 없는 근로자로 볼 수 있는지 여부(적극)

【판결요지】
[1] 근로자는 업무와 관련하여 다른 근로자에게 성적인 언동 등으로 성적 굴욕감 또는 혐오감을 느끼게 하여서는 아니 되고, 여기서 '업무와 관련하여'라 함은 근로자의 업무 그 자체 또는 이에 필요한 행위뿐만 아니라 이와 관련된 것이라고 일반적으로 보이는 행위는 설사 그것이 근로자의 이익을 도모하기 위한 경우라도 이에 포함된다고 보아야 할 것이며, 사용자인 회사는 근로자의 근무환경에 대해 배려하여 성희롱을 통하여 근로자의 인격적 존엄을 해치고, 노무제공에 중대한 지장을 초래하는 것을 방지해야 할 의무가 있으므로 근로자가 다른 근로자에게 성희롱을 하였다면 사용자인 회사는 이로 인한 손해를 배상할 책임이 있다.
[2] 근로자가 종사하던 작업의 종류, 내용, 근무형태, 계약갱신 시의 신계약 체결절차의 형식, 다른 근로자의 계속근로의 유무에 비추어 기간의 정함이 있는 근로계약이 마치 기간의 정함이 없는 근로계약과 실질적으로 다르지 않은 상태로 존재하거나 그렇지 않더라도 적어도 근로자가 기간만료 후의 계약갱신을 기대하는 것에 합리성이 인정되는 경우에는 근로계약이 장기간에 걸쳐서 반복하여 갱신된 경우가 아니라 최초의 계약갱신의 경우라고 하더라도 사실상 기간의 정함이 없는 근로자와 다를 바가 없게 되고, 그 경우에 사용자가 정당한 이유 없이 갱신계약의 체결을 거절하는 것은 해고와 마찬가지로 무효로 된다.

【참조조문】
[1] 민법 제750조, 제756조, 남녀차별 금지 및 구제에 관한 법률 제2조 제2호, 제17조 제1항, 구남녀고용평등법(2001.8.14. 법률 제6508호로 전문 개정되기 전의 것) 제8조의2 (현행 제14조 참조) [2] 근로기준법 제23조, 제30조.

(출처: 서울지법 동부지원 2002.5.3. 선고 2001가합6471 판결: 항소, 화해 【손해배상(기)】 [하집2002 −1,176])

공공기관의 성희롱 예방지침

제 정 2001.4.17. 여성부고시 제2001-2호
개 정 2002.10.28. 여성부고시 제2002-1호
2005.9.14. 여성가족부고시 제2005-1호
2006.4.24. 여성가족부고시 제2006-1호

제1조(목적) 이 지침은 여성발전기본법 (이하 '법'이라 한다) 제17조의2 및 동법 시행령(이하 '영'이라 한다) 제27조의2제3항의 규정에 따라 공공기관의 성희롱 예방교육의 방법 등 기타 필요한 사항을 정함을 목적으로 한다.

제2조(적용범위) 이 지침은 법 제3조제4호 및 영 제2조제4항의 규정에 의한 공공기관에 대하여 적용한다.

제3조(교육계획의 수립) 공공기관의 장은 영 제27조의2제3항의 규정에 의한 공공기관의 성희롱 예방교육의 실시 시기·내용·방법 등에 관한 세부 실시계획을 매년 수립하고 이를 이행하여야 한다.

제4조(교육 시간) ① 영 제27조의2제3항의 규정에 의한 성희롱 예방교육을 실시하는 경우에 연 1회는 1시간 이상의 교육시간을 확보하여야 한다.

제5조(교육 방법 등) ① 영 제27조의2제3항의 규정에 의한 공공기관의 성희롱 예방교육은 전문가 강의, 시청각 교육, 사이버 교육 등 다양한 교육방법을 활용하되, 연 1회는 가능한 한 집합교육 등 대면교육을 실시하며, 시청각 자료를 활용할 때에는 해설이 가능한 자가 진행하여야 한다.
② 공공기관의 장은 신규 채용 직원(임시직, 계약직 포함)의 부서배치에 앞서 당해 직원에 대하여 기관 내 성희롱 고충처리절차를 포함한 성희롱 예방지침 등을 교육하여야 한다.
③ 공공기관의 장은 성희롱 예방교육을 실시한 경우에 교육일시 및 방법, 교육참석자 명단, 교육내용 등이 명시된 교육 실시 관련 자료를 작성·관리하여야 한다.

제6조(성희롱 예방조치) ① 각 공공기관의 장은 성희롱 예방을 위하여 다음 각 호의 조치를 취하여야 한다.
　1. 성희롱 관련 상담·고충의 처리를 위한 전담창구 마련
　2. 성희롱 고충 담당자 지정 및 교육훈련 지원

    3. 성희롱 고충전담창구 운영에 대한 정기점검
    4. 성희롱 예방교육·홍보용 자료 게시 또는 비치
    5. 자체 성희롱 예방지침 마련
② 제1항제5호의 규정에 의한 자체 성희롱 예방지침에는 다음 각 호의 내용이 포함되어야
   한다.
    1. 법 제3조제4호에 근거한 성희롱의 정의
    2. 공공기관의 장의 성희롱 방지를 위한 조치 의무에 관한 사항
    3. 고충전담창구의 설치 및 운영에 관한 사항
    4. 성희롱 고충의 처리절차에 관한 사항
    5. 성희롱 행위자에 대한 징계 등 제재조치에 관한 사항
    6. 성희롱과 관련된 피해자에 대한 불이익 조치 금지에 관한 사항
    7. 성희롱 고충내용 및 상담·신청자와 관련된 비밀보장에 관한 사항
    8. 기타 성희롱 예방을 위하여 필요한 사항
③ 제2항제4호의 규정에 의한 성희롱 고충처리절차에는 성희롱 고충의 신고방법·처리기
   한·처리체계·처리방법·처리결과의 통보 등에 관한 사항이 포함되어야 하며, 공공기
   관의 장은 고충접수 및 처리대장을 작성·비치하여야 한다.

제7조(성희롱 예방조치 부진기관 등)

① 전년도 성희롱 예방조치 결과가 부진한 기관의 장은 성희롱 예방교육 시 여성가족부
   장관이 위촉한 전문강사를 익년도부터 2년간 활용하여야 하며, 여성가족부가 마련한
   관리자 특별교육과정을 이수하여야 한다.
② 성희롱 사건이 발생한 공공기관의 장은 재발방지대책을 여성가족부 장관에게 제출하여
   야 한다.

부 칙

이 고시는 고시한 날부터 시행한다.

5. 성희롱 관련 주요 쟁점

성희롱문제는 형법상의 성범죄 등과는 달리 다음과 같은 세 가지 점에서 논쟁이 되기도 한다.

(1) 강제성의 여부

성희롱이 성립하기 위해서는 강제성을 요소로 할 것인가의 여부가 문제된다.

당연히 강제성을 띤 성적 희롱 행위는 성희롱에 포함될 것이다. 그런데 중요한 것은 성희롱 당시에 가해자가 현실적으로 강제력을 행사하지 않는 경우에도 성희롱이 존재할 수 있는가에 대한 것인데, 성희롱을 하나의 성적 지배현상이라는 측면에서 본다면, 반드시 가해자가 피해자에게 직접적인 강제력을 행사하지 않더라도 성희롱은 성립될 수 있다고 본다.

다만, 강간죄나 강제추행죄의 경우에는 행위자에 의해서 강제적인 힘이 가해지는 것이 필수적이다.

(2) 성희롱행위의 범위 판단 문제

강간이나 강제추행, 성희롱 등은 구분되어야 할 것이다. 성희롱행위는 강간행위는 물론 강제추행행위에 이르지 않더라도 성립한다.

성희롱의 범위를 결정하는 데 있어서 ① 강간이나 강제추행 ② 성희롱 ③ 친밀감의 표시 등으로 구분할 수 있는바, 성희롱은 중간 영역에 해당될 수 있을 것이다.

그래서 여성의 특정 신체부위를 만질 때 옷 위로 만지면 성희롱에 해당되고 옷 속으로 손을 넣어 만진다면 강제추행에 해당될 수 있다.

성희롱행위는 어깨를 감싸 안는 행위, 몸을 밀착시키는 행위, 손을 잡는 행위, 피해자 보는 앞에서 포르노를 보는 행위 등이 포함될 수 있다.

(3) 성희롱 판단의 기준

성희롱은 그 수단으로 성적 언동 등이 매개되어 상대방으로 하여금 성적 굴욕감 또는 혐오감을 느끼게 하여야 한다. 그래서 단 한 번의 성적 언동으로도 성희롱이 성립할 수 있으며, 여성비하적인 언동으로 인격모독을 당한 경우는 성적 언동이 매개되었는지 여부에 따라 성희롱 여부를 판단할 수 있을 것이다.

성희롱의 판단기준을 살펴보면 다음과 같다.[171]

첫째, 성희롱 가해자의 의도성 여부와는 관계없이 성희롱 '피해자의 입장'에서 실제로 성적 굴욕감 또는 혐오감을 느꼈는지 여부를 중심으로 판단하게 된다. 성희롱 행위자가 피해자를 성희롱하려는 의도를 가지지 않았더라도 피해자가 성희롱으로 받아들일 수 있다.

둘째, 성희롱 피해자가 반드시 행위자에게 직접 그 행위를 원치 않는다는 '명시적인 의사표시'를 하여야만 성희롱이 성립되는 것이 아니라, 그것이 실제로 원치 않는 행위였음은 피해자의 언행이나 주변 정황을 고려하여 '객관적으로 판단'한다.

대법원 판례에서, "성희롱이 성립되기 위해서는 행위자에게 반드시 성적 동기나 의도가 있어야 하는 것은 아니지만, 당사자의 관계, 행위가 행해진 장소 및 상황, 행위에 대한 상대방의 명시적 또는 추정적인 반응의 내용, 행위의 내용 및 정도, 행위가 일회적 또는 단기간의 것인지 아니면 계속적인 것인지 여부 등의 구체적 사정을 참작하여 볼 때, 객관적으로 상대방과 같은 처지에 있는 일반적이고도 평균적인 사람으로 하여금 성적 굴욕감이나 혐오감을 느낄 수 있게 하는 행위가 있고, 그로 인하여 행위의 상대방이 성적 굴욕감이나 혐오감을 느꼈음이 인정되어야 할 것(출처: 대법원 2007.6.14. 선고 2005두6461 판결)"이라고 판시하고 있다.

셋째, 양 당사자가 원하고, 상호 합의가 된 성적 관계나 교제는 성희롱이 아니다.

넷째, 단 한 번의 성적 언동이라도 성희롱으로 간주될 수 있다. 원치 않는 행위는 반드시 반복적이거나 계속적일 필요는 없다.

다섯째, 성희롱은 다양한 형태로 나타나며 어느 한 유형에 국한되지 않고 중복되

---

171) 여성부, 성희롱 예방교육자료 참조.

어 나타나는 편이다.

6. 외국의 성희롱에 관한 입법례

국제기구나 외국에서 직장 내 성희롱에 관한 법적 대책을 마련한 역사는 별로 오래되지 않아서 이를 명문화하고 있지 않다. 다만 유엔의 「여성에 대한 폭력철폐선언」이 직장 내 성희롱을 포함하는 여성에 대한 폭력은 여성차별에 해당한다고 선언한 바 있다.

성희롱은 인간으로서의 존엄성 보장이라는 측면뿐만 아니라, 노동생산성의 증대, 기업경쟁력의 확보 등 기업의 생존과도 직결되는 문제가 되고 있다.

또한 판례나 행정기구의 지침으로 직장 내 성희롱이 남녀고용 평등원칙에 위반된다고 인정하는 국가가 많지만, 성문법의 형태로 직장 내 성희롱에 관하여 명시한 국가는 많지 않다. 더구나 그러한 입법동향은 주로 유럽과 미국, 호주, 뉴질랜드에서 활발히 이루어지며 아직 싱가포르, 말레이시아와 같은 아시아 국가에서는 직장 내 성희롱에 관한 명시적 규정을 두고 있지 않다.

주요국의 성희롱 관련 입법례를 간단히 정리하면, 아래 <표 5−2>와 같다.

<표 5-2> 주요국의 성희롱 관련 입법례 비교

국 가	관 련 법 령
미 국	- 고용기회평등법: (1) 시민권법 제7편(1964년 제정, 1991년 최종개정) (2) 캘리포니아의 공정고용과 주택에 관한 법(1990년 제정) - 대부분의 주의 형법(캘리포니아 주 형법)
캐 나 다	- 인권법(1977년 제정, 1985년 개정) - 노동법전(1988년 개정)
독 일	- 직장 내 성희롱에 대한 근로자보호법(1994년 제정) - 베를린 주의 평등법(1990년 제정, 1994년 개정) - 헤센 주의 평등법(공공행정에 있어서의 남녀동권실현과 성차별 철폐를 위한 법)(1990년 제정, 1994년 개정)
프 랑 스	- 노동법전(1992년) - 형법(1992년 개정, 1994년 시행)
스 웨 덴	- 남녀고용평등법(1991년 시행, 1994년 최종개정) - 형법(1992년 개정)
스 페 인	- 근로자헌장(1989년 개정) - 공무원규칙(1989년 개정)
벨 기 에	- 직장 내 성희롱에 대한 근로자보호명령(1994년 제정)
호 주	- 성차별 금지법(1984년 제정, 1992년 개정)
뉴질랜드	- 인권법(1993년 제정, 1994년 시행) - 고용계약법(1991년 재정)
일 본	- 남녀고용기회균등법(1999.4. 개정)

자료: 여성부, 「관리자를 위한 성희롱 예방 가이드」, 2001, p.58.

그러나 1980년대 이후부터는 직장 내 성희롱을 고용상의 성차별의 유형으로 분류하고 남녀고용 평등실현을 위하여 국제사회에서 법적으로 대책을 마련하고 있다. 또한 국제기구의 문서와 각국의 입법례를 분석해 보면, 성희롱에 관하여 다음과 같은 보편적 관점을 찾을 수 있다.[172]

① 성희롱을 고용상의 불평등 문제와 인간의 존엄성의 침해문제를 초래하는 행동
　으로 본다.

---

172) 여성부, 「관리자를 위한 성희롱 예방 가이드」, 2001, pp.51-58.

② 성희롱을 결과적으로 고용기회 및 승진거부, 해고 등 피해자에게 경제적 손실을 주는 '조건형 성희롱'과 구체적인 불이익을 주지 않더라도 피해자에게 성적 불쾌감과 굴욕감을 줌으로써 근로환경을 악화시키는 '환경형 성희롱'으로 유형화한다.

③ 개인은 이러한 성희롱을 받지 아니하고 안전하고 평등한 환경 속에서 일할 수 있는 권리와 성희롱 피해를 받았을 경우 피해를 구제받을 권리를 가진다.

④ 사용자는 남녀고용평등 실현의 차원에서 성희롱의 예방과 방지를 도모할 조치를 취할 책임을 가지며 이러한 의무를 위반한 경우 종업원 및 업무 관련자의 성희롱 행위에 대한 책임을 진다.

⑤ 성희롱에 대한 대책수립을 국가와 사업주의 의무로 규정하는 것이다.

Ⅳ. 분쟁의 해결

남녀차별 금지·성희롱 예방 그리고 모성보호(육아휴직, 직장보육시설 설치) 등에 관한 분쟁에 관해 사업주의 자율적인 해결노력 및 국가기관의 관여를 통하여 분쟁을 해결하고 있다.

1. 사업주의 자율적 해결노력

(1) 고충처리기관 운영

사업주는 모집과 채용, 임금, 임금 외의 금품, 교육, 배치 및 승진, 정년, 퇴직 및 해고, 직장 내 성희롱 예방, 유아휴직 및 보육시설에 관하여 근로자로부터 고충의 신고를 받은 때에는 「근로자참여 및 협력증진에 관한 법률」에 의하여 당해 사업장에 설치된 노사협의회에 고충의 처리를 위임하는 등 자율적인 해결을 위하여 노력하여야 한다(남녀고용평등과 일·가정 양립 지원에 관한 법률 제25조).

(2) 명예고용평등감독관제도 운영

「남녀고용평등과 일·가정 양립 지원에 관한 법률」이행에 대한 사업주와 근로자의 관심을 제고하고, 남녀차별 및 직장 내 성희롱 관행의 자율적인 개선을 유도하기 위하여 2001년부터 명예고용평등감독관제도를 도입·운영하고 있다.

이 제도의 목적은 사업장의 남녀고용평등 이행을 촉진하기 위한 것이며(「남녀고용평등과 일·가정 양립 지원에 관한 법률」제24조), 명예고용평등감독관은 노사협의회 위원, 고충처리위원, 노동조합 임원 또는 인사·노무담당부서의 관리자 등 당해 사업장의 남녀고용평등 실현을 위하여 활동하기에 적합하다고 판단되는 자 1~2인을 노사 공동의 추천으로 지방노동관서장이 위촉하고 있다.

2. 국가기관의 관여

국가기관으로서 관여할 수 있는 구제기관으로는 노동부, 노동위원회, 국가인권위원회 등이 있다.

즉 성희롱을 당한 피해 근로자가 취할 수 있는 방법은 노동부(노동청, 노동사무소 포함)와 노동위원회에 각각 진정이나 구제신청을 할 수 있다.

한편 여성의 인권이 침해당한 사람이나 그 사실을 알고 있는 사람은 국가인권위원회에 진정을 접수하고 상담할 수 있다.

3. 법원

성희롱의 책임은 민사상의 책임과 형사상의 책임으로 대별할 수 있다.

(1) 민사소송

성희롱 피해자는 법원에 민사소송절차를 진행하여, 성희롱 가해자와 사용자에 대하여 법적 책임을 물을 수 있다.

① 불법행위책임(민법 제750조)

성희롱 피해자는 가해자에 대하여 민법 제750조에 의한 불법행위책임에 따른 손해배상을 청구할 수 있다. 피해자가 가해자의 성적 언동으로 인하여 인격권을 침해받았음이 인정되면 이로써 피해자가 정신적 고통을 입었음이 경험칙상 명백하다고 할 것이므로, 피해자는 가해자에 대하여 불법행위를 이유로 정신적 손해배상을 청구할 수 있다.

② 사용자의 고용계약상의 보호의무(민법 제756조)

사용자는 임금지급 의무 이외에 근로자의 인격을 존중하고 근로자가 그 의무를 이행하는 데에 손해를 받지 아니하도록 필요한 조치를 강구하고 근로자의 생명, 건강, 풍기 등에 관한 보호시설을 제공하여 근로자를 보호할 의무를 부담한다.

그중에서 성희롱과 관련하여 사용자가 근로자에 대해 배려(보호)해야 할 의무(조치)로는 ① 직장 내 성희롱 예방교육 실시, ② 성희롱 행위자에 대한 징계조치, ③ 성희롱 피해자에 대한 불이익조치의 금지 등이 있다.

직장 내 성희롱 예방교육을 실시하지 않은 사용자는 성희롱이 발생한 경우 근로계약상의 배려의무 및 불법행위의 주의의무 위반책임을 져야 한다. 또 상담·고충에 대한 대응도 대응창구를 명확히 하지 않고, 상담·고충에 적절하고 신속하게 대응하지 않는 사용자는 이러한 의무위반의 책임을 진다. 이때 적절하고 신속하게 대응하지 않아 피해자가 부득이 퇴직한 경우도 마찬가지다. 한편 여성 근로자의 사생활보호·불이익취급 금지에 대해서도 사생활침해·불이익취급 그 자체가 사용자 책임이 될 수 있다.

③ 입증책임

「남녀고용평등과 일·가정 양립 지원에 관한 법률」과 관련한 분쟁 해결에서 입증책임은 사업주가 부담한다(동법 제30조).

(2) 형사소송

우리나라에서 직장 내 성희롱 문제는 「남녀고용평등과 일·가정 양립 지원에 관한 법률」에서 규정하고 있으며, 형사상의 처벌대상이 되지 않는다. 즉 민사상 책임을 묻거나 공공기관이나 사용자가 성희롱 예방교육을 실시하고 가해자를 징계할 수 있을 뿐 가해자는 형사 처벌되지 않는다.

이렇게 현행법상 성희롱에 대해서는 형법이 개입하지 않고 있다. 다만 형법상 성범죄의 구성요건을 구성할 때에는 각각 모욕죄, 명예훼손죄, 강제추행죄, 강간죄 등으로 처벌할 수 있을 것이다.

제3절 노동시장의 유연성과 적극적 고용개선조치

Ⅰ. 여성노동의 주변화와 고용불안정

1990년대 이후 고용형태가 다양화됨에 따라 '단시간근로자', '파견근로자' 등 비정규근로자가 증가하고 있다. 이는 대기업에서 청소, 경비, 주유원 업무 등 기업고유의 업무와 거리가 먼 비핵심적인 업무는 외부의 용역업체(파견업체)에 의뢰하여 처리하고 있기 때문이다. 그래서 일반적으로 기업에서는 근로자를 공급받는 형태가 증가하고 있는 것이다.

1997년 이후 경제위기가 도래하면서 여성의 경제활동은 더욱 위축되었다.[173] 우리나라 여성경제활동참가율은 54.5%에 불과하여, 미국(69.2%), 영국(69.7%), 노르웨이(75.4%), 일본(60.8%)에 비해 턱없이 낮은 수준이다(2005, OECD 기준). 이를 세부적으로 비교하여 보면, <표 5−3>과 같다.[174]

그리하여 우리나라는 직장과 가정의 양립이 가능하도록 하는 환경이 미흡한 것으로 나타나고 있으며, 양성평등과 가족친화적인 여건이 조성되어야 하는 과제가 남아 있다.

---

173) 1997년 실업자를 성별로 보면, 남자는 35만 2천 명, 여자는 7만 명(52.2%)이 증가하여, 여자의 실업자 증가율이 남자보다도 두 배 이상 높았다.
174) 여성가족부, 「여성에게 도약을, 가정에게 희망을」, 2007년 국민과 함께하는 업무보고, 2007.3.13.

<표 5-3> 여성경제활동참가율

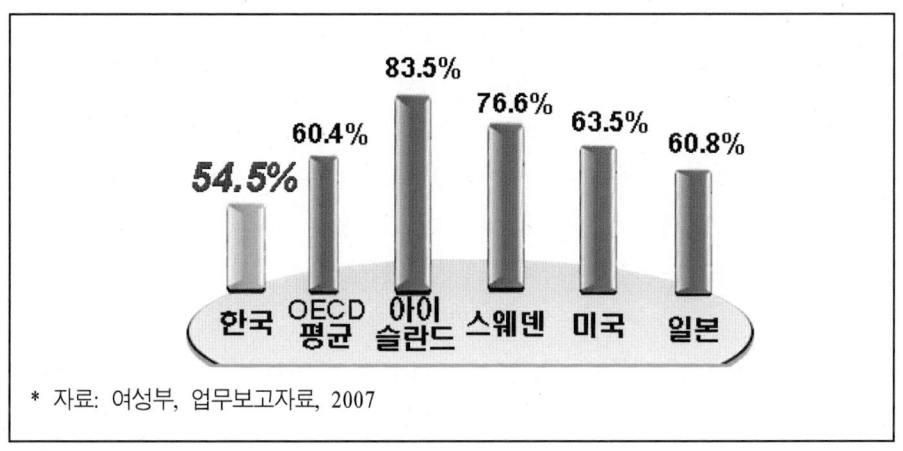

83.5%
76.6%
60.4%   63.5% 60.8%
54.5%

한국 OECD 아이 스웨덴 미국 일본
       평균 슬란드

* 자료: 여성부, 업무보고자료, 2007

1. 여성노동의 주변화와 비정규근로자로의 전락

여성의 경제활동 참여가 전반적으로 늘어남에도 불구하고 여성노동력은 비정규적이며 주변 노동력적인 특성을 갖고 있다.[175]

노동부 자료에 따르면, 2005년 8월 현재 비정규직의 규모는 전체 5,483천 명으로 이는 전체 근로자의 36.6%에 해당한다. 여성 비정규직은 여성 근로자의 43.7%인 3,539천 명, 남성 비정규직은 남성 근로자의 31.5%인 5,947천 명으로 나타나 여성의 비정규직 비율이 높은 것으로 나타났다.[176]

비정규직의 시대적 변화를 조망하여 보면, 전통적 비정규형은 고용관계가 주로 비정규 노동으로 맺어져 왔던 경우로서 정규직의 임시 대행으로 투입되는 대기노동

---

175) 노동력은 고용안정과 근로조건이 보장되는 1차 부문(primary sector)인 주류노동자층과 비전형적 취업과 고용의 불안정을 특징으로 하는 2차 부문(secondary sector)인 주변노동자층으로 나누어 볼 수 있다. 여성노동인구는 전체 노동인구의 절반임에도 불구하고 여성이 겪는 차별과 불평등으로 인하여 주변노동자의 특성을 갖고 있는 것이다.

176) 노동부, 「여성과 취업」, 2006.12. p.31.

자, 건설일용직, 가내노동 등이 해당될 수 있다. 반면, 새로운 비정규형은 경기불안, 산업 구조조정 등 경제체계 전반에서의 변동에 의해 새롭게 등장하는 탈(脫)포드주의적인 고용형태로서, 기업의 감량경영에 의한 분사, 외주, 소사장제 등에 의한 노동형태나 인력중개기관을 통한 노동제공 방식 등이 해당된다.

그런데 이런 비정규 노동은 한번 비정규 노동시장에 진입하면 빠져나오지 못하고, 계속 비정규 노동 형태로 노동시장에 머물러 있는 특성을 지니고 있는데, 특히 이런 현상은 고령자, 저숙련·저학력 노동자, 기혼 여성 노동자 등에게서 많이 나타날 수 있다.

또한, 비정규 노동 형태들이 특정 성(gender)과 연계되어 나타나고 있다는 점에 주목할 필요가 있다.

비정규근로자 중에 시간제 고용을 보다 구체적으로 살펴보면, 보통 시간제 근로는 아르바이트를 하는 학생, 은퇴를 앞두고 있거나 은퇴 이후의 노인, 육아나 가족의 간호 등의 가사책임이 있는 노동자 등 다양한 노동력 공급자들의 이해를 반영하고 있다. 즉, 많은 여성들은 가사활동을 해야 하는 부담 때문에 여성들 스스로 시간제 노동을 선호하는 경향이 있다.

그런데 시간제 근로에서 문제는 시간제 근로 그 자체라기보다는 시간제 노동의 주변적 특성이라고 할 수 있는 것이다.

주로 여성직종을 중심으로 '시간제 근로'와 '임시직화'가 진행되고 있다. 이것은 여성노동력이 노동시장 유연화로 주변적 노동자집단의 주요 대상이 되었기 때문이다.

임시고용의 형태에 집중된 여성의 노동은 남성의 노동에 비해 보다 열악한 처우를 받으며 경제의 불황기에 구조조정의 1차적 대상자로서 대량실업을 겪게 될 우려가 있다. 이러한 측면에서 여성은 임금노동자로서 불안정한 근로조건의 노동에 참여하게 되는 것이다.

2. 여성 근로자의 임금 수준

여기에서 여성 근로자의 임금 수준을 살펴보기로 한다.

임금분포는 남성에 비해 여성이 상대적으로 임금구조의 하위계층에 많이 몰려 있는 것으로 보고되고 있다.

즉 여성취업자가 특정 직종에 편중되고, 노동시장에서 지위가 낮은 위치에 놓여 있어 남녀 간에 임금격차가 발생하고 있는 것이다.

여성은 남성보다 임금이 낮은 계층에 약 두 배 많이 종사하고 있으며, 월 4,000천 원 이상의 경우 여성의 분포 남성의 1/5 수준에 불과한 것으로 나타나고 있다 (표 5-4).

<표 5-4> 임금계층별 근로자 분포(2005년)

구성비	1,000천 원 이하	1,000~1,999 천 원	2,000~2,999 천 원	3,000~3,999 천 원	4,000천 원 이상
남성(%)	7.8	33.4	28.6	19.5	10.7
여성(%)	22.4	53.4	15.6	6.3	2.3

* 임금＝월급여액＋(연간특별급여액 × 1 / 12) / 5인 이상 사업체
** 출처: 노동부, 임금구조기본통계조사보고서, 여성가족부, 제3차 여성정책기본계획, p.79 참조.

근속 연수를 비교하면 남성은 40%가 5년 이상의 근속자임에 비해 여성은 24.3%에 불과하며 근속 연한의 증가에 따라 남녀 간의 근속의 차이는 더욱 뚜렷하게 나타난다. 이러한 현상은 여성의 경우에도 직업에서의 차별적 처우를 받으며 남성직업에 비해 정년이 짧고 일시 휴직 후 재취업이 남성에 비해 불리하기 때문이다.[177]

근속 연수가 동일한 남녀를 비교하여 보면, 근속 연수의 증가에 따른 남녀 간의 월임금격차는 증가하는 경향이다. 이와 같이 직업안정성과 근로조건의 차이로 인해 20대까지 남녀 간의 임금차이는 그리 크지 않으나 30대 이후 그 차이가 급격히 벌

---

177) 조홍식 외 3인, 전게서, p.197 이하.

어져 이러한 차이가 다시 좁혀지지 않는다. 이러한 남녀 간의 임금격차는 같은 피고용 상태라 하더라도 여성이 주로 취업하는 직종이 저임금, 임시직 직종이라는 점과 동일 직종 내에서도 여성이 남성보다 평균적으로 낮은 임금을 받는다는 점이 결합된 결과이다.

3. 여성 근로자의 고용불안정

여성노동에 대한 시각은 경제적인 상황이 악화되면서 더욱 가부장적(家父長的)인 성격을 드러내고 있다. 단시간근로자, 단기고용자, 파견근로자 등 비정규근로자가 주로 여성이라는 것은 여성의 고용안정에 정부가 적극적인 노동정책을 추진해야 한다는 점, 여성인력의 수급 조절을 위해서 국가가 개입해야 한다는 점, 그리고 여성 근로자 보호에 대한 제도적인 장치가 필요하다는 점을 시사해 주고 있다.

여성 근로자가 재직하고 있는 동안 임금차별, 승진차별, 부당한 능력 평가 등 다양한 차별을 경험하고 있다는 것은 정부의 개입 필요성을 더욱 시급하게 요청하고 있다.

임금과 관련하여 동일노동에 대하여 남녀차별 없이 동일임금의 지급이 법제화되어 있고, 임시직·시간근로·파견근로 등 변칙적인 고용형태를 통하여 저임금을 지급하는 사례가 늘고 있다.

이러한 점에서 노동시장과 고용관행상 여성들이 차별받고 있는 상황을 개선하기 위하여 정리해고의 제한, 고용형태의 변화와 여성의 고용안정, 동일노동 동일임금 원칙 등에 대해 살펴보기로 한다.

Ⅱ. 경영상 이유에 의한 해고의 제한

1. 경영상 이유에 의한 해고 제한의 의의

　'경영상 이유에 의한 해고'란 사용자 측 사정에 의하여 근로자를 해고하는 것으로, 긴박한 경영상의 이유 등으로 인원을 정리할 필요가 있을 때, 일정한 요건 아래에서 행해지는 해고를 말한다. 즉, 근로자 측의 해고 사유에 의한 해고가 아니라는 측면에서, 선의의 피해자를 보호하기 위한 보호 장치가 필요하고 근로자보호와 실업억제를 위한 해고의 회피노력이 필요하다.

　경영상 이유에 의한 해고(이하 정리해고)제도는 급속한 기술혁신과 산업구조의 변화에 따라, 기업의 고용조정의 탄력성을 제고시켜서 국제경쟁에 대처하기 위하여 도입하였다.

　그러나 기업의 구조조정의 전략 속에서 근로자의 불만이 늘어 가고 있고, 해고회피를 위한 사용자의 노력이 부족하여 근로자의 고용불안을 초래할 수도 있다는 것이다.

　이러한 집단적 해고는 그 대상이 되는 근로자 본인과 그 가족뿐만 아니라 그 지역사회 전반에 커다란 영향을 미치고 있다. 그 때문에 정리해고에 대한 규제는 근로자보호라는 측면과 함께 고용보장이라는 측면이 적극적으로 고려되어야 할 것이다.

2. 경영상 이유에 의한 해고의 요건

　정리해고의 정당요건은 ① 해고를 하지 않으면 안 될 긴박한 경영상의 필요성이 있어야 하고 ② 해고회피를 위한 사용자 측의 성실한 노력이 있어야 하며 ③ 합리적이고 공정한 기준을 설정하여 해고 대상자를 선별하여야 하고 ④ 노동조합 또는 근로자 대표자와의 성실한 협의를 거쳐야 한다.

(1) 긴박한 경영상의 필요

사용자가 정리해고를 하려면 긴박한 경영상의 필요가 있어야 한다(근로기준법 제24조 제1항). 여기서 '긴박한 경영상의 필요'란 기업의 고도의 경영위기를 회피하기 위하여 필요한 경우 또는 기업의 경쟁력의 유지, 강화를 위한 신기술 도입 등 구조조정에 의하여 객관적으로 인원삭감이 필요한 경우를 말한다.

따라서 사업물량의 감소로 인한 경영난을 해소하기 위하여 해당 사업부의 업종을 폐지·전환하는 경우, 기업재정상 심히 곤란한 처지에 놓일 개연성이 있어 장래 기업재정의 악화를 방지하기 위하여 일부 사업을 대폭 축소한 경우에는 '긴박한 경영상의 필요'가 있다고 인정된다. 경영악화를 방지하기 위한 사업의 양도, 인수, 합병 등도 긴박한 경영상의 필요가 있는 것으로 본다.

(2) 해고회피 노력

사용자가 근로자를 정리 해고하려면 인원삭감의 필요가 있더라도 해고를 피하기 위한 노력을 다하여야 한다(동법 24조 제2항). 긴박한 경영상의 필요가 있더라도 근로관계를 유지할 수 있는 방안을 최대한 모색하여야 한다. 이 경우 남녀의 성을 이유로 차별하여서는 아니 된다.

해고회피의 노력으로서는 경영경비의 절감, 외주, 도급의 해약, 신규채용의 중단, 일시휴직, 희망퇴직자 모집, 전직(배치전환), 근로시간 단축 등이 있다.

법원은 사용자 측의 해고회피 노력으로서 경영방침이나 작업방식의 합리화, 신규채용의 금지, 일시휴직 및 희망퇴직의 활용, 배치전환, 그리고 자산매각 등의 방법을 들고 있다. 그러나 해고회피 노력으로서 어떤 조치를 어느 정도로까지 실시할 수 있는가에 대해서는 명확한 기준이 정립되어 있다고 보기 어려우며, 기업의 규모와 사업의 성질, 인원정리의 범위·목적·긴급성의 정도 등에 비추어 해고회피 노력의 정도는 사안에 따라 달라질 수 있을 것이다.[178]

(3) 합리적이고 공정한 해고 대상자의 선정

사용자는 근로자를 정리 해고하려면 합리적이고 공정한 해고의 기준을 정하고 이에 따라 그 대상자를 선정하여야 한다(동법 24조제2항 후단).

해고 대상자의 선정기준을 '합리적이고 공정'한 기준에 의해야 한다는 것은 각 사업장의 구체적이고 개별적인 사정에 따라 판단할 수밖에 없는데, 판례는 근무성적, 근로자의 건강상태, 상벌관계, 경력, 숙련도, 연령, 근속기간 등을 그 기준으로 제시하고 있다.

생각건대, 해고에 대한 피해나 영향을 극소화할 수 있도록 '사회적인 관점'에서 해고 대상자를 선정하는 장치가 필요하다고 본다. 사용자의 시각이 아닌 사회적인 시각에서 해고 대상자를 선정하는 것이 중요할 것인바, 이러한 시각으로는 근로자의 ① 재산 정도, ② 부양가족 수, ③ 결혼 여부, ④ 근속 연수, ⑤ 연령, ⑥ 건강상태 등이 제시될 수 있으며, 이 외에도 근로자의 이익이 보호될 수 있는 사항이 적정하게 고려되어야 할 것이다.[179]

성별, 국적, 신앙, 사회적 신분 등을 기준으로 하거나 노동조합의 조합원으로서 정당한 조합활동을 한 자를 선정하는 것은 허용되어서는 안 될 것이다.

(4) 근로자 대표와의 협의

사용자는 근로자를 정리 해고하려면 해고를 회피하기 위한 방법 및 해고의 기준 등에 관하여 노동조합에 대하여 해고를 하려는 날의 50일 전까지 통보하고 성실하게 협의하여야 한다.(동법 제24조제3항).

또한 사용자는 1개월 동안에 다음 각 호의 어느 하나에 해당하는 인원을 해고하려면 최초로 해고하려는 날의 30일 전까지 노동부장관에게 신고하여야 한다.

(i) 상시 근로자 수가 99명 이하인 사업 또는 사업장: 10명 이상

(ii) 상시 근로자 수가 100명 이상 999명 이하인 사업 또는 사업장: 상시 근로자

---

178) 김형배, 전게서, p.445.
179) 박동명, 노동법상 고용조정에 관한 연구, 전남대 대학원, 박사학위논문, 1998.8. 참조.

수의 10퍼센트 이상

(iii) 상시 근로자 수가 1,000명 이상 사업 또는 사업장: 100명 이상

그리고 신고서에는 해고 사유, 해고 예정 인원, 근로자 대표와 협의한 내용, 해고 일정 등이 포함되어야 한다.

(5) 우선 재고용 노력의무

근로자를 해고한 사용자는 근로자를 해고한 날부터 3년 이내에 해고된 근로자가 해고 당시 담당하였던 업무와 같은 업무를 할 근로자를 채용하려고 할 경우 해고된 근로자가 원하면 그 근로자를 우선적으로 고용하여야 한다(동법 제25조).

3. 부당한 해고 등의 구제제도

현행법은 부당해고 등에 대한 구제제도로 법원에 의한 구제와 노동위원회에 의한 행정구제를 인정하고 있다.

(1) 노동위원회에 의한 구제

사용자가 근로자에게 부당해고 등을 하면 근로자는 노동위원회에 구제를 신청할 수 있으며, 이때 구제신청은 부당해고 등이 있었던 날부터 3개월 이내에 하여야 한다(근로기준법 제28조).

그리고 노동위원회는 구제신청을 받으면 지체 없이 필요한 조사를 하여야 하며 관계 당사자를 심문하여야 한다(동법 제29조).

(2) 법원에 의한 구제

부당한 해고 등을 당한 근로자는 자신의 선택에 따라 노동위원회를 통한 구제를

거치지 않고 직접 법원에 소송을 제기할 수도 있고, 노동위원회의 판정에 불복하여 사후에 행정소송을 제기할 수도 있다.

(3) 구제 효과

부당해고를 당한 근로자가 노동위원회 또는 법원으로부터 구제명령 또는 승소판결을 받으면 사용자는 원직복귀를 시켜야 한다.

한편, 근로자는 그 기간 중에 근로를 제공하였으면 받았을 임금을 청구할 수 있다. 이때 해고된 근로자가 해고기간 중에 다른 직장에 취업하여 얻은 수입이 있는 경우에는 일정한 범위 내에서 중간수입을 제공할 수 있을 것이다.

해고무효확인판결이 확정되었음에도 근로자의 의사에 반하여 정당한 이유 없이 근로자의 근로제공을 계속적으로 거부하는 경우에 사용자는 근로수령거부로 인한 근로자의 정신적 고통에 대하여 배상할 의무를 부담한다.

Ⅲ. 고용형태의 변화와 여성의 고용 안정

1. 개요

우리나라의 기업들의 고용형태는 최근 다양한 비정규직 고용형태를 복합적으로 도입하고 있다. 비정규직의 고용형태는 정도의 차이와 연령층 등에 차이를 보이지만 대부분 여성을 중심으로 확산되고 있는 것이 특징이다.

비정규직은 지속적으로 증가하여 2006년 8월 현재 5,457천 명으로 전체 임금근로자(15,351천명)의 1/3을 넘어서고 있다. 비정규직 월평균임금은 정규직의 62.8%로서 상당한 격차가 존재하고 있고, 사회보험에서도 실제 적용률이 현저히 낮고, 상여금과 기업복지 측면에서도 비정규직의 소외현상이 나타나고 있다.[180]

이러한 현실에도 불구하고 비정규직을 차별과 남용으로부터 보호할 수 있는 법적·제도적 장치는 여전히 미흡하다.

비정규직의 증가는 사회적으로 갈등과 노사관계의 불안정을 야기하고 되며, 이들 비정규직 근로자는 고용의 불안정과 낮은 근로조건에 시달리게 된다.

비정규직이 늘어나게 된 원인은 고용형태의 유연화와 관련이 있으나 주로 기업의 경쟁력 제고라는 측면에서 인건비의 절감을 목적하는 경우가 허다하다.

결국 비정규직 근로자에 대한 차별은 노동시장의 건전한 발전을 저해하는 결과를 가져올 수 있으므로, 비정규직 보호관련 3개 법률[181]을 제정하거나 개정하여 이들을 보호하고 있다.

2. 기간제 및 단시간근로의 보호

고용형태의 다양화와 함께 나타난 두드러진 유형의 하나가 파트타임 근무제, 시간제 근로, 단시간근로자의 출현이라고 할 수 있다.

(1) 의의 및 근로조건 결정원칙

「기간제 및 단시간근로자 보호 등에 관한 법률」은 기간제 근로자 및 단시간근로자에 대한 불합리한 차별을 시정하고 기간제 근로자 및 단시간근로자의 근로조건 보호를 강화함으로써 노동시장의 건전한 발전에 이바지함을 목적(동법 제1조)으로 제정되었다.

여기서 '기간제 근로자'라 함은 기간의 정함이 있는 근로계약을 체결한 근로자를 말하며, '단시간근로자'라 함은 1주 동안의 소정근로시간이 그 사업장에서 같은 종

---

180) 정규직 79.4%(국민연금)~86.9%(산재보험), 비정규직 29.7%(국민연금)~43.1%(산재보험), 노동부, 2007노동백서, p.125 참조.
181) 비정규직 보호 관련 3개 법안: 기간제 및 단시간근로자 보호 등에 관한 법률(제정), 파견근로자 보호 등에 관한 법률(개정), 노동위원회법(개정).

류의 업무에 종사하는 통상 근로자의 1주 동안의 소정근로시간에 비하여 짧은 근로자를 말한다(근로기준법 제2조 제8호).

(2) 단시간근로자 특유의 근로조건

단시간근로자의 구체적인 근로조건 등은 근로기준법 시행령에서 규정하고 있다. 시행령으로 특별히 규정되지 않는 사항은 통상근로자와 같이 근로기준법이 적용된다. 아래에서 단시간근로자 특유의 근로조건을 살펴보기로 한다.

① 근로조건 명시

사용자는 단시간근로자를 고용할 경우에 임금, 근로시간, 그 밖의 근로조건을 명확히 적은 근로계약서를 작성하여 근로자에게 내주어야 한다(근로기준법 시행령 제9조제1항 별표 참조).

단시간근로자의 근로계약서에는 계약기간, 근로일, 근로시간의 시작과 종료 시각, 시간급 임금, 그 밖에 노동부장관이 정하는 사항이 명시되어야 한다.

② 임금의 계산

단시간근로자의 임금산정 단위는 시간급을 원칙으로 하며, 시간급 임금을 일급 통상임금으로 산정할 경우에는 1일 소정근로시간 수에 시간급 임금을 곱하여 산정한다.

단시간근로자의 1일 소정근로시가 수는 4주 동안의 소정근로시간을 그 기간의 통상 근로자의 총 소정근로일 수로 나눈 시간 수로 한다.

③ 초과근로

사용자는 단시간근로자를 소정근로일이 아닌 날에 근로시키거나 소정근로시간을 초과하여 근로시키고자 할 경우에는 근로계약서나 취업규칙 등에 그 내용 및 정도를 명시하여야 하며, 초과근로에 대하여 가산임금을 지급하기로 한 경우에는 그 지급률을 명시하여야 한다. 사용자는 근로자와 합의한 경우에만 초과근로를 시킬 수 있다.

④ 휴일·휴가의 적용

사용자는 단시간근로자에게 법 제55조에 따른 유급휴일을 주어야 한다. 사용자는 단시간근로자에게 법 제60조에 따른 연차유급휴가를 주어야 한다. 이 경우 유급휴가는 다음의 방식으로 계산한 시간단위로 하며, 1시간 미만은 1시간으로 본다.

⑤ 취업규칙의 작성 및 변경

사용자는 단시간근로자에게 적용되는 취업규칙을 통상근로자에게 적용되는 취업규칙과 별도로 작성할 수 있다. 이에 따라 취업규칙을 작성하거나 변경하고자 할 경우에는 적용 대상이 되는 단시간근로자 과반수의 의견을 들어야 한다. 다만, 취업규칙을 단시간근로자에게 불이익하게 변경하는 경우에는 그 동의를 받아야 한다.

(3) 통상근로자로의 전환

사용자는 통상근로자를 채용하고자 하는 경우에는 당해 사업 또는 사업장의 동종 또는 유사한 업무에 종사하는 단시간근로자를 우선적으로 고용하도록 노력하여야 한다(동법 제7조).

그리고 사용자는 가사, 학업 그 밖의 이유로 근로자가 단시간근로를 신청하는 때에는 당해 근로자를 단시간근로자로 전환하도록 노력하여야 한다.

3. 단기고용자의 보호

기간제 근로의 총 사용기간을 2년으로 제한하고, 2년을 초과하면 원칙적으로 정규직(무기근로계약)으로 간주하도록 하였다.

그래서 사용자는 2년을 초과하지 아니하는 범위 안에서(기간제 근로계약의 반복 갱신 등의 경우에는 그 계속 근로한 총 기간이 2년을 초과하지 아니하는 범위 안에서) 기간제 근로자를 사용할 수 있다. 다만, 다음 어느 하나에 해당하는 경우에는 2년을 초과하여 기간제 근로자로 사용할 수 있다.

① 사업의 완료 또는 특정한 업무의 완성에 필요한 기간을 정한 경우
② 휴직·파견 등으로 결원이 발생하여 당해 근로자가 복귀할 때까지 그 업무를 대신할 필요가 있는 경우
③ 근로자가 학업, 직업훈련 등을 이수함에 따라 그 이수에 필요한 기간을 정한 경우
④ 「고령자고용촉진법」 제2조제1호의 고령자와 근로계약을 체결하는 경우
⑤ 전문적 지식·기술의 활용이 필요한 경우와 정부의 복지정책·실업대책 등에 따라 일자리를 제공하는 경우로서 대통령령이 정하는 경우
⑥ 그 밖에 제1호 내지 제5호에 준하는 합리적인 사유가 있는 경우로서 대통령령이 정하는 경우

기간제 및 단시간근로자 보호 등에 관한 법률 시행령(2007.6.18. 제정·공포)에 위임되어 있는 기간제 근로자 사용기간 제한의 예외 부분에 대해서는 박사·기술사·기타 전문자격사(의사, 변호사 등 25개)로서 해당 분야에 종사하는 자 등을 규정하였다.

4. 파견근로자의 보호

일반적인 근로관계에서는 근로자를 고용하는 고용주와 그 근로자를 지휘 감독하는 사용자가 동일인이다. 그런데 사용자가 근로자를 고용하는 다른 기업(사용기업)에 제공, 파견하여 그 기업의 지휘명령에 따라 그 기업의 업무를 수행하도록 하는 경우가 있다. 이러한 근로자파견(勤勞者派遣)은 노동시장에서는 필요가 증가하여 1998년 「파견근로자보호등에관한법률(이하 '근로자파견법'이라 약칭한다)」이 제정되

면서 합법화되었다.

이 법은 근로자파견사업의 적정한 운영을 기하고 파견근로자의 근로조건 등에 관한 기준을 확립함으로써 파견근로자의 고용안정과 복지 증진에 이바지하고 인력수급을 원활하게 함을 목적으로 한다(근로자파견법 제1조). 그래서 파견사업주에 의한 파견근로자의 착취를 방지하고 파견근로자를 보호하려는 것이다.

그렇지만 근로자파견을 무제한으로 허용하는 경우에는 문제가 발생할 수 있다. 즉 오히려 현재의 정규근로자의 지위를 불안하게 할 우려가 있고, 고용불안의 원인으로 이어질 수 있기 때문에 근로자파견법은 근로자파견사업의 대상과 파견기간을 일정하게 제한하고 있다.

근로자파견사업은 제조업의 직접생산공정업무를 제외하고 전문지식·기술·경험 또는 업무의 성질 등을 고려하여 적합하다고 판단되는 업무로서 대통령령이 정하는 업무를 대상으로 한다(동법 제5조).

파견대상 업무를 종전 26개에서 32개로 확대[182]하였으며, 사용사업주가 파견근로자를 직접 고용하지 않아도 되는 예외로서 법원의 파산선고·회생절차 개시결정, 노동부장관의 도산 등이 있다.

그리하여 근로자 파견기간을 제한하고 있다.

근로자파견이 너무 길면 파견근로자가 정규근로자로 진출하는 것을 방해할 소지가 있기 때문에 파견대상업무에 대한 근로자파견의 기간은 1년을 초과할 수 없도록 하고 있다.

다만 파견사업주·사용사업주·파견근로자 간의 합의가 있는 경우에는 파견기간을 연장할 수 있다. 이 경우 1회를 연장할 때에는 그 연장기간은 1년을 초과하지 못하며, 연장된 기간을 포함한 총 파견기간은 2년을 초과하지 못하도록 하고 있다(동법 제6조).

근로기준법상 임금, 퇴직금, 휴업수당, 가산임금, 휴가수당 등에 관한 규정 및 재

---

182) 영화배우, 탤런트, 가수, 아나운서, 영화감독, 무용수, 성악가 등 문화·연예 관련 대부분의 직업과 기술공, 건축제도사, 치과조수, 빌딩관리인, 배달원 등이 새롭게 파견업무에 포함됨.

해보상에 관한 규정에 대해서는 파견사업주가 사용자로서 책임을 진다. 그리고 근로기준법상 근로시간, 휴일, 휴가 등에 관한 규정 및 안정보건에 대해서는 사용사업주가 준수책임을 지는 것이 원칙이다.

Ⅳ. 동일노동 동일임금의 원칙

1. 의 의

'동일노동 동일임금'의 원칙이란, 동일한 가치의 노동을 제공하는 근로자는 성별, 연령, 인종, 사회적 신분, 종교 등의 차별 없이 동일한 임금기준에 의한 노동 가치를 인정받은 금액을 지불받아야 한다는 임금원칙을 말한다.

사업주는 동일한 사업 내의 동일 가치 노동에 대해서는 동일한 임금을 지급하여야 한다(남녀고용평등과 일·가정 양립 지원에 관한 법률 제8조). 동일 가치 노동의 기준은 직무 수행에서 요구되는 기술, 노력, 책임 및 작업 조건 등으로 하고, 사업주가 그 기준을 정할 때에는 노사협의회의 근로자를 대표하는 위원의 의견을 들어야 한다.

그래서 동일가치노동의 기준을 직무수행에서 요구되는 기술, 노력, 책임, 작업조건 등으로 규정하고 있으며, 이런 직무평가의 기준에 있어서도 남녀차별적인 고정관념에 매이지 않도록 하고 있다. 남녀고용평등법은 동일가치 동일임금의 원칙을 위반한 사업주에 대하여 일정한 벌칙(2년 이하의 징역 또는 1천만 원 이하의 벌금)을 규정하고 있다.

한편 판례[183]에서는 동일가치노동의 징표로 들고 있는 요소 중, '기술(技術)'은 자격증·학위·습득된 경험에 의한 능력을, '노력'은 육체적 및 정신적 노력·작업

---

183) 서울지방법원 서부지원 1991.6.27. 선고, 90 가단 7848 판결.

수행과 관련된 물리적 및 정신적 긴장 즉 노동 강도를, '책임(責任)'은 직업에 내재한 의무의 성격·범위·복잡성 그리고 고용주가 피고용주에게 의지하는 정도를, '작업조건'은 소음·열·물리적·위험·고립·추위 등의 물리적 환경을 의미한다고 하였다.

그래서 판례는 임시일용직인 여자청소원의 노동과 정식직원인 남자방호원의 노동이 그 담당하는 업무의 성질·내용·책임의 정도·작업 조건 등에 비추어 동일가치의 노동에 해당되지 아니한다고 판시하였다.

2. 여성의 임금차별의 유형

고용관행상 임금에서의 여성차별은 다음과 같은 모습으로 나타난다.

첫째, 여성의 임금은 보통 남성에 비하여 보조적이라는 인식이 팽배하여 동일직군의 남성보다 상대적으로 적은 임금을 지급하는 경우.

둘째, 기본급·호봉산정·수당·승급 등에 있어서 성에 따라 그 기준을 달리 적용함으로써 임금을 차별하는 경우(성별분리보수체계).

셋째, 근로의 질·양 등에 관계없이 근로자에게 생활보조적·후생적 금품(가족수당, 교육수당, 통근수당, 김장수당 등)의 지급이나 주택자금대출 등의 사원복지제도의 실시에 있어서 성을 이유로 차별하는 경우.

넷째, 성별직종분리조치에 의한 남성전유직종(예컨대, 정비사)과 여성전유직종(예컨대, 단순생산직, 미싱사 등) 간의 임금격차가 기술·노력·책임·작업조건·학력·경력 등에 비추어 지나치게 차이가 나서 결과적으로 임금차별이 초래된 경우 등이다(한국여성개발원, 1994. 여성노동에 있어서 실질적인 개선 방안).

3. 임금지급의 원칙

임금지급의 원칙에는 다음과 같은 네 가지의 원칙이 있다.

첫째로, 임금은 반드시 근로자 본인에게 지급되어야 한다는 것인데, 이를 임금직접지불의 원칙이라고 한다(근로기준법 제43조 제1항). 이것은 임금을 확실하게 근로자 본인에게 지불하여 근로자의 생활을 보호하기 위한 것이다. 이 직접지불의 원칙은 통화지불의 원칙이나 전액지불의 원칙처럼 법령 또는 단체협약에 의한 예외를 인정치 않고 있다.

둘째로, 임금은 전액이 근로자에게 지급되어야 하며, 임금의 일부공제는 법령 또는 단체협약에 특별한 규정이 있어야 한다(전액지불원칙).

셋째로, 임금은 법령, 단체협약에 특별한 규정이 있는 경우를 제외하고는 강제 통용력이 있는 통화로 지급되어야 한다(통화지불원칙).

넷째로, 임금은 매월 1회 이상 일정한 기일을 정하여 지급되어야 하며, 또한 취업규칙에는 반드시 임금지급시기를 명시하여야 한다(일정기일 지불원칙).

여기서 '매월'이라 함은 매월 1일부터 말일까지 즉, 역일(曆日)상의 1월을 의미한다. '일정한 기일'이라 함은, 특정일을 정하는 것을 의미하며 그 기일이 주기적으로 도래하여야 한다. 이러한 임금지급의 원칙은 성별·나이·종교·인종 등 어떠한 차이에도 불구하고 적용되어야 할 것이다.

Ⅴ. 최저임금의 보호

1. 최저임금제도의 의의

최저임금제란, 국가가 임금 수준의 최저한도를 정하여 고시하고 사용자에게 이 최저임금액을 지키도록 강제하는 제도이다.

본래 자본주의 사회에서는 임금을 근로계약 당사자 사이에 자유롭게 정해야 하지만 당사자에게만 맡겨 두면 사용자의 횡포로 인하여 근로자의 인간다운 생활을 해칠 우려가 있기 때문에 국가가 노사의 임금 수준 결정에 개입하고 있다.

이에 최저임금법은 근로자에 대하여 임금의 최저수준을 보장하여 근로자의 생활안정과 노동력의 질적 향상을 꾀함으로써 국민경제의 건전한 발전에 이바지하는 것을 목적(최저임금법 제1조)으로 제정되었다.

최저임금법은 근로자를 사용하는 모든 사업 또는 사업장(이하 '사업'이라 한다)에 적용한다. 다만, 동거하는 친족만을 사용하는 사업과 가사(家事) 사용인에게는 적용하지 아니한다(동법 제3조 제1항).

적용사업장의 근로자라 하더라도 정신장애나 신체장애로 근로능력이 현저히 낮은 자, 그 밖에 최저임금을 적용하는 것이 적당하지 아니하다고 인정되는 자 등이 노동부장관의 인가를 받은 자에 대해서는 이를 적용하지 않는다(동법 제7조).

2. 최저임금의 결정, 고시

노동부장관은 매년 8월 5일까지 최저임금을 결정하여야 한다. 이 경우 노동부장관은 최저임금위원회에 심의를 요청하고, 위원회가 심의하여 의결한 최저임금안에 따라 최저임금을 결정하여야 한다(동법 제8조 제1항).

노동부장관으로부터 최저임금에 관한 심의 요청을 받은 경우 위원회는 이를 심의하여 최저임금안을 의결하고 심의 요청을 받은 날부터 90일 이내에 노동부장관에게 제출하여야 한다.

최저임금은 근로자의 생계비, 유사 근로자의 임금, 노동생산성 및 소득분배율 등을 고려하여 정한다. 이 경우 사업의 종류별로 구분하여 정할 수 있다(동법 제4조).

최저임금액은 시간·일(日)·주(週) 또는 월(月)을 단위로 하여 정하되, 일·주 또는 월을 단위로 하여 최저임금액을 정할 때에는 시간급(時間給)으로도 표시하여야 한다(동법 제5조 제1항).

그렇지만 수습 사용 중에 있는 자로서 수습 사용한 날부터 3개월 이내인 자, 감시(監視) 또는 단속적(斷續的)으로 근로에 종사하는 자로서 사용자가 노동부장관의 승인을 받은 자는 감액할 수 있도록 하였다(동법 제5조 제2항).

〈참고〉

2009년도 최저임금 안내

□ 적용기간: 2009.1.1.~2009.12.31.
□ 최저임금액
○ 시급 4,000원, 일급(8시간 기준) 32,000원
○ 월급(주 40시간·월 209시간 기준) 836,000원, 월급(주 44시간·월 226시간 기준) 904,000원
□ 적용 대상: 근로자를 사용하는 모든 사업 또는 사업장

○ 감액적용 대상
- 수습근로자: 최장 3개월간 10% 감액 적용 가능(시급 3,600원)
- 감시·단속적 근로자(노동부장관 승인 시): 20% 감액 적용 가능(시급 3,200원)

○ 적용제외 대상
- 정신·신체장애로 근로능력이 현저히 낮은 자(노동부장관 인가 시)
- 동거의 친족만을 사용하는 사업의 종사자, 가사사용인
- 선원법의 적용을 받는 선원 및 선원을 사용하는 선박의 소유자

□ 사용자의 의무
○ 최저임금액 이상의 지급 의무
- 최저임금액 이상 지급 의무 및 최저임금 이유로 한 임금 수준 저하금지 의무
- 최저임금액에 미달하는 임금을 지급하기로 근로 계약한 경우에는 최저임금액과 동일한 임금을 지급하기로 한 것으로 간주됨

○ 근로자에 대한 최저임금 관련 내용 주지의무
- 주지사항: 최저임금액, 최저임금 미산입 임금, 효력발생일, 적용제외 근로자

○ 도급인이 최저임금법 위반의 연대책임을 지게 되는 경우
- 도급계약 체결 시 인건비 단가를 최저임금액 미만으로 결정한 경우
- 도급계약 기간 중 인건비 단가를 최저임금액 미만으로 인하한 경우

3. 최저임금의 이행

최저임금액이 결정된 경우 사용자는 해당 근로자에 대하여 최저임금액 이상의 임금을 지급하여야 하며, 최저임금을 이유로 종전의 임금 수준을 저하시켜서는 안 된다(동법 제6조 제1항 및 제2항, 위반하면 28조의 벌칙 적용). 최저 임금액이 미달하는 근로계약은 그 부분에 한하여 무효이며, 무효로 된 부분은 최저임금액과 동일한 임금을 지급하기로 정한 것으로 본다(동법 제6조 제3항).

최저임금의 적용을 받는 사용자는 당해 최저임금을 그 사업의 근로자가 쉽게 볼 수 있는 장소에 게시하거나 기타 적당한 방법으로 이를 근로자에게 주지시켜야 한다.

4. 최저임금의 효력

(1) 사용자의 주지의무

사용자는 최저임금이 고시되면 최저임금액, 최저임금에 산입하지 않는 임금의 범위, 효력발생 연월일 등을 그 효력발생일 전일까지 근로자가 쉽게 볼 수 있는 장소에 게시하거나 그 외의 적당한 방법으로 근로자에게 주지시켜야 한다.

(2) 최저임금의 지급 의무

사용자는 최저임금의 적용을 받는 근로자에 대하여 최저임금액 이상의 임금을 지급하여야 한다.

(3) 근로계약의 변경

최저임금액에 미달하는 임금을 정한 근로계약은 그 부분에 한하여 이를 무효로 하며, 무효로 된 부분은 최저임금액과 동일한 임금을 지급하기로 한 것으로 간주된다. 따라서 근로자는 이에 근거하여 미달된 임금액에 대해서는 3년간의 임금채권 소멸시효기간을 적용하여 그 지급을 청구할 수 있다고 본다.

(4) 임금 수준의 저하 금지

사용자는 최저임금을 이유로 종전에 최저임금보다 높게 지급하던 임금을 최저임금에 맞춰 그 수준을 낮추어서는 아니 된다. 여기서 '기존의 임금 수준이 저하되지 않도록 한다'는 것은 기본급, 각종 수당, 상여금 등을 포함한 종전에 지급받아 왔던 임금의 수준을 저하시키지 않아야 한다는 의미이다.

따라서 근로자의 임금이 최저임금에 미달하지는 않더라도 사용자가 최저임금을 이유로 그 수준을 저하시킨 경우에는 임금 수준 저하금지 위반에 해당된다.

(5) 직상수급인의 연대책임

도급으로 사업을 행하는 경우, 수급인이 도급인의 책임 있는 사유로 근로자에게 최저임금액에 미달하는 임금을 지급한 때에는 도급인은 해당 수급인과 연대하여 책임을 지도록 규정하고 있다. 여기서 2차례 이상의 도급으로 사업을 행하는 경우에 있어서는 각 도급인을 직상수급인으로, 각 수급인을 하수급인으로 보고 있다.

5. 벌칙

최저임금제도의 실효성을 확보하기 위하여 벌칙규정을 마련해 놓고 있다. 즉 최저임금액보다 적은 임금을 지급하거나 최저임금을 이유로 종전의 임금을 낮춘 자는 3년 이하의 징역 또는 2천만 원 이하의 벌금에 처한다. 이 경우 징역과 벌금은 병과(併科)할 수 있다(동법 제28조).

(1) 3년 이하의 징역 또는 2천만 원 이하의 벌금(병과 가능)

사용자가 최저임금의 적용을 받는 근로자에 대하여 최저임금액 이상의 임금을 지급하지 아니한 경우, 사용자가 「최저임금법」에 의한 최저임금을 이유로 종전의 임금 수준을 저하시키는 경우, 사용자가 근로시간 단축에 따른 임금보전을 행하지 않은 경우 등은 3년 이하의 징역 또는 2천만 원 이하의 벌금에 처하도록 하고 있다.

(2) 100만 원 이하의 과태료

사용자가 노동부장관이 결정·고시한 최저임금액 등을 근로자에게 주지시키지 않은 경우 100만 원 이하의 과태료에 처할 수 있다. 여기서 근로자에게 주지시킬 내용으로는 최저임금액, 최저임금에 산입하지 않는 임금의 범위, 최저임금을 적용 제외할 근로자의 범위, 효력발생 연월일 등이다.

제4절 여성과 사회보장

Ⅰ. 빈곤의 여성화와 사회안전망

1. 빈곤의 여성화

빈곤의 여성화(feminization of poverty)란 빈곤층에서 차지하는 여성의 비율이 점차적으로 증가하는 현상을 말한다.

이러한 현상이 일어나는 원인은 ① 이혼율의 증가에 따른 가족구조가 변화하고, ② 가족 내에서 평균연령이 증가되며, ③ 여성들이 노동시장에의 진입이 어렵고, ④ 노동시장에 진입된다 하더라도 남녀차별로 인하여 경제적인 수입이 개선되지 않기 때문이라고 할 수 있다.

우리나라 경우에는 여성가구주[184]의 증가와 이런 가구주가 빈곤층에서 차지하는 비율을 보고 판단하는데, 이 비율이 높아지고 있다는 것으로 빈곤의 여성화 지표를 알아내기도 한다.

통계청에 의하면, 여성가구주가 2008년 368만 9,000명으로 2007년보다 4만 명가량 늘었다. 전체 가구에서 여성가구주 비율도 1980년에는 14.7%에 불과했으나 2008년에는 22.1%로 증가한 것으로 조사되고 있다.[185]

---

184) 현재 우리나라에서 저소득 모자가정의 가구주와 여성 노인은 요보호여성으로 구분되어 사회복지 서비스의 대상으로 규정되어 있으며 생활보호법, 국민연금법, 한부모가족지원법 등 다양한 관련 법에 근거해서 자녀의 학비 지원, 아동양육비 지원, 의료보호, 생업자금융자, 영구임대주택 입주 지원, 직업훈련 및 취업알선, 모자시설 입소 등의 지원이 이루어지고 있다. 그러나 이러한 공적 지원체계는 보호수준이 열악하기 때문에 저소득 모자가정과 여성 노인을 위한 공적 지원체계가 더욱 강화되어야 할 것이다.

185) 한국일보, 2007.7.2.

유엔의 발표에 의하면, 세계인구의 13억 명이 빈곤에 시달리고 있고, 이 중에 70%가 어린 소녀를 포함한 여성들이라고 하는데, 소녀를 포함한 여성들은 빠르게 확대되는 빈곤계층이라는 것이다. 또, 남성과 여성의 경제적인 부도 격심한 차이를 보이고 있는데, 여성이 세계인구의 절반에 달하지만 소유하는 부는 1%에 불과하다고 한다.

이런 여성을 둘러싼 '빈곤' 문제는 그 자체로만 머물지 않고 질병·상해·실업·사망 등으로 연결되어 여성을 경제적 불안과 함께 생존의 위협에 처하게 할 수 있다.

우리 헌법 제34조는 '인간다운 생활을 할 권리'를 규정하고 사회적인 위험에 처한 여성들을 각종 생활위험으로부터 보호하기 위하여 다양한 제도적 장치를 해 놓고 있다. 그래서 최소한의 인간다운 생활을 보장하고 있는 것이다. 이러한 사회적 위험으로부터 개인을 보호하기 위해서 국가는 일정한 종류의 급여를 제공하고 있는데, 이러한 국가의 이러한 개입은 사회보장과 사회복지형태로 나타난다.

일단 사회적인 위험으로부터 개인을 보호하기 위한 장치가 사회안전망이다.

사회안전망(社會安全網, Social Safety Net)이란, 원래 서커스에서 단원들을 보호하기 위하여 설치한 그물로 만든 안전망(Satety Net)이라는 용어인데 이러한 용어를 사회에 원용한 개념으로서, 한마디로 말하자면 '사회적 위험'으로부터 국민 개개인을 보호하기 위한 제도적 장치라고 할 수 있다.

우리나라의 사회안전망 시스템은 보통 1차·2차·3차로 체계화되어 있다.

즉 1차 안전망은, 사회보험으로서 일반국민을 노령·질병·실업·산업재해 등 사회적 위험으로부터 사회 보험방식으로 사전에 보호하고 근로자의 조속한 복귀를 지원하고 있다.

2차 안전망은, 기초생활보장제도에 해당하는 것으로서, 1차 안전망으로 보호받지 못하는 저소득층의 기초생활을 보장하기 위한 장치이다.

3차 안전망인 긴급구호제도는, 보호가 긴급한 국민에게 최소한의 생계와 건강유지를 지원하는 장치다. 예를 들면, 노숙자 보호, 재해구호, 무료급식 등이 이에 해당된다.

2. 사회안전망으로서의 사회보험

(1) 국민연금

국민연금제도는 1988년 1월에 10인 이상 사업장에 종사하는 근로자를 중심으로 시작하였는데, 1999년 4월부터 가입대상을 전 국민으로 확대 실시하고 있다.

국민연금제도는 국민의 노령, 폐질 또는 사망에 대하여 연금급여를 실시함으로써 국민의 생활안정과 복지 증진에 기여함을 목적으로 하고 있다. 그래서 안정된 노후를 보장받을 수 있으며, 장애를 당하거나 사망하는 경우에 본인과 가족의 생활이 보장될 수 있는 제도이다.

가입대상은 18세 이상 60세 미만의 국민이다.

국민연금제도는 전형적인 사회보험의 형태로서 가입기간 동안 가입자의 소득에 비례하여 일정 비율의 연금보험료를 징수한다. 근로자 계층의 경우에는 사용자와 근로자가 각각 절반씩 부담하며, 자영자와 농어민의 경우에는 본인이 전액을 부담하지만, 농어민의 경우, 국고보조가 일부 지원된다.

급여는 가입자가 노령이나 질병, 사망으로 인해 소득능력이 상실 또는 감퇴되었을 때 지급된다. 급여의 종류로는 급여의 대상자가 일정기간 가입하고 노령연령에 도달했을 때 지급되는 노령연금, 가입 중에 발생한 질병이나 부상으로 장애를 입어 노동력이 상실 또는 감소되었을 때 지급되는 장애연금, 가입자가 사망한 경우에 그 유족에게 지급되는 유족연금 등이 있다.

노령연금의 수급권자는 20년 이상 가입하여 60세에 달하는 경우이다. 그렇지만 10년 이상 가입하고 소득이 없는 경우에는 55세부터 조기 노령연금의 수급이 가능하다.

국민연금기금은 과거 부당한 운영으로 문제가 되기도 했지만 2007년 말 현재 시가기준으로 219조 6,235억 원이 적립되어 있다.

(2) 건강보험

1977년 7월 도입되어 공무원·직장·지역으로 나뉘어 운영되던 의료보험이 2000년 7월 1일부터 건강보험으로 바뀌면서 지역과 계층에 관계없이 적정부담－적정급여의 기틀이 마련되도록 하고 있다.

국민건강보험제도는 '국민의 질병·부상에 대한 예방·진단·치료·재활과 출산·사망 및 건강증진에 대하여 보험급여를 실시함으로써 국민보건을 향상시키고 사회보장의 증진을 목적으로 하고 있다. 건강보험의 보험자란, 그 운영주체로서 보험료의 징수 및 보험급여를 행하는 자로서 국민건강보험공단이다.

보험급여는 요양급여, 분만급여 및 부가급여로 구분된다. 법정급여는 현물급여가 원칙이고, 부가급여는 현금급여를 원칙으로 한다.

재정의 조달은 가입자, 사용자, 국가라는 3자 부담원칙에 따른다. 근로자의 경우에는 근로소득의 일정 비율의 보험료를 근로자와 사용자가 공동으로 부담하며, 지역가입자의 경우에는 가입자가 소득과 재산을 고려한 보험료를 부담하나, 지역가입자에 대해 원칙적으로 보험료의 50%를 국고에서 보조하도록 되어 있다. 현재 국민건강보험제도와 관련하여 본인부담비율이 지나치게 높은 점, 정확한 소득이 파악되지 못한 상태에서 발생하는 가입자 간 형평성의 문제 등이 풀어야 할 과제이다.

뿐만 아니라 재정적자 문제 등은 시급히 처리해야 할 사안이다. 다만 2004년에는 보험료 수입 증가에 힘입어 4년 만에 누적 흑자로 돌아서기도 했다. 이는 건강보험료가 2002년 6.77%, 2003년 8.54%, 2004년 6.75%씩 인상되어 보험료 수입이 증가한 것에 기인한 것으로 보인다.

(3) 고용보험

고용보험법은 실업자에 대한 소득(실업급여)을 보장하는 소득보장을 정한 구체적인 입법으로서 고용안정사업과 직업능력 개발사업이 함께 규정되어 있다. 즉, 근로자의 직업능력 향상과 고용촉진을 적극 지원하고 불가피하게 실직한 경우에는 실업급여와 함께 재취업을 지원하고 있다.

고용보험법은 1995년 7월 근로자 30인 이상 사업장을 대상으로 하다가, 고용보험 제도의 적용 대상을 1998년 10월에 근로자 1인 이상의 모든 사업장으로 확대했다.

급여종류는 근로자를 지원하는 급여와 사업주를 지원하는 급여로 나뉜다. 근로자 지원 급여로는 실업급여, 실업자 재취직훈련, 학자금대부 등이 있고, 사업주지원 급여로는 고용유지지원금, 채용장려금, 능력개발훈련 지원 등이 있다.

한편 실업급여 미수급실업자 등에게는 공공근로, 실업자 대부, 체불임금 지급 등 각종 실업대책을 함께 시행하고 있다.

(4) 산업재해보상보험

산업보험 적용사업장에서 업무상 재해를 당한 근로자는 모두 보상받을 수 있다. 1964년 근로자 500인 이상 사업장을 대상으로 시작하여, 적용 대상을 2000년 7월 1일부터 전 사업장으로 확대했다. 그래서 현재 산업재해보상보험법 적용 대상은 상시 1인 이상 근로자를 고용하는 사업장이다.

다만 5인 미만 농·임·어업, 2천만 원 미만 건설공사 등은 적용에서 제외되나, 사업주가 원할 경우에는 임의로 가입이 가능하다. 또, 50인 미만의 근로자를 고용하는 중소기업 사업주 본인도 원할 경우 가입이 가능하다.

급여 종류로는 요양·휴업·장애·유족·간병급여 등 상병보상연금·장의비 등이 있다. 요양급여는 부상·질병이 치유될 때까지 요양비 전액을 지급하고 휴업급여는 요양으로 취업하지 못한 기간 동안 평균임금의 70%를 지급하고 있다.

(5) 기초노령연금

기초노령연금은 노인이 후손의 양육과 국가 및 사회의 발전에 이바지하여 온 점을 고려한 것으로서, 생활이 어려운 노인에게 기초노령연금을 지급함으로써 노인의 생활안정을 지원하고 복지를 증진하려는 것이다(기초노령연금법 제1조).

기초노령연금법은 2008년 1월부터 시행되어 70세 이상(1937.12.31. 이전 출생자)부터 먼저 지급하고, 같은 해 7월부터 65세 이상인 노인으로 확대되었다.

이는 국민의 노후생활을 보장하기 위하여 1988년도에 국민연금제도가 도입되었지만, 국민연금을 받기 위해서는 최소한 10년 이상 가입해야 하기 때문에 연금을 받지 못해 생활이 어려운 노인이 많이 발생한 데 따른 것이다.

노후생활보장제도로서 국민연금이 가진 공백(사각지대)을 메울 필요가 있다는 사회적 합의하에 기초노령연금제도가 도입되었다고 볼 수 있다.

기초노령연금은 극빈노인가구는 물론 전체 노인의 60%, 약 300백만 명에게 지급되어 개인당 매월 약 8만 4천 원 정도를 받는다.

Ⅱ. 여성과 사회보험

여성에게 있어서 사회보험이란, 질병·분만·상해·실업·고령·폐질·사망 등에 의하여 사회적 위험에 대처하기 위하여 가입자의 일정한 기여(contribution)에 의한 부분과 강제적인 적용으로 위험을 분산하는 보험 장치이다. 그런데 사회구성원인 여성들에게 심리적·경제적 안전을 얼마나 보장하고 있는가에 대해서는 의문의 여지가 있다.

여성의 4대 사회보험의 가입 현황을 보면, 2004년과 2005년을 비교해 볼 때 꾸준히 증가하고 있으며, 전체 근로자에 비해서 여성 근로자의 비율이 높은 것을 알 수 있다(표 5-5 참조).

<표 5-5> 4대보험 가입현황

(단위: 천 명, %)

구 분	산재보험[a]		고용보험		건강보험[b]		국민연금[c]	
	전 체	여 성	전 체	여 성	전 체	여 성	전 체	여 성
2004	10,473	-	7,577	2,557	9,283	2,923	7,581	2,459
2005	12,070	-	8,064	2,757	9,746	3,145	7,950	2,627
전년대비	1,597	-	487	200	463	222	369	168
(증감률)	(15.1)	-	(6.4)	(7.8)	(5.0)	(7.6)	(4.9)	(6.8)

주: a) 산재보험 통계는 성별구분 없음.
　　b) 건강보험 가입자는 직장과 공·교 합계치임.
　　c) 국민연금 가입자는 사업장 가입자 수에 한함.
자료: 노동부,『산재보험사업연보』각 년도
　　한국산업인력관리공단,『고용보험통계연보』각 년도
　　국민건강보험공단,『국민건강보험통계연보』각 년도
　　국민연금관리공단,『국민연금통계연보』각 년도
＊ 출처: 노동부, 여성과 취업, 2006. p.49에서 인용함.

　이하에서는 우리나라의 4대 보험인 국민연금·건강보험·산재보험·고용보험 등을 여성주의적 관점에서 정리해 보기로 한다.[186]

1. 여성과 국민연금

(1) 연금적용 대상의 문제

　국민연금제도에 여성과 관련하여 문제가 되는 것은 무급(無給)의 보호노동(caring work)을 수행하고 있는 주부, 15세 이상 18세 미만의 여성 근로자, 임시직이나 시간제·파견제 등 불안정고용 상태에 있는 여성들이다. 즉 이들이 국민연금의 강제적용 대상에서 배제되어 있다는 점이다.

---

186) 김인숙 외 6인 공저, 「여성복지론」, 나남출판, 2000, p.180 이하 참조.

여성은 취업구조상 남성에 비하여 취업률이 낮고 취업이 되었다 하더라도 계속적인 고용관계가 유지되기 힘들며, 퇴직 후에 결혼과 육아로 인해 재취직하는 경우가 적다. 또 여성들 고용형태가 변칙적이고 비정규형태의 고용으로 현실적으로 동일한 사업장에 취업하고 있더라도, 남성에 비하여 근속기간이 짧고 임금 수준이 낮다는 특징을 가지고 있다. 이러한 노동시장에 있어서 여성의 특수한 상황이 전혀 고려되지 않은 상태가 그대로 사회보험에 반영되고 있다.

(2) 유족급여의 불평등성

가입자 사망 시에 배우자에게 지급되는 유족급여의 경우, 이혼을 하면 지급이 중단되어 남편과의 혼인상태하에서만 지급받도록 하고 있는 것이다. 여성의 경제적 위험이 연금제도를 통해 제대로 보호되지 못하고 있어서, 남성과 비교하여 볼 때 불평등한 내용이라고 할 수 있다.

(3) 남성중심적인 연금제도

국민연금제도는 남성중심적인 전통적 가족개념에 입각하고 있는 것이 특징이다. 이러한 사실은 가급연금을 통해 나타나는데, 가급연금액(加給年金額)은 가입자의 부양가족을 고려한 가족수당적 성격을 가진다. 그래서 이 가급연금액은 수급권자(유족연금에 있어서는 가입자였던 자)가 그 권리를 취득할 당시에 생계를 같이하고 있던 ① 배우자, ② 18세 미만 또는 장애등급 2급 이상에 해당하는 자녀, ③ 60세 이상 또는 장애등급 2급 이상에 해당하는 부모에게 지급된다. 이때 미취업 기혼여성의 경우 남편을 통해 가급연금액을 지급받을 수 있으나, 이 가급연금액은 연금수급자가 배우자와 이혼할 경우 지급이 중단된다.

(4) 여성의 가사노동가치가 반영되지 않음

국민연금은 여성이 남성의 생계의존자라는 전제하로 하는 것으로서 여성의 가사노동의 경제적 가치가 반영되지 않은 성차별적인 내용이 포함된 것이라고 할 수 있다. 연금액 산정에 있어서 남편의 소득액(所得額)만을 가치로 평가하고 있다.

미래사회는 평균수명이 연장되어 고령화 사회로 진전될 것이며, 특히 여성노인 인구의 비율은 계속 증가할 것으로 예상되는바, 배우자가 없는 여성이 국민연금제도에서 소외되는 것은 여성의 노후 빈곤에 주요한 요인으로 작용하게 될 것이다.

2. 여성과 건강보험

(1) 급여의 내용에 대한 문제

건강보험에서 여성은 피고용인의 자격으로 피보험자가 되거나 피부양자로서 보험의 적용을 받고 있는데, 문제가 되는 것은 적용률이 아니라 급여의 내용에 있다.

건강보험의 급여는 현물급여와 현금급여로 구분할 수 있다. 그런데 우리나라 건강보험은 대부분 현물급여로 되어 있고, 현금급여는 대단히 미미하다. 상병수당이 없고, 분만수당 등이 지급되지 않고 있는 것은 건강보험의 한계점이라고 할 수 있다. 특히 대부분의 나라에서 필수적인 급여로 인정하고 있는 임산부의 산전·산후 진찰 역시 보험적용에서 제외되어 있다. 따라서 현재의 급여체계는 여성의 의료서비스를 제대로 만족시키지 못하고 있는 실정이다.

(2) 맞벌이부부의 보험료 감면 부족

한편, 현재 건강보험은 보험료의 갹출(醵出)은 피보험자 단위로 하고, 보험급여의 수급혜택은 피부양자를 포함하고 있다. 따라서 맞벌이 가구의 경우는 1인 취업 가구에 비해서 2배의 보험료를 납부하게 되는 결과를 가져와서 여성들의 의료서비스의 충족에 미흡한 실정이다. 따라서 부부 피보험자의 소득이 일정 소득 이하인 경우에는 보험료를 감면하는 방안도 모색되어야 할 것이다.

(3) 모성 관련 보험급여의 불충분

건강보험에서 가장 문제가 되는 것은 분만과 관련된 것인데 분만에 대한 본인부담금, 산전·후 진찰에 대한 비급여, 자궁암검진 등 예방서비스의 비급여 등 모성보건 관련 보험급여가 불충분하다. 뿐만 아니라, 국가 차원에서 모성보호를 실천하기 위한 정책의지를 갖는 것이 중요하다는 측면에서 출산은 개인적인 차원을 떠나서 사회적인 의미가 있기 때문에, 분만의 본인부담금을 없애야 할 것이다.

(4) 취약한 여성건강에 대한 고려 부족

건강보험에 여성과 남성의 건강에 대한 형평성이 적용되어야 하며, 특히 취약한 여성건강에 대한 고려가 있어야 한다.

예를 들면 같은 양의 담배에 노출됐을 때 남성에 비해 여성이 폐암에 걸릴 확률이 더 높고(20~70%), 폐경 후 여성의 심혈관질환 위험이 증가(약 4배)한다는 것에 대한 적극적인 대처가 필요하다고 본다.

다시 말하면 여자는 남자에 비해 수명은 길지만 신체적 또는 정신적 질환이 더 높고, 우울증으로 인한 고통을 더 많이 받는 것으로 나타나고 있는 실정이다.[187]

3. 여성과 산업재해보상보험

산재보험은 근로자의 업무상 재해 및 질병에 대해 보상급여를 제공하는 것으로서 사회보험 중 가장 오랜 역사를 지니고 있다.

현행 산재보험법에서는 유족급여의 대상으로 사실혼 배우자도 포함하고 있다는

---

187) 우리나라 노인들이 가장 많이 갖고 있는 만성질환은 관절염인 것으로 나타났다. 또 노인부부가 함께 사는 경우 여성이 남성보다 우울증을 더 많이 앓았다. (일부생략) 우울증은 남성의 경우 배우자와 함께 사는 경우 5.7%였으나 여성은 8.4%였다. 배우자가 있는 경우 남성보다 여성이 더 우울증 증세를 많이 보인 것이다. 문화일보 2007.02.12.

점이 큰 특징이라고 할 수 있다.

즉 유족급여에서 유족의 범위는 민법상의 재산상속과 다르게 규정하여, 사실혼 배우자를 보호하고 있다. 그 범위를 살펴보면, ① 근로자의 사망 당시 그에 의해 부양된 배우자(사실혼관계 포함) 자녀, 부모, 손 및 조부모, ② 근로자의 사망 당시 그에 의해 부양되고 있지 아니한 배우자(사실혼관계 포함) 자녀, 부모, 손 및 조부모, ③ 근로자 사망 당시 그에 의하여 부양된 형제자매, ④ 근로자 사망 당시 그에 의해 부양되고 있지 아니한 형제자매 순서로 적용된다.

한편, 2007년 노동부 '산업재해현황분석' 자료를 보면, 전체 재해자 9만 147명 중 여성재해자는 17.1%(1만 5447명)이고, 여성 산재사망자는 5.1%(122명)였다.

산재보험법은 정책의 집행 과정에서 구체적인 성차별적인 요소는 크게 발견되지 않고 있다. 그렇지만 남성적 관점에서 법률을 해석하고 있기 때문에, 여성 근로자가 소외될 가능성은 충분히 있을 것이다.

4. 여성과 고용보험

고용보험제도란, 실직근로자가 구직활동을 하는 기간 동안 생계지원을 위한 실업급여 지급뿐만 아니라, 근로자의 직업능력 개발을 위한 훈련과 교육을 지원하고 실업예방과 고용촉진을 위한 사전적이고 적극적인 고용정책 수단이다.

고용보험의 도입 초기에는 소규모 사업장에 종사하고 있는 여성 취업자가 고용보험 적용에서 제외되는 문제점이 있었으나, 1998년에 고용보험이 전면 확대되면서 이러한 문제점이 해결될 수 있었다.

고용보험은 사업의 종류에 따라 실업급여, 고용안정사업, 직업능력 개발사업으로 나눌 수 있다.

첫째, 실업급여는 산업 구조조정, 조직 및 기구축소 등 기업의 사정으로 불가피하게 실직하는 근로자에게 구직급여와 재취직촉진비용을 지원한다.

둘째, 고용안정사업은 근로자를 해고시키지 아니하고 고용을 유지하거나 구조조정으로 인한 실직자 등을 채용하여 고용을 늘리는 사업주에게 소요비용을 지원한다.

셋째, 직업능력 개발은 근로자의 직업능력 개발을 위한 교육과 훈련을 실시하는 사업주와 근로자에게 일정비율을 지원한다.

특히 여성인력 활용을 촉진하기 위한 시책을 보면, 우리나라 여성들이 가사의 부담과 육아문제로부터 경제활동을 방해받지 않도록 여성인력 활용 촉진을 위한 시책으로 다음 두 가지가 있다.

하나는 고용보험 피보험자인 근로자에 대하여 90일 이상 육아휴직을 부여하고, 유아휴직 종료 후 30일 이상 근로자를 계속 고용한 사업주에게는 근로자 1인당 매달 12만 원(대기업은 8만 원)의 장려금을 받는다.

또 직장보육시설의 운영에 대한 사업주의 부담을 덜어 주고 보육시설의 설치를 촉진시키며, 보육시설의 설치를 촉진시킬 수 있도록, 사업주가 운영하는 보육시설은 운영비 중 보육교사 1인당 월 40만 원의 인건비를 지원받는다.

Ⅲ. 여성과 사회복지 서비스법

1. 한부모가족지원법

(1) 한부모가족의 보호와 복지 증진

현대사회는 각종 사고와 재난의 증가, 가족 해체의 증가로 모자가정이 늘고 있다.

'한부모가족'이란 모자가족 또는 부자가족을 말하는데, 이런 가족은 사별·이혼·별거 등의 사유로 인해서 한 부모와 18세 미만의 자녀로 구성된 가구를 말한다(종래에는 모자 또는 부자가족으로 지칭됨).

우리 사회에서 한부모가족이 발생하는 원인을 분석해 보면, 사별이 가장 많고 이혼 및 가출, 유기 등의 순으로 나타나고 있고, 그 가구 수와 비율이 계속 증가하는 추세에 있으며 2005년 현재 우리나라 총 가구 중 **8.6%**를 차지하고 있다. 자세한 내용은 아래 <표 5-6>과 같다.

<표 5-6> 한부모가족 형성요인별 현황(보건복지가족부 자료)

(단위: 1,000가구, %)

연 도	총 가구 수	한 부 모 가 구					한부모가구 비율
		유배우	사별	이혼	미혼	계	
1995	12,958	216(225)	526(54.8)	124(12.9)	94(9.8)	960(100)	7.4
2000	14,312	252(22.5)	502(44.7)	245(21.9)	122(10.9)	1,124(100)	7.9
2005	15,887	328(23.9)	501(36.6)	399(29.1)	142(10.4)	1,370(100)	8.6

종래에는 모·부자가정을 지원하기 위한 사업들은 산업화·도시화·핵가족화 등 사회의 구조적 변화와 함께 나타난 이혼, 별거, 사별 등의 원인으로 모·부자가정이 증가하게 되었던 한부모가족들을 보호하기 위한 수단으로 행해지게 되었으며, 주로 생활보호법, 아동복지법, 국가유공자의예우에관한법률 등 개별법에서 모·부자가정을 부분적으로 지원하였다.

그러다가 1989년 모자복지법이 제정, 시행(7.1.)되면서, 아동교육비, 아동부양비 등 복지급여를 지급하게 되었고, 생업자금 등 복지자금을 대여하게 되었다. 그리고 이의 시행을 계기로 하여 모자보호시설, 미혼모시설 등 모자복지시설에 대한 규정이 마련되게 되었다.

2007년에 '모·부자복지법'을 「한부모가족지원법」으로 개정하면서, 한부모가족이 건강하고 문화적인 생활을 영위할 수 있도록 함으로써 한부모가족의 생활 안정과 복지 증진에 이바지하도록 법률의 목적을 새롭게 하였다.

최근 한부보가정의 지원과 관련하여 나타난 과정과 그 내용을 살펴보면 다음 <표 5-7>과 같다.

<표 5-7> 한부모가족과 한부모가족지원법의 개정

연 도	주 요 내 용
2002	– 모자복지법을 모·부자복지법으로 개정(12.18.) • 남성이 세대주인 부자가정에 대해서도 지원 • 부자보호시설과 부자자립시설을 복지시설에 추가
2006	– 모·부자복지법 개정(12.28.) • 외국인 중 대한민국 국민과 혼인하여 대한민국 국적의 아동을 양육하고 있는 자도 보호대상자로 함 • 미혼모·부가 5세 이하 아동을 양육할 경우 복지급여 추가 지원 • 미혼모시설을 미혼모자시설로 변경하여 그 아동에 대한 보호·양육 강화 • 공동생활가정을 설치하여 아동양육 등 독립적인 생활이 어려운 미혼모자가정, 모·부자가정 및 미혼모가정을 지원
2007	– 모·부자복지법을 한부모가족지원법으로 개정(10.17.) • 모·부자가정을 한부모가족으로 변경 • 조손가족을 보호대상으로 포함 • 한부모가족의 자녀가 취학 중인 때에는 20세 미만에서 22세 미만으로 확대에 따른 보호기간 연장

(2) 보호대상과 그 범위

한부모가족지원법의 보호대상자는 다음에 해당하는 세대주인 모(母) 또는 부(父)와 그에 의하여 양육되는 만 18세 미만의 자녀로 이루어진 가정이 되도록 하고 있다(동법 제5조).

○ 배우자와 사별 또는 이혼하거나 배우자로부터 유기된 자

○ 정신 또는 신체장애로 인하여 장기간 근로능력을 상실한 배우자를 가진 자

○ 미혼자(사실혼 관계에 있는 자는 제외)

※ 여기서 사실혼 관계에 있는 자란 사실상 혼인생활을 하고 있으면서 혼인신고가 없기 때문에 법률상 혼인으로 인정되지 않는 부부관계를 하고 있는 자를 말함.

○ 배우자의 생사가 분명하지 아니한 자

○ 배우자 또는 배우자 가족과의 불화 등으로 인하여 가출한 자

○ 배우자의 장기복역으로 인하여 부양을 받을 수 없는 자(6개월 미만의 복역자는 제외)

○ 국내에 체류하고 있는 외국인 중 대한민국 국민과 혼인하여 대한민국 국적의 아동을 양육하고 있는 자

※ 세대주는 세대원을 사실상 부양하는 자를 포함하고 자녀는 취학한 만 22세 미만의 자녀 포함.

○ 부모로부터 사실상 부양을 받지 못하는 아동과 그 아동을 양육하는 조부 또는 조모(저소득 조손가족)

- 부모가 사망하거나 생사가 분명하지 아니한 아동
- 부모가 정신 또는 신체의 장애ㆍ질병으로 장기간 노동능력을 상실한 아동
- 부모의 장기복역 등으로 부양을 받을 수 없는 아동
- 부모가 이혼하거나 유기하여 부양을 받을 수 없는 아동
- 부모가 불화 등으로 가출하여 부양을 받을 수 없는 아동
- 그 밖에 부모가 실직 등으로 장기간 경제적 능력을 상실하여 부양을 받을 수 없는 아동

(3) 한부모가족복지상담소

한부모가족복지에 관한 사항을 상담하거나 지도하기 위하여 특별시장ㆍ광역시장ㆍ도지사(이하 '시ㆍ도지사'라 한다)와 시장ㆍ군수ㆍ구청장(자치구의 구청장을 말한다. 이하 같다)은 관할 구역에 한부모가족복지상담소를 설치할 수 있노록 하고 있다. 이 경우 시장ㆍ군수ㆍ구청장은 시ㆍ도지사의 승인을 받아야 한다(동법 제7조).

주요상담내용으로는 저소득 한부모가족 지원에 관한 상담, 지역사회 내 한부모가족복지시설의 이용안내 및 알선, 기타 보호를 요하는 자에 대한 상담 및 조치 등이 될 수 있다.

(4) 복지사업의 내용

한부모가족에 대한 복지사업은 주로 저소득가족, 한부모가족복지시설에 대한 활성화, 양육 미혼모의 자립 지원, 한부모가족 자녀양육비 이행을 확보할 수 있도록 '무료법률구조사업'을 펼치는 것 등을 내용으로 하고 있다.

① 저소득 한부모가족 지원

한부모가족은 비교적 소득이 낮은 경우가 많아서 이들 저소득 한부모가족에 대해 지원하고, 고등학생 입학금·수업료 및 아동양육비를 지원하고, 복지자금 대여 등 저소득 한부모가족의 조기 자립을 지원하고 있다.

주로 복지급여와 복지자금대여, 공공의 아동 편의시설 우선 이용, 가족지원서비스 등이 있다.

(가) 복지 급여의 내용

국가나 지방자치단체는 복지 급여의 신청이 있으면 복지 급여를 실시할 수 있는데, 주로 생계비, 아동교육지원비, 직업훈련비 및 훈련기간 중 생계비, 아동양육비, 그 밖에 대통령령으로 정하는 비용 등이 지급된다(동법 제12조 제1항).

(나) 복지 자금의 대여

국가나 지방자치단체는 한부모가족의 생활안정과 자립을 촉진하기 위하여 사업에 필요한 자금, 아동교육비, 의료비, 주택자금, 그 밖에 대통령령으로 정하는 한부모가족의 복지를 위하여 필요한 자금 등을 대여할 수 있도록 하였고, 대여 자금의 한도, 대여 방법 및 절차, 그 밖에 필요한 사항은 대통령령으로 정하도록 하였다(동법 제13조).

(다) 시설의 우선 이용

국가나 지방자치단체는 한부모가족의 아동이 공공의 아동 편의시설과 그 밖의 공공시설을 우선적으로 이용할 수 있도록 하였다.

(라) 가족지원서비스

한부모가족에게 아동의 양육 및 교육 서비스, 장애인, 노인, 만성질환자 등의 부양 서비스, 취사, 청소, 세탁 등 가사 서비스, 교육·상담 등 가족관계 증진 서비스, 그 밖에 대통령령으로 정하는 한부모가족에 대한 가족지원서비스 등을 제공하도록 노력하여야 한다(동법 제17조).

② 한부모가족복지시설 운영

무주택 저소득 한부모가족을 모·부자보호시설 등에서 일정기간 보호함으로써 자립·자활할 수 있는 기반이 되도록 하고 있다.

특히 노후시설에 대한 증·개축 및 개보수를 지원하여 한부모가족복지시설이 지속적으로 개선되도록 하고 있다.

이 법에서 정하고 있는 한부모가족복지시설로는 다음과 같이 12가지 종류가 있다(동법 제19조 제1항).

- 모자보호시설: 생활이 어려운 모자가족을 일시적으로 또는 일정 기간 보호하여 생계를 지원하고 퇴소(퇴소) 후 자립 기반을 조성하도록 지원하는 것을 목적으로 하는 시설
- 모자자립시설: 자립이 어려운 모자가족에게 일정 기간 주택 편의만을 제공하는 것을 목적으로 하는 시설
- 부자보호시설: 생활이 어려운 부자가족을 일시적으로 또는 일정 기간 보호하여 생계를 지원하고 퇴소 후 자립 기반을 조성하도록 지원하는 것을 목적으로 하는 시설
- 부자자립시설: 자립이 어려운 부자가족에게 일정 기간 주택 편의만을 제공하는 것을 목적으로 하는 시설
- 미혼모자시설: 미혼여성의 임신·출산 시 안전 분만 및 심신의 건강 회복과 출산 후 아동의 양육 지원을 위하여 일정 기간 보호하는 것을 목적으로 하는 시설
- 미혼모자 공동생활가정: 출산 후의 미혼모와 해당 아동으로 구성된 미혼모자가족이 일정 기간 공동으로 가정을 이루어 아동을 양육하고 보호할 수 있도록 지원하는 것을 목적으로 하는 시설
- 모자 공동생활가정: 독립적인 가정생활이 어려운 모자가족이 일정 기간 공동으

로 가정을 이루어 생활하면서 자립을 준비할 수 있도록 지원하는 것을 목적으로 하는 시설

- 부자 공동생활가정: 독립적인 가정생활이 어려운 부자가족이 일정 기간 공동으로 가정을 이루어 생활하면서 자립을 준비할 수 있도록 지원하는 것을 목적으로 하는 시설

- 미혼모 공동생활가정: 출산 후 해당 아동을 양육하지 아니하는 미혼모들이 일정 기간 공동으로 가정을 이루어 생활하면서 자립을 준비할 수 있도록 지원하는 것을 목적으로 하는 시설

- 일시보호시설: 배우자(사실혼 관계에 있는 자를 포함한다)가 있으나 배우자의 물리적·정신적 학대로 아동의 건전한 양육이나 모의 건강에 지장을 초래할 우려가 있을 경우 일시적으로 또는 일정기간 그 모와 아동 또는 모를 보호함을 목적으로 하는 시설

- 여성복지관: 모자가족과 미혼여성에 대한 각종 상담을 실시하고 생활지도, 생업지도, 탁아 및 직업보도(직업보도)를 행하는 등 모자가족과 미혼여성의 복지를 위한 편의를 종합적으로 제공하는 것을 목적으로 하는 시설

- 한부모가족복지상담소: 한부모가족에 대한 조사, 지도, 시설 입소(입소) 등에 관한 상담 업무를 수행할 것을 목적으로 하는 시설

한편, 모자·부자 보호시설 및 모자자립시설은 다음 <표 5-8>과 같으며, 모자보호시설이 대부분을 차지하고 있다.

<표 5-8> 모자·부자 보호시설 및 모자자립시설 현황

(2007.12.31. 현재)

구 분	계	서울	부산	대구	인천	광주	대전	울산	경기	강원	충북	충남	전북	전남	경북	경남	제주
모자보호	41	6	6	5	1	1	1	1	2	1	1	2	4	2	5	2	1
정원(세대)	1,084	143	174	169	40	22	22	20	60	24	40	40	86	39	112	50	43
부자보호	1				1												
정원(세대)	20				20												
모자자립	4					1			1		1		1				
정원(명)	62					21			10		7		24				

* 출처: 보건복지가족부 자료.

③ 양육 미혼모의 자립 지원

양육 미혼모 자립지원시설인 미혼모자 공동생활가정을 추가로 설치·운영할 수 있도록 하고 있다.

미혼모자 공동생활가정의 입소 대상은 '2세 미만의 영유아를 양육하는 미혼모로서 일정기간 숙식보호와 자립지원을 필요로 하는 자'이다. 또 이들은 시·군·구 한부모가족 담당자의 상담을 거쳐서 입소하게 된다.

<표 5-9> 미혼모자 공동생활가정시설 현황

(2007.12.31. 현재)

구 분	계	서울	부산	대구	인천	광주	대전	울산	경기	강원	충북	충남	전북	전남	경북	경남	제주
미혼모자	15	2	1	1	1	1		1	3	1		1		1		1	1
정원(명)	174	38	10	10	10	10		10	36	10		10		10		10	10

* 출처: 보건복지가족부 자료.

2. 아동복지법

(1) 아동학대 문제

아동학대는 최근에 아동권리와 관련을 맺고 사회적인 문제로 등장하고 있다.

우리나라는 오랜 유교적 전통 속에서 아동에 대한 교육적인 체벌이나 폭행 등은 묵시적으로 동의되었고 오히려 장려되기도 하였기 때문이다.

아동학대란 보호자를 포함한 성인에 의하여 아동의 건강·복지를 해치거나 정상적인 발달을 저해할 수 있는 신체적·정신적·성적 폭력, 가혹행위 및 아동의 보호자에 의하여 이루어지는 유기와 방임을 말하는데(아동복지법 제2조제4호). 유형별로 다음과 같이 정의하고 있다.

① 신체학대란, 보호자가 아동에게 신체적 손상을 입히거나 또는 신체적 손상을 입도록 허용한 우발적 사고를 제외한 모든 행위를 포함한다. 신체적 손상이란, 구타나 폭력에 의한 멍이나 화상·찢김·골절·장기파열·기능의 손상 등을 말하며, 또한 충격·관통·열·화학물질이나 약물과 같은 다른 방법에 의해서 발생된 손상을 포함한다. 여하한 이유에서도 생후 12개월 이하의 영아에게 가해진 체벌은 학대로 간주한다.

② 정서적 학대란, 아동에게 가해진 신체적 구속·억제 혹은 감금·언어적 또는 정서적 위협·기타 가학적 행위를 포함한다. 아동의 인격·존재·감정이나 기분을 심하게 무시하거나 모욕하는 행위, 명백하게 아동에게 가해진 잔혹하고 학대적인 부당한 대우를 포함하여 신체적 혹은 성적 학대에 대한 위협이나 위해 행위, 고의적 반복으로 아동에게 의식주를 제공하지 않는 행위, 아동에게 부당한 노동을 강요하거나 상업적으로 아동을 이용하는 행위를 말한다.

③ 성학대란, 성기나 기타의 신체적 접촉을 포함하여 강간·성적 행위·성기 노출·자위행위·성적 유희 등 성인의 성적 충족을 목적으로 아동에게 가해진 신체적 접촉이나 상호작용을 말한다.

④ 방임이란, 보호자가 고의적 반복으로 아동에 대한 양육 및 보호를 소홀히 함

으로 인하여 아동의 건강이나 복지를 해치거나 혹은 정상적인 발달을 저해할 수 있
는 모든 행위를 말하며, 동법 제29조의 "의식주를 포함한 기본적 보호·양육 및 치
료를 소홀히 하는 행위"가 포함된다.

이 법에서 '아동'이라 함은 18세 미만의 자를 의미한다.

(2) 최근 개정된 내용

① 개정 이유

최근 어린이 유괴·살해 사건이 빈번하게 발생하고 아동학대범죄가 줄지 아니하
여 아동안전 등에 대한 국민적 불안감이 확산되고 있음에 따라 아동복지법이 개정
되었다(일부개정 2008.6.13. 법률 제9122호, 시행일 2008.12.14.).

그래서 국가나 지방자치단체는 실종·유괴 예방교육을 실시하고, 아동보호구역에
폐쇄회로 텔레비전을 설치하거나 그 밖의 필요한 조치를 할 수 있도록 하는 등 아
동이 안전하고 건전하게 성장할 수 있는 환경을 조성하려는 것으로 되어 있다.

② 주요내용

개정된 주요내용을 살펴보면 다음과 같다.

(가) 실종·유괴의 예방·방지 교육(법 제9조제3항)

아동복지시설, 보육시설, 초·중·고등학교장으로 하여금 아동 실종·유괴의 예방
과 방지를 위한 교육을 실시하도록 함.

(나) 아동보호구역에 폐쇄회로 텔레비전 설치(법 제9조의2 신설)

국가와 지방자치단체는 유괴 등 범죄의 위험으로부터 아동을 보호하기 위하여 필
요하다고 인정하는 때는 초등학교 또는 특수학교, 보육시설, 도시공원 등의 주변구
역을 아동보호구역으로 지정하여 폐쇄회로 텔레비전을 설치하거나 그 밖의 필요한
조치를 할 수 있도록 함.

(다) 아동학대의 예방과 방지(법 제23조)

아동학대의 예방과 방지를 위하여 국가와 지방자치단체가 아동학대의 예방과 방

지를 위한 정책의 수립·시행, 연구·교육·홍보 및 실태조사의 실시, 아동학대에 관한 신고체제의 구축·운영 등의 의무를 부과함.

　(라) 아동보호전문기관(법 제24조 및 제25조)

아동학대 예방을 전담하는 아동보호전문기관을 중앙과 지역으로 구분하고, 중앙 아동보호전문기관은 지역 간 연계체계를 강화하도록 하는 등 기관 간 역할을 분담하도록 함.

　(3) 아동보호와 아동학대 신고의무자

아동복지법은 아동이 건강하게 출생하여 행복하고 안전하게 자라나도록 그 복지를 보장함을 목적으로 하고 있다(동법 제1조).

　① 아동보호책임의 주체

아동보호의 책임으로는 국가와 지방자치단체, 보호자, 모든 국민 등으로 구분하고 있다.

국가와 지방자치단체는 아동의 건강과 복지 증진에 노력하여야 하며 이를 위한 시책을 시행하여야 한다(동법 제4조 제1항). 또 아동의 보호자는 아동을 가정 안에서 그의 성장 시기에 맞추어 건강하고 안전하게 양육하도록 하고 있으며, 모든 국민은 아동의 권익과 안전을 존중하여야 하며, 아동을 건강하게 양육하여야 한다.

특히 국가와 지방자치단체는 아동이 자신 또는 부모의 성별, 연령, 종교, 사회적 신분, 재산, 장애유무, 출생지역 또는 인종 등에 따른 어떠한 종류의 차별도 받지 아니하도록 필요한 시책을 강구하여야 한다(동법 제4조 제5항, 신설 2006.9.27.).

아동학대 예방과 관련된 국가의 지방자치단체, 경찰 등의 역할을 자세히 살펴보면 다음과 같다.

　<보건복지부>
　　○ 아동보호업무와 관련한 법·제도적 정책 수립

○ 아동보호전문기관의 인력 및 자격관리

○ 아동복지사업 보조금 집행(중앙아동보호전문기관)

○ 관계 중앙행정기관과의 협력체계 구축 지원 등

<시·도>

○ 아동보호전문기관의 설치

○ 아동보호전문기관 설치 신청에 대한 검토 및 지정

○ 시·도에 설치·운영되는 아동보호전문기관 업무지도와 감독

○ 3일 이상 장기격리가 필요하여 아동복지법 제10조 제1항 제2호 내지 제5호
　의 보호조치를 의뢰받은 피학대 아동에 대한 행정적인 조치 등

○ 사회복지전담 공무원에 대한 신고의무자 교육

○ 아동복지시설 등에서의 아동학대 예방을 위한 지도·감독

○ 법원에 친권행사의 제한 또는 친권상실 청구(아동복지법 제12조)

<시·군·구>

○ 아동보호전문기관의 설치

○ 아동보호전문기관의 지정신청 접수

○ 시·군·구에 설치·운영되는 아동보호전문기관 업무지도·감독

○ 아동보호전문기관의 피학대 아동 및 보호자 또는 학대행위자의 신분조회 요
　청에 대한 협조(주민등록표, 등·초본, 가족관계등록부 열람 또는 교부 등)

○ 3일 이상 상기격리가 필요하여 아동복지법 제10조 제1항 제2호 내지 제5호
　의 보호조치를 의뢰받은 피해아동에 대한 행정적인 조치 실시

○ 사회복지전담 공무원에 대한 신고의무자 교육

○ 아동복지시설 등에서의 아동학대 예방을 위한 지도·감독

○ 법원에 친권행사의 제한 또는 친권상실 청구(아동복지법 제12조)

○ 빈곤으로 인한 아동학대 발생가정 및 부모로부터 격리보호가 필요한 피학대
　아동에 대한 국민기초생활수급권자 우선 선정

<경찰>

○ 아동보호전문기관과 아동학대 사례개입을 위한 협력체계 구축

○ 112에 신고된 아동학대 사례를 아동보호전문기관에 의뢰

○ 아동보호전문기관에 접수된 신고사례에 대해 현장조사 시 동행 협조

○ 아동학대행위자의 형사재판을 요하는 사례에 대한 수사 전담

○ 응급조치를 요하는 아동학대 사례를 일시보호시설 또는 의료기관에 조치 의뢰

○ 아동보호전문기관으로부터 의뢰받은 사례에 대한 현장조사 및 조사 이후 현장조사서 사본 송부(관할 아동보호전문기관) 등

② 아동학대 신고의무자(아동복지법 제26조, 2007.10.17. 개정)

이 법에서는 아동학대 신고의무와 절차를 규정하고 있다.

그래서 누구든지 아동학대를 알게 된 때에는 아동보호전문기관 또는 수사기관에 신고할 수 있도록 하고, 다음에 해당하는 자는 그 직무상 아동학대를 알게 된 때에는 즉시 아동보호전문기관 또는 수사기관에 신고하도록 하였다. <개정 2007.10.17.>

○ 초·중등교육법 제19조의 규정에 의한 교원

○ 의료법 제3조의 규정에 의한 의료기관에서 의료업을 행하는 의료인(의사, 간호사 등)

○ 아동복지시설의 종사자 및 그 장

○ 장애인복지법 제48조의 규정에 의한 장애인 복지시설에서 장애아동에 대한 상담·치료·훈련 또는 요양을 행하는 자

○ 영유아보육법 제10조의 규정에 의한 보육시설의 종사자

○ 유아교육법 제7조의 규정에 따른 유치원의 장, 교직원 및 종사자

○ 학원의 설립·운영 및 과외교습에 관한 법률 제6조의 규정에 따른 학원의 운영자·강사·직원·종사자 및 동법 제14조의 규정에 따른 교습소의 운영자·교습자·직원·종사자

○ 소방기본법 제35조의 규정에 따른 구급대의 대원

○ 「성매매방지 및 피해자보호 등에 관한 법률」 제5조 및 10조의 규정에 따른 지원시설 및 성매매 피해상담소의 장이나 그 종사자
○ 「한부모가족지원법」 제8조 및 제19조의 규정에 의한 한부모가족상담소의 상담원 및 한부모가족복지시설의 종사자
○ 「가정폭력방지 및 피해자보호 등에 관한 법률」 제5조 및 제7조의 규정에 의한 가정폭력 관련 상담소의 상담원 및 가정폭력 피해자보호시설의 종사자
○ 아동복지지도원 및 사회복지사업법 제14조에 의한 사회복지 전담 공무원

이때 신고인의 신분은 보호되어야 하며 그 의사에 반하여 신원이 노출되어서는 아니 된다.

(4) 금지행위

누구든지 다음에 해당하는 행위를 하지 않도록 규정하고 있다(동법 제29조).
① 아동의 신체에 손상을 주는 학대행위
② 아동에게 성적 수치심을 주는 성희롱, 성폭행 등의 학대행위
③ 아동의 정신건강 및 발달에 해를 끼치는 정서적 학대행위
④ 자신의 보호·감독을 받는 아동을 유기하거나 의식주를 포함한 기본적 보호·양육 및 치료를 소홀히 하는 방임행위
⑤ 아동을 타인에게 매매하는 행위
⑥ 아동에게 음행을 시키거나 음행을 매개하는 행위
⑦ 장애를 가진 아동을 공중에게 관람시키는 행위
⑧ 아동에게 구걸을 시키거나 아동을 이용하여 구걸하는 행위
⑨ 공중의 오락 또는 흥행을 목적으로 아동의 건강 또는 안전에 유해한 곡예를 시키는 행위
⑩ 정당한 권한을 가진 알선기관 외의 자가 아동의 양육을 알선하고 금품을 취득하는 행위

⑪ 아동을 위하여 증여 또는 급여된 금품을 그 목적 외의 용도에 사용하는 행위

만약 위의 규정을 위반한 자는 벌칙을 정해 처벌하고 있다(동법 제40조) <개정 2005.7.13.>

즉 제5호 또는 제6호에 해당하는 행위를 한 자는 10년 이하의 징역 또는 5천만 원 이하의 벌금, 제1호 내지 제4호, 제7호 및 제8호에 해당하는 행위를 한 자는 5년 이하의 징역 또는 3천만 원 이하의 벌금, 제10호 또는 제11호에 해당하는 행위를 한 자는 3년 이하의 징역 또는 2천만 원 이하의 벌금, 제9호에 해당하는 행위를 한 자는 1년 이하의 징역 또는 500만 원 이하의 벌금에 처하도록 하는 등 양태에 따라 벌칙의 내용을 달리 적용하고 있다.

(5) 보호조치

서울특별시장·광역시장·도지사(이하 '시·도지사'라 한다) 또는 시장·군수·구청장(자치구의 구청장을 말한다. 이하 같다)은 그 관할구역 안에서 보호를 필요로 하는 아동을 발견하거나 보호자의 의뢰를 받은 때에는 아동의 최상의 이익을 위하여 다음의 필요한 보호조치를 하도록 하고 있다(동법 제10조). <개정 2006.9.27.>
① 아동복지지도원 또는 아동위원에게 보호를 필요로 하는 아동 또는 그 보호자에 대한 상담·지도를 행하게 하는 것
② 보호자 또는 대리양육을 원하는 연고자에 대하여 그 가정에서 보호 양육할 수 있도록 필요한 조치를 하는 것
③ 아동의 보호를 희망하는 자에게 가정 위탁하는 것
④ 보호를 필요로 하는 아동에 적합한 아동복지시설에 입소시키는 것
⑤ 약물 및 알코올중독·정서장애·발달장애·성폭력피해 등으로 특수한 치료나 요양 등의 보호를 필요로 하는 아동에 대하여 전문치료기관 또는 요양소에 입원 또는 입소시키는 것

시·도지사 또는 시장·군수·구청장은 제1항제3호 내지 제5호의 규정에 의한 조치를 할 때까지 필요한 경우에는 적당하다고 인정하는 자에게 일시 위탁하여 그 보호를 필요로 하는 아동을 보호하게 할 수 있다.

(6) 아동복지시설의 종류(동법 제16조)

이 법에서 정하는 아동복지시설의 종류는 다음과 같다.
- 아동양육시설: 보호를 필요로 하는 아동을 입소시켜 보호, 양육하는 것을 목적으로 하는 시설
- 아동일시보호시설: 보호를 필요로 하는 아동을 일시 보호하고 아동에 대한 향후의 양육대책 수립 및 보호조치를 행하는 것을 목적으로 하는 시설
- 아동보호치료시설: 불량행위를 하거나 불량행위를 할 우려가 있는 아동으로서 보호자가 없거나 친권자나 후견인이 입소를 신청한 아동 또는 가정법원, 지방법원소년부지원에서 보호 위탁된 아동을 입소시켜 그들을 선도하여 건전한 사회인으로 육성하는 것을 목적으로 하는 시설
- 아동직업훈련시설: 아동복지시설에 입소되어 있는 만 15세 이상의 아동과 생활이 어려운 가정의 아동에 대하여 자활에 필요한 지식과 기능을 습득시키는 것을 목적으로 하는 시설
- 자립지원시설: 아동복지시설에서 퇴소한 자에게 취업준비기간 또는 취업 후 일정기간 보호함으로써 자립을 지원하는 것을 목적으로 하는 시설
- 아동단기보호시설: 일반가정에 아동을 보호하기 곤란한 일시적 사성이 있는 경우 아동을 단기간 보호하며 가정의 복지에 필요한 지원조치를 하는 것을 목적으로 하는 시설
- 아동상담소: 아동과 그 가족의 문제에 관한 상담, 치료, 예방 및 연구 등을 목적으로 하는 시설
- 아동전용시설: 어린이공원, 어린이놀이터, 아동회관, 체육, 연극, 영화, 과학실험전시시설, 아동휴게숙박시설, 야영장 등 아동에게 건전한 놀이·오락 기타 각종

편의를 제공하여 심신의 건강유지와 복지 증진에 필요한 서비스를 제공하는 것을 목적으로 하는 시설

- 아동복지관: 지역사회 아동의 건전육성을 위하여 심신의 건강 유지와 복지 증진에 필요한 서비스를 제공하는 것을 목적으로 하는 시설
- 공동생활가정: 보호를 필요로 하는 아동에게 가정과 같은 주거여건과 보호를 제공하는 것을 목적으로 하는 시설
- 지역아동센터: 지역사회 아동의 보호·교육, 건전한 놀이와 오락의 제공, 보호자와 지역사회의 연계 등 아동의 건전육성을 위하여 종합적인 아동복지 서비스를 제공하는 시설

한편 위의 아동복지시설은 종합시설로 설치할 수 있고, 각 시설의 고유업무 외에도 다음의 사업을 실시할 수 있다.

- 아동가정지원사업: 지역사회아동의 건전한 발달을 위하여 아동, 가정, 지역주민에게 상담, 조언 및 정보를 제공해 주는 사업
- 아동주간보호사업: 부득이한 사유로 가정에서 낮 동안 보호를 받을 수 없는 아동을 대상으로 개별적인 보호와 교육을 통하여 아동의 건전한 성장을 도모하는 사업
- 아동전문상담사업: 학교부적응아동 등을 대상으로 올바른 인격형성을 위한 상담, 치료 및 학교폭력 예방을 실시하는 사업
- 학대아동보호사업: 학대아동의 발견, 보호, 치료 및 아동학대의 예방 등을 전문적으로 실시하는 사업
- 공동생활가정사업: 보호를 필요로 하는 아동에게 가정과 같은 주거여건과 보호를 제공하는 것을 목적으로 하는 사업
- 방과 후 아동지도사업: 저소득층 아동을 대상으로 방과 후 개별적인 보호와 교육을 통하여 건전한 인격형성을 목적으로 하는 사업

(7) 요보호 아동 보호양육 네트워크 구축

① 기·미아·가출아동

기·미아·가출아동에 대해서는 상담하거나 아동학대를 경험한 아동에게 전문적인 상담과 지도를 하는 것은 매우 필요하고, 이들 보호 아동에 대해 적정한 사회적 지지서비스를 제공하여 정서적인 안정을 확보하는 것이 중요하다.

이를 위해 시설보호 아동을 보호·관리하고, 이들이 자립할 수 있는 계획을 세워 자립에 적절한 도움을 주는 한편, 입양·가정위탁에 대해서도 상담 등의 각종 서비스가 필요하다. 그래서 아동복지지도원(사회복지전담 공무원), 아동위원, 아동상담소 등에서 필요한 경우 심리검사, 놀이치료, 음악치료, 미술치료 등 전문치료기관과 협력체계가 구축되어야 한다.

그래서 보호 아동의 대부분은 의료적 서비스가 필요하므로 지역보건소, 병·의원 등과 협력체계를 구축하고, 기·미아, 가출아동의 경우 경찰, 실종아동전문기관, 병·의원(보건소) 등과 협력체계를 갖추어야 할 것이다.

이를 정리하면 <표 5-10>과 같다.

<表 5-10> 보호 아동 보호양육 관련 기관 협력체계 구축

* 보건복지가족부, 아동복지사업 자료를 정리함.

② 긴급아동양육 실시

　부모가 이혼, 별거·가출, 부부간 심화된 불화, 신용불량 등으로 가정 내 아동양육
이 곤란한 경우에는 시설보호 등 긴급보호를 실시하여 아동을 보호할 필요가 있다.

　이때 시장·군수·구청장은 보호자, 부양의무자, 이웃 등의 긴급보호 신청 시에

아동복지시설로 입소시키거나 국민기초생활보장 긴급급여를 실시(1개월)한 후, 국민기초생활수급자 선정기준 적합 여부를 조사하여 '가정위탁보호' 또는 '시설(공동생활가정)'에 입소를 시켜야 할 것이다.

시장·군수·구청장은 시설입소가 필요한 경우에는 관내 또는 인근 시설로 하여금 일시 또는 단기보호기능을 수행하도록 지도해야 하고, 아동에 대해서는 국민기초생활수급자로 선정하는 등 긴급아동이 양육에 있어서 소외되지 않도록 해야 한다.

(8) 아동전용시설의 설치(동법 제17조)

국가와 지방자치단체는 아동이 항상 이용할 수 있는 아동전용시설을 설치하도록 노력하여야 한다.

또 아동이 이용할 수 있는 문화·오락시설·교통 기타 서비스시설 등을 설치·운영하는 자는 대통령령이 정하는 바에 의하여 아동의 이용편의를 고려한 편익설비를 갖추고 아동에 대한 입장료와 이용료 등을 감면할 수 있도록 하고 있다.

3. 영유아보육법

(1) 보육시설 및 현황

1980년대 말 기혼여성의 사회진출이 점차 활발해지자 이들 취업여성의 가장 큰 고민은 자녀 양육 문제였다. 그래서 이런 경제적·사회적 필요성에 의해 1987년 제정된 남녀고용평등법에 의한 직장탁아제도가 도입되고, 1991년에는 영유아보육법이 제정되었다.

<표 5-11> 보육시설 현황

(2005.12. 기준)

구 분	계	국공립	법인	민간보육			부모 협동	가정 보육	직장
				소 계	법인 외	개인			
시설 수 (개소)	28,367 (100)	1,473 (5.2)	1,495 (5.3)	13,748 (48.5)	979 (3.5)	12,769 (45.0)	42 (0.1)	11,346 (40.0)	263 (0.9%)
아동 수 (명)	989,390 (100)	111,911 (11.3)	125,820 (12.7)	608,734 (61.6)	56,374 (5.7)	552,360 (55.9)	933 (0.1)	129,007 (13.0)	12,985 (1.3)

*주: 보육시설 이용률: 전체 영유아(0~5세 3,158천 명)의 31.8%
*출처: 여성가족부, 국회 업무보고자료(2006.6.)

보육수요를 보면, 2005년 현재 취업모의 0~5세 아동은 98만 명으로 이 중 보육
시설을 이용하는 가정에서 양육이 가능한 아동을 제외한 실제 보육을 필요로 하는
아동은 100만 명에 이른다(보건복지백서, 2005).

보육시설 및 보육아동 현황을 보면 보육시설의 경우 영유아보육법이 제정되기 이
전인 1990년 말에는 1,919개소였으나, 1992년에는 시설 수 4,153개소, 보육아동 수
12만 9,297명으로 급격히 증가하였고, 1997년에는 시설 수 1만 3,315개소, 보육아동
수 45만 6,655명으로 크게 증가하였다.

이러한 증가에도 불구하고 2005년도 보육시설을 이용하는 아동은 보육대상 아동
(6세 미만) 3,167천 명의 31.2%인 989천 명('05.12.31. 현재, 현원기준)으로 아직도
시설이 부족하다고 할 수 있다.[188]

따라서 나머지 아동은 가정에서 친척이나 가족 또는 개별적인 고용 탁아모(託兒
母)에 의해 보육되거나 방치되고 있다. 이러한 탁아시설의 미비가 기혼여성 취업의
장애요인으로 작용할 뿐만 아니라 이미 취업하고 있는 여성이 육아와 경제활동의
이중고에 시달리게 한다고 볼 수 있다.

---

188) 여성가족부, 「2005년 주요통계해설」, p.3, 여성가족부 홈페이지 자료 참조.

<표 5-12> 보육아동 비율

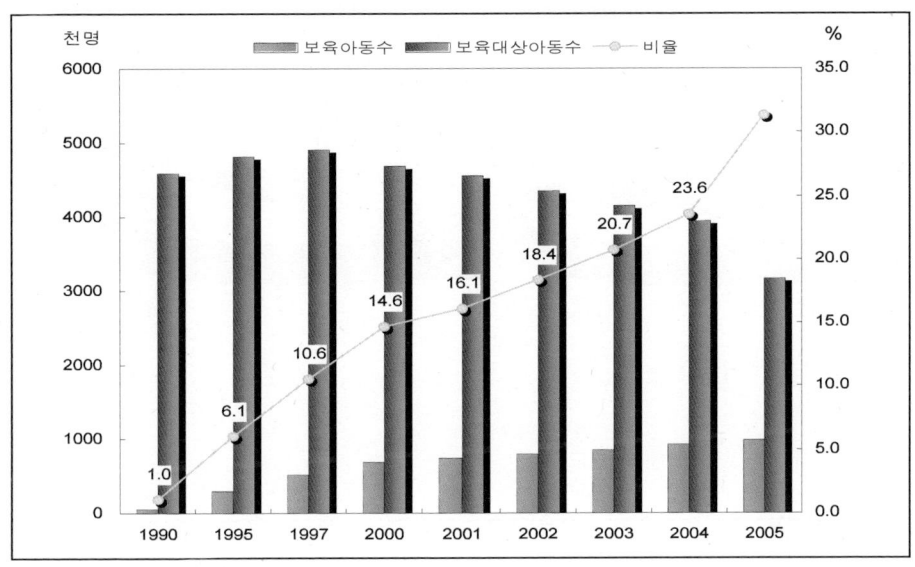

*출저: 여성부, 내부자료.

특히 2005년 보육시설은 총 28,367개로 10년 전 1995년과 비교하면 3배 이상 증가한 것으로 나타나고 있다. 그러나 민간보육시설이 13,748개소이고, 가정보육시설이 11,346개소로 절대 다수를 차지하고 있는 반면에, 국공립시설이 담당했던 보육아동 수용 비율은 1995년 26.8%에서 2005년 11.3%로 크게 감소하였다.[189] 결국 1995년과 마찬가지로 국공립시설이나 직장, 탁아시설은 여전히 부족한 것으로 나타나고 있다(표 5-13).

---

189) 여성가족부, 2005년도 주요통계해설, 참조.

<표 5-13> 보육시설 분포

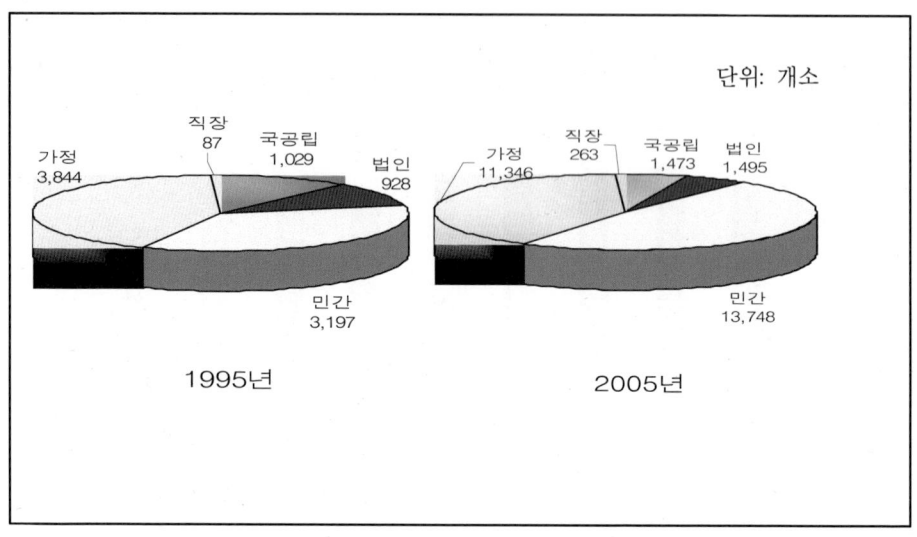

이처럼 현행 탁아정책은 육아 보육비가 비싼 민간시장에 맡김으로써 저소득층에게 불리하게 작용하고 있다.

(2) 영유아보육법의 목적과 기본이념

영유아보육법은 영유아의 심신을 보호하고 건전하게 교육하여 건강한 사회구성원으로 육성함과 아울러 보호자의 경제적·사회적 활동이 원활하게 이루어지도록 함으로써 가정복지 증진에 이바지함을 목적으로 한다(영유아보육법 제1조).

여기서 '영유아'란 6세 미만의 취학 전 아동을 말하며, '보육'이란 영유아를 건강하고 안전하게 보호·양육하고 영유아의 발달 특성에 맞는 교육을 제공하는 사회복지 서비스를 말한다(영유아보육법 제2조). 그리고 모든 국민과 국가, 지방자치단체는 보호자와 더불어 영유아를 건전하게 보육할 책임을 진다.[190]

---

190) 영유아보육법 개정 법률(2004년 1월 29일 공포)과 보건복지부 업무였던 보육이 여성가족부 업무로 이관됨(2004년 6월 12일자).

현재 국공립보육시설 중 야간보육과 24시간 보육 서비스를 제공하는 시설은 매우 미미하다. 보육의 사회적 책임을 국가가 떠맡고 각종 보육정책을 여성·가족·노동·지역정책과 연계한 종합적으로 추진하기 위한 정부의 노력이 더욱 요구된다.

보육정책의 방향은 '공공성 강화'와 '질적 수준의 향상'이라고 할 있다. 공공성 강화 방안으로 제시되고 있는 정책의 내용은 저소득층 지역이나 취약 보육시설을 국공립보육시설로 확충하고, 보육료 지원대상을 확대하며, 민간 시설에 대하여 평가 인증제 등 공공성을 강화하는 동시에 정부지원이 대폭 확대될 것으로 예측된다.[191]

<표 5-14> 국공립과 민간보육시설의 연도별 추진전략[192]

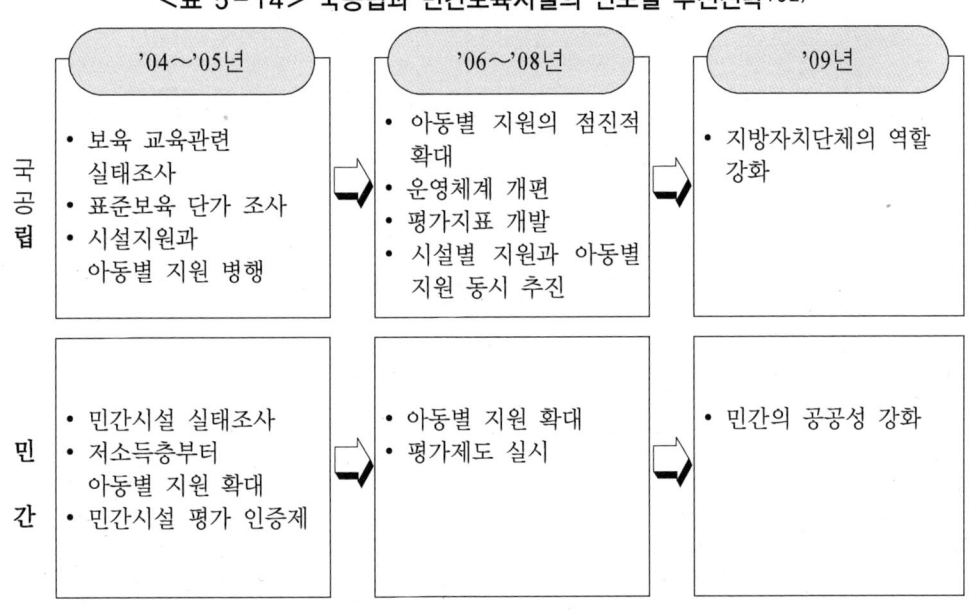

	'04～'05년	'06～'08년	'09년
국공립	• 보육 교육관련 실태조사 • 표준보육 단가 조사 • 시설지원과 아동별 지원 병행	• 아동별 지원의 점진적 확대 • 운영체계 개편 • 평가지표 개발 • 시설별 지원과 아동별 지원 동시 추진	• 지방자치단체의 역할 강화
민간	• 민간시설 실태조사 • 저소득층부터 아동별 지원 확대 • 민간시설 평가 인증제	• 아동별 지원 확대 • 평가제도 실시	• 민간의 공공성 강화

191) 여성가족부에 의하면, 보육정책의 공공성 확보를 위해 50m 근거리 보육 실현, 아이 함께 키우는 사회, 양질의 다양한 보육 서비스 제공, 국무총리 직속의 「유아교육·보육협의회」 구성 등을 제시함(2003, 대통령직인수위원회 업무보고자료).
192) 여성가족부, 2004 여성백서, 참조.

<표 5-15> 보육정책의 방향과 내용

공공성 강화	▪ 국·공립 보육시설의 확충	○ 전국적 실태조사로 보육수급지도 작성 ○ 저소득 밀집지역·취약보육시설 중심 신축
	▪ 보육료 지원 대상 확대	○ 표준보육단가 산출, 적정보육료 책정 ○ 차등보육료제 확대 및 지원율 상향
	▪ 민간시설의 공보육 시스템 보강	○ 평가인증제 도입, 정부지원 확대
질적 수준 향상	▪ 시설 인가제·설치기준 강화	○ 교사 대 아동 비율, 안전시설 기준 조정
	▪ 다양한 맞춤식 보육 서비스 확대	○ 영아·장애아·휴일·야간·시간제 등 ○ 직장·지역공동체 육아, 가정보육문제 등
	▪ 보육종사자 전문성 제고	○ 보육교사 국가 자격증 제도 도입 ○ 교육·경력관리·처우 및 근무환경 개선
	▪ 효율적 지원 인프라 구축	○ 총리 산하 보육정책조정위원회 구성·운영 ○ 보육정보센터 확대, 보육개발원 설립 보육전담 행정 조직 및 인력 확충

* 출처: 여성가족부, 2004년도 주요 업무 계획(2004.4.).

최근에 개정[193]된 「영유아보육법」을 보면, 보육정책조정위원회 설치, 보육계획 수립 등 체계적 보육정책을 추진하고, 보육에 대한 국가의 책임성과 투명성을 강화하였다. 이를 좀 더 정리하여 보면 <표 5-16>과 같다.

<표 5-16> 영유아보육의 정책과 제도의 변화

시 기	법률과 제도	내용 및 목적
'03년 5월	▪ 어린이 안전원년 선포 및 어린이 안전종합대책 수립	▪ 아동이 안전한 환경에서 성장할 수 있도록 지원
'04년 1월	▪ 「영유아보육법」전면 개정 - 보육정책조정위원회 설치, 보육계획 수립 등	▪ 체계적 보육정책 추진 및 보육의 책임성·투명성 강화
'05년	▪ 보육시설 평가인증제	▪ 보육시설의 질 향상
'06년	▪ 기본보조금제도	▪ 부모의 보육료 부담 경감

---

193) 영유아보육법 일부개정 2007.10.17. 법률 제8655호, 시행일 2008.1.18.

(3) 영유아보육법의 주요내용

이 법의 중요한 내용은 다음과 같다.

① 영유아보육의 기관으로서, 보육정책조정위원회, 보육정책위원회, 보육정보센터, 보육개발원 등을 두도록 하였다.

(가) 보육정책조정위원회

보육정책에 관한 관계 부처 간의 의견을 조정하기 위하여 국무총리 소속으로 보육정책조정위원회(이하 '보육정책조정위원회'라 한다)를 둔다(동법 제5조).

이 보육정책조정위원회는 보육정책의 기본 방향에 관한 사항, 보육 관련 제도 개선과 예산지원에 관한 사항, 보육에 관한 관계 부처 간 협조 사항, 그 밖에 위원장이 회의에 부치는 사항 등을 심의·조정한다.

또한 보육정책조정위원회는 위원장을 포함한 12명 이내의 위원으로 구성하되, 위원장은 국무조정실장이 되고 위원은 교육인적자원부차관·보건복지부차관·노동부차관·여성가족부차관 및 기획예산처차관이 되며, 보육계·유아교육계·여성계·사회복지계·시민단체 및 보호자를 대표하는 자(각 1명)되 위촉될 수 있도록 하였다.

(나) 보육정책위원회

보육에 관한 각종 정책·사업·보육지도 및 시설평가 사항 등을 심의하기 위하여 여성가족부에 중앙보육정책위원회를, 특별시·광역시·도·특별자치도(이하 '시·도'라 한다) 및 시·군·구(자치구를 말한다. 이하 같다)에 지방보육정책위원회를 두도록 하고 있다(제6조).

이때 중앙보육정책위원회와 지방보육정책위원회(이하 '보육정책위원회'라 한다)의 위원은 보육전문가, 보육시설의 장 및 보육교사 대표, 보호자 대표 또는 공익을 대표하는 자, 관계 공무원 등으로 구성한다.

(다) 보육정보센터

보육에 관한 정보의 수집·제공 및 상담을 위하여 여성가족부장관은 중앙보육정보센터를, 특별시장·광역시장·도지사·특별자치도지사(이하 '시·도지사'라 한다) 및 시장·군수·구청장은 지방보육정보센터를 설치·운영하여야 한다. 이 경우 필요하다고 인정하는 경우에는 영아·장애아 보육 등에 관한 보육정보센터를 별도로 설치·운영할 수 있다(동법 제7조 1항).

또한, 중앙보육정보센터와 지방보육정보센터(이하 '보육정보센터'라 한다)에는 보육정보센터의 장과 보육에 관한 정보 제공 및 상담 업무 등을 담당하는 보육전문요원 등을 둔다. 그리고 이 보육정보센터를 보육 관련 법인·단체 등에 위탁하여 운영할 수 있도록 하였다.

(라) 보육개발원

여성가족부장관은 보육에 관한 연구와 정보 제공, 프로그램 및 교재 개발, 평가척도 개발 및 종사자 연수 등의 업무를 위하여 보육개발원을 설치하거나 그 업무를 관련 연구기관 등에 위탁할 수 있게 했다(제8조 제1항).

② 보육시설의 종류

영유아보육법에서는 보육시설의 종류를 6가지로 분류하고 있다(제10조).

(가) 국공립보육시설

국공립보육시설이란, 국가나 지방자치단체가 설치·운영하는 보육시설을 말한다. 국가나 지방자치단체는 국공립보육시설을 설치·운영하여야 한다. 이 경우 국공립보육시설은 보육계획[194]에 따라 도시 저소득주민 밀집 주거지역 및 농어촌지역 등 취약지역에 우선적으로 설치하여야 한다.

(나) 법인보육시설: 「사회복지사업법」에 따른 사회복지법인(이하 '사회복지법인'이라 한다)이 설치·운영하는 보육시설

(다) 직장보육시설

직장보육시설이란 사업주가 사업장의 근로자를 위하여 설치·운영하는 보육시설(국가나 지방자치단체의 장이 소속 공무원을 위하여 설치·운영하는 시설을 포함한

---

194) 영유아보육법 제11조에서, "여성가족부장관, 시·도지사 및 시장·군수·구청장은 보육사업을 원활하게 추진하기 위하여 여성가족부장관의 경우에는 중앙보육정책위원회, 그 밖의 경우에는 각 지방보육정책위원회의 심의를 거쳐 보육시설 수급계획 등을 포함한 보육계획을 수립·시행하여야 한다."고 규정하고 있음.

다)을 말한다.

영유아보육법에서는, "대통령령으로 정하는 일정 규모 이상의 사업장의 사업주는 직장보육시설을 설치하여야 한다. 다만, 사업장의 사업주가 직장보육시설을 단독으로 설치할 수 없을 때에는 사업주 공동으로 직장보육시설을 설치·운영하거나, 지역의 보육시설과 위탁계약을 맺어 근로자 자녀의 보육을 지원하거나, 근로자에게 보육수당을 지급하여야 한다."(제14조제1항)고 규정하고 있다 .

(라) 가정보육시설: 개인이 가정이나 그에 준하는 곳에 설치·운영하는 보육시설

(마) 부모협동보육시설: 보호자들이 조합을 결성하여 설치·운영하는 보육시설

(바) 민간보육시설: 위 (가)부터 (마)까지의 규정에 해당하지 아니하는 보육시설

③ 보육시설의 장 또는 보육교사의 자격

보육시설에는 보육시설 종사자를 두어야 하며, 보육시설 종사자의 배치기준 등에 필요한 사항은 여성가족부령으로 정하도록 하고 있다(제17조).

그리고 보육시설의 장 또는 보육교사의 자격을 정하고 있다. 즉 보육시설의 장은 대통령령으로 정하는 자격을 가진 자로서 여성가족부장관이 검정·수여하는 자격증을 받은 자여야 한다(제21조).

④ 보육시설의 운영

(가) 보육시설의 운영기준

보육시설을 설치·운영하는 자는 여성가족부령으로 정하는 운영기준에 따라 보육시설을 운영하여야 한다(제24조).

한편, 국가나 지방자치단체는 제12조에 따라 설치된 국공립보육시설을 법인·단체 또는 개인에게 위탁하여 운영할 수 있으며, 이 경우 최초 위탁은 공개경쟁의 방법에 따른다.

또 직장보육시설을 설치한 사업주는 이를 법인·단체 또는 개인에게 위탁하여 운영할 수 있다.

(나) 보육시설운영위원회

보육시설의 장은 보육시설 운영의 자율성과 투명성을 높이고 지역사회와의 연계를 강화하여 지역 실정과 특성에 맞는 보육을 실시하기 위하여 보육시설에 보육시설운영위원회를 설치·운영할 수 있다. 다만, 제26조에 따른 취약보육(취약보육)을 우선적으로 실시하여야 하는 보육시설과 대통령령으로 정하는 보육시설은 보육시설운영위원회를 설치·운영하여야 한다(제25조).

보육시설운영위원회는 그 보육시설의 장, 보육교사 대표, 학부모 대표 및 지역사회 인사(직장보육시설의 경우에는 그 직장의 보육시설 업무 담당자로 한다)로 구성한다.

이때, 보육시설의 장은 보육시설운영위원회의 위원 정수를 5명 이상 10명 이내의 범위에서 보육시설의 규모 등을 고려하여 정할 수 있다.

보육시설운영위원회가 심의하는 사항으로는 보육시설 운영 규정의 제정이나 개정에 관한 사항, 보육시설 예산 및 결산의 보고에 관한 사항, 영유아의 건강·영양 및 안전에 관한 사항, 보육 시간, 보육과정의 운영 방법 등 보육시설의 운영에 관한 사항, 그 밖에 보육시설 운영에 대한 제안 및 건의사항 등이다.

(다) 취약보육의 우선 실시 등

국가나 지방자치단체, 사회복지법인, 그 밖의 비영리법인이 설치한 보육시설과 대통령령으로 정하는 보육시설의 장은 영아·장애아 등에 대한 보육(이하 '취약보육'이라 한다)을 우선적으로 실시하여야 한다(제26조).

그리고 여성가족부장관, 시·도지사 및 시장·군수·구청장은 취약보육을 활성화하는 데에 필요한 각종 시책을 수립·시행하여야 한다.

⑤ 건강·영양 및 안전

(가) 건강관리 및 응급조치

보육시설의 장은 영유아와 보육시설 종사자에 대하여 정기적으로 건강진단을 실시하는 등 건강관리를 하여야 하며, 영유아에게 질병·사고 또는 재해 등으로 인하여 위급 상태가 발생한 경우 즉시 응급의료기관에 이송하여야 한다(제31조).

(나) 치료 및 예방조치

보육시설의 장은 건강진단 결과 질병에 감염되었거나 감염될 우려가 있는 영유아에 대하여 그 보호자와 협의하여 질병의 치료와 예방에 필요한 조치를 하여야 한다(제32조).

(다) 급식 관리

보육시설의 장은 영유아에게 여성가족부령으로 정하는 바에 따라 균형 있고 위생적이며 안전한 급식을 하여야 한다(제33조).

⑥ 비용

(가) 비용의 부담(제34조)

국가나 지방자치단체는 「국민기초생활보장법」에 따른 수급자와 여성가족부령으로 정하는 일정소득 이하 가구의 자녀 등의 보육에 필요한 비용의 전부 또는 일부를 부담하여야 한다.

(나) 무상보육의 특례

초등학교 취학 직전 1년의 유아와 장애아에 대한 보육은 무상으로 하되, 대통령령으로 정하는 바에 따라 순차적으로 실시하도록 하였다(제35조).

(다) 비용의 보조 등

국가나 지방자치단체는 대통령령으로 정하는 바에 따라 제10조에 따른 보육시설의 설치, 보육교사(대체교사를 포함한다)의 인건비, 초과보육에 드는 비용 등 운영경비 또는 보육정보센터의 설치·운영, 보육시설 종사자의 복지 증진, 취약보육의 실시 등 보육사업에 드는 비용의 전부 또는 일부를 보조한다(제36조).

(라) 사업주의 비용 부담

영유아보육법 제14조에 따라 보육시설을 설치한 사업주는 대통령령으로 정하는 바에 따라 그 보육시설의 운영과 보육에 필요한 비용의 전부 또는 일부를 부담하여야 한다(제37조).

(마) 비용 및 보조금의 반환명령

국가나 지방자치단체는 보육시설의 설치·운영자, 보육정보센터의 장, 교육훈련

위탁실시자 등이 시설 운영이 정지·폐쇄 또는 취소된 경우, 사업 목적 외의 용도에 보조금을 사용한 경우, 거짓이나 그 밖의 부정한 방법으로 보조금을 교부받은 경우, 이 법 또는 이 법에 따른 명령을 위반한 경우 등 어느 하나에 해당하는 경우에는 이미 교부한 비용과 보조금의 전부 또는 일부의 반환을 명할 수 있다(제40조).

4. 재한외국인 처우 기본법

(1) 목적

이 법은 재한외국인에 대한 처우 등에 관한 기본적인 사항을 정함으로써 재한외국인이 대한민국 사회에 적응하여 개인의 능력을 충분히 발휘할 수 있도록 하고, 대한민국 국민과 재한외국인이 서로를 이해하고 존중하는 사회환경을 만들어 대한민국의 발전과 사회통합에 이바지함을 목적으로 한다(동법 제1조).

사실 외국에서 결혼을 목적으로 국내에 들어오는 결혼이민자의 경우, 우리 사회에서 가족의 자녀양육, 사회 적응문제, 국적취득 등 다양한 문제가 노출되고 있다.

그래서 재한외국인을 그 법적 지위에 따라 적정하게 대우하여 재한외국인이 대한민국 사회에 빨리 적응하게 하고, 우리 국민과 재한외국인이 서로의 문화와 역사를 이해하고 존중하는 사회환경을 만들기 위한 것으로 2007년에 제정(2007.5.17. 법률 제8442호)되었다.

(2) 국가 및 지방자치단체의 책무

이 법의 목적을 달성하기 위하여 재한외국인에 대한 처우 등에 관한 정책의 수립·시행에 노력하도록 국가 및 지방자치단체에 책무를 두고 있다(법 제3조).

(3) 외국인정책의 수립 및 추진체계

법무부장관은 관계 중앙행정기관의 장과 협의하여 5년마다 외국인정책에 관한 기본계획을 수립하고, 이를 외국인정책위원회의 심의를 거쳐 확정하도록 하고 있다.

또한 관계 중앙행정기관의 장은 기본계획에 따라 소관별로 연도별 시행계획을 수립하고, 지방자치단체의 장은 중앙행정기관의 시행계획에 따라 당해 지방자치단체의 연도별 시행계획을 수립·시행하도록 하고 있다(법 제5조 및 제6조).

(4) 재한외국인 등의 처우

국가 및 지방자치단체는 재한외국인 및 그의 자녀에 대한 불합리한 차별을 방지하고 인권을 옹호하기 위하여 교육·홍보 그 밖에 필요한 조치를 하기 위하여 노력하도록 규정하고 있다(법 제10조 내지 제14조, 제16조 및 제17조).

또한 국가 및 지방자치단체는 재한외국인의 사회적응 지원을 위하여 대한민국에서 생활하는 데 필요한 기본적 소양과 지식에 관한 교육, 정보제공, 상담 등의 지원을 할 수 있도록 하고 있다.

(5) 결혼이민자

'결혼이민자'란 대한민국 국민과 혼인한 적이 있거나 혼인관계에 있는 재한외국인을 말한다(법 제2조 제3호).

결혼이민자 및 그 자녀가 우리 사회에 조기에 적응할 수 있도록 하기 위하여 결혼이민자에 대한 국어교육, 대한민국의 제도·문화에 대한 교육, 결혼이민자의 자녀에 대한 보육 및 교육 지원 등을 통하여 결혼이민자 및 그 자녀가 대한민국 사회에 빨리 적응하도록 지원하고 있다(법 제12조 1항).

또한 이러한 지원은 대한민국 국민과 사실혼 관계에서 출생한 자녀를 양육하고 있는 재한외국인 및 그 자녀에 대하여 준용하도록 하고 있다.

(6) 다문화에 대한 이해 증진

국가 및 지방자치단체는 국민과 재한외국인이 서로의 역사·문화 및 제도를 이해하고 존중할 수 있도록 교육, 홍보, 불합리한 제도의 시정이나 그 밖에 필요한 조치를 하기 위하여 노력하여야 한다(법 제18조).

제6장

여성과 범죄

제1절 가정폭력의 방지 및 처벌

I. 서 설

가정폭력은 가정 내에서 발생하는 폭력의 한 형태로서, 그 종류와 수단이 매우 다양하며 가족구성원에 대한 폭행, 협박, 구타, 상해, 살인, 아동학대, 재물손괴 등 신체적·정신적 공격행위로 나타난다.

최근 '매 맞는 아내', '아내 구타' 등 주로 남성이 여성에게 행하는 폭력으로, 남편이 아내를 통제하는 수단으로 이용되고 있다. 여성주의적 관점(feminist perspective)에서는, 성차별적 가부장제 문화에서 나타나는 제도적 폭력의 한 형태라고 할 수 있다. 그래서 남성과 여성의 불평등한 권력배분으로 가족 내의 갈등, 스트레스, 역기능이 원인으로 등장한다.

전통적으로 가정 내에서 이루어지는 폭력은 처벌 자체가 불가능하거나, 형사소송법상 자기 또는 배우자의 직계존속을 고소할 수 없도록 규정하여, 국가의 공권력이 개입하지 않는 것이 바람직하다고 여겨져 왔다.

그러나 가정 내에서 약자인 여성의 인권이 유린당하고 있는 현실에서 국가는 가정 내의 폭력을 방관하고 있을 수만은 없고, 가정의 평화와 안전을 위하여 국가의 '공권력의 개입'이 필요하다는 인식이 확산되었다.

그래서 1997년 말에 「가정폭력방지 및 피해자보호 등에 관한 법률」(이하 가정폭력특별법)과 「가정폭력범죄의 처벌 등에 관한 특례법」(이하 특례법)을 제정하였고, 가정폭력상담소가 설치되었으며(1998년), 가정폭력 행위자 교정·치료프로그램 개발·보급 등이 이루어지고 있다. 이를 자세히 살펴보면 <표 6-1>과 같다.

\<표 6-1\> 국가의 가정폭력사업 연혁

연도	주 요 내 용
1997	- 「가정폭력방지 및 피해자보호 등에 관한 법률」 제정(12월) - 「가정폭력범죄의처벌등에관한특례법」 제정(12월)
1998	- 가정폭력상담소 설치(7월)
1999	- 가정폭력상담소·피해자보호시설 운영비 지원(1월) - 가정폭력피해자 일반치료비 지원(1월)
2001	- 여성부 신설로 보건복지부에서 업무이관(1월)
2002	- 가정폭력·성폭력 근절 종합대책 마련(3월)
2003 2004	- 가정폭력 행위자 교정·치료프로그램 개발·보급(12월) - 가정폭력 행위자 교정·치료프로그램 운영(89개 상담소) -「가정폭력방지 및 피해자보호 등에 관한 법률·시행령·시행규칙」 개정(1월, 4월, 5월) •상담소, 보호시설의 설치 신고·인가권 → 시군구 자치단체장에게 부여 •가정폭력 피해자 치료비 지원 구상권 행사요건 완화 등
2005	- 여성폭력피해자 진료지원 협약식 체결(1월) •가정폭력피해자와 그 동반아동에 대하여 무료진료 지원
2006	-「가정폭력방지 및 피해자보호 등에 관한 법률·시행령·시행규칙」 개정(4월, 10월) •정기(3년) 실태조사 및 초·중·고 예방교육 실시 •피해아동 거주지 외 취학지원 •상담소 설치·운영기준 강화 등 •교육훈련실시 신고제 도입 •가정폭력 피해자 치료비 구상권 임의규정으로 변경
2007	-「가정폭력가해자 교정·치료프로그램 효과성 분석」 연구용역 실시('06.8.~'07.8.) •상담조건부 기소유예처분자 중 프로그램을 이수한 자의 폭력 재발률과 배우자 만족 도 등 효과성 검증

* 주) 저자가 관계 법률과 제도를 참조하여 정리함.

한편, 의붓아버지, 오빠, 친척들에 의해서 저질러지고 있는 가족 내의 성폭력은 피해자가 가해자와 함께 생활공간을 사용하며 거주하고 있다는 점에서 일반폭력보다 지속적으로 행해질 가능성이 있다. 이러한 점에서 성폭력에 처벌을 강화하기 위한 성폭력특별법이 제정되어, 1994년 4월 1일부터 시행되고 있는 것이다.

<표 6-2> 성폭력방지를 위한 국가의 노력

연도	주요내용
1994	- 「성폭력범죄의 처벌 및 피해자보호 등에 관한 법률」 제정 - 성폭력상담소 설치(11월)
1995	- 성폭력피해자보호시설 설치(1월) - 성폭력상담소 운영비 지원(1월)
2000	- 장애인성폭력전문상담소 신설(9월)
2001	- 여성부 신설로 보건복지부에서 업무 이관(1월) - 「여성폭력긴급의료지원센터」 위촉(10월) •경찰병원 등 7개소
2004	- 「성폭력범죄의 처벌 및 피해자보호 등에 관한 법률」 시행령 및 시행규칙 개정(4월, 5월) - 서울해바라기아동센터 개소(6.18.), 연세의료원 위탁·운영 - 성폭력피해자 치료보호제도 개선 •가정·성폭력 치료비 통합운영
2005	- 영남해바라기아동센터 개소(6.9.), 경북대병원 위탁·운영 - 호남해바라기아동센터 개소(6.29.), 전남대병원 위탁·운영 - 여성·학교폭력피해자One-Stop지원센터 설치추진(8개소)
2006	- 여성·학교폭력피해자One-Stop지원센터 설치(6개소) 및 운영(14개소)
2007	- 여성·학교폭력피해자 One-Stop지원센터의 사업수행방식 전환(지자체보조)

* 주) 저자가 관계 법률과 제도를 참조하여 정리함.

가정폭력특별법은 다음과 같은 점에서 일반법과는 다르다.

① 가정 내의 폭력에 대하여 국가가 방치하지 않고, '적극적으로 개입'하여 가정폭력범죄를 예방한다는 점.

② 피해자보호를 위해서 긴급하게 보호할 필요가 있을 때는, 상담소나 보호시설에 '임시보호'할 수 있다는 점.

③ 형사처분에 대한 특례를 정하여 보호처분을 행할 수 있고, 가정폭력범죄에 대한 '응급조치 및 임시조치' 등이 마련되어 있다는 점이다. 그러나 아직 그 실효성은 의문이 있다.

④ 가정폭력 피해자를 위한 서비스 체계를 갖추어서, 피해자를 위한 적극적인 지

원체계가 마련되어 있다는 점 등이다. 즉 가정폭력 문제 상담기관과 쉼터 등 사회복지 서비스체계, 사법체계, 경찰체계, 의료체계로 구성되어 효과적인 예방이 되도록 하고 있다.

먼저 가정의 안전과 가족제도의 유지, 보호를 위한 국가의 의무에 대해서 고찰한 후, 사회복지 측면, 경찰 그리고 검찰과 법원의 방지노력에 대하여 살펴보기로 한다.

Ⅱ. 가정폭력의 방지 및 처벌

1. 가정폭력범죄의 의의

'가정폭력'이라 함은 가정구성원 사이의 신체적, 정신적 또는 재산상 피해를 수반하는 행위를 말하며, 가정폭력범죄처벌특례법에 의하여 처벌되는 가정폭력범죄는 다음과 같다(동법 제2조 제3호).

가. 형법 제2편 제25장 상해와 폭행의 죄 중 제257조(상해, 존속상해), 제258조(중상해, 존속중상해), 제260조(폭행, 존속폭행)제1항·제2항, 제261조(특수폭행) 및 제264조(상습범)의 죄

나. 형법 제2편 제28장 유기와 학대의 죄 중 제271조(유기, 존속유기)제1항·제2항, 제272조(영아유기), 제273조(학대, 존속학대) 및 제274조(아동혹사)의 죄

다. 형법 제2편 제29장 체포와 감금의 죄 중 제276조(체포, 감금, 존속체포, 존속감금), 제277조(중체포, 중감금, 존속중체포, 존속중감금), 제278조(특수체포, 특수감금), 제279조(상습범)(제276조, 제277조의 죄에 한한다) 및 제280조(미수범)(제276조 내지 제279조의 죄에 한한다)의 죄

라. 형법 제2편 제30장 협박의 죄 중 제283조(협박, 존속협박)제1항·제2항, 제284조(특수협박), 제285조(상습범)(제283조의 죄에 한한다) 및 제286조(미수범)

의 죄

마. 형법 제2편 제33장 명예에 관한 죄 중 제307조(명예훼손), 제308조(사자의 명
예훼손), 제309조(출판물 등에 의한 명예훼손) 및 제311조(모욕)의 죄

바. 형법 제2편 제36장 주거침입의 죄 중 제321조(주거·신체 수색)의 죄

사. 형법 제2편 제37장 권리행사를 방해하는 죄 중 제324조(강요) 및 제324조의
5(미수범)(제324조의 죄에 한한다)의 죄

아. 형법 제2편 제39장 사기와 공갈의 죄 중 제350조(공갈) 및 제352조(미수범)
(제350조의 죄에 한한다)의 죄

자. 형법 제2편 제42장 손괴의 죄 중 제366조(재물손괴 등)의 죄

차. 삭제 <2007.8.3.>

카. 가목 내지 자목의 죄로서 다른 법률에 의하여 가중 처벌되는 죄

2. 가정의 보호와 유지를 위한 국가와 의무

(1) 국가의 가정폭력의 예방조치

이 법은 가정폭력에 대한 국가와 지방자치단체가 적극적으로 개입할 수 있는 법
적 근거를 마련해 놓고 있다. 가정폭력을 가정 내의 '개인적'인 문제가 아니라 '사
회적'인 문제로 인식하여야 함을 나타내고 있는 것이다.

가정폭력의 사전예방이 사후대책보다 중요하다고 판단하여 국가와 지방자치단체
는 가정폭력의 예방·방지와 피해자의 보호·지원을 위하여 몇 가지 조치를 취하여
야 하는데, 그 내용은 다음과 같다(가정폭력방지 및 피해자보호 등에 관한 법률 제4
조 제1항).

① 가정폭력 신고체계의 구축 및 운영

② 가정폭력의 예방과 방지를 위한 조사·연구·교육 및 홍보

③ 피해자를 위한 보호시설의 설치·운영과 그 밖에 피해자에 대한 지원 서비스

의 제공

④ 피해자의 보호와 지원을 원활히 하기 위한 관련 기관 간의 협력체계 구축 및 운영

⑤ 가정폭력의 예방·방지와 피해자의 보호·지원을 위한 관계 법령의 정비와 각종 정책의 수립·시행 및 평가

그래서 국가와 지방자치단체는 이러한 책무를 다하기 위하여 이에 따르는 예산상의 조치를 취해야 하며, 각 지방자치단체에 가정폭력의 예방·방지 및 피해자의 보호·지원을 담당할 기구와 공무원을 두도록 하고 있다(동법 제4조 제2항 및 제3항).

또한 가정폭력 관련 상담소와 가정폭력피해자보호시설에 대하여 경비를 보조하는 등 이를 육성·지원하고 있다.

(2) 가정폭력 실태조사 및 예방교육의 실시

가정폭력의 실태를 파악하여 관련 대책을 수립하는 것은 무엇보다도 중요하다. 그리하여 여성부장관은 3년마다 가정폭력에 대한 실태조사를 실시하여 그 결과를 발표하고, 이를 가정폭력을 예방하기 위한 정책수립의 기초 자료로 활용해야 한다 (동법 제4조의2 개정 2008.2.29.).

그리고 초·중등학교 각급 학교의 장은 가정폭력의 예방과 방지를 위하여 필요한 교육을 실시하도록 하고 있다.

(3) 아동의 취학 지원 및 피해자에 대한 불이익처분의 금지

피해자의 보호나 양육을 받고 있는 자가 아동인 경우에 필요에 따라 주소지 외의 지역에서 취학할 경우가 있다. 이때 국가나 지방자치단체는 피해자나 피해자가 동반한 가정구성원이 아동인 경우 주소지 외의 지역에서 취학(입학·재입학·전학 및 편입학을 포함)할 필요가 있을 때에는 그 취학이 원활히 이루어지도록 지원하여야 한다(동법 제4조의4).

또 가정폭력 피해자는 사회에서 보호받고, 특히 자신의 직장에서 불이익을 받지

않도록 하는 조치가 중요하다. 그리하여 피해자를 고용하고 있는 자는 「가정폭력범죄의 처벌 등에 관한 특례법」에 따른 가정폭력범죄와 관련하여 피해자를 해고하거나 그 밖의 불이익을 주어서는 안 되도록 하고 있다(동법 제4조의5 전문개정 2007.10.17.).

3. 사회복지 측면에서의 가정폭력 방지

가정폭력 피해 여성에 대한 서비스를 제공하는 기관들은 1차 개입기관으로 상담소, 보호시설, 긴급전화 1366 등이 있으며, 2차 개입조직으로 학교, 복지기관, 병원, 경찰 등이 있다. 여기에서는 '가정폭력상담소'와 '보호시설' 그리고 '여성 긴급전화 1366'에 대한 내용을 살펴보기로 한다.

<표 6-3> 가정폭력 피해자 지원시설

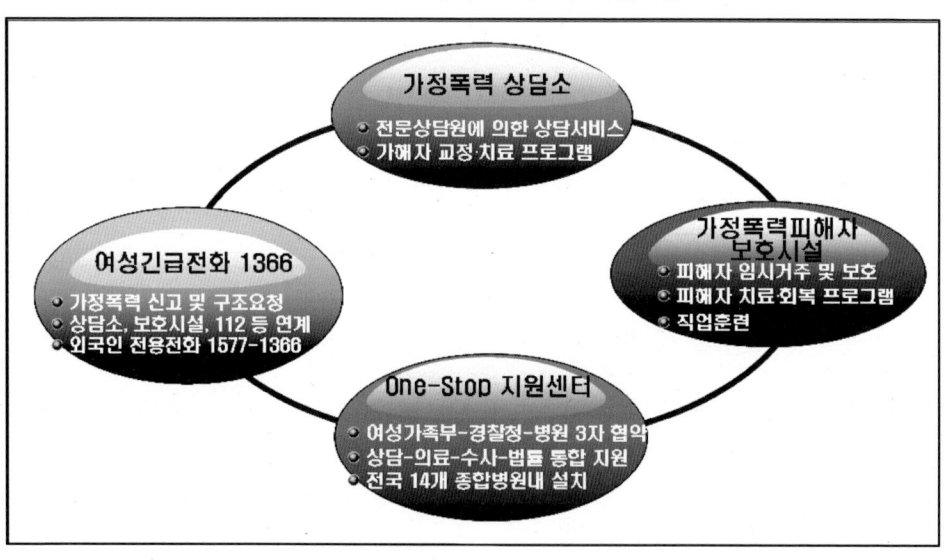

(1) 가정폭력상담소의 설치와 운영

가정폭력피해자를 보호하고 치료하는 프로그램을 갖추기 위해서는 이와 관련한 상담이 중요하다. 특히 민간영역에만 이런 상담기능을 의존하기보다는 국가와 지방자치단체가 적극적으로 나서야 한다.

따라서 국가 또는 지방자치단체는 가정폭력상담소를 직접 설치·운영할 수 있고 (가정폭력방지 및 피해자보호 등에 관한 법률 제5조 제1항), 개인이나 사설단체에서도 설치 운영할 수 있다. 가정폭력 가해자에 대한 상담, 치료프로그램은 현재 민간기관에 위탁되어 있다.

한편, 가정폭력상담소는 다음과 같은 업무를 수행한다(동법 제6조).

① 가정폭력을 신고받거나 이에 관한 상담에 응하는 일

② 가정폭력으로 정상적인 가정생활과 사회생활이 어렵거나 그 밖에 긴급히 보호를 필요로 하는 피해자 및 피해자가 동반한 가정구성원(피해자)을 임시로 보호하거나 의료기관 또는 제7조제1항에 따른 가정폭력피해자보호시설로 인도하는 일

③ 행위자에 대한 고발 등 법률적 사항에 관하여 자문하기 위한 대한변호사협회 또는 지방변호사회 및 「법률구조법」에 따른 법률구조법인(이하 '법률구조법인' 이라 한다) 등에 대한 필요한 협조와 지원의 요청

④ 경찰관서 등으로부터 인도받은 피해자 등의 임시 보호

⑤ 가정폭력의 예방과 방지에 관한 홍보

⑥ 그 밖에 가정폭력과 그 피해에 관한 조사·연구

전국에 가정폭력(성폭력 포함)상담소는 501개이며 이를 시도별로 살펴보면 경기와 서울이 많은 부분을 차지하고 있음을 알 수 있다(표 6-4).

<表 6-4> 전국 가정폭력·성폭력상담소 현황(여성부 자료)
(2007년 12월 말 기준 / 개소)

구 분	합계	서울	부산	대구	인천	광주	대전	울산	경기	강원	충북	충남	전북	전남	경북	경남	제주
계	501	76	14	16	19	27	11	14	110	13	25	32	36	28	39	35	6
가정폭력	302	52	8	10	13	14	5	9	71	7	14	19	18	17	24	18	3
성폭력	171	22	3	4	4	13	5	4	38	2	10	11	18	10	9	17	1
통합	28	2	3	2	2	-	1	1	1	4	1	2	-	1	6	-	2

(2) 보호시설의 설치와 운영

보호시설의 설치·운영 주체는 국가 또는 지방자치단체, 사회복지법인 기타 비영리법인이다.

국가나 지방자치단체는 가정폭력피해자보호시설을 설치·운영할 수 있으며, 사회복지법인과 그 밖의 비영리법인은 시장·군수·구청장의 인가를 받아 보호시설을 설치·운영할 수 있도록 하고 있다(동법 제7조).

보호시설은 크게 단기보호시설(피해자등을 6개월의 범위에서 보호하는 시설), 장기보호시설(피해자 등에 대하여 2년의 범위에서 자립을 위한 주거편의 등을 제공하는 시설), 외국인보호시설(배우자가 대한민국 국민인 외국인 피해자 등을 2년의 범위에서 보호하는 시설), 장애인보호시설(「장애인복지법」의 적용을 받는 장애인인 피해자 등을 2년의 범위에서 보호하는 시설) 등으로 나뉘어 있다(동법 제7조의2).

보호시설에서 보호되는 내용은 다음과 같다.

① 숙식 무료제공, 법률 및 심리상담, 치료지원

② 퇴소 후 자립을 위하여 시설 외 근로를 희망하는 경우 적극지원

③ 입소사실에 대한 비밀보장과 특별보호

• 가정폭력 행위자와 피해자 면담 주선 시 경찰에 협조 요청

④ 학령 아동이 인근학교에 출석을 원하는 경우 관련 교육기관과 협의하여 수업

에 참가하도록 조치

⑤ 가정폭력에 따른 아동의 취학지원

피해자 및 동반 자녀가 주소지 외의 지역에서 취학(입학·재입학·전학 및 편입학)할 필요가 있는 경우, 입학할 초·중·고등학교장의 추천에 의하여 교육장(교육감)이 학교를 지정하여 전학 등을 조치하여야 한다(가정폭력방지 및 피해자보호 등에 관한 법률 제4의4, 초·중등교육법시행령 제21조제3항 등 참조).

⑥ 기타 국가 또는 지방자치단체가 정하는 경비지원

(3) 여성긴급전화 '1366'

가정폭력·성폭력·성매매 등으로 긴급한 구조·보호 또는 상담을 필요로 하는 여성들이 시간에 관계없이 언제라도 전화를 통해 피해 상담을 받게 하는 것이 중요하다.

그래서 이를 위해 전국적으로 통일된 국번 없이 특수전화 '1366'을 365일·24시간 운영하고 있다.

① 설치지역

광역자치단체(시·도) 단위로 1개소씩 전국 16개 시·도에 설치되어 있다.

② 운영 주체

비영리 법인 또는 민간단체에 위탁운영을 원칙으로 하지만, 민간단체에 위탁이 곤란한 경우 지방자치단체에서 직영하기도 한다.

③ 설치 기준 및 규모

긴급전화는 일정한 공간(연면적은 100㎡ 이상인 별도의 독립된 공간)을 확보하고, 사무실(사무를 처리할 수 있는 적당한 설비를 갖추어야 함), 상담실, 긴급피난시설 등을 갖추어야 한다.

④ 운영 체계와 방법

운영은 365일 24시간 긴급상담 및 안내·보호 조치를 취할 수 있도록 8시간 3교대 근무체계로 24시간(Hot-Line) 운영된다.

그리하여 긴급상황에 처한 피해자를 근거리 상담소, 보호시설, 112, 119 등으로 즉시 조치될 수 있도록 협조체계가 유지되게 된다.

여기에는 정보교류나 자원공유가 중요하고, 지역에 있는 각종 자원에 대한 목록을 체계적으로 관리해야 할 것이다. '긴급전화 1366' 네트워크 운영체계를 간단히 살펴보면 아래 <표 6-5>와 같다.

<표 6-5> 지역별 네트워크 운영체계(여성부 자료)

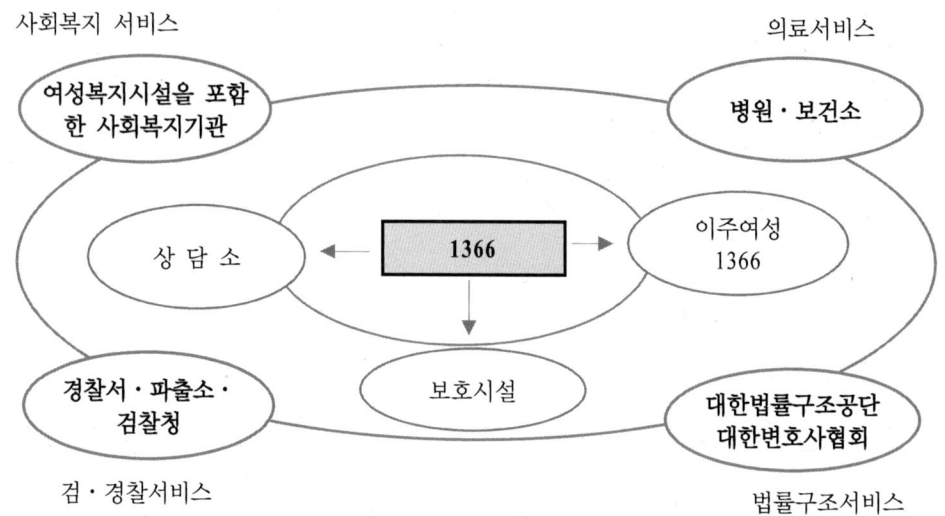

(4) 여성폭력피해자 one-stop지원센터 설치·운영

여성폭력피해자 one-stop 지원센터는 여성폭력피해자(성폭력·가정폭력 및 성매매 등 폭력 피해자)에 대하여 상담, 의료, 법률·수사 등의 지원을 24시간 one-stop 운영체계로 구축하여 여성인권을 보호하는 체제를 유지하고 있다.

그래서 시도지사, 지방경찰청장, 수탁병원장 등 3개 주체가 협약을 체결하는 형식을 취하고 있다. 즉 시도(예산 확보, 피해자 의료비 지원 등)와 지방경찰청(수사지원 여경 3인 파견근무, 24시간 교대근무), 센터 설치병원(시설 공간 및 의료인력 협조)

등이 서로 유기적인 관계를 가진다.

　국가에서는 여성부, 경찰청, 의료기관 3자 협약을 통해 여성폭력피해자 One－Stop 지원센터를 설치하고 있다. 2005년 8월부터 전국적으로 14개소를 설치(2007.3. 현재)하여 운영하고 있다. 이를 좀 더 구체적으로 살펴보면 ＜표 6－6＞과 같다.[195]

＜표 6－6＞ 여성 피해자를 위한 One－Stop 서비스

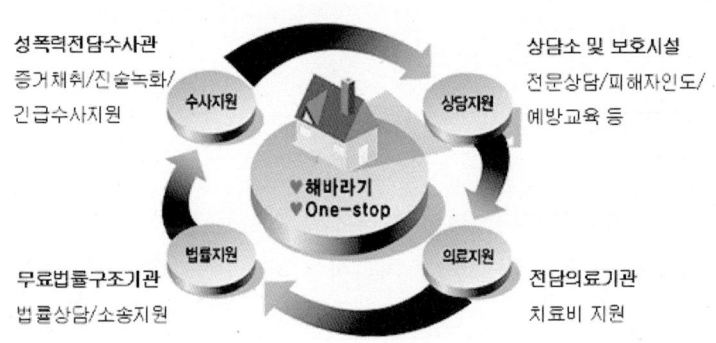

* 자료: 여성가족부(2007), 자료 참조

　종래 피해를 당한 피해자들은 우선 폭력 등으로 상처를 입었을 경우 병원으로 후송되어 일정한 처치를 받아야 하며, 여기에다 법률적인 지원을 받기 위해서는 또 한 차례 법률기관을 방문해야 하고 수사 등으로 경찰을 방문해야 했다.

　그러나 피해자들이 심신의 상처를 입은 상황에서 병원과 경찰서 등을 전전하며 2중 3중 고통을 받아 이를 회복하고 치유하는 데는 다소 미흡했던 것이 사실이다.

　이에 가정·성폭력 피해 여성들은 무료로 법률적 도움을 받을 수 있게 했을 뿐만 아니라, 의료서비스가 긴급하게 요청되는 현실을 감안하여, 한곳에서 이런 서비스를 처리할 수 있는 시스템이 요구되기에 이르렀다.

　그리하여 피해 여성은 상담, 의료, 수사, 법률지원이 피해자가 필요로 하는 모든 서비스를 한곳에서 지원하는 ONE－STOP으로 지원받게 된다.

---

195) 여성가족부(2007), 전게서, p.37 참조.

지원센터에는 보통 모니터실, 진술 녹화실, 진찰실, 상담실, 피해자 안정실 등이 갖춰져 있다. 지원센터의 합리적 운영을 위해 전문상담사 및 여성경찰관, 간호사, 행정요원 등으로 구성되어 있으며, 24시간 언제든지 무료로 지원서비스를 제공받게 된다.

지원 대상은 성폭력, 성매매, 가정폭력 피해 여성이며, 아동학대와 학교폭력 피해자는 남·여 구분 없이 지원된다.

4. 경찰의 가정폭력 방지

경찰은 가정폭력사건을 가장 먼저 현장에서 만나는 국가기관이다. 그래서 경찰이 현장에 출동하여 가정폭력에 대하여 처리하는 태도는 피해자와 가해자에게 상당한 영향을 주고 있다.

즉 경찰이 현장에서 상황을 적극적으로 기록하고 접수하는 행동을 취하면 가해자는 폭력사용을 자제하는 경향을 나타내지만, 무성의하게 처리하는 경우는 폭력적 행동을 나타내고 있다는 분석도 있다. 따라서 가정폭력범죄처벌특례법은 진행 중인 가정폭력범죄에 대하여 신고를 받은 경우에 다음과 같은 조치를 취하도록 규정하고 있다.

사법경찰관리는 즉시 현장에 임하여, ① 폭력행위의 제지, 행위자·피해자의 분리 및 범죄수사, ② 피해자의 가정폭력 관련 상담소 또는 보호시설 인도(피해자의 동의가 있는 경우에 한한다), ③ 긴급치료가 필요한 피해자의 의료기관 인도, ④ 폭력행위의 재발 시 제8조의 규정에 의하여 임시조치를 신청할 수 있음을 통보 등의 조치를 취하여야 한다(가정폭력범죄의 처벌 등에 관한 특례법 제5조).

그리고 사법경찰관은 가정폭력범죄를 신속히 수사하여 사건을 검사에게 송치하여야 한다. 이 경우 사법경찰관은 당해 사건이 가정보호사건으로 처리함이 상당한지 여부에 관한 의견을 제시할 수 있다(동법 제7조).

5. 가정폭력피해자의 보호 강화

(1) 피해자 치료보호

신체적·정신적 치료가 필요한 가정폭력, 성폭력 피해자에게 치료비를 지원하는 것은 폭력피해자의 후유증을 최소화하는 등 피해자에 대한 보호하기 위한 것이다(가정폭력방지 및 피해자보호 등에 관한 법률 제18조, 시행령 제6조, 시행규칙 제17조).

가정폭력피해자가 받을 수 있는 치료에는 보건에 관한 상담 및 지도, 신체적·정신적 피해에 대한 치료, 임산부의 심리적 안정을 위한 각종 치료 프로그램의 실시 등 정신치료, 임산부 및 태아보호를 위한 검사 및 치료, 가정폭력피해자 가정의 신생아에 관한 의료 등이 있으며 진단서의 발급도 이에 해당된다.

치료보호에 필요한 일체의 비용은 가정폭력 행위자가 부담(동법 제18조 제2항)하지만, 피해자가 치료보호비를 신청하는 경우에는 국가나 지방자치단체는 가정폭력 행위자를 대신하여 치료보호에 필요한 비용을 의료기관에 지급하여야 한다(동법 제18조 제3항).

그래서 국가와 지방자치단체에서 치료보호에 소요된 비용 전액지원을 하는 경우가 많다. 다만 총 진료비용이 300만 원을 초과하는 경우, 시·군·구 담당과장을 위원장으로 하는 3~5인(가정·성폭력 관계시설 대표, 의사 등 전문가)으로 구성된 위원회의 심의를 거쳐 지급 여부를 결정하게 된다.

그리고 이런 지원은 피해발생 후 경과기관에 관계없이 치료비를 지원하게 된다. 그러나 피해발생 후 1년 이상 경과한 사건에 대해서는 피해사실과의 인과관계 및 치료의 필요성 등을 확인하기 위하여 의사의 소견서를 첨부해야 한다.

(2) 가정폭력 행위자에 대한 구상권을 행사

국가 또는 지자체는 가정폭력 피해자가 신청할 경우 가해자 대신 의료기관에 치료비를 지급하도록 의무화하고, 필요시 가해자에게 구상권(求償權)을 행사할 수 있도록 하였다(법 제18조 제4항).

(3) 가정폭력 예방교육계획을 수립·시행

각급 학교의 장에게 매년 가정폭력 예방교육계획을 수립·시행하도록 하고, 예방교육 프로그램의 구성·운영 등을 전문단체 등에 위탁할 수 있도록 했다.

Ⅲ. 가정폭력범죄에 대한 형사처분 절차에 관한 특례

1. 가정폭력범죄의 처리절차상의 특색

가정폭력사건의 처리절차에 주요한 특색은 사건을 처리하는 경찰·검찰·법원의 각 단계에서 '피해자의 보호'를 위한 응급조치 및 임시조치 등을 취할 수 있게 하고 있는 점이다. 또한 가정폭력범죄를 가정보호사건으로 처리하여 일반 형사사건과는 달리 이에 대해 보호처분을 할 수 있다는 점이다.

이처럼 일반 형사사건의 처리절차와 가정폭력사건은 처리 과정상에 차이점이 있는바, 이를 설명하면 다음과 같다.

(1) 일반 형사사건의 처리절차

① 일반 형사사건 발생 → ② 경찰의 수사 → ③ 수사 후 검찰에 송치 → ④ 검찰은 법원에 공소제기 → ⑤ 재판 후 판결

(2) 가정폭력사건의 처리절차

① 가정폭력사건 발생 → ② 경찰은 응급조치를 취하고 검찰에 임시조치 신청 → ③ 조사 후 검찰에 송치 → ④ 검찰은 법원에 임시조치 청구, 가정보호사건으로 법원에 송치 → ⑤ 법원은 임시조치 여부 결정, 법원은 조사·심리 후 보호처분 여부 결정.

(3) 고소의 특례

피해자 또는 그 법정대리인은 가정폭력 행위자를 고소할 수 있도록 하여 고소에 관한 특례를 인정하고 있다. 피해자의 법정대리인이 행위자인 경우 또는 행위자와 공동하여 가정폭력범죄를 범한 경우에는 피해자의 친족이 고소할 수 있다(가정폭력 범죄의 처벌 등에 관한 특례법 제6조 제1항). 또한 피해자 또는 그 법정대리인은 형사소송법(제224조)의 고소제한(자기 또는 배우자의 직계존속을 고소하지 못한다) 규정이 있음에도 불구하고 가정폭력 행위자가 자기 또는 배우자의 직계존속인 경우에도 고소할 수 있다(동 조 제2항).

피해자에게 고소할 법정대리인이나 친족이 없는 경우에 이해관계인의 신청이 있으면, 검사는 10일 이내에 고소할 수 있는 자를 지정하여야 한다(동 조 제3항).

이하에서는 법원의 임시조치, 보호처분, 배상명령에 대하여 살펴보기로 한다.

2. 임시조치

판사는 가정보호사건의 원활한 조사·심리 또는 피해자의 보호를 위하여 필요하다고 인정한 때에는, 결정으로 가정폭력 행위자에게 ① 피해자 또는 가정구성원의 주거 또는 점유하는 방실로부터의 퇴거 등 격리, ② 피해자 또는 가정구성원의 주거, 직장 등에서 100미터 이내의 접근금지, ③ 피해자 또는 가정구성원에 대한「전기통신기본법」제2조제1호의 전기통신을 이용한 접근금지, ④ 의료기관 기타 요양소에의 위탁, ⑤ 국가경찰관서의 유치장 또는 구치소에의 유치 등 임시조치를 할 수 있다(특례법 제29조 제1항).

법원이 임시조치를 결정한 때에는 이를 검사 및 피해자에게 통지하여야 한다(동 조 제3항).

1999년 1월에는 법원의 안방출입금지 명령을 위반한 남편을 구속하고, 법원이 직접 유치결정을 내리는 사례도 있었다.

3. 보호처분

판사는 심리의 결과 보호처분이 필요하다고 인정한 때에는 결정으로 다음을 명할 수 있다(특례법 제40조 제1항).
① 행위자가 피해자 또는 가정구성원에게 접근하는 행위의 제한
② 행위자가 피해자 또는 가정구성원에게 「전기통신기본법」 제2조제1호의 전기통신을 이용하여 접근하는 행위의 제한
③ 친권자인 행위자의 피해자에 대한 친권행사의 제한
④ 보호관찰등에관한법률에 의한 사회봉사·수강명령
⑤ 보호관찰등에관한법률에 의한 보호관찰
⑥ 가정폭력방지 및 피해자보호 등에 관한 법률이 정하는 보호시설에의 감호위탁
⑦ 의료기관에의 치료위탁
⑧ 상담소등에의 상담위탁

한편 위의 각 처분은 병과할 수 있으며, 제3호의 처분을 하는 경우에는 피해자를 다른 친권자나 친족 또는 적당한 시설로 인도할 수 있다(동 조 제2항 및 제3항).

법원은 보호처분의 결정을 한 때에는 지체 없이 그 사실을 검사, 행위자, 피해자, 보호관찰관 및 보호처분을 위탁받아 행하는 보호시설, 의료기관 또는 상담소 등의 장에게 통지하여야 한다. 다만, 수탁기관이 민간에 의하여 운영되는 기관인 경우에는 그 기관의 장으로부터 수탁에 대한 동의를 얻어야 한다(동 조 제4항).

제4호부터 제8호까지의 처분을 한 때에는 행위자의 교정에 필요한 참고자료를 보호관찰관 또는 수탁기관의 장에게 송부하여야 한다. 제6호의 감호위탁기관은 행위자에 대하여 그 성행의 교정을 위한 교육을 실시하여야 한다. <신설 2007.8.3. >

제1호부터 제3호까지 및 제5호부터 제8호까지의 보호처분의 기간은 6개월을 초과할 수 없으며, 제4호의 사회봉사·수강명령의 시간은 200시간을 각각 초과할 수 없다(특례법 제41조).

보호처분을 이행하지 아니할 경우에는 검사가 다시 송치하여 일반 형사사건으로 처리할 수도 있다. 가정폭력범죄의 처리과정을 간단히 요약하면 <표 6-7>과 같다.

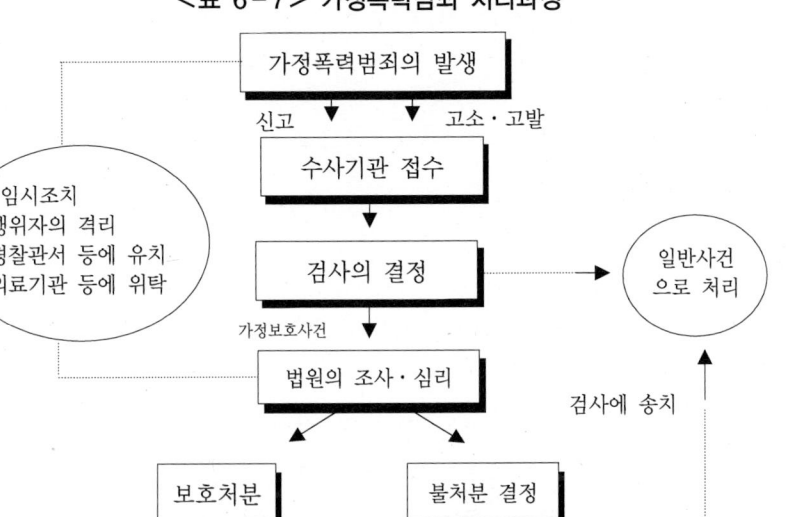

<표 6-7> 가정폭력범죄 처리과정

가정폭력범죄의 발생

신고   고소·고발

수사기관 접수

임시조치
•행위자의 격리
•경찰관서 등에 유치
•의료기관 등에 위탁

검사의 결정 → 일반사건으로 처리

가정보호사건

법원의 조사·심리   검사에 송치

보호처분   불처분 결정

• 피해자에 대한 접근 제한
• 친권행사 제한
• 사회봉사
• 보호관찰
• 감호·치료·상담위탁

• 피해자가 고소를 취하했을 때
• 보호처분을 할 필요가 없을 때
• 가정보호사건으로 처리함이 부적합하다고 인정될 때

4. 배상명령

가정폭력범죄로 인하여 직접 피해를 입은 피해자는 가정보호사건이 계속된 제1심 법원에 배상명령을 신청할 수 있다(특례법 제56조 제1항).

법원은 제1심의 가정보호사건 심리절차에서 보호처분을 선고할 경우, 직권 또는 피해자의 신청에 의하여 ① 피해자 또는 가정구성원의 부양에 필요한 금전의 지급, ② 가정보호사건으로 인하여 발생한 직접적인 물적 피해 및 치료비손해의 배상을 명(命)할 수 있다(특례법 제57조 제1항).

제2절 성범죄로부터의 여성의 보호

Ⅰ. 서 설

성폭력·성범죄의 원인을 분석하는 데에는 여성주의적 관점에서 다음과 같은 두 가지가 있을 듯하다.

하나가 '성역할 학습론'이다. 이는 강간 등 성폭력이 주류문화의 내용에서 비롯된 다고 설명한다. 다시 말하면 성폭력은 남성다움이 학습을 통해서 공격적이고 지배 지향적임을 강조하는 데서 오는 결과라는 것이다.

다른 하나는 '가부장적 관점'에서 성폭력이 남성지배 체제를 유지시켜 주는 기능을 한다는 것이다. 즉 매스미디어의 발달과 함께 은연중에 나타나는 여성의 성의 상품화와 상품광고 등에서 보여 주는 여성의 대상화는 여성을 남성의 소유물로 생각하게 만들고 있다는 것이다. 그래서 여성을 남성의 폭력의 대상으로 만들고 우리 사회의 가부장적 이데올로기가 성폭력을 재생산하고 있다는 것이다. 한편, 성폭력의 유형은 다양하며, 그 연령도 어린이에서부터 성인여성, 노인에 이르기까지 포괄되어 있다.

성범죄는 가정, 학교, 직장, 사이버공간 등 여성의 생활환경 전역에서 발생하고 있고, 가해자와 전혀 모르는 사람은 물론 친밀한 관계196)에 있는 사람까지 포함되어 있다. 뿐만 아니라 신체적인 접촉 없이 음란전화나 음란메일 등 익명성을 이용해서도 이루어지고 있는데, 이로 인하여 명예훼손이나 성적 불쾌감을 주기도 한다. 이런

---

196) 친족 성폭력은 친족에 의해 일어나는 성추행에서 강간까지 포함하는데, 어린이 성폭력 피해의 경우는 약 30%가 친족 성폭력이고, 친부, 친오빠, 의양부, 사촌 오빠 등의 경우도 상당히 많아서 적절한 보호대책이 강구되어야 한다. 또, 교육자에 의해서 자행되는 학교 성폭력도 심각하여 학생들 중 2.4%가 선생님으로부터 피해를 입은 것으로 보고되고 있다.

언어추행은 명예훼손으로 처벌할 수 있으며, 전화로 이루어지는 음란행위도 처벌이 가능하다. 그렇지만 동일인에게 반복적으로 가해지는 음란전화 등은 무기력, 불안감을 일으켜서 정신을 병들게 만들고 있다.

사이버공간에서의 원치 않는 성적인 농담이나 그림, 메일, 이미지를 보냄으로써 나타나는 사이버 공간상의 성폭력도 상대방에게 많은 피해를 주고 있다.

만13세 미만의 어린이에게 가해지는 어린이 성폭력도 빈번히 발생하고 있다. 어린이는 신체적인 특성상 성추행에 의해서도 처녀막 파열, 성기 이상을 가져올 수 있다. 또 어린이 성폭력은 오랫동안 지속될 가능성이 높아 심한 공포, 불안, 우울증에 시달릴 수가 있다.

이하에서는 형법상의 성범죄를 중심으로 살펴보기로 한다.[197]

Ⅱ. 형법상 성범죄

1. 여성 범죄의 특수성

(1) 친고죄

친고죄란 범죄의 피해자 기타 법률이 정한 자의 고소·고발이 있어야 공소를 제기할 수 있는 범죄이다. 친고죄에 해당하는 범죄에는, 형법상 간통죄·강간죄·강제추행죄·준강간죄·준강제추행죄, 미성년자 등 간음죄, 업무상 위력 등에 의한 간음죄, 혼인빙자간음죄, 미성년(13세 미만)자에 대한 간음·추행죄, 사자명예훼손죄, 모욕죄, 비밀침해죄, 업무상 비밀누설죄, 추행·간음·결혼 목적 약취·유인죄 등이 있다.

---

197) 김일수, 「형법각론」, pp.141－161 참조.

이런 친고죄를 인정하는 이유로는, 피해자나 피해자 가족의 의사와 명예를 존중할 필요가 있거나, 그 죄질이 경미한 경우가 있기 때문이다.

친고죄에 있어서 고소·고발은 소송조건이므로 이에 위반되면 그 공소는 법률의 규정에 위반하였다는 이유로 판결로써 기각된다(형사소송법 제327조 2호).

이렇게 여성의 성범죄에 있어서는 대부분 친고죄로 규정하고 있다.

그러나 예외적으로 「성폭력범죄의 처벌 및 피해자보호 등에 관한 법률」(성폭력범죄처벌법)상 다음 범죄는 친고죄가 아니다.

① 성폭력범죄처벌법 제5조(특수강도강간 등)

형법상 주거침입, 야간주거침입절도, 특수절도, 그 미수범의 죄를 범한 자가 강간, 준강간, 준강제추행의 죄를 범한 때에는 무기 또는 5년 이상의 징역에 처한다.

② 성폭력범죄처벌법 제6조(특수강간 등)

흉기 기타 위험한 물건을 휴대하거나 2인 이상이 합동하여 강간죄를 범한 때는 무기 또는 5년 이상의 징역에 처한다.

③ 성폭력범죄처벌법 제7조(친족관계에 의한 강간 등), 제8조(장애인에 대한 준강간 등), 제8조의2(13세 미만의 미성년자에 대한 강간, 강제추행 등), 제9조(위 범죄로 인한 강간상해치상), 제10조(강간살인·치사)

그런데 형법상 성범죄를 친고죄로 한정하여 피해를 당한 여성의 명예를 보호하기 위해 만들어졌지만, 실제 적용상 부작용이 노출되기도 한다.

즉, 강간죄의 피해 여성이 가해 남성의 협박이나 회유에 의하여 고발하기가 힘들고, 강간에 대한 피해 여성과 가해 남성과의 고소·고발의 이중 잣대로 여성들을 오히려 불리하게 만들고 있다.

(2) 수사 과정상 여성 피해자의 정신적 피해의 위험성

여성의 성범죄는 수사와 기소 과정에서, 여성의 인권이 유린당할 여지가 많다. 보통 경찰과 검찰수사를 받을 때 담당경찰이나 검찰에서 피해사실을 반복해서 질문하고 답변하게 하여 수치심을 자극하게 하고 있고, 남성 수사관 앞에서 피해사실을 진술하게 하여 모욕감을 더하게 할 수 있다.

이러한 것은 성범죄가 사건의 발생에 비하여, 훨씬 적은 기소율을 보이고 있는 것을 보면 알 수 있다. 따라서 성범죄의 수사나 기소 과정에 여성 수사관이나 여성 검사의 입회가 요청되고, 여성 피해자가 수사 과정에서 또 다른 정신적인 피해를 당하지 않게 하기 위한 배려와 성범죄에 대한 수사기법도 높여야 할 것이다.

(3) 여성 범죄의 부정직성

남성에 의해서 저질러지는 범죄를 한마디로 '폭력성'이라고 한다면, 여성 범죄의 특징은 '부정직성'이라 할 수 있다. 여성 범죄는 여성 특유의 성질이나 생활환경과 밀접한 관계가 있는 경우가 많다. 그래서 영아살해·낙태·유기죄가 비교적 많은 반면에, 강도·상해·폭행죄 등 폭력을 사용한 살인죄 등은 비교적 적게 나타난다.

여성 범죄는 모욕·중상·독살 또는 방화와 같은 수단으로 범행하게 되며, 이 외에도 여성에게 많은 범죄는 음행매개·은닉·범죄비호·방조·교사 등 자신이 직접 행하지 않는 범죄가 대부분이라고 한다.

(4) 「성폭력범죄의 처벌 및 피해자보호 등에 관한 법률」 개정

「성폭력범죄의 처벌 및 피해자보호 등에 관한 법률」이 일부 개정(2008.6.13. 법률 제9110호)되었는데, 이를 살펴보면 다음과 같다.

① 개정 이유
성폭력범죄가 지속적으로 증가하는 가운데 13세 미만의 여자 아동을 납치 또는 유인하여 성폭행한 후 살해하는 사건이 잇달아 발생하고 있으므로, 13세 미만의 미성년자를 상대로 한 성폭력범죄의 법정형을 상향 조정하고, 항문에 손가락 등을 넣는 행위를 유사강간행위로 규정하여 처벌하는 등 아동을 상대로 하는 성폭력범죄자를 엄단하려는 것이다.

② 주요내용

가. 13세 미만의 여자 강간죄에 대한 법정형 상향 조정(법 제8조의2제1항): 13세 미만의 여자에 대하여 「형법」상 강간죄를 범한 자에 대한 법정형을 5년 이상의 유기징역에서 7년 이상의 유기징역으로 상향 조정함

나. 13세 미만의 사람 유사강간죄에 대한 법정형 상향 조정 등(법 제8조의2제3항): 13세 미만의 사람에 대하여 폭행 또는 협박으로 유사강간행위를 한 자에 대한 법정형을 3년 이상의 유기징역에서 5년 이상의 유기징역으로 상향 조정하고, 항문에 손가락 등 신체(성기는 제외한다)의 일부나 도구를 삽입하는 행위를 유사강간행위에 추가함.

다. 13세 미만의 사람 강제추행죄에 대한 법정형 상향 조정 등(법 제8조의2제2항): 13세 미만의 사람에 대하여 「형법」상 강제추행죄를 범한 자에 대한 법정형을 1년 이상의 유기징역 또는 500만 원 이상 3천만 원 이하의 벌금에서 3년 이상의 유기징역 또는 1천만 원 이상 3천만 원 이하의 벌금으로 상향 조정함.

라. 13세 미만의 사람 강간 등 상해·치상죄에 대한 가중 처벌(법 제9조제1항): 13세 미만자를 상대로 성폭력범죄를 범하고 상해를 가하거나 상해에 이르게 한 자에 대한 법정형을 무기징역 또는 7년 이상의 징역으로 가중 처벌함.

마. 13세 미만의 사람 강간 등 살인·치사죄에 대한 가중 처벌(법 제10조): 13세 미만자를 상대로 성폭력범죄를 범하고 살해한 자에 대한 법정형을 사형 또는 무기징역으로 함을 명확히 하고, 사망에 이르게 한 자에 대한 법정형을 사형, 무기징역 또는 10년 이상의 징역으로 가중 처벌함.

2. 성적 자유에 관한 죄

(1) 강간죄

폭행 또는 협박으로 부녀를 강간한 자는 3년 이상의 유기징역에 처한다(형법 제297조). 본 죄의 미수범은 처벌한다(동법 제300조).

① 의의

강간죄는 폭행 또는 협박으로 피해자의 의사에 반하여 부녀를 강간함으로써 성립하는 범죄이다. 강제추행죄에 비하여 무겁게 처벌되는데, 그 이유는 강간으로 인하여 '부녀의 성적 자기결정의 자유'가 현저히 침해되었다는 점에 있다.

② 구성요건

본 죄의 주체는 제한이 없다. 그런데 강간행위는 보통 남자에 의해서 행해지는데, 신체구조상 남자만 가능하기 때문이다. 따라서 여자는 혼자서는 강간죄를 범할 수는 없지만, 남자와 함께 강간의 범죄행위에 가공할 때에는 여성도 강간죄의 공범이 될 수 있다.

강간죄의 객체는 부녀이다.

부녀인 이상 기혼·미혼·성년·미성년을 묻지 않는다. 심지어 전혀 성교능력이 없는 유아라도 강제력을 행사하여 간음하면 강간이 된다. 음행의 상습이 있는 자, 매춘부 또는 행위자와 종전부터 성관계를 가졌던 부녀도 이 죄의 객체가 될 수 있다. 따라서 남자는 강간죄의 객체가 될 수 없다. 즉, 부녀만을 강간죄의 객체로 한정하는 것은 남녀의 생리구조적인 차이에 의한 것이라고 볼 수 있어서, 헌법에서 인정하는 남녀평등의 원칙에 위배되지 않을 것이다.

최근에는 부부강간죄의 신설이 논의되고 있는데, 통설과 판례는 처에 대한 강간죄의 성립을 부정하고 있다. 다만 부부 성관계의 특수성을 고려한다 해도, 폭행·협박을 가할 권리까지 인정할 수 없으므로 처에 대한 폭행·협박에 의한 성교는 비록 강간죄가 되지는 않더라도 강요죄(제324조)는 될 수 있다. 그래서 설령 남편이 폭력으로써 강제로 처를 간음하였다 하더라도 강간죄는 성립되지 아니한다(대판 1970.3.10. 선고, 70도29 판결) 할 것이다.

최근 성전환수술을 한 남자에 대하여 성별 정정을 요구한 사례가 있다. 판례는 '성염색체의 구성이나 여성으로서 생식능력이 없다는 점'에서 사회통념상 여자로 볼 수 없다는 것이 전통적인 법원의 견해였다.[198] 그러나 법원은 태도를 바꾸어 성전환수술을 받은 사람이 호적상 성별을 정정할 수 있도록 허가하는 결정[199]을 하고 있다. 법원은 판결문에서, "의학적으로 성정체성 장애인 성전환증 환자로 수술을 통해 신체적 특징이 여성으로 바뀐 만큼 성별정정의 의학적 요건을 갖췄으며, 미혼인 데다 의사능력과 행위능력이 있어 성별정정의 법률적 요건도 갖췄다."고 판시하였다.

③ 행위(강간)

강간이란, 폭행 또는 협박으로 인하여 항거가 현저히 곤란한 상태에 있는 부녀를 간음하는 것을 말한다. 즉, 강간은 상대방의 성적 자기결정권 내지 성생활의 평온과 자유를 침해하는 행위로서 폭행이나 협박이 동원된다.

폭행이란 사람에 대한 유형력의 행사를 말하고, 협박이란 상대방에게 해악을 고지하는 것을 의미한다. 폭행·협박은 행위자가 직접 가한 것이라야 할 것이다. 타인

---

198) 형법 제297조에서 말하는 부녀라는 것은 발생학적인 性인 성염색체의 구성을 기본적인 요소로 하여 성선, 외부성기를 비롯한 신체의 외관은 물론 심리적·정신적인 성, 그리고 사회생활에서 수행하는 주관적·개인적인 성 역할 및 이에 대한 일반인의 평가나 태도 등 모든 요소를 종합적으로 고려하여 사회통념에 따라 결정해야 한다. 그래서 '남성으로서의 성격도 대부분 상실하여 외견상 여성으로서의 체형을 갖추고 성격도 여성화되어 개인적으로 여성으로서의 생활을 영위해 가고 있다 할지라도, 기본적인 요소인 성염색체의 구성이나 본래의 내·외부성기의 구조, 정상적인 남자로서 생활한 기간, 성전환 수술을 한 경위, 시기 및 수술 후에도 여성으로서의 생식능력은 없는 점, 그리고 이에 대한 사회 일반인의 평가와 태도 등 여러 요소를 종합적으로 고려하여 보면 사회통념상 여자로 볼 수는 없다고 본 사례. 대판 1996.6.11. 96 도 791.
199) 부산지법은 2002년 7월 서울 용산구에 거주하는 윤 모(31) 씨가 낸 호적 정정 신청을 허가한다는 첫 결정을 내려 국내 성전환자들이 호적상 성별을 정정할 수 있도록 하였다. 인천지법도 2002년 12월 영화배우 하리수(28) 씨가 낸 신청을 받아들여 호적상 성별을 '여'로 바꾸고 이름도 '이경엽'에서 '이경은'으로 개명토록 허가한 바 있다.

이 행한 폭행·협박을 이용하여 피해자를 간음했을 때는 정도에 따라 준강간(형법 제299조)이 성립될 수 있을 것이다.

간음이란, 여성의 성기에 남성의 성기가 삽입된 경우에 한하여, 강간죄가 성립한다. 따라서 오럴섹스 등 각종 변태적인 성행위나 이물질의 삽입 등은 아무리 욕구가 충족되었다 하더라도 간음이 아니라 추행죄가 될 수 있을 뿐이다.

한편 여기서의 폭행·협박은 마취제 또는 수면제 등의 약물을 사용하거나 최면술을 거는 경우뿐만이 아니라 반항을 현저히 곤란[200]하게 만드는 경우까지 포함하는 것이 보통이다. 폭행·협박과 간음 간에는 인과관계가 있어야 하므로 폭행·협박은 간음의 종료 이전에 간음행위자에 의하여 직접 행해져야 한다. 행위자가 실행에 착수하기 전에 부녀가 이에 동의한 때에는 화간일 뿐 강간은 아니다. 그래서 강간행위에 착수한 이후에 부녀가 동의한 경우 '강간죄의 미수'가 되고, 성적 흥분으로 인하여 부녀가 간음이 기수에 이른 후 반항하지 않았다 할지라도 간강죄는 성립한다.

(2) 강제추행죄

폭행 또는 협박으로 사람에 대하여 추행을 한 자는 10년 이하의 징역 또는 1천 500만 원 이하의 벌금에 처한다(제298조).

① 의의

강제추행죄란 폭행 또는 협박으로 사람에 대하여 추행함으로써 성립한다. 본 죄는 사람의 성적 자유 내지 성적 자기결정의 자유를 보호하기 위한 것으로서 보호법익이 강간죄보다 넓다.

---

200) 전화로 사귀어 오면서 음담패설을 주고받을 정도까지 된 Ⓐ와 Ⓑ가 당초 간음을 시도한 방에서 피해자인 Ⓑ가 "여기는 죽은 시어머니를 위한 제청 방이니 이런 곳에서 이런 짓을 하면 벌 받는다."고 말하여 안방으로 장소를 옮기게 된 사정 등으로 미루어 본다면, 피해자인 Ⓑ에게 가한 폭행 또는 협박이 그 반항을 현저히 곤란하게 할 정도에까지 이른 것이라고 보기는 어렵다. 대판 1991.5.28. 91 도 546.

② 요건

본 죄의 행위주체와 객체에 대해서는 제한이 없다. 즉 남자뿐만 아니라 여자도 본 죄의 주체가 될 수 있고, 남자도 본 죄의 객체가 될 수 있다.

사람인 이상 남녀노소를 불문한다. 자기의 처도 강제추행죄의 객체가 될 수 있는가에 대하여, 부부의 성생활관계의 특수성을 고려할 때 이 죄의 성립을 부정해야 할 것이다(경우에 따라서는 강요죄 성립 가능).

③ 행위

폭행 또는 협박으로 추행하는 것이다.

다만, 본 죄의 폭행·협박의 정도는 강간죄와는 달리 일반인으로 하여금 항거에 곤란을 느끼게 할 정도의 추행이면 된다. 판례에서도 폭행의 정도에 대하여 폭행은 반드시 상대방의 의사를 억압할 정도의 것임을 요하지 않고, 다만 상대방의 의사에 반하는 유형력의 행사가 있는 이상 그 힘의 대소강약을 불문한다[201]고 한다. 폭행·협박은 반드시 추행 이전에 있을 필요는 없고, 추행과 동시에 행하여지거나 폭행 자체가 추행에 해당하는 것이어도 상관없다.[202]

본 죄의 '추행'이란 성욕의 흥분·자극 또는 만족을 목적으로 하는 일체의 행위로서 건전한 상식 있는 일반인으로 하여금 성적 수치심 또는 혐오의 감정을 느끼게 하는 일체의 행위를 말한다. 예컨대, 옷을 벗겨서 알몸으로 만드는 행위, 상대방의 성기를 만지거나 자기의 성기를 상대방의 몸에 접촉시키는 행위, 여자의 성기에 손가락 또는 이물질을 집어넣는 행위 등은 추행에 해당된다.

(3) 준강간·준강제추행죄

준강간·준강제추행죄는 사람의 심신상실 또는 항거불능의 상태를 이용하여 간음 또는 추행함으로써 성립하는 범죄이다(제299조). 즉, 폭행 또는 협박의 방법으로 간

---

201) 대판 1994.08.23. 선고, 94 도 630 판결.
202) 대판 1992.2.28, 91 도 3182.

음 또는 추행한 것은 아니지만 심신상실 또는 항거불능의 상태를 악용하여 개인의 성적 자유를 침해하였기 때문에 강간이나 강제추행죄에 준하여 처벌하는 것이다. 13세 미만자에 대한 간음·추행죄(제305조)도 본 죄에 해당한다는 것이 우리나라의 다수설이다. 처벌은 강간죄·강제추행죄에 준하여, 준강간의 경우는 3년 이상의 유기징역에 처하고, 준강제추행의 경우는 10년 이하의 징역 또는 1,500만 원 이하의 벌금에 처한다.

① 의의
사람의 심신상실 또는 항거불능의 상태를 이용하여 간음 또는 추행함으로써 성립하는 범죄이다.

② 구성요건
본 죄의 주체는 강간죄와 강제추행죄의 경우와 같다.
본 죄의 객체는 심신상실 또는 항거불능의 상태에 있는 사람이다. 준강간죄의 객체는 부녀에 한하지만, 준강제추행죄의 객체는 남녀를 불문한다.
여기서 '심신상실'이란, 심신장애라는 생물학적인 측면만 고려한 개념이 아니라, 수면 중의 부녀 또는 일시 의식을 잃고 있는 부녀도 여기에 해당된다. 즉 그 정신기능이 심하게 비정상적이어서 보통 사람들의 승낙·반항 등의 의사표시라고 볼 수 없는 사람이라고 할 수 있다.
또한 '항거불능'이란, 심신상실 이외의 이유 때문에 심리적·육체적으로 반항이 불가능한 경우를 말한다. 심리적으로 항거불능은 가령, 의사가 자기를 신뢰한 여자환자를 치료로 가장하여 간음한 경우를 말하고, 육체적으로 항거불능은 가령, 포박되어 있거나 수회의 강간으로 기진맥진한 부녀의 상태를 이용하여 간음·추행하는 경우가 해당된다.
특히 신체장애 또는 정신상의 장애로 항거불능상태를 이용하여 간음·추행한 경우 성폭력특별법 제8조가 우선 적용되고 친고죄가 아니다(동법 제18조).

(4) 강간·강간추행 치사상죄

(가) 강간 등 상해·치상죄

강간 등 상해·치상죄는 강간죄, 강제추행죄, 준강간·강제추행죄, 미성년자 의제 강간·강제추행죄 및 그 미수범을 범한 자가 사람을 상해하거나 상해에 이르게 함으로써 성립하는 범죄이다. 무기 또는 5년 이상의 징역에 처한다(제301조).

사람을 상해한 경우는 결합범이고, 상해에 이르게 한 경우는 결과적 가중범이다. 강간죄 등과 달리 친고죄가 아니다.

① 행위주체 및 행위객체

행위주체는 기본범죄행위인 강간·강제추행 등의 범죄를 범한 자로 미수범도 포함된다.

② 기본범죄행위와 상해 및 치상

본 죄의 행위는 강간·강제추행 등을 행하여 죄를 범한 자가 상해를 하거나 상해의 결과를 발생하게 하여야 한다. 따라서 ⅰ) 강간으로 인하여 피해자에게 보행불능, 수면장애, 식욕감퇴 등의 장애가 야기된 경우(대판 1969.3.11. 69 도 2213), ⅱ) 강간으로 인해 10일간의 가료를 요하는 히스테리증을 야기한 경우(대판 1970.2.10. 69 도 2213), ⅲ) 처녀막 파열(대판 1972.6.23. 72 도 855, 1995.7.25. 94 도 1351), ⅳ) 회음부찰과상(대판 1983.7.12. 83 도 1258), ⅴ) 피해자의 음순 좌우 양측에 생긴 남적색 피하일혈반이 타박이나 마찰로 말미암아 피멍이 든 경우(대판 1990.4.13. 90 도 154), ⅵ) 피해자의 얼굴을 가격하여 코피가 나고 콧등이 부은 경우(대판 1991.10.22. 91 도 1832)는 강간치상죄의 상해에 해당한다.

강간 등 상해죄는 강간행위와 상해행위에 대한 고의가 있어야 한다. 미필적 고의도 가능하다. 한편, 특별법상의 특례가 있다. 즉, 주거침입·야간주거침입절도·특수절도강간 등의 죄(성폭력특별법 제5조 1항), 특수강간 등의 죄(동법 제6조), 친족관계에 의한 강간 등의 죄(동법 제7조), 장애인에 대한 간음 등의 죄(동법 제8조)를 범한 자 또는 그 미수범이 사람을 상해하거나 상해에 이르게 한 경우에는 성폭력특별법이 우선 적용되어 가중 처벌된다(동법 제9조). 그리고 성폭력특별법 제9조에 해당하는 강간 등 상해·치상죄는 특정강력범죄의 처벌에 관한 특례법상 특정 강력범죄에 속한다(성폭력특별법 제20조, 특강법 제2조). 형법에는 강간 등 상해·치상죄의 미수범처벌규정이 흠결되어 있으나 성폭력특별법상 강간 등 상해·치상죄의 미수범은 처벌된다(동법 제12조).

(나) 강간 등 살인·치상죄

강간 등 살인·치사죄는 강간죄, 강제추행죄, 준강간, 준강제추행죄,

미성년자의제강간·강제추행죄 및 그 미수범을 범한 자가 사람을 살해하거나 사망에 이르게 함으로써 성립하는 범죄이다. 살해한 경우에는 사형 또는 무기징역에 처하고, 사망에 이르게 한 경우에는 무기 또는 10년 이상의 징역에 처한다(제301조의 2).

① 의의

강간 등 살해죄는 강간 등의 죄와 살인죄의 결합범이고, 강간 등 치사죄는 결과적 가중범이다. 이 죄가 인정되기 위해서는 사망의 결과가 i) 간음 등의 행위 그 자체에서 발생하거나, ii) 그 수단인 폭행 또는 협박에 의해 야기되거나, iii) 간음 등의 행위에 수반되어 발생한 경우라야 한다. 따라서 피해자가 강간을 당한 데에 대한 격분 또는 수치 때문에 자살했거나(대판 1982.2.23. 82 도 1446), 강간으로 인한 임신이 되어 낙태수술이나 분만 중 사망한 경우에는 이 죄가 성립하지 않는다.

피해자가 강간의 수단인 폭행·협박을 피하기 위하여 창문으로 뛰어내리다가 사망한 경우(대판 1978.7.11. 78 도 1331)와 피고인이 피해자를 유인하여 호텔객실에 감금한 후 강간하려 하자, 피해자가 완강하게 반항하던 중 피고인이 대실기간 연장을 위해 전화하는 사이에 객실 창문을 통해 탈출하려다가 지상에 추락하여 사망한 경우(대판 1995.5.12. 95 도 425)는 강간치사죄에 해당한다.

강간 등 살인죄는 강간 등의 행위와 살인에 대한 고의가 있어야 한다. 미필적 고의도 가능하다. 강간 등 치사죄는 결과적 가중범이므로 기본행위에 대한 고의와 가

중결과에 대한 과실이 필요하다.

강간 등 살인·치사죄는 특별법인 성폭력특별법이 우선 적용되어 가중 처벌된다(동법 제10조). 그리고 형법에는 미수범 처벌규정이 흠결되어 있으나 위 특별법에서는 이를 처벌한다(동법 제12조).

(5) 미성년자의제강간·강제추행죄

미성년자의제강간·강제추행죄는 13세 미만의 부녀를 간음하거나 13세 미만의 사람에게 추행함으로써 성립하는 범죄이다. 13세 미만의 자에 대해서는 정신미숙 때문에 간음·추행에 대한 동의능력이 없다고 보아, 폭행·협박 또는 위계·위력을 사용하지 않고 본인의 양해하에 간음·추행한 경우라도 강간 또는 강제추행에 준하여 처벌한다(제305조).

이 죄도 친고죄이므로 고소가 있어야 공소를 제기할 수 있다(제306조). 그러나 성폭력특별법의 개정으로 이 죄는 성폭력특별법 제8조의 2가 우선 적용되어 가중 처벌되며(강간의 경우 5년 이상의 징역, 강제추행의 경우 1년 이상의 징역 또는 500만 원 이상 2천만 원 이하의 벌금), 친고죄가 아니다(동법 제18조).

미성년자의제강제추행죄의 주체는 남성·여성, 성년·미성년, 기혼·미혼을 불문한다. 미성년자의제강간의 행위객체는 13세 미만의 부녀이고, 미성년자의제강제추행의 행위객체는 13세 미만의 사람이다.

여기서 행위객체가 13세 미만이라는 사실과 간음·추행에 대한 인식과 의사가 필요하다. 미필적 고의로도 충분하다.

(6) 미성년자·심신미약자 간음·추행죄

미성년자 또는 심신미약자에 대하여 위계 또는 위력으로써 간음 또는 추행을 한 자는 5년 이하의 징역에 처한다(제302조).

행위객체는 미성년자 또는 심신미약자이다. 여기서 미성년자란 20세 미만 13세 이상 된 자를 의미한다. 혼인한 사람은 20세 미만자라도 성년으로 보게 되므로(민법

제826조의 2) 이 죄의 객체인 미성년자에 포함되지 않는다. 심신미약자란 정신기능의 장애로 정상적인 성적 자기결정능력이 부족한 자를 말한다.

행위양태는 위계 또는 위력으로써 간음 또는 추행하는 것이다.

위계라 함은, 상대방을 착오에 빠뜨려 정상적인 성적 의사결정을 그르치게 하는 것을 말한다. 기망이나 유혹의 방법을 사용하거나 상대방의 부지나 신뢰 또는 호기심을 이용하는 것도 가능하다. 위력이라 함은, 타인의 자유의사를 제압할 만한 힘의 사용을 말한다. 폭행·협박은 물론 행위자의 지위·권세를 이용하여 상대방의 의사를 제압하려는 일체의 행위가 포함된다. 이 죄의 피해자는 아직 인격이 미숙한 13세 미만자이기 때문에 피해자의 승낙 여부는 이 죄 성립에 영향을 미치지 아니한다.[203)

(7) 피감호부녀간음죄·피구금녀간음죄

① 피감호부녀간음죄

업무·고용 기타 관계로 인하여 자기의 보호 또는 감독을 받는 부녀를 위계 또는 위력에 의해 간음함으로써 성립하는 범죄이다. 5년 이하의 징역 또는 1천5백만 원 이하의 벌금에 처한다(제303조 1항).

피감호부녀의 성적 자유, 즉 업무·고용 등의 관계로 보호·감독을 받는 열악한 지위에 있는 부녀의 성적 자유가 부당하게 침해되는 것을 방지하려는 것이다.

② 피구금부녀간음죄

법률에 의해 구금된 부녀를 감호하는 자가 그 부녀를 간음함으로써 성립하는 범죄이다. 7년 이하의 징역에 처한다(제303조 2항).

본 죄는 피구금부녀의 성적 자유를 주된 보호법익으로 하고 있다. 간음행위가 아니라 추행행위의 경우 성폭력특별법 제11조 2항이 적용된다.

---

203) 대판 1982.10.12, 82 도 2183.

이 죄는 친고죄이므로 고소가 있어야 공소를 제기할 수 있다(제306조). 그러나 성폭력특별법이 적용되는 추행행위의 경우는 친고죄가 아니다(동법 제18조).

③ 행위주체

피감호부녀간음죄의 행위주체는 업무·고용 기타 관계로 부녀를 보호·감독하는 지위에 있는 남성을 의미한다. 감호자로서의 지위에 있다는 점에서 신분범이라고 할 수 있다.

피구금부녀간음죄의 행위주체는 법률에 의해 구금된 부녀를 감호하는 남성이다. 이러한 지위에 있는 공직자는 검찰·경찰공무원, 교정직 공무원, 보도직 공무원이 주가 되지만 특별형사사법관리에 해당하는 소년·마약·환경보호·공안·보호관찰·세무 등의 직무에 종사하는 공무원도 그 직무와 관련하여 일시 피구금된 부녀를 감호하는 지위에 서는 한 이 죄의 주체가 될 수 있다.

④ 행위객체

피감호부녀간음죄의 행위객체는 업무·고용 기타 관계로 자기의 보호·감독을 받는 13세 이상의 부녀이다. 보호·감독을 받는 자가 13세 미만의 여아일 때는 미성년자의제간강죄(제305조)가 우선 적용되기 때문이다.

본 죄의 업무·고용 기타의 관계로 자기의 보호 또는 감독을 받는 부녀라 함에 있어 기타 관계 중에는 사실상의 보호·감독을 받는 상황에 있는 부녀(처가 운영하는 미장원에 고용되어 있는 부녀)인 경우도 포함된다.

피구금부녀간음죄의 행위객체는 법률에 의해 구금된 부녀이다. 법률에 의해 구금된 부녀란, 확정판결에 의해 형집행 또는 보안처분집행 중에 있는 부녀, 소년원에 수용된 부녀, 노역장에 유치된 부녀, 경찰서 유치장에 있는 부녀를 말한다.

⑤ 행위

피감호부녀간음죄는 위계 또는 위력으로써 간음하는 것이다. 피구금부녀간음죄는 간음함으로써 성립하며 폭행·협박이나 위계·위력 등의 수단을 필요로 하지 않는다.

(8) 혼인빙자간음죄

혼인을 빙자하거나 기타 위계로써 음행의 상습 없는 부녀를 기망하여 간음한 자는 2년 이하의 징역 또는 5백만 원 이하의 벌금에 처한다(제304조).

본 죄는 고소가 있어야 논한다(제306조). 본 죄는 피해자에 대하여 기망(欺罔)의 방법으로 정조의 자유를 침해하는 것을 방어함에 목적이 있다. 본 죄의 객체는 음행의 상습 없는 부녀이다.

음행의 상습 없는 부녀란, 불특정인을 상대로 성생활을 하는 습벽이 없는 부녀를 말한다. 연령에 대해서는 제한이 없으나 제302조와의 관계에 비추어 성년의 부녀인 20세 이상의 부녀에 한한다.

본 죄의 행위는 혼인을 빙자하거나 기타 위계로써 음행의 상습 없는 부녀를 기망하여 간음하는 것이다.

여기에서 혼인이란, 법률혼 내지 법률혼에 준하는 사실혼을 말한다. 혼인빙자란 진실로 혼인할 의사가 없으면서도 이를 가장한 경우를 말한다. 장차 혼인할 진실한 의사로 혼전 성관계를 가졌으나 그 후 혼인을 하지 못하였을 경우 결혼을 하지 못하였다는 사실 하나만으로 혼인빙자가 되는 것은 아니다.

위계란 상대방을 기망하여 진정한 결혼을 전제한 성관계인 것처럼 또는 정상적인 성관계인 것처럼 착각에 빠뜨리는 것을 말한다.

본 죄는 간음의 상대방이 자기 또는 타인의 기망에 의해 현실적으로 성적 자기결정의 자유를 사기당했을 때 발생한다.

(9) 미성년자 약취·유인죄

미성년자 약취·유인죄는 미성년자를 약취·유인함으로써 성립하는 범죄이다. 10년 이하의 징역에 처한다(제287조). 본 죄는 정신적·신체적 발육이 불충분하고 경험과 지식이 부족한 미성년자의 자유와 안전을 보호하려는 것이다. 미수범은 처벌한다(제294조).

본 죄의 객체는 미성년자이다. 여기에서 미성년자의 기준은 민법(제4조)이므로 20

세 미만의 자를 말한다. 미성년자인 한 성별, 의사능력, 활동능력의 유무를 불문한다.

행위양태는 약취 또는 유인이다.

약취란 폭행·협박 또는 사실상의 힘으로써 타인을 본인의 의사에 반해 현재의 자유로운 관계로부터 자기 또는 제3자의 실력적 지배에 옮기는 것을 말한다.

유인이란 기망 또는 유혹의 수단으로써 타인을 본인의 하자 있는 의사에 따라 현재의 자유로운 관계로부터 자기 또는 제3자의 실력적 지배하에 옮기는 것을 말한다.

미성년자를 약취·유인하게 된 동기나 목적은 묻지 않는다. 친권자의 지위를 상실한 부모가 미성년자를 보호·양육하기 위하여 약취·유인한 때에도 고의가 성립한다.

그러나 「특정범죄가중처벌 등에 관한 법률」 제5조의 2에는 특별한 주관적 불법요소로서 약취·유인의 목적이 규정되어 가중 처벌된다(동조 제1항). 즉 인질목적(약취·유인한 미성년자의 부모 기타 그 미성년자의 안전을 염려하는 자의 우려를 이용하여 재물이나 재산상의 이익을 취득할 목적)인 때에는 무기 또는 5년 이상의 징역에 처한다(1호). 그리고 살해할 목적으로 약취·유인한 경우 사형·무기 또는 7년 이상의 징역에 처한다(2호).

본 죄를 범한 자가 약취·유인된 자를 안전한 장소로 풀어 준 때에는 그 형을 감경할 수 있다(제295조의 2).

(10) 부녀매매죄

추업(醜業)에 사용할 목적으로 부녀를 매매함으로써 성립하는 범죄로서 1년 이상의 유기징역에 처한다(제288조 제2항).

본 죄는 부녀의 자유뿐만 아니라 인도적·풍속적 견지에서 사회풍교를 보호함을 목적으로 하며, 인신매매를 금지하려는 취지하에서 국외이송목적의 인신매매와 국내에서의 인신매매를 금지하고 있다.

이 죄는 매도인과 매수인이 모두 처벌된다.

본 죄의 객체는 '부녀'이다. 부녀매매죄의 행위는 인신매매이다. 여기에서 매매라 함은 매도인이 자기 또는 제3자의 실력적 지배하에 있는 부녀를 대가를 받고 매매하여 실력적 지배를 취득하는 것을 말한다.

부녀매매는 부녀에 대한 실력적 지배의 이전이기 때문에 다른 사람에게 이전한 때 일단 기수가 되고(통설), 그 교부를 받은 상대방 또는 제3자가 부녀에 대한 실력적 지배를 어느 정도까지 계속할 필요는 없다. 목적의 실현 여부 및 대가의 지급 여부는 기수를 인정하는 데 장애가 되지 않는다.

돈을 먼저 받고 아직 부녀를 인도하지 않은 경우, 매매계약만을 체결한 후 인신 인도에 실패한 경우, 매매대금을 받았더라도 아직 인신의 교부 내지 인도가 없는 경우는 모두 이 죄의 미수가 된다(제294조).

추업에 사용할 목적이란 부녀를 창기·작부·매음 등의 업무에 종사케 할 목적을 말한다. 매매행위 시 행위자에게 추업에 사용할 목적이 있었으면 성립한다. 반드시 그 목적이 성취되어야 하는 것은 아니다.

(11) 영아살해죄

영아살해죄(Kindertotung, infanticide)는 직계존속이 치욕을 은폐하기 위하거나 양육할 수 없음을 예상하여 특히 참작할 만한 동기로 인하여 분만 중 또는 분만 직후의 영아를 살해함으로써 성립하는 범죄이다.

본 죄의 주체는 직계존속이다.

여기의 직계존속에는 법률상의 직계존속뿐만 아니라 사실상의 직계존속도 포함된다. 다만, 직계존속의 범위에 관하여 형법이 단순히 직계존속이라고만 규정하고 있으나, 본 죄의 근본정신이 출산으로 인한 산모의 흥분상태 때문에 그 책임이 감경된다고 하는데 있는 이상 본 죄의 주체는 산모에 제한된다고 보는 것이 타당하다고 하겠다.

객체는 분만 중 또는 분만 직후의 영아이다. 영아임을 요하므로 태아는 본 죄의 객체가 되지 않는다.

3. 성풍속에 관한 죄

(1) 간통죄

① 의의

배우자 있는 자가 간통하거나 그와 상간하는 것을 처벌내용으로 하는 범죄를 간통죄라고 한다.

간통죄는 가정의 기초인 혼인제도를 보호법익으로 한다. 본 죄는 배우자 있는 자가 간통하거나 그와 상간하는 것을 내용으로 하는 '필요적 공범'이다. 간통을 처벌할 것인가에 대한 처벌 여부, 어떻게 처벌할 것인가에 대해서 다음과 같은 네 가지의 입장이 있다.

i) 처의 간통만을 처벌하는 입장(우리나라 구형법 제183조)

ii) 처의 간통만을 처벌하되 부에 관해서는 축첩(蓄妾)만을 처벌하는 입장(이탈리아 형법)

iii) 부부의 간통을 평등하게 처벌하는 입장(우리 형법과 오스트리아 형법, 스위스 형법)

iv) 간통을 범죄로 인정하지 않는 불벌주의 입장으로서 덴마크, 영국, 미국의 일부 주, 독일 형법과 프랑스 형법이 이에 해당한다.

현재 우리나라에서는 간통죄의 존폐와 관련하여 입장이 대립되어 있다.204) 간통죄의 존폐논쟁을 간단히 살펴보면, 간통죄를 존치해야 한다는 견해는 그 논거로서 사회적·문화적으로 고유의 정절관념의 부정은 전통에 대한 반가치이기 때문에 간통죄는 우리 전통관념에 정당하다는 점을 들고 있다. 즉 '결혼은 선량한 성 도덕과 가정을 지킬 의무를 전제하고 있는데 간통은 배우자를 기만하는 행위이며, 여전히 경

---

204) 1990년 헌법재판소는 간통죄의 위헌을 제기한 제소사건에 대해 '간통죄'를 두고 혼인과 가정생활의 유지, 보장의무 이행에 부합하는 법률이라고 결정을 내렸다. 그 이후 폐지 여부를 두고 논란이 있었지만 헌법재판소는 '개인의 성적 결정권보다 가정보호를 위한 법적 장치가 필요하다'는 결정을 내렸다.

제 · 사회적으로 취약한 여성과 가정을 법으로 보호해야 한다'는 것이다.

이에 대해 간통죄의 폐지를 주장하고 있는 논거는, 헌법에 보장된 개인의 성적 자율권을 침해하고 있으며 법이 부부의 이불 속까지 들어오면 안 된다는 것이며, 민사상 또 도덕적 책임 차원에서 접근할 문제로 형법이 사생활에 개입하는 것은 지나치다는 것이다.

생각건대 부부의 윤리는 형법에 의하여 강제될 수 없는 것이며 부부간의 정조의무에 대한 위반은 민법에 의한 이혼에 관한 규정으로 해결하면 족하고, 형법이 개입할 성질은 아니라는 점에서 간통죄를 폐지함이 타당하다고 본다.

② 구성요건

본 죄의 주체는 '배우자 있는 자'이다. 상간하는 자에게 배우자가 없더라도 본 죄의 성립에는 영향이 없으나 상간자에게 배우자가 있는 때에는 이중간통이 성립한다. 여기서 '배우자 있는 자'라 함은 법률상의 배우자 있는 자를 말하므로, 사실상의 혼인관계가 있는 자는 포함하지 않는다.

본 죄의 행위는 간통이다. '간통'이라 함은 배우자 있는 자가 자기의 배우자 아닌 사람과 합의하여 정교관계를 맺는 것을 말한다.

본 죄의 기수 시기는 남녀 성기가 '결합'한 때이고 반드시 사정을 필요로 하지 않는다. 간통죄의 죄수는 성교행위마다 1개의 범죄가 성립한다.

③ 고소의 조건

본 죄는 친고죄이므로 피해자인 배우자의 고소가 있어야 논한다(제241조 제2항 본문). 고소는 혼인이 최소되거나 이혼소송을 제기한 후가 아니면 고소할 수가 없으며 다시 혼인을 하거나 이혼소송을 취하할 때에는 고소는 취소된 것으로 간주한다(형소법 제229조).

범인을 알게 된 날로부터 6월을 경과하면 고소할 수 없다(형소법 제230조 제1항). 또 배우자가 간통을 종용 또는 유서한 경우에는 고소할 수 없다(형법241조 제2항). 종용은 간통행위에 대한 사전동의이고 유서란 사후승낙을 의미한다.

<참고>

간통죄를 처벌하는 형법 제241조가 위헌인지 여부

형법 제241조 위헌소원
* 출처: 2001.10.25. 2000헌바60 전원재판부

【판시사항】
간통죄 처벌규정인 형법 제241조의 위헌 여부(소극)

【결정요지】
　선량한 성도덕과 일부일처주의 혼인제도의 유지 및 가족생활의 보장을 위하여나 부부간의 성적 성실의무의 수호를 위하여, 그리고 간통으로 인하여 야기되는 배우자와 가족의 유기, 혼외자녀 문제, 이혼 등 사회적 해악의 사전예방을 위하여 배우자 있는 자의 간통행위를 규제하는 것은 불가피한 것이며, 그러한 행위를 한 자를 2년 이하의 징역에 처할 수 있도록 규정한 형법 제241조의 규정은 성적 자기결정권에 대한 필요 및 최소한의 제한으로서 헌법 제37조 제2항에 위반되지 않는다. 간통죄가 피해자의 인내심이나 복수심의 다과 및 행위자의 경제적 능력에 따라 법률적용의 결과가 달라지는 측면이 있는 점을 무시할 수는 없으나, 이는 개인의 명예와 사생활보호를 위하여 간통죄를 친고죄로 하는 데서 오는 부득이한 현상으로서 형법상 다른 친고죄에도 나타날 수 있는 문제이지 특별히 간통죄에만 해당되는 것은 아니며, 배우자 있는 자의 간통행위 규제가 불가피하고 배우자 모두에게 고소권이 인정되어 있는 이상 간통죄의 규정은 헌법 제11조 제1항의 평등원칙에도 반하지 아니한다. 그리고 간통죄의 규정은 선량한 성도덕과 일부일처주의 혼인제도의 유지, 가족생활의 보장 및 부부 쌍방의 성적 성실의무의 확보를 위하여, 그리고 간통으로 인하여 생길 수 있는 사회적 해악의 사전예방을 위하여 필요한 법률이어서 헌법 제36조 제1항의 규정에 반하는 법률이 아니다.

　다만 입법자로서는, 첫째 기본적으로 개인 간의 윤리적 문제에 속하는 간통죄는 세계적으로 폐지 추세에 있으며, 둘째 개인의 사생활 영역에 속하는 내밀한 성적 문제에 법이 개입함은 부적절하고, 셋째 협박이나 위자료를 받기 위한 수단으로 악용되는 경우가 많으며, 넷째 수사나 재판 과정에서 대부분 고소 취소되어 국가 형벌로서의 처단기능이 약화되었을 뿐만 아니라, 다섯째 형사정책적으로 보더라도 형벌의 억지효나 재사회화의 효과는 거의 없고, 여섯째 가정이나 여성보호를 위한 실효성도 의문이라는 점 등과 관련, 우리의 법의식의 흐름과의 면밀한 검토를 통하여 앞으로 간통죄의 폐지 여부에 대한 진지한 접근이 요구된다.

(2) 음행매개죄

본 죄는 영리의 목적으로 미성년 또는 음행의 상습 없는 부녀를 매개하여 간음하게 하는 것을 내용으로 하는 범죄로서, 3년 이하의 징역 또는 1,500만 원 이하의 벌금에 처한다(제242조). 다만 18세 미만의 아동에게 음행을 시키거나 음행을 매개한 때에는 아동복지법에 의해 처벌되고 윤락행위를 하게 한 때에는 윤락행위방지법(제6조, 제15조)이 적용된다.

본 죄의 주체에는 제한이 없다. 음행의 상습 없는 부녀의 가족 또는 그 보호감독자도 주체가 될 수 있다.

미성년 또는 음행의 상습 없는 부녀가 본 죄의 객체이다. 본 죄의 행위는 부녀를 매개하여 간음하게 하는 것이다. 여기에서 매개란 부녀를 간음에 이르도록 알선하는 행위이다. 한 번의 음행매개행위와 한 번의 간음이 있으면 한 개의 음행매개죄가 성립한다. 그러므로 시간과 장소를 달리한 여러 개의 매개행위와 간음행위가 있으면 경합범으로 처벌된다.

(3) 음화 등 반포·판매·임대·공연전시·상영죄

음란한 문서·도화·필름 기타 물건을 반포·판매 또는 임대하거나 공연히 전시 또는 상영하는 것을 내용으로 하는 범죄이다. 1년 이하의 징역 또는 500만 원 이하의 벌금에 처한다(제243조).

본 죄의 객체는 음란한 문서·도화·필름·기타 물건이다.

여기에서의 문제는 음란성에 관한 것인데, 우리나라의 통설·판례의 '음란성'의 개념은 "사람의 성욕을 자극하거나 흥분 또는 만족하게 하는 것으로서 일반인의 정상적인 성적 수치심을 자극하고 선량한 도덕관념에 반하는 것"이다.

그런데 이 음란성에 대한 개념은 객관적으로 파악하기가 어렵고, 국민의 의식에 따라 얼마든지 달라질 수 있다.

음란성 판단의 기준은 건전한 성풍속을 유지하기 위하여 정상적인 성관념을 가진 사회 일반인을 기준으로 판단해야 할 것이다. 뿐만 아니라, 음란성 판단에 있어서 우리나라에 중요한 잣대가 되는 '성기의 노출 여부'에만 초점을 두어서는 안 되고, 특정부분만을 꼬집어 판단해서도 안 된다. 따라서 음란성 여부는 인간의 존엄성의 측면에서 종합적으로 판단해야 한다. 문학작품의 성적 표현과 관련하여 음란성 여부와 관련하여 논쟁이 되고 있는 '즐거운 사라'(마광수), '내게 거짓말을 해봐'(장정일) 등의 소설이 표현의 자유와 국민의 알 권리 차원에서 획일적인 기준에 의한 심사라는 논쟁이 계속되고 있다.

통설에 의하면, 예술작품·학술서라고 해서 당연히 음란성이 부정되는 것은 아니라는 입장을 취하고 있다. 우리 판례도 '나체의 마야사건'에서 음란성을 인정하고 있다.

본 죄의 행위는 반포·판매 또는 임대하거나 공연히 전시 또는 상영하는 것이다. 반포는, 불특정 다수인에게 무상으로 교부하는 것을 말한다. 판매란, 불특정 다수인에 대한 유상양도를 말하며 반드시 현실적으로 상대방에게 건네져야 한다. 계속적으로 반복할 의사가 있는 한 1회의 판매라도 이 죄가 성립한다. 임대는 유상의 대여를 말하며 영업적으로 하지 않았더라도 상관없다. 공연히 전시 또는 상영한다고 함은 불특정 다수인이 관람할 수 있는 상태에 두는 것을 말한다. 본 죄가 성립하기 위해서는 주관적 구성요건으로서 문서·도화·필름·기타 물건을 반포·판매 또는 임대하거나 공연히 전시 또는 상영하는 것에 대한 인식이 있어야 한다.

〈참고〉
소설 '즐거운 사라'가 음란한 문서에 해당한다고 한 사례.

* 출처: 대법원 1995.6.16. 선고 94도2413 판결

[판결요지]
음란한 문서의 개념과 음란성의 판단기준

형법 제243조의 음화 등의 반포 등 죄 및 형법 제244조의 음화 등의 제조 등 죄에 규정한 음란한 문서라 함은 일반 보통인의 성욕을 자극하여 성적 흥분을 유발하고 정상적인 성적 수치심을 해하여 성적 도의관념에 반하는 것을 가리키고, 문서의 음란성의 판단에

있어서는 당해 문서의 성에 관한 노골적이고 상세한 묘사 서술의 정도와 그 수법, 묘사 서술이 문서 전체에서 차지하는 비중, 문서에 표현된 사상 등과 묘사 서술과의 관련성, 문서의 구성이나 전개 또는 예술성 사상성 등에 의한 성적 자극의 완화의 정도, 이들의 관점으로부터 당해 문서를 전체로서 보았을 때 주로 독자의 호색적 흥미를 돋우는 것으로 인정되느냐의 여부 등의 여러 점을 검토하는 것이 필요하고, 이들의 사정을 종합하여 그 시대의 건전한 사회통념에 비추어 그것이 공연히 성욕을 흥분 또는 자극시키고 또한 보통인의 정상적인 성적 수치심을 해하고, 선량한 성적 도의관념에 반하는 것이라고 할 수 있는가의 여부에 따라 결정되어야 한다.

[판결이유(일부발췌)]

이 사건 소설 '즐거운 사라'는 미대생인 여주인공 '사라'가 성에 대한 학습요구의 실천이라는 이름 아래 벌이는 자유분방하고 괴벽스러운 섹스행각 묘사가 대부분을 차지하고 있는데, 그 성희의 대상도 미술학원 선생, 처음 만난 유흥가 손님, 여중 동창생 및 그의 기둥서방, 친구의 약혼자, 동료 대학생 및 대학교수 등으로 여러 유형의 남녀를 포괄하고 있고, 그 성애의 장면도 자학적인 자위행위에서부터 동성연애, 그룹섹스, 구강성교, 항문성교, 카섹스, 비디오섹스 등 아주 다양하며, 그 묘사방법도 매우 적나라하고 장황하게 구체적이고 사실적으로, 또한 자극적이고 선정적으로 묘사하고 있어서 위 소설은 위와 같이 때와 장소, 상대방을 가리지 않는 다양한 성행위를 선정적 필치로 노골적이고 자극적으로 묘사하고 있는데다가 나아가 그러한 묘사 부분이 양적, 질적으로 문서의 중추를 차지하고 있을 뿐만 아니라 그 구성이나 전개에 있어서도 문예성, 예술성, 사상성 등에 의한 성적 자극 완화의 정도가 별로 크지 아니하여 주로 독자의 호색적 흥미를 돋우는 것으로밖에 인정되지 아니하는바, 위와 같은 여러 점을 종합하여 고찰하여 볼 때 이 사건 소설은 작가가 주장하는 '성 논의의 해방과 인간의 자아확립'이라는 전체적인 주제를 고려한다고 하더라도 음란한 문서에 해당되는 것으로 보지 않을 수 없다.

소론과 같이 오늘날 각종 영상 및 활자매체 등을 통하여 성적 표현이 대담, 솔직하게 이루어지고 있고 다양한 성표현물이 방임되어 오고 있는 것이 일반적인 추세라고 하여도 정상적인 성적 정서와 선량한 사회풍속을 침해하고 타락시키는 정도의 음란물까지 허용될 수는 없는 것이어서 그 한계는 분명하게 그어져야 하고 오늘날 개방된 추세에 비추어 보아도 이 사건 소설은 그 한계를 벗어나는 것임이 분명하다.

(4) 음화 등 제조·소지·수입·수출죄

본 죄는 반포·판매 또는 임대하거나 공연히 전시 또는 상영할 목적으로 음란한 물건을 제조·소지·수입 또는 수출함으로써 성립하는 범죄이다. 이 죄는 음화 등 반포·판매·임대·공연전시·상영죄의 예비행위를 독립범죄로 규정한 것이다. 이

조는 목적범이므로 반포·판매 등의 목적이 없는 단순소지는 죄가 되지 않는다. 1년 이하의 징역 또는 500만 원 이하의 벌금에 처한다.

(5) 공연음란죄

본 죄는 공연히 음란행위를 하는 것을 내용으로 하는 범죄이다. 이 죄는 음란한 행위 자체를 처벌한다. 1년 이하의 징역 또는 500만 원 이하의 벌금·구류 또는 과료에 처한다.

본 죄의 행위는 공연히 음란행위를 하는 것이다. 여기에서 '공연히'란 불특정 또는 다수인이 알 수 있는 상태를 말한다. 본 죄가 성립하려면 자신의 행위가 공연히 이루어지고 있다는 점과 음란한 행위에 해당한다는 점에 대해 인식이 있어야 한다.

〈참 고〉

연극공연행위의 음란성 판단기준

*출처: 대법원 1996.6.11. 선고 96도980 판결

【판결요지】

[1] 형법 제245조의 공연음란죄에 규정한 음란한 행위라 함은 일반 보통인의 성욕을 자극하여 성적 흥분을 유발하고 정상적인 성적 수치심을 해하여 성적 도의관념에 반하는 것을 가리키는바, 연극공연행위의 음란성의 판단에 있어서는 당해 공연행위의 성에 관한 노골적이고 상세한 묘사·서술의 정도와 그 수법, 묘사·서술이 행위 전체에서 차지하는 비중, 공연행위에 표현된 사상 등과 묘사·서술과의 관련성, 연극작품의 구성이나 전개 또는 예술성·사상성 등에 의한 성적 자극의 완화의 정도, 이들의 관점으로부터 당해 공연행위를 전체로서 보았을 때 주로 관람객들의 호색적 흥미를 돋우는 것으로 인정되느냐 여부 등의 여러 점을 검토하는 것이 필요하고, 이들의 사정을 종합하여 그 시대의 건전한 사회통념에 비추어 그것이 공연히 성욕을 흥분 또는 자극시키고 또한 보통인의 정상적인 성적 수치심을 해하고, 선량한 성적 도의관념에 반하는 것이라고 할 수 있는가 여부에 따라 결정되어야 한다.

[2] 연극공연행위의 음란성의 유무는 그 공연행위 자체로서 객관적으로 판단해야 할 것이고, 그 행위자의 주관적인 의사에 따라 좌우되는 것은 아니다.

---

4. 낙태의 죄

(1) 의의

낙태란 태아를 자연분만기에 앞서 인위적으로 모체 밖으로 배출하거나 태아를 모체 안에서 살해하는 행위를 내용으로 하는 범죄를 말한다.

우리나라에서는 낙태가 금지되고 있는 상황인데도, 기혼여성의 절반 이상, 미혼여성의 상당수가 경험했던 것으로 나타나고 있다. 최근에는 10대 청소년들의 낙태가 사회문제화되고 있다.[205]

낙태죄의 주된 보호법익은 태아의 생명이고, 부녀의 생명·신체는 부차적인 보호법익에 속한다. 태아의 생명을 보호해야 한다는 것은 헌법상 인간의 존엄 정신에 비추어 너무나 당연하다. 그러나 현재 우리 형법의 낙태금지규정이 유명무실화되어 태아의 생명을 거의 보호하지 못하고 있다.

(2) 낙태죄의 유형

낙태죄의 기본적 구성요건은 부녀의 자기낙태죄(제269조 제①항)와 단순한 촉탁·승낙에 의한 이른바 동의낙태죄(제269조 제②항)이다.

의사·한의사·조산사 등의 직업에 종사하는 자가 부녀의 촉탁·승낙을 받아 낙태를 행하는 업무상 동의낙태죄(제270조 제①항)는 형을 가중 처벌하고 있다. 부동의낙태죄(제270조 제2항)는 동의낙태죄보다 불법이 가중된다. 우리 형법은 낙태죄의 미수범은 처벌하지 않으나 동의낙태죄·업무상 동의낙태죄·부동의낙태죄의 결과적 가중범인 낙태치사상죄를 처벌하고 있다.

---

205) 낙태 연 35만 건…… 42%가 미혼－국내에서 이뤄지는 낙태(落胎)시술이 연간 35만 건이 되며 10건 중 4건은 미혼여성인 것으로 드러나 충격을 주고 있다. 보건복지부가 발표한 '전국 인공 임신중절(낙태) 실태조사'에 따르면 올 한 해 낙태 시술 건수는 모두 35만 590건으로 추산됐다. 이 중 미혼여성의 낙태는 14만 7360건으로 전체의 42%를 차지하고 있다. 조선일보 2005.09.12.

(3) 모자보건법과 낙태죄

낙태의 가장 큰 원인은 물질만능주의가 팽배해지면서 우리 사회 전반에 형성된 생명경시풍조라고 할 수 있는데, 여기에 1973년에 제정된 모자보건법이 낙태죄의 특별형법이라고 할 수 있다.

모자보건법은 세계 각국의 일반적 경향에 따라 낙태를 허용해야 할 몇 가지 정당화 사유(위법성 조각사유)를 정하고 있다.

모자보건법은 다음과 같은 사유가 있으면 본인과 배우자(사실혼 관계에 있는 배우자 포함)의 동의를 얻어 인공임신중절수술이 가능하도록 하고 있다. 허용기간은 임신한 날부터 28주(7개월)까지(모자보건법 시행령 제15조 제1항)이다.[206]

첫째, 본인·배우자의 우생학적·유전학적 정신장애나 신체질환이 있는 경우, 예컨대 유전성 정신분열증, 유전성 조울증, 유전성 간질증, 유전성 정신박약, 유전성 운동신경원 질환, 혈우병, 현저한 범죄경향이 있는 유전성 정신장애, 기타 유전성 질환으로서 그 질환이 태아에게 미치는 위험성이 현저한 질환 등이다(모자보건법 시행령 제15조 제②항).

둘째, 인공임신중절수술을 할 수 있는 전염성 질환은 태아에 미치는 위험성이 높은 풍진·수두·간염·후천성면역결핍증 및 「전염병예방법」 제2조제1항의 전염병을 말한다(모자보건법 시행령 제15조 제③항 <개정 2006.6.7.>).

셋째, 강간 또는 준강간에 의해 임신된 경우(윤리적 정당화 사유)

넷째, 법률상 혼인할 수 없는 혈족 또는 인척간에 임신한 경우(근친상간)

다섯째, 임신의 지속이 임산부의 건강을 심히 해하고 있거나 해할 우려 있는 경우(의학적 정당화 사유)

---

206) 모자보건법 시행령 제15조(인공임신중절수술의 허용한계) ① 법 제14조의 규정에 의한 인공임신중절수술은 임신한 날로부터 28주일 이내에 있는 자에 한하여 할 수 있다.

(4) 낙태죄의 형법상 규정

① 자기낙태죄

본 죄는 부녀가 약물 기타 방법으로 낙태행위를 하는 것을 내용으로 하는 범죄이다. 부녀에게 국한되므로 진정신분범으로서의 성격을 가진다. 1년 이하의 징역 또는 200만 원 이하의 벌금에 처한다.

본 죄의 주체는 임신한 여자이고, 객체는 모체 내에 살아 있는 태아이다. 여기에서 '태아'란 수정란이 자궁에 착상(수태 후 14일)된 후부터 분만개시 시까지의 생명체를 말한다.

낙태란 자연적인 분만기 이전에 인위적으로 태아를 모체 밖으로 배출시키거나 모체 안에서 살해하는 행위를 말한다.

〈참고〉

대법원 2005.4.15. 선고 2003도2780 판결

【판결요지】
[1] 낙태죄는 태아를 자연분만기에 앞서서 인위적으로 모체 밖으로 배출하거나 모체 안에서 살해함으로써 성립하고, 그 결과 태아가 사망하였는지 여부는 낙태죄의 성립에 영향이 없다.
[2] 산부인과 의사인 피고인이 약물에 의한 유도분만의 방법으로 낙태시술을 하였으나 태아가 살아서 미숙아 상태로 출생하자 그 미숙아에게 염화칼륨을 주입하여 사망하게 한 사안에서, 염화칼륨 주입행위를 낙태를 완성하기 위한 행위에 불과한 것으로 볼 수 없고, 살아서 출생한 미숙아가 정상적으로 생존할 확률이 적다고 하더라도 그 상태에 대한 확인이나 최소한의 의료행위도 없이 적극적으로 염화칼륨을 주입하여 미숙아를 사망에 이르게 하였다면 피고인에게는 미숙아를 살해하려는 범의가 인정된다고 한 원심의 판단을 수긍한 사례.
[3] 인공임신중절수술이 허용되는 경우의 하나인 모자보건법 제14조 제1항 제5호 소정의 '임신의 지속이 보건의학적 이유로 모체의 건강을 심히 해하고 있거나 해할 우려가 있는 경우'라 함은 임신의 지속이 모체의 생명과 건강에 심각한 위험을 초래하게 되어 모체의 생명과 건강만이라도 구하기 위하여 인공임신중절수술이 부득이하다고 인정되는 경우를 말한다.

---

② 동의낙태죄

본 죄는 부녀의 촉탁·승낙을 받아 낙태하게 하는 것을 내용으로 하는 범죄이다. 1년 이하의 징역 또는 200만 원 이하의 벌금에 처한다.

본 죄의 주체는 업무상 동의낙태죄에 열거되어 있는 의사, 한의사, 조산사 등의 특수한 업무에 종사하는 자 이외의 자를 말한다. 본 죄의 행위는 부녀의 촉탁·승낙을 받아 낙태하게 하는 것이다.

③ 업무상 동의낙태

본 죄는 의사, 한의사, 약제사 또는 약종상이 부녀의 촉탁·승낙을 받아 낙태하게 하는 것을 내용으로 하는 범죄이다. 2년 이하의 징역에 처한다(제270조 제1항). 이 죄의 경우에는 7년 이하의 자격정지를 병과한다(제270조 제4항).

본 죄의 주체는 면허를 가지고 있는 의사, 한의사, 조산사, 약제사, 약종상에 한한다. 그러므로 무면허로 시술행위를 하는 무자격자는 이 죄의 주체가 될 수 없다.

본 죄의 행위는 부녀의 촉탁·승낙을 받아 낙태하게 하는 것이다.

④ 부동의낙태죄

본 죄는 부녀의 촉탁·승낙도 없이 낙태하게 하는 것을 내용으로 하는 범죄이다. 이 죄는 부녀의 촉탁·승낙이 없었다는 점에서 동의낙태죄보다 형이 가중되어 3년 이하의 징역에 처한다(제270조 제2항). 이 죄의 경우에는 7년 이하의 자격정지를 병과한다(제270조 제4항).

이 죄의 주체에는 특별한 제한이 없다. 의사 등 업무상 동의낙태죄의 주체도 이 죄의 주체가 될 수 있다.

부녀의 촉탁·승낙 없이 스스로 부녀 몰래 하거나 부녀의 무지를 이용하여 낙태행위를 하는 것이다.

⑤ 낙태치사상죄

이 죄는 동의낙태죄·업무상 동의낙태죄·부동의낙태죄를 범하여 부녀를 상해에 이르게 하거나 사망케 하는 것을 내용으로 한다. 동의낙태죄를 범하여 부녀를 상해에 이르게 한 때에는 3년 이하의 징역에 처한다. 사망에 이르게 한 때에는 7년 이하의 징역에 처한다(제269조 제3항). 업무상 동의낙태죄, 부동의낙태죄를 범하여 부녀를 상해에 이르게 한 때에는 5년 이하의 징역에 처한다. 사망에 이르게 한 때에는 10년 이하의 징역에 처한다(제270조 제3항). 이 죄의 경우에는 7년 이하의 자격정지를 병과한다(제270조 제4항).

본 죄의 주체는 동의낙태죄·업무상 동의낙태죄·부동의낙태죄의 주체이면 된다.

Ⅲ. 매매춘

1. 자본주의 사회에서의 성 상품화

자본주의하에서 인간의 성(性)은 시장경제의 원리에 의거하여 이윤 증대를 목적으로 상업 문화에 이용되면서 상품화되고 있다.

여성이 성적 대상으로 취급되면서 자본가는 대중매체에 영향력을 행사하며 자신의 이익에 도움이 되는 한 성차별적 이데올로기를 영속화한다. 그래서 인간의 성과 육체에 대한 물상화는 성에 대한 향락과 퇴폐성을 가중시키고 성의 인간적인 가치를 떨어뜨리는 한편, 끊임없이 성충동을 자극하는 환경에서 인간은 갈망과 좌절을 동시에 느끼며 살아가게 된다.

우리 사회에서 성매매(prostitution)는 일반적으로 오입, 윤락, 매춘, 매음, 매매춘, 매매음 등의 용어로 불린다. 그래서 이런 용어는 성매매 문제의 원인과 현실, 그리고 대안을 모색할 때 중요한 의미를 갖기도 한다. 우리 사회에서 일반적으로 쓰고 있는 윤락, 매춘, 매음 등은 '성을 파는 행위'만을 규정하는 용어이기 때문에 '성을 사는 행위'는 제외되어 있다.

그러나 2004년 9월 성매매특별법 시행 이후 매춘(賣春)을 하는 남자들까지 처벌받는다. 즉 성매매특별법은 「성매매 알선 등 행위의 처벌에 관한 법률」(일부개정 2005.3.24. 법률 7404호), 「성매매 방지 및 피해자보호에 관한 법률」(일부개정 2008.2.29. 법률 제8852호)이라는 두 가지의 새로운 법률로 이루어져 있다. 이를 살펴보면 다음과 같다.

2. 성매매 알선 등 행위의 처벌에 관한 법률

(1) 목적

이 법은 성매매·성매매 알선 등 행위 및 성매매 목적의 인신매매를 근절하고, 성매매 피해자의 인권을 보호함을 목적으로 한다(성매매 알선 등 행위의 처벌에 관한 법률 제1조).

여기서 '성매매'라 함은 불특정인을 상대로 금품 그 밖의 재산상의 이익을 수수·약속하고, ① 성교행위, ② 구강·항문 등 신체의 일부 또는 도구를 이용한 유사성교행위 중 어느 하나에 해당하는 행위를 하거나 그 상대방이 되는 것을 말한다(동법 제2조 제1항 1호).

또 '성매매 알선 등 행위'라 함은 다음 각 목의 어느 하나에 해당하는 행위를 하는 것을 말한다(동법 제2조 2호).

가. 성매매를 알선·권유·유인 또는 강요하는 행위

나. 성매매의 장소를 제공하는 행위

다. 성매매에 제공되는 사실을 알면서 자금·토지 또는 건물을 제공하는 행위

(2) 용어

① 이 법에서 '성매매 목적의 인신매매'라 함은 다음 각 목의 어느 하나에 해당하는 행위를 하는 것을 말한다.

(가) 성을 파는 행위 또는 형법 제245조의 규정에 의한 음란행위를 하게 하거나, 성교행위 등 음란한 내용을 표현하는 사진·영상물 등의 촬영대상으로 삼을 목적으로 위계·위력 그 밖에 이에 준하는 방법으로 대상자를 지배·관리하면서 제3자에게 인계하는 행위

그리고 Ⓐ 선불금 제공 등의 방법으로 대상자의 동의를 얻은 때에도 그 의사에 반하여 이탈을 제지한 경우, Ⓑ 타인을 고용·감독하는 자, 출입국·직업을 알선하는 자 또는 그를 보조하는 자가 성을 파는 행위를 하게 할 목적으로 여권 또는 이에 갈음하는 증명서를 채무이행 확보 등의 명목으로 제공받은 경우 등에 해당하는 경우에는 대상자를 지배·관리하에 둔 것으로 본다(동법 제2조제2항).

(나) 가목과 같은 목적으로 청소년보호법 제2조제1호의 규정에 의한 청소년, 사물을 변별하거나 의사를 결정할 능력이 없거나 미약한 자 또는 대통령령이 정하는 중대한 장애가 있는 자나 그를 보호·감독하는 자에게 선불금 등 금품 그 밖의 재산상의 이익을 제공·약속하고 대상자를 지배·관리하면서 제3자에게 인계하는 행위

(다) 가목 및 나목의 행위가 행하여지는 것을 알면서 가목과 같은 목적이나 전매를 위하여 대상자를 인계받는 행위

(라) 가목 내지 다목의 행위를 위하여 대상자를 모집·이동·은닉하는 행위

② '성매매 피해자'라 함은 다음 각 목의 어느 하나에 해당하는 자를 말한다.

(가) 위계·위력 그 밖에 이에 준하는 방법으로 성매매를 강요당한 자

(나) 업무·고용 그 밖의 관계로 인하여 보호 또는 감독하는 자에 의하여 마약류관리에관한법률 제2조의 규정에 의한 마약·향정신성의약품 또는 대마(이하 '마약 등'이라 한다)에 중독되어 성매매를 한 자

(다) 청소년, 사물을 변별하거나 의사를 결정할 능력이 없거나 미약한 자 또는 대통령령이 정하는 중대한 장애가 있는 자로서 성매매를 하도록 알선·유인된 자

(라) 성매매 목적의 인신매매를 당한 자

(3) 국가의 책무와 금지행위

국가 및 지방자치단체는 성매매, 성매매 알선 등 행위 및 성매매 목적의 인신매매의 예방과 근절을 위한 교육 및 홍보 등에 관하여 법적·제도적 대책을 마련하고, 필요한 재원을 조달하여야 한다(동법 제3조 제1항).

그리고 누구든지 다음 어느 하나에 해당하는 행위를 해서는 안 된다(동법 제4조). ① 성매매, ② 성매매 알선 등 행위, ③ 성매매 목적의 인신매매, ④ 성을 파는 행위를 하게 할 목적으로 타인을 고용·모집하거나 성매매가 행하여진다는 사실을 알고 직업을 소개·알선하는 행위, ⑤ 제1호·제2호 및 제4호의 행위 및 그 행위가 행하여지는 업소에 대한 광고행위

(4) 성매매 피해자의 보호

이 법에서는 성매매 피해자에 대한 처벌특례 조항과 보호책을 마련하고 있다.

그리하여 성매매 피해자의 성매매는 처벌하지 않도록 하고 있으며(동법 제6조1항), 검사 또는 사법경찰관은 수사 과정에서 피의자 또는 참고인이 성매매 피해자에 해당한다고 볼 만한 상당한 이유가 있을 때에는 지체 없이 법정대리인·친족 또는 변호인에게 통지하고, 신변보호, 수사의 비공개, 친족 또는 지원시설·성매매 피해 상담소에의 인계 등 그 보호에 필요한 조치를 하여야 한다. 다만, 피의자 또는 참고인의 사생활 보호 등 부득이한 사유가 있는 경우에는 통지하지 아니할 수 있다(동법 제6조제2항).

또한 법원 또는 수사기관이 이 법에 규정된 범죄를 신고(고소·고발을 포함)한 자 또는 성매매 피해자(이하 '신고자 등')를 조사하거나 증인으로 신문할 경우에는 특정범죄신고자등보호법 제7조 내지 제13조를 준용한다. 이 경우 같은 법 제9조 및 제13조를 제외하고는 보복을 당할 우려가 있을 것을 요하지 아니한다(동법 제6조제3항).

(5) 신고의무

① 성매매방지 및 피해자보호 등에 관한 법률 제5조제1항의 규정에 의한 지원시설[207] 및 같은 법 제10조의 규정에 의한 성매매 피해상담소의 장이나 그 종사자가 업무와 관련하여 성매매 피해사실을 알게 된 때에는 지체 없이 수사기관에 신고하여야 한다.

누구든지 이 법에 규정된 범죄를 신고한 자에 대하여 그 신고를 이유로 불이익을 주어서는 안 되며(동법 제7조제2항), 다른 법률에 규정이 있는 경우를 제외하고는 신고자 등의 인적 사항이나 사진 등 그 신원을 알 수 있는 정보나 자료를 인터넷 또는 출판물에 게재하거나 방송매체를 통하여 방송하여서는 안 되도록 하고 있다(동법 제7조제3항).

(6) 신뢰관계에 있는 자의 동석 및 심리의 비공개

① 신뢰관계에 있는 자의 동석

법원은 신고자 등을 증인으로 신문하는 때에는 직권 또는 본인·법정대리인이나 검사의 신청에 의하여 신뢰관계에 있는 자를 동석하게 할 수 있다(동법 제8조제1항).

또 수사기관은 신고자 등을 조사하는 때에는 직권 또는 본인·법정대리인의 신청에 의하여 신뢰관계에 있는 자를 동석하게 할 수 있다(동법 제8조제2항).

---

207) 성매매방지 및 피해자보호 등에 관한 법률[일부개정 2008.2.29. 법률 제8852호] 제5조
① 성매매 피해자 등을 위한 지원시설(이하 '지원시설'이라 한다)의 종류는 다음 각 호와 같다. <개정 2005.12.29.>
1. 일반지원시설: 성매매 피해자 등을 대상으로 1년 이내의 범위에서 숙식을 제공하고 자립을 지원하는 시설
2. 청소년지원시설: 청소년인 성매매 피해자 등을 대상으로 1년 이내의 범위에서 숙식을 제공하고, 취학·교육 등을 통하여 자립을 지원하는 시설
3. 외국인여성지원시설: 외국인여성인 성매매 피해자 등을 대상으로 3월(「성매매 알선 등 행위의 처벌에 관한 법률」 제11조의 규정에 해당하는 외국인여성에 대해서는 그 해당기간) 이내의 범위에서 숙식을 제공하고, 귀국을 지원하는 시설
4. 자활지원센터: 성매매 피해자 등을 대상으로 자활에 필요한 지원을 제공하는 이용시설

② 심리의 비공개

법원은 신고자 등의 사생활 또는 신변보호를 위하여 필요한 때에는 결정으로 심리를 공개하지 아니할 수 있으며(제9조제1항), 증인으로 소환받은 신고자 등과 그 가족은 사생활 또는 신변보호를 위하여 증인신문의 비공개를 신청할 수 있다(제9조제2항).

(7) 불법원인으로 인한 채권무효

윤락행위에 종사할 것을 전제로 전주(錢主)가 지급한 '선불금'은 불법원인급여에 해당하기 때문에 그 반환을 청구할 수 없다.

즉 성매매 알선 등 행위를 한 자, 성을 파는 행위를 할 자를 고용·모집하거나 그 직업을 소개·알선한 자 또는 성매매 목적의 인신매매를 한 자가 그 행위와 관련하여 성을 파는 행위를 하였거나 할 자에게 가지는 채권은 그 계약의 형식이나 명목에 관계없이 이를 무효로 한다. 그 채권을 양도하거나 그 채무를 인수한 경우에도 또한 같다(동법 제10조제1항).

또 검사 또는 사법경찰관은 불법원인과 관련된 의심이 있는 채무의 불이행을 이유로 고소·고발된 사건을 수사할 때에는 금품 그 밖의 재산상의 이익 제공이 성매매의 유인·강요나 성매매 업소로부터의 이탈방지수단으로 이용되었는지 여부를 확인하여 수사에 참작하여야 한다(제2항).

(8) 보호사건

검사는 성매매를 한 자에 대하여 사건의 성격·동기, 행위자의 성행 등을 고려하여 이 법에 의한 보호처분에 처함이 상당하다고 인정하는 때에는 특별한 사정이 없는 한 보호사건으로 관할법원에 송치하여야 한다(동법 제12조제1항).

또 법원은 성매매 사건의 심리결과 이 법에 의한 보호처분에 처함이 상당하다고 인정하는 때에는 결정으로 사건을 보호사건의 관할법원에 송치할 수 있다(제12조제2항).

(9) 관할

이 법에서 정한 보호사건(이하 '보호사건'이라 한다)의 관할은 성매매를 한 장소나 성매매를 한 자의 거주지 또는 현재지를 관할하는 가정법원으로 한다. 다만, 가정법원이 설치되어 있지 아니한 지역에 있어서는 해당 지역의 지방법원(지원을 포함한다. 이하 같다)으로 한다(동법 제13조제1항).

보호사건의 심리와 결정은 단독판사가 행한다.

(10) 보호처분의 결정 등

① 판사는 심리의 결과 보호처분이 필요하다고 인정할 때에는 결정으로 다음 각호의 어느 하나에 해당하는 처분을 할 수 있다(동법 제14조제1항).

1. 성매매가 이루어질 우려가 있다고 인정되는 장소나 지역에의 출입금지
2. 보호관찰등에관한법률에 의한 보호관찰
3. 보호관찰등에관한법률에 의한 사회봉사·수강명령
4. 삭제 <2005.3.24.>
5. 성매매방지 및 피해자보호 등에 관한 법률 제10조의 규정에 의한 성매매 피해상담소에의 상담위탁
6. 성폭력범죄의 처벌 및 피해자보호 등에 관한 법률 제33조의 규정에 의한 전담의료기관에의 치료위탁

그리고 위의 각 처분은 이를 병과할 수 있다.

또 위의 제1호·제2호·제4호 및 제5호의 규정에 의한 보호처분의 기간은 6월을, 같은 항 제3호의 규정에 의한 사회봉사·수강명령은 100시간을 각각 초과할 수 없다(동법 제15조제1항).

3. 성매매방지 및 피해자보호 등에 관한 법률

(1) 목적

이 법은 성매매를 방지하고 성매매 피해자 및 성을 파는 행위를 한 자의 보호와 자립의 지원을 목적으로 한다(성매매방지 및 피해자보호 등에 관한 법률 제1조).

(2) 국가 등의 책임

국가 및 지방자치단체는 성매매를 방지하고 성매매 피해자 및 성을 파는 행위를 한 자(이하 '성매매 피해자 등')의 보호와 자립의 지원을 위하여 다음 각 호의 사항에 대한 법적·제도적 장치를 마련하고 필요한 행정적·재정적 조치를 취하여야 한다(동법 제3조제1항).
  1. 성매매, 성매매 알선 등 행위 및 성매매 목적의 인신매매를 방지하기 위한 조사·연구·교육·홍보
  2. 성매매 피해자 등의 보호와 자립을 지원하기 위한 시설(외국인 여성을 위한 시설을 포함한다)의 설치·운영
또 국가는 성매매 목적의 인신매매의 방지를 위한 국제협력의 증진을 위하여 노력하여야 한다(동법 제3조제2항).

(3) 지원시설의 종류와 기능

성매매 피해자 등을 위한 지원시설의 종류는 ① 일반지원시설(성매매 피해자 등을 대상으로 1년 이내의 범위에서 숙식을 제공하고 자립을 지원하는 시설), ② 청소년지원시설(청소년인 성매매 피해자 등을 대상으로 1년 이내의 범위에서 숙식을 제공하고, 취학·교육 등을 통하여 자립을 지원하는 시설), ③ 외국인여성지원시설(외국인여성인 성매매 피해자 등을 대상으로 3월 이내의 범위에서 숙식을 제공하고, 귀국을 지원하는 시설), ④ 자활지원센터(성매매 피해자 등을 대상으로 자활에 필요

한 지원을 제공하는 이용시설) 등이 있다(동법 제5조제1항).

　일반지원시설의 장은 6월 이내의 범위에서 여성부령이 정하는 바에 따라 지원기간을 연장할 수 있으며, 청소년지원시설의 장은 청소년이 19세에 달할 때까지 여성부령이 정하는 바에 따라 지원기간을 연장할 수 있다(동법 제5조제2항 및 제3항).

　이를 시설별로 구분하여 입소 대상, 주요기능 등을 살펴보면 <표 6-8>과 같다.

<표 6-8> 시설의 종류

구 분	입소·이용 대상 (기본입소기간)	주 요 기 능	비 고
일반 지원시설	일반성인 (1년)	숙식 제공 및 전문상담 의료 및 법률문제 지원 사회보장 급부수령 지원 직업교육 및 취업알선 등	필요시 입소기간 6월 연장 가능
청소년 지원시설	청소년208) (1년)	일반지원시설의 지원내용과 같음 *진학을 위한 교육제공 및 교육기관에의 취학을 연계	19세에 달할 때까지 입소기간 연장 가능 *고교 재학 또는 진학을 위한 교육훈련 중인 입소자는 19세가 되더라도 재학(훈련)기간 동안 입소가능
그룹홈 (공동생활 가정)	-탈성매매 여성으로서 자활조건이 성숙되었다고 판단되는 자(1년)	일정기간 주거 지원	6개월 단위로 3년에 도달할 때까지 연장 가능
외국인 여성 지원시설	-외국인 여성(3월)	피해여성 긴급보호 통역서비스 제공 상담, 의료 및 법률지원 대사관 등 관계기관 연계 숙식의 제공, 귀국지원 등	수사·소송 등이 진행 중인 경우 이에 필요한 기간까지 입소 연장
자활지원 센터	-의료·법률적 문제 등이 어느 정도 해결되어 자활의 기반이 갖추어졌다고 볼 수 있는 탈성매매 여성 -그 외 탈성매매 여성으로서 자활의지가 강하고 전업지원이 필요한 자	전업 준비를 위한 훈련 공동작업장 등 일자리 제공 취업 및 창업 지원 외부자원 활용 연계망 구축 취업·창업자 사후관리 등	탈성매매 여성에 대한 전문적·단계적 전업지원 위주로 운영

* 여성부, 2008여성권익사업 내부 자료를 참조하여 저자가 작성함.

---

208) 청소년보호법 제2조 1항: '청소년'이라 함은 만 19세 미만의 자를 말한다. 다만, 만 19

성매매 피해 여성 관련 시설 및 상담소, 보호기간 등을 살펴보면 <표 6-9>와 같다.

<표 6-9> 시설 및 상담소 현황(2007년 12월 기준)

구 분	수	대 상	보호기간	비 고
성매매 피해상담소	29	성매매 피해 여성, 성을 파는 행위를 한 자		이용시설
성매매 피해자 등을 위한 지원시설(일반지원시설, 청소년지원시설)	41	성매매 피해 여성, 성을 파는 행위를 한 자	1년(+6월) ※청소년은 19세에 도래할 때까지	생활시설
그룹홈	9	탈성매매 여성으로서 자활조건이 성숙되었다고 판단되는 자	일반지원 시설입소기간 준용 ※6개월 단위로 3년까지 연장가능	생활시설
외국인 여성 지원시설	3	외국인 성매매 피해 여성	3월(수사·소송 진행 중인 경우 이에 필요한 기간까지 연장)	생활시설
자활지원센터	5	-의료·법률적 문제 등이 어느 정도 해결되어 자활의 기반이 갖추어졌다 고 볼 수 있는 탈성매매 여성 -그 외 탈성매매 여성으로서 자활의 지가 강하고 전업지원이 필요한 자		이용시설
성폭력상담소	171	성폭력 피해 여성	-	이용시설
가정폭력상담소	302	가정폭력 피해 여성	-	이용시설
통합상담소	28	가정·성폭력 피해 여성	-	이용시설
성폭력피해자보호시설	20	성폭력피해여성	6월(+3월)	생활시설
가정폭력피해자보호시설	70	가정폭력피해여성과 아동	6월(+3월)※ 장기시설: 2년 이내	생활시설
아동성폭력전담센터	3	13세 미만 성폭력 피해자 (정신지체장애인 포함)	-	이용시설
여성·학교폭력피해자 ONE-STOP지원센터	14	가정폭력·성폭력·성매매· 학교폭력 피해자	-	이용시설
여성긴급전화 '1366' (*이주여성 긴급전화 '1366' 포함)	17	가정폭력·성폭력·성매매 등 피해여성		이용시설

* 여성부 내부 자료(2008년)를 참조하여 정리함.

세에 도달하는 해의 1월 1일을 맞이한 자를 제외한다.

(4) 지원시설에의 입소

지원시설에 입소하고자 하는 자는 당해 지원시설의 입소규정을 준수하여야 한다 (동법 제8조제1항). 지원시설에서 제공하는 프로그램을 이용하고자 하는 자는 당해 지원시설의 이용규정을 준수하여야 한다.

지원시설 입소·이용 대상(동법 시행규칙 제6조)은 '성매매 피해자 및 성을 파는 행위를 한 자'로서 본인이 희망하는 경우, 상담소의 장으로부터 입소 또는 이용요청을 받은 경우, 검사 또는 사법경찰관으로부터 인계요청을 받은 경우 등이다.

(5) 상담소의 설치

국가 또는 지방자치단체는 성매매 피해상담소(이하 '상담소')를 설치·운영할 수 있다(동법 제10조제1항). 국가 또는 지방자치단체 외의 자가 상담소를 설치·운영하고자 할 때에는 시장·군수·구청장에게 신고하여야 한다.

3. 청소년의 성보호에 관한 법률

(1) 목적

「청소년의 성보호에 관한 법률」은 청소년 대상 성범죄의 처벌과 절차에 관한 특례를 규정하고 피해청소년을 위한 구제 및 지원절차를 마련하며 청소년 대상 성범죄자를 체계적으로 관리함으로써 청소년을 성범죄로부터 보호하고 청소년이 건강한 사회구성원으로 성장할 수 있도록 함을 목적으로 한다(청소년의 성 보호에 관한 법률 제1조).

(2) 최근 법률개정 내용

「청소년의 성보호에 관한 법률」(일부개정 2008.2.29. 법률 제8852호)이 개정되었는데, 그 주요내용은 ① 청소년보호자 등은 동일지역에 거주하는 청소년 대상 성범죄자의 신상 정보를 5년간 열람, ② 친고죄를 폐지하고 반의사 불벌죄 신설, ③ 청소년 이용 음란물의 단순소지자도 2천만 원 이하의 벌금에 처하도록 한다는 것이다.

이를 구체적으로 살펴보면 다음과 같다.[209]

첫째, 청소년 대상 성범죄자의 등록대상과 기간을 확대하였다(제32조).

- 신상정보 등록대상자(제32조)는 청소년 대상 성범죄로 유죄판결이 확정된 자 또는 동법 제37조에 따라 열람명령이 확정된 자가 된다. 다만 청소년의 성을 사는 행위(제10조)의 죄는 그 죄로 2회 이상 유죄판결을 받거나 대상 청소년이 13세 미만인 경우에 한한다.

- 등록기간은 최초등록일로부터 10년으로 한다.

둘째, 성범죄자의 신상정보 열람 대상과 열람권자를 확대하였다(제37조).

- 기존의 열람 대상은 청소년 대상 성폭력범죄(강간, 강제추행)로 '2회 이상 금고이상의 실형을 선고받은 자'로 제한되었으나

- 개정된 내용은 ▸13세 미만의 청소년 대상 성폭력범죄자,[210] ▸13세 미만의 청소년 대상 성범죄자[211]중 재범의 위험성이 있는 자, ▸청소년 대상 성폭력범죄자 중 재범의 위험성이 있는 자 등으로 확대하였다. 아울러 이들의 신상 정보(1. 성명, 2. 나이, 3. 주소 및 실제거주지, 4. 직업 및 직장 등의 소재지, 5. 사진, 6. 청소년 대상 성범죄 경력)를 형 집행 종료 후 5년간 열람할 수 있게 된다.

- 또한 성범죄자의 신상정보 열람권자는 ▸성범죄자의 주소(시·군·구) 내에 거주하는 청소년의 법정대리인과, ▸성범죄자의 주소를 관할하는 시·군·구 내의 청소년 관련 교육기관의 장이 열람할 수 있도록 확대하였다.

---

209) 국가청소년위원회, 2007년 7월 4일(수) 보도자료 참조.
210) '청소년 대상 성폭력범죄'라 함은 '청소년의 성 보호에 관한 법률'에서 규정된 '청소년 대상 성범죄'에서 제8조부터 제12조까지를 제외한 제7조(강간, 강제추행 등)와 형법 제297조~303조 그리고 305조에 규정된 강간 및 강간미수 등을 말한다.
211) '청소년 대상 성범죄'라 함은 '청소년의 성 보호에 관한 법률' 제7조부터 제12조까지의 죄를 말한다.

셋째, 성범죄자의 취업제한기간을 5년에서 10년으로 확대하였다(제42조).
 - 청소년 대상 성범죄로 형이 확정된 자는 형이 확정된 날부터 10년 동안 '청소년 관련 교육기관 등'에 취업이 제한된다.
 - 국가청소년위원회는 청소년 대상 성범죄로 형이 확정된 자가 청소년 관련 교육기관 등에 취업했는지를 직접 또는 관계기관 조회 등의 방법으로 점검·확인할 수 있도록 하고 필요한 경우 청소년 관련 교육기관 등의 장 또는 관련 감독기관에 해당 자료의 제출을 요구할 수 있다(제43조).
넷째, 청소년 대상 성폭력범죄에 대하여 친고죄를 반의사 불벌죄(제16조)로 개정하여 피해청소년의 고소가 없이도 수사기관이 수사를 개시할 수 있게 되었다.
다섯째, 청소년 이용 음란물의 단순소지를 처벌하는 규정을 신설하였다(제8조).
 - 청소년 이용 음란물을 영리목적은 물론 단순 소지만으로도 처벌하도록 하여 청소년 이용 음란물이 사회에 확산되는 것을 방지할 수 있도록 하였다.
여섯째, 친권상실 선고 및 후견인 변경결정을 청구할 수 있도록 하였다(제14조).
 - 검사는 청소년 대상 성범죄 사건의 가해자가 피해청소년의 친권자나 후견인인 경우에는 법원에 친권상실 선고 또는 후견인 변경결정을 청구할 수 있으며, 아동보호전문기관의 장 등은 검사에게 친권상실 선고 또는 후견인 변경결정을 청구하도록 요청할 수 있다.

(2) 용어

① 연 19세 미만의 청소년에 대해 본 법을 적용하고 있다. 다만, 만 19세에 도달하는 해의 1월 1일을 맞이한 청소년을 제외한다.
② '청소년의 성을 사는 행위'는 청소년, 청소년의 성을 사는 행위를 알선한 자 또는 청소년을 실질적으로 보호·감독하는 자 등에게 금품이나 그 밖의 재산상 이익, 직무·편의 제공 등 대가를 제공하거나 약속하고 다음 어느 하나에 해당하는 행위를 청소년을 대상으로 하거나 청소년으로 하여금 하게 하는 것을 말한다.

가. 성교행위

나. 구강·항문 등 신체의 일부나 도구를 이용한 유사 성교행위

다. 신체의 전부 또는 일부를 접촉·노출하는 행위로서 일반인의 성적 수치심이
나 혐오감을 일으키는 행위

라. 자위행위

(3) 국가와 지방자치단체의 의무

국가와 지방자치단체는 청소년 대상 성범죄를 예방하고, 청소년을 성적 착취와
학대 행위로부터 보호하기 위하여 필요한 조사·연구·교육 및 계도와 더불어 법적·
제도적 장치를 마련하며 필요한 재원을 조달하여야 한다(동법 제4조제1항).

또한 국가는 청소년에 대한 성적 착취와 학대 행위가 국제적 범죄임을 인식하고
범죄 정보의 공유, 범죄 조사·연구, 국제사법 공조, 범죄인 인도 등 국제협력을 강
화하는 노력을 하여야 한다.

(4) 사회의 책임

모든 국민은 청소년이 이 법에서 정한 범죄의 상대방이나 피해자가 되거나 이 법
에서 정한 범죄를 저지르지 아니하도록 사회환경을 정비하고 청소년을 보호·선도·
교육하는 데에 최선을 다하여야 한다(동법 제5조).

(5) 청소년 대상 성범죄의 처벌과 절차에 관한 특례

청소년에 대한 강간·강제추행 등(동법 제7조) 및 청소년 이용 음란물의 제작·
배포 등(제8조), 청소년 매매행위(제9조), 청소년의 성을 사는 행위(제10조), 청소년
에 대한 강요행위 등(제11조), 알선영업행위 등(제12조)에 대하여 처벌과 특별한 절
차를 마련하고 있다.

(6) 주요 쟁점

「청소년의 성보호에 관한 법률」은 청소년을 대상으로 하는 성범죄의 경우 '대가
성(對價性)'에 대한 인정 여부와 신상공개에 대한 논란이 주요 쟁점으로 부각되고
있다.

① '대가성'에 대한 문제

본 법 제2조에서는 청소년의 성을 사는 행위와 관련하여 '금품 기타 재산상 이익
이나, 직무·편의 제공 등 대가를 제공하거나 이를 약속하는' 것으로 '대가성'에 대
해 규정하고 있다. 여기서 대가는 반드시 금품뿐만 아니라 어떠한 재산상의 이익이
나 직무·편의 제공 등 직업소개나 승진을 대상으로 하든가, 자신의 직무와 권한을
이용하여 제공할 수 있는 편의도 대가로 보고 있어 소위 성 상납을 받는 경우까지
도 포함하는 개념이라고 볼 수 있는 것이다.

이와 같이 대가성의 개념을 포괄적으로 규정한 것은 최근 성매매를 하는 청소년
들은 주로 가출한 상태에서 생활비나 유흥비를 마련하기 위하여 '일회성 성매매'를
주로 한다는 점과 청소년을 찾는 성인들은 대부분 저렴한 비용으로 자신의 성적 욕
구를 충족시킨다는 점, 그리고 직장 내에서의 상하관계나 그 밖의 권력관계를 이용
한 성적 강요행위가 발생하고 있다는 점 등을 고려한 것으로 금전이나 재산상의 이
익뿐만 아니라 각종의 편의 제공까지 대가로 규정하고 있는 것이다.

그런데 최근 이 법률을 적용함에 있어서 일부 판결에서 '대가성'을 인정하지 않
고 무죄판결을 내리는 경우들이 있어 법 적용의 일관성이 결여되는 등 문제가 제기
되고 있다. 즉 대가성을 인정하지 않은 판결212)과 대가성을 인정한 판결213)이 대립

---

212) 청소년과 성관계를 가진 후 2,000~14,000원 상당의 식권을 교부한 성인 5명에 대하여
무죄를 선고하였다. 이 판결에서 재판부는 "재산상의 이익과 성교행위와의 대가관계를
폭넓게 인정할 경우 사생활의 자유 또는 애정의 자유라고 하는 국민의 기본권이 심각
하게 위협받을 수 있기 때문"에 무죄라고 밝혔다(서울지방법원 2001.7.9. 선고), 인터넷
화상채팅을 통해 알게 된 여고생(17)과 성관계를 맺은 뒤 현금 등을 지급한 혐의로 기
소된 고시생(24)에게 '대가성이 입증 안 된다'며 무죄를 선고함. 무죄선고 이유는 현행
법에 따르면 사건에 대가를 약속하거나 지급하고서 청소년과 성관계를 맺은 경우에만

되어 있다.

② 신상공개에 대한 찬반

청소년 성 보호법을 위반한 성범죄자들에 대한 신상을 공개한 것과 관련하여 다음과 같은 세 가지 문제가 지적되고 있다.

첫째, 신상공개가 '실질적인 형사제재'의 성격을 가지고 있다는 형벌적 속성을 인정한다면 이는 이중처벌금지의 원칙에 반할 위험이 크다는 것이다.

둘째, 불법성의 정도 면에서 성범죄보다 더 가중한 미성년자 살해행위, 미성년자 약취유인행위 등에서는 신상공개를 하지 않는 것과 비교하여 형평성 면에서 문제가 있다는 것이다.

셋째, 가장 심각한 문제는 신상공개가 기본권인 privacy권을 침해할 소지가 많다는 점이다.

(7) 외국의 입법례

미국은 1994년부터 아동 성범죄자의 신상공개에 적극적으로 나서고 있는데, 각 주나 자치단체별로 실시하고 있는 성범죄자 제재 내용을 살펴보면 다음과 같다.[214]

유죄가 인정되는데 이 경우 사전에 약속을 하거나 돈을 준 사실이 없는 이상 무죄라고 밝혔다(서울지방법원 2001.8.31. 선고)

213) 10대 소녀와 성인남성에게 방을 내줘 성관계를 갖게 한 혐의로 기소된 숙박업소 업주에게 청소년 성매매 장소제공 죄를 인정하여 벌금 500만 원을 선고하였다(부산지방법원 2001.7.27.). 14세 청소년과 여관에서 성 접촉을 하고 대가로 20만 원을 지급하고, 휴대전화를 사 주고, 10일간의 여관숙박비를 미리 계산해 주고 성 접촉을 한 행위 모두 성을 사는 행위로 인정하여 징역 6년 집행유예 2년을 선고하였다(서울지방법원 의정부지원 2001.10.5.), 청소년 성매매(청소년의 성 보호에 관한 법률위반) 혐의로 불구속 기소된 홍 모(26) 씨 등 5명에 대한 항소심선고공판에서 무죄를 선고한 원심을 깨고 각각 징역 8월에 집행유예 2년을 선고했다(서울지방법원 2001.12.21.).

214) 미국은 1994년 강간·살해당한 메건 캥카(당시 7세) 양 사건을 계기로 아동 성범죄자의 신상공개를 적극적으로 추진했다. 1996년 빌 클린턴 당시 대통령은 이른바 '메건법'에 서명해 아동 성범죄자의 거주지 등록을 의무화하는 한편 그들의 신상공개를 합법화했다. 동아일보, 2008.5.15.

① 뉴저지 주 버건카운티 퍼래머스 지역은 성범죄자가 학교나 공원, 놀이터, 도서관, 아동보호센터 같은 시설에서 반경 100피트(약 300m) 이내에 집을 사거나 세를 들지 못하도록 하는 법을 시행하고 있다.

② 플로리다 주 의회는 12세 미만 아동을 상대로 성범죄를 저지른 사람에겐 최소 25년 이상의 징역형을 선고토록 한 이른바 '제시카 법'을 2005년 제정했다. 이 법은 출소한 성범죄자에게 전자팔찌를 채워 감시토록 하고 성범죄자를 알고도 신고하지 않는 경우 처벌하는 '불고지죄 조항'까지 포함했다.

③ 사우스캐롤라이나 주에는 일부 아동 성범죄자를 사형에 처하도록 하는 법안이, 루이지애나 주에는 운전면허증에 '성범죄자'라는 스탬프를 찍도록 하는 법안이 각각 주 의회에 제출돼 있다.

Ⅳ. 성폭력범죄의 처벌 및 피해자보호 등에 관한 법률

1. 성폭력의 개념과 특별법률 제정목적

(1) 성폭력 특별법의 제정목적

우리나라 성폭력이 사회문제로 부각된 것은 1980년대 후반부터라고 할 수 있다. 그동안 성폭력 피해 여성들이 개인적인 수치로 여겨 숨겨 왔던 피해 사실을 여성운동단체들을 중심으로 공표하기 시작했고, 성폭력 근절운동이 펼쳐지기 시작했다. 그래서 이러한 점을 고려하여 성폭력 범죄를 예방하고 그 피해자를 보호하며 성폭력 범죄의 처벌 및 그 절차에 관한 특례를 규정함으로써 국민의 인권 신장과 건강한 사회질서의 확립에 이바지함을 목적으로 1994년 1월 5일 「성폭력범죄의 처벌 및 피해자보호 등에 관한 법률」(이하 성폭력특별법)이 제정되었다.

(2) 성폭력의 개념

현재 우리나라의 성폭력특별법은 성폭력 개념을 따로 정의하지 않고, 형법의 성폭력 범죄의 유형대로 분류하고 있다.[215]

2. 성폭력범죄의 처벌 및 절차에 관한 특례

(1) 친족관계에 의한 강간 등

친족관계에 의해 일어나는 성추행에서 강간까지 포함하는 성폭력을 의미한다.

친족 간의 성폭력은 친밀한 관계로부터 당하므로 배신감, 분노, 두려움이 더욱 크고, 형벌도 가중하여 처벌하고 있다.

즉, ① 피해자와 친족관계에 있지 않는 자가 형법 제297조(강간)의 죄를 범한 경우에는 3년 이하의 징역에 처하게 되나 친족관계에 있는 자가 강간의 죄를 범한 때에는 그보다 가중된 5년 이상의 유기징역에 처한다.

---

215) 성폭력범죄라 함은 다음에 해당하는 죄를 말한다(이 법 제2조).
① 형법 성 풍속에 관한 죄 중 제242조(음행매개)·제243조(음화 등의 반포 등)·제244조(음화 등의 제조 등) 및 제245조(공연음란)의 죄, ② 형법 약취와 유인의 죄 중 추행 또는 간음을 목적으로 하거나 추업에 사용할 목적으로 범한 제288조(영리 등을 위한 약취, 유인, 매매 등)·제292조(약취, 유인, 매매된 자를 수수 또는 은닉. 다만, 제288조의 약취·유인이나 매매된 자를 수수 또는 은닉한 죄에 한한다)·제293조(상습범. 다만, 제288조의 약취·유인이나 매매된 자 또는 이송된 자를 수수 또는 은닉한 죄의 상습범에 한한다)·제294조(미수범. 다만, 제288조의 미수범 및 제292조의 상습범의 미수범 중 제288조의 약취·유인이나 매매된 자를 수수 또는 은닉한 죄의 미수범과 제293조의 상습범의 미수범 중 제288조의 약취·유인이나 매매된 자를 수수 또는 은닉한 죄의 상습범의 미수범에 한한다)의 죄, ③ 형법 강간과 추행의 죄 중 제297조(강간)·제298조(강제추행)·제299조(준강간, 준강제추행)·제300조(미수범)·제301조(강간 등 상해·치상)·제301조의2(강간 등 살인·치사)·제302조(미성년자 등에 대한 간음)·제303조(업무상 위력 등에 의한 간음) 및 제305조(미성년자에 대한 간음, 추행)의 죄, ④ 형법 제339조(강도강간)의 죄, ⑤ 이 법 제5조(특수강도강간 등) 내지 제14조의2(카메라 등 이용촬영)의 죄, ⑥ 위에 해당되는 범죄로서 다른 법률에 의하여 가중 처벌되는 죄.

② 피해자와 친족관계에 있지 않는 자가 강제추행(형법 제298조)을 한 경우에는 10년 이하의 징역 또는 1천500만 원 이하의 벌금에 처하게 되나 친족관계에 있는 자가 강제추행의 죄를 범한 때에는 그보다 가중된 3년 이상의 유기징역에 처한다.

③ 친족관계에 있는 자가 심신상실 또는 항거불능의 상태를 이용하여 간음 또는 추행을 한 경우(준강간, 준강제추행)에는 위의 ①과 ②의 예에 의한다.

④ 제1항 내지 제3항의 친족의 범위는 4촌 이내의 혈족과 2촌 이내의 인척으로 한다.

⑤ 제1항 내지 제3항의 친족은 사실상의 관계에 의한 친족을 포함한다.

(2) 13세 미만의 미성년자에 대한 강간, 강제추행 등

13세 미만의 여자에 대하여 형법 제297조(강간)의 죄를 범한 자는 5년 이상의 유기징역에 처하도록 하였으며, 13세 미만의 사람에 대하여 폭행 또는 협박으로 다음 어느 하나에 해당하는 행위를 한 자는 3년 이상의 유기징역에 처한다(동법 제8조의2).

① 구강·항문 등 신체(성기를 제외한다)의 내부에 성기를 삽입하는 행위
② 성기에 손가락 등 신체(성기를 제외한다)의 일부나 도구를 삽입하는 행위

한편, 13세 미만의 사람에 대하여 형법 제298조(강제추행)의 죄를 범한 자, 13세 미만의 사람에 대하여 형법 제299조(준강간, 준강제추행)의 죄를 범한 자, 위계 또는 위력으로써 13세 미만의 여자를 간음하거나 13세 미만의 사람에 대하여 추행을 한 자 등에 대해 처벌하도록 하고 있다.

(3) 공중밀집장소에서의 추행

공중밀집장소에서의 추행에 대한 처벌규정을 두어 대중교통수단, 공연·집회장소 기타 공중이 밀집하는 장소에서 사람을 추행한 자는 1년 이하의 징역 또는 300만 원 이하의 벌금에 처하도록 하고 있다(동법 제13조).

(4) 통신매체 이용 음란행위

통신매체를 이용한 음란행위에 대처하기 위하여, 자기 또는 다른 사람의 성적 욕망을 유발하거나 만족시킬 목적으로 전화·우편·컴퓨터 기타 통신매체를 통하여 성적 수치심이나 혐오감을 일으키는 말이나 음향, 글이나 도화, 영상 또는 물건을 상대방에게 도달하게 한 자는 2년 이하의 징역 또는 500만 원 이하의 벌금에 처하도록 하고 있다.

(5) 카메라 등을 이용한 촬영행위

백화점 화장실과 대학구내의 몰래카메라 설치 등이 사회문제화되면서, 처벌근거 법률이 없게 되자, 1998년 12월 28일에 카메라 기타 이와 유사한 기능을 갖춘 기계장치를 이용하여 성적 욕망 또는 수치심을 유발할 수 있는 타인의 신체를 그 의사에 반하여 촬영[216]하거나 그 촬영물을 반포·판매·임대 또는 공연히 전시·상영한 자는 5년 이하의 징역 또는 1천만 원 이하의 벌금에 처하도록 동 조항을 신설하였다(동법 제14조의2 제1항).

여기서 성적 욕망이나 수치심을 유발할 수 있는 신체에 해당하는지 여부는, 건전

---

216) 유죄판결: 법원 "노출된 신체라 해도 '촬영'행위가 범죄 될 수 있다." - 버스 안에서 짧은 치마를 입은 채 옆 자리에 앉아 있는 여고생의 허벅지를 휴대전화로 촬영한 교장에게 유죄가 선고됐다. 서울중앙지법 형사6단독 마용주 판사는 성폭력 범죄의 처벌 및 피해자보호 등에 관한 법률 위반(카메라 등 이용촬영) 등으로 불구속 기소된 서울의 한 학교 교장 이 모 씨에게 여고생의 허벅지를 촬영한 행위를 유죄로 판단해 벌금 100만 원을 선고했다고 24일 밝혔다(연합뉴스, 2008.04.24.).
무죄판결: 지하철에서 짧은 치마를 입은 여성의 다리를 휴대전화 카메라로 찍은 피고인에 대해 대법원이 무죄판결을 내렸다. 대법원 3부(주심 김황식 대법관)는 2006년 12월 서울 지하철 3호선에서 짧은 치마를 입은 20대 초반 여성의 다리를 휴대전화 카메라로 찍은 혐의로 약식 기소된 안 모(34·고시원 총무) 씨에 대해 무죄판결을 내렸다고 23일 밝혔다. 안 씨는 당초 벌금 50만 원에 약식 기소됐으나, "길에서 흔히 볼 수 있는 장면을 찍은 건데 성폭력범으로 몰린 것은 억울하다."면서 정식재판을 청구했다. 이후 1·2심에 이어 대법원에서도 무죄를 선고받은 것이다. 대법원은 "이 사진만으로는 안 씨가 성적 욕망을 충족시키려 했다거나 피해 여성에게 수치심을 유발했다고 인정하기 부족하다."고 밝혔다(조선일보, 2008.03.24.).

한 상식을 가진 사회구성원들을 기준으로 피해자가 촬영으로 인해 성적 수치심을 느꼈다고 볼 수 있는지, 촬영 방법과 횟수, 각도와 특정 부위 부각 여부 등에 나타난 촬영자의 의도 등을 고려해 판단해야 할 것이다(서울중앙법원, 2008.4.24. 판결).

또한 영리목적으로 촬영물을 「정보통신망 이용촉진 및 정보보호 등에 관한 법률」 제2조제1항제1호의 정보통신망을 이용하여 유포한 자는 7년 이하의 징역 또는 3천만 원 이하의 벌금에 처한다(제14조의2 제2항).

(6) 고소제한에 대한 예외

성폭력범죄가 친고죄임에도 불구하고, 다중에 의한 특수강간일 경우에는 고소가 없어도 처벌할 수 있도록 하였고, 고소제한의 예외로서 성폭력범죄에 대해서는 자기 또는 배우자의 직계존속을 고소(告訴)할 수 있도록 하고 있다.

공중밀집장소에서의 추행(제13조)), 통신매체이용음란(제14조)죄는 고소가 있어야 공소를 제기할 수 있다(동법 제15조).

(7) 피해자의 신원과 사생활비밀누설금지

성폭력피해여성의 경우는 자신들의 피해사실을 기억하는 것조차도 싫어하고 있는 상황에서 피해사실을 알고 있는 관계자에 의해서 피해사실이 누설되는 것을 막아야 한다. 따라서

① 성폭력범죄의 수사 또는 재판을 담당하거나 이에 관여하는 공무원은 피해자의 주소·성명·연령·직업·용모 기타 피해자를 특정하여 파악할 수 있게 하는 인적 사항과 사진 등을 공개하거나 타인에게 누설하여서는 아니 된다(동법 제21조제1항).

② 제1항에 규정된 자는 성폭력범죄의 소추에 필요한 범죄구성사실을 제외한 피해자의 사생활에 관한 비밀을 공개하거나 타인에게 누설하여서는 아니 된다(동법 제21조제2항).

③ 누구든지 제1항의 규정에 따른 피해자의 인적 사항과 사진 등을 피해자의 동

의를 받지 아니하고 출판물에 게재하거나 방송매체 또는 정보통신망을 이용하여 공개하여서는 아니 된다(동법 제21조제3항)는 규정을 두고 있다.

(8) 성폭력범죄의 피해자에 대한 전담조사제

검찰총장은 각 지방검찰청 검사장으로 하여금 성폭력범죄 전담 검사를 지정하도록 하여 특별한 사정이 없는 한 이들로 하여금 피해자를 조사하게 하여야 한다(제21조의2 제1항).

경찰청장은 각 경찰서장으로 하여금 성폭력범죄 전담 사법경찰관을 지정하도록 하여 특별한 사정이 없는 한 이들로 하여금 피해자를 조사하게 하여야 한다(제21조의2 제2항).

국가는 제1항 및 제2항의 검사 및 사법경찰관에 대하여 성폭력범죄의 수사에 필요한 전문지식과 피해자보호를 위한 수사방법 등에 관한 교육을 실시하여야 한다(제21조의2 제3항).

(9) 영상물의 촬영·보존 등

검사 또는 사법경찰관은 성폭력 범죄를 당한 피해자의 연령, 심리상태 또는 후유장애의 유무 등을 신중하게 고려하여 조사 과정에서 피해자의 인격이나 명예가 손상되거나 사적인 비밀이 침해되지 않도록 주의하여야 한다(동법 제21조의3 제1항). <개정 2006.10.27.>

이때 피해자가 16세 미만이거나 신체장애 또는 정신상의 장애로 사물을 변별하거나 의사를 결정할 능력이 미약한 때에는 피해자의 진술내용과 조사 과정을 비디오 녹화기 등 영상물 녹화장치에 의하여 촬영·보존하여야 한다. 다만, 피해자 또는 법정대리인이 이를 원하지 않는 의사를 표시한 때에는 촬영을 하여서는 아니 된다(동법 제21조의3 제3항). 그리고 촬영한 영상물에 수록된 피해자의 진술은 공판준비 또는 공판기일에서 피해자 또는 조사 과정에 동석하였던 신뢰관계에 있는 자의 진술에 의하여 그 성립의 진정함이 인정된 때에는 증거로 할 수 있다.

검사 또는 사법경찰관은 성폭력범죄의 피해자를 조사함에 있어서 피해자가 편안한 상태에서 진술하도록 조사환경을 조성하여야 하며, 조사 횟수는 필요 최소한으로 하여야 한다(동법 제21조의3 제2항).

(10) 성폭력피해상담소 등

국가 또는 지방자치단체는 성폭력피해상담소를 설치·운영할 수 있다.

(11) 피해자에 대한 지원 확대

성폭력, 성매매, 가정폭력 피해에 대한 지원은 '자활'의 영역까지 확대되고 있다. 그리하여 성폭력 피해자를 위한 전문적 치료[217)]와 가해자의 성행 교정 및 치료가 행해지는 것이 일반적이다.

---

217) 전국 34개 지방공사의료원연합회 회원병원에서 가정폭력피해자를 위한 무료진료를 실시하고, 전국 354개 지정 전담의료기관에서 성폭력 피해자를 위한 전문적 치료가 진행된다. 여성가족부(2007), 전게서, 참조.

권영성, 「헌법학개론」, 법문사, 1999.

_____, 「헌법학원론」, 법문사, 2008.

高橋保, 『女性をめぐる法と政策 :原理・體系・課題』, 京都 : ミネルヴァ書房, 2008

국회 여성특별위원회 전문위원실, 「여성정책의 추진실적과 향후 과제」, 2000. 10.

김엘림 외, "성인지 전략기획 연구 – 여성발전기본법의 효과 및 발전방향", 여성부, 2004.

김인숙 외 6인 공저, 「여성복지론」, 나남출판, 2000.

김일수, 「법・인간・인권」(제3판), 박영사, 1999.

_____, 「형법각론」, 박영사, 2000.

金城淸子, 「法女性學 : その構築と課題」, 東京 ; 日本評論社, 1991.

_____, 『ジェンダーの法律學』, 東京 : 有斐閣, 2007.

김영경, 「여성과 예술」, 학문사, 2001.

김형배, 「노동법」(제12판), 박영사, 2001.

남인숙, 「왜 여성학인가」, 학문사, 1998.

노동부, 『07노동백서』, 2007.

노동부, 『여성과 취업』, 2006.12.

박동명, "노동법상 고용조정에 관한 연구", 전남대학교 대학원, 박사학위청구논문, 1998.

_____, "성희롱의 법적 이해와 대책", 『법률행정논총』제23집제1호, 전남대학교법률행정
연구소, 2003.6.

_____, 『여성과 법률(수정증보판)』, 전남대학교 출판부, 2003.

_____, 「클릭! 가정법률」, 전남대학교 출판부, 2002.

_____, 「현대생활과 법률의 이해」, 전남대학교 출판부, 2004.

박종권, 「친족법」, 도서출판 다사랑, 2007.8.20.

박홍규, 「노동법론」, 삼영사, 1995.

변화순 외, "건강가정기본법개정안 마련을 위한 연구", 여성가족부, 2005.

법무부, 『법과생활』, 2006.1.

북한연구소, 『북한 가족법과 가정실태』, 은창문화사, 1991. 9

배경숙 외, 「여성과 법률」, 박영사, 2000.

신용자·김영신 편저, 「여성정책과 남녀평등제도」, 노문사, 2000.

여성부, 「국회 국정감사자료」, 1999. 2000. 2005. 2006.

여성부, 「대통령업무보고자료」, 1999. 2000. 2001.

여성부, 「알기쉬운 남녀차별금지 및 구제에 관한 법률」, 2001.

여성가족부, 『여성에게 도약을, 가정에게 희망을』, 2007년 국민과 함께하는 업무보고, 2007.3.13.

여성가족부, 『2005년도 여성정책연차보고서』, 2006. 8.

여성가족부, 『제3차 여성정책기본계획』, 2007.10.

여성가족부, "제6차 유엔 여성차별철폐협약(CEDAW) 이행보고서", 2006.

여성가족부, 제3차 여성정책기본계획(안), 2007.10.

여성가족부, 『2006 여성정책연차보고서』, 2007.

이지현, "여성주의 관점에서 본 헌법상의 양성평등", 『중앙법학』제8집제1호, 중앙법학회, 2006.

이은영, 「법여성학 강의」, 박영사, 2000.

임종률, 「노동법」(제2판), 박영사, 2001.

윤후정·신인령 공저, 「법여성학」, 이화여대 출판부, 1991.

조흥식 외 3인, 「여성복지학」, 학지사, 2000.

최선화 외 4인 공저, 「사회문제와 사회복지」, 양서원, 1999.

최윤희, 『오늘의 법여성학』, 건국대학교 출판부, 2007.

홍춘의, 『가족법 강의』, 도서출판 Fides, 2007.

· 저자 ·

박동명   ·약 력·
　　　　　법학박사
　　　　　서울특별시의회 입법조사관(보건복지)
　　　　　서울특별시 출산양육후원협의회 실무위원
　　　　　(전) 대통령직속 여성특별위원회 강사
　　　　　　　　법무부 인권옴부즈만
　　　　　　　　광주대학교 겸임교수
　　　　　　　　CBS방송(법률해설) 및 PBC방송(논평) 고정출연
　　　　　　　　광주광역시청 근무

　　　　　·주요논저·
　　　　　『현대생활과 법률의 이해』
　　　　　『클릭 가정법률』
　　　　　『여성과 법률』
　　　　　『즐거운 법률여행』
　　　　　"성희롱의 법적이해와 대책"(논문)
　　　　　등 다수

여성과 법률

· 초판 인쇄	2008년 10월 27일
· 초판 발행	2008년 10월 27일
· 지 은 이	박동명
· 펴 낸 이	채종준
· 펴 낸 곳	한국학술정보㈜
	경기도 파주시 교하읍 문발리 513-5
	파주출판문화정보산업단지
	전화 031) 908-3181(대표) · 팩스 031) 908-3189
	홈페이지 http://www.kstudy.com
	e-mail(출판사업부) publish@kstudy.com
· 등 록	제일산-115호(2000. 6. 19)
· 가 격	34,000원

ISBN   978-89-534-0395-6 93360 (Paper Book)
　　　　978-89-534-0412-0 98360 (e-Book)